清华时间简史

法学院

清华大学法学院院史编写组 编

清华大学出版社
北京

版权所有，侵权必究。举报：010-62782989，beiqinquan@tup.tsinghua.edu.cn。

图书在版编目(CIP)数据

清华时间简史. 法学院/清华大学法学院院史编写组编. —北京：清华大学出版社，2022.12
ISBN 978-7-302-61647-4

Ⅰ. ①清… Ⅱ. ①清… Ⅲ. ①清华大学－法学－学院－校史 Ⅳ. ①G649.281

中国版本图书馆 CIP 数据核字(2022)第 145477 号

责任编辑：张维嘉
封面设计：曲晓华
责任校对：欧 洋
责任印制：朱雨萌

出版发行：清华大学出版社
  网　　址：http://www.tup.com.cn, http://www.wqbook.com
  地　　址：北京清华大学学研大厦 A 座　邮　编：100084
  社 总 机：010-83470000　　　　　　　邮　购：010-62786544
  投稿与读者服务：010-62776969, c-service@tup.tsinghua.edu.cn
  质量反馈：010-62772015, zhiliang@tup.tsinghua.edu.cn
印 装 者：三河市东方印刷有限公司
经　　销：全国新华书店
开　　本：155mm×230mm　　印 张：24　　字　数：364 千字
版　　次：2022 年 12 月第 1 版　　　　印　次：2022 年 12 月第 1 次印刷
定　　价：118.00 元

产品编号：096936-01

清华大学校史编辑委员会

主　　任：邱　勇
副 主 任：向波涛　方惠坚　贺美英　张再兴　庄丽君　胡显章
　　　　　叶宏开　孙道祥　胡东成　韩景阳　史宗恺　范宝龙
　　　　　覃　川
委　　员（按姓氏笔画排序）：
　　　　　马　赛　马栩泉　王　岩　王有强　王孙禺　王赞基
　　　　　方惠坚　邓丽曼　邓景康　卢小兵　叶宏开　叶富贵
　　　　　田　芊　史宗恺　白本锋　白永毅　丛振涛　朱育和
　　　　　朱俊鹏　向波涛　庄丽君　刘桂生　许庆红　孙海涛
　　　　　孙道祥　杜鹏飞　李　越　杨殿阁　邱　勇　邱显清
　　　　　余蒲潇　张　佐　张　婷　张再兴　陈　刚　陈克金
　　　　　范宝龙　欧阳军喜　金富军　宗俊峰　赵　伟　赵　岑
　　　　　赵　鑫　赵庆刚　胡东成　胡显章　贺美英　袁　桅
　　　　　顾良飞　钱锡康　徐振明　唐　杰　曹海翔　韩景阳
　　　　　覃　川　裴兆宏

本书编委会

顾　　问：胡显章　李树勤　王晨光　车丕照　王振民　申卫星
　　　　　黎　宏　崔建远　张明楷　黄新华
委　　员：邓海峰　陈新宇　于文晶　杨同宇　翟家骏　常　悦
　　　　　刘　云　尹子玉　黄飞翔　曹文潇　张嘉颖

"清华时间简史"丛书
总　序

清华大学走过了110年的沧桑历程。从一所留美预备学校,到独立培养人才的国立高等学府;从抗战烽火中的西南联大,到新中国成立回到人民的怀抱;从院系调整后的多科性工业大学,到改革开放后逐步发展成综合性、研究型、开放式的世界一流大学,清华见证了中国高等教育的发展壮大,也成为世界高等教育发展的重要组成部分。

在一所大学的历史中,学科与院系的建立、变迁与发展是十分重要的方面。1911年清华学堂建立,1912年更名为清华学校;1925年设立大学部,1926年设立了首批17个学系;1928年更名为国立清华大学,此后相继设立文、理、法、工4个学院,下设16个学系;1937年南迁长沙,与北京大学、南开大学合组长沙临时大学,1938年西迁昆明,成立国立西南联合大学,联大共设有5个学院26个学系;1946年复员后,清华大学设有文、理、法、工、农5个学院26个学系,1948年年底清华园解放;20世纪50年代的高校院系调整后,清华大学成为多科性工业大学,设有8个系,至"文革"前发展成12个系;改革开放以来,大力加强学科建设,恢复和新设了许多院系,目前共有按学科设置的21个二级学院,近60个系,以及承担人才培养和学术研究任务的若干研究院、中心等,覆盖理学、工学、文学、艺术学、历史学、哲学、经济学、管理学、法学、教育学和医学等11大学科门类。

清华大学始终非常重视校史研究和编纂,早在1959年就成立了校史编辑委员会,下设校史编写组,现已发展成校史研究室、党史研究室、校史馆"三位一体"从事校史研究和教育的专门机构。几十年来,先后编纂出版了《清华大学校史稿》《清华大学史料选编》《清华人物志》《清华大学志》《清华大学图史》《清华大学一百年》等一系列学校层面的校史系列图书。同时,许多院系和部门也结合院系庆等契机,组织编写了纪念文集、校友访谈录、大事记、人物名录及宣传画册等图书资料,多形式、多侧面、多角度地反映了自身历史的发展。但长期以来,全面系统的院系史研究、编写和出版,还是校史研究编纂工作中的空白。

2015年前后,校史编委会委员、教育研究所原所长王孙禺教授和校史研究室研究人员李珍博士,与相关院系合作,对电机系、人文社会科学学院、教育研究院等院系的历史进行了深入研究,相继编写出版了《清华时间简史:电机工程系》《清华时间简史:人文社会科学学院》《清华时间简史:教育研究院》等图书。这是推进院系史研究的一种有效形式,也是深化校史研究的一个重要途径。经过认真调研和周密筹划,我们提出在全校启动实施"学科院系部门发展史编纂工程"。

这一工程得到学校的充分肯定和大力支持。由校史研究室组织协调,实施"学科院系部门发展史编纂工程",编写出版"清华时间简史"系列丛书,与档案馆牵头、校史馆参与的"清华史料和名人档案征集工程",一同被写入清华大学党委颁布的《关于进一步加强和改进新形势下宣传思想工作的实施意见》和《清华大学文化建设"十三五"规划》,2018年还被列为清华大学工作要点的重点工作之一。从2017年起,学校每年拨付专门经费进行资助。校长邱勇、校党委书记陈旭和先后担任校党委副书记分管校史工作的邓卫、向波涛等领导,对这一工作给予了亲切关心和具体指导。

这一工程更是得到各院系、各部门的热烈响应和踊跃参与。2017年工程正式启动,就有40多个院系等单位首批申报。经研究决定,采取"同步启动、滚动支持、校系结合、协力推进"的方式逐步实施。校史编委会多次召开专家会议,对各院系的编纂工作进展情况和经费预算进行评审,校史研究室通过年度检查和专家讲座等加强组织协调和学术指导。许多院系党委书记、院长主任等亲自负责,很多老领导、老同志热情参与,各院系单位都明确了主笔和联络人、成立了编写工作组等,落实编纂任务。档案馆在档案史料查阅等方面提供了积极帮助,出版社对本丛书的编辑出版给予了全力支持。

在大家的共同努力下,"学科院系部门发展史编纂工程"取得初步成效。按计划,首批"清华时间简史"系列丛书于110周年校庆之际出版发行。丛书在翔实、系统地搜集和梳理历史资料的基础上,全面、生动地回顾和总结各院系、学科、部门的发展历程，全方位、多样化地展示了清华的育人成果和办学经验，不仅有助于了解各院系的历史传承，结合各学科专业特点开展优良传统教育，促进各学科院系的长远发展，而且对更好地编纂"清华大学史"有重要帮助，也可为教育工作者和历史工作者研究高等教育史、学科发展史等，提供鲜活、细化的资料。

习近平总书记指出："重视历史、研究历史、借鉴历史，可以给人类带来很多了解昨天、把握今天、开创明天的智慧。"学科院系部门发展史的研究与编纂是一项浩大的学术工程，意义重大、任务艰巨，需要持之以恒、不懈努力。我们要进一步加强组织协调、抓紧落实推进，确保"清华时间简史"丛书分批次、高质量地出版，力争"学科院系部门发展史编纂工程"不断取得新的成果，为清华新百年的发展积累宝贵的历史资源、提供有益的历史借鉴，为建设世界一流大学作出独特的贡献。

范宝龙

2021年4月

（作者系清华大学校史研究室主任、研究员）

目 录

引言 ………………………………………………………… 1

上篇　清华法学的萌芽与成长（1909—1952 年）

第一章　清华法政教育的酝酿 ……………………………… 5

第一节　概况 ………………………………………………… 5
　一、"史前期" ……………………………………………… 5
　二、留美预备部时期 ……………………………………… 6

第二节　留美预备期校园生活 …………………………… 10
　一、课程设置 …………………………………………… 11
　二、学会与结社：法政思想的扩展 …………………… 13
　三、清华学生会"学生法庭" …………………………… 21
　四、《清华周刊》的创办 ………………………………… 23
　五、爱国运动 …………………………………………… 24

第三节　校友列传 ………………………………………… 27
　一、教者列传 …………………………………………… 28
　二、政经列传 …………………………………………… 38
　三、外交列传 …………………………………………… 48
　四、司法列传 …………………………………………… 56
　五、军事列传 …………………………………………… 60

第二章　清华系统法政教育的产生与发展 ………………… 64

第一节　清华学校至国立清华大学时期 ………………… 64
　一、政治学系发展概略 ………………………………… 64

  二、师资情况 …… 67
  三、课程设置 …… 77
  四、法律学系之筹建与裁撤 …… 80
  五、研究生教育 …… 88
 第二节 长沙临时大学至西南联合大学时期 …… 90
  一、长沙临时大学时期 …… 90
  二、西南联合大学时期 …… 93
 第三节 复员至院系调整时期 …… 105
  一、复员时期 …… 105
  二、院系调整时期 …… 113
 第四节 校友列传 …… 122

中篇 清华法学的薪火传承（1952—1995年）

第三章 院系调整至改革开放前的清华法学 …… 143

 第一节 全校师生学习讨论"五四宪法"草案 …… 143
  一、学习讨论"五四宪法"的经过 …… 143
  二、师生学习宣传宪法草案情况 …… 146
  三、宪法大讨论的影响 …… 148
 第二节 政治理论课程教学 …… 149
  一、课程设置 …… 150
  二、学时安排 …… 151
  三、教师队伍 …… 152
  四、教研组行政机构 …… 152
  五、师生收获体会 …… 152
 第三节 清华精神的熏陶 …… 153

第四章 改革开放后至复建前的清华法学 …… 155

 第一节 清华法制教育概况 …… 155
  一、参与社会实践 …… 157

二、庭审进校园 ·· *157*
　　三、开展法律知识竞赛 ································· *158*
　　四、成立学生法律爱好者协会 ························ *159*
　　五、举办香港高级公务员培训班 ····················· *160*
第二节　法律教研及相关机构 ······························ *161*
　　一、经济法教研组 ····································· *161*
　　二、法律顾问室 ·· *172*
　　三、专利事务所 ·· *173*

第五章　校友列传 ·· *176*

下篇　清华法学的重生与腾飞（1995—2021 年）

第六章　清华法律学系复建历程 ··························· *185*

第一节　酝酿复建工作 ······································· *185*
第二节　加速推进复建工作 ································· *187*
　　一、清华人文社会科学学院是法律学系的"孵化器" ··· *187*
　　二、法律系筹建委员会的设立及其工作 ············ *188*
　　三、"211 工程"的启动助力法律学系复建 ········· *191*
第三节　举行清华法律学系复建大会 ····················· *192*

第七章　从法律学系到法学院 ······························ *199*

第一节　队伍建设 ··· *199*
　　一、创业维艰，多方支援 ····························· *199*
　　二、人才引进开新局 ·································· *200*
　　三、复建以来的发展史就是一部师资队伍建设史 ··· *203*
第二节　人才培养与教学工作 ······························ *207*
　　一、概况 ··· *207*
　　二、人才培养理念 ····································· *208*
　　三、培养模式 ·· *210*

四、法律学系复建后的生源情况 ………………………… *211*

第三节　学科建设 …………………………………………… *216*

一、选择民商法学作为重点突破 ………………………… *217*

二、"985 工程"与学科建设 …………………………… *218*

第四节　办学办公条件 ……………………………………… *219*

一、法律学系复建初期的办公地点 ……………………… *219*

二、明理楼的启动建设与落成 …………………………… *220*

三、法律图书馆的缘起与发展 …………………………… *223*

第五节　国际及港澳台合作与交流 ………………………… *226*

第六节　复建法学院 ………………………………………… *228*

第七节　历史的启示 ………………………………………… *233*

第八章　清华法学院的跨越发展 ………………………… *238*

第一节　发展概况 …………………………………………… *238*

一、学科建设 ……………………………………………… *238*

二、办学条件 ……………………………………………… *239*

三、社会支持 ……………………………………………… *240*

第二节　教学科研 …………………………………………… *241*

一、师资队伍 ……………………………………………… *241*

二、人才培养 ……………………………………………… *254*

第三节　组织架构 …………………………………………… *271*

一、党委行政 ……………………………………………… *271*

二、法学院顾问委员会 …………………………………… *276*

三、研究中心 ……………………………………………… *278*

四、学术期刊 ……………………………………………… *280*

第四节　国际及港澳台合作与交流 ………………………… *281*

一、概况 …………………………………………………… *281*

二、与境外大学院校的合作 ……………………………… *283*

三、积极举办国际学术会议 ……………………………… *286*

第五节　学生特色活动 ·· *293*
　　一、率先成立习近平法治思想学生宣讲团 ················· *293*
　　二、年度学生党建工作研讨会 ····································· *294*
　　三、多元的社会实践活动 ··· *296*
　　四、参与模拟法庭比赛 ··· *299*
　　五、完善学术能力培养机制 ··· *302*
　　六、开展法律援助活动 ··· *304*
第六节　社会培训 ·· *306*
　　一、培训中心及其法律培训项目 ································· *306*
　　二、民法典系列公益直播与讲座 ································· *309*
第七节　计算法学学科的蓬勃发展 ······································ *310*
　　一、人才培养 ··· *311*
　　二、计算法学方向的科学研究 ····································· *313*
　　三、代表性研究成果 ··· *314*
　　四、学术活动 ··· *315*
　　五、合作与交流 ··· *317*

结语：迈向百年的清华法学院 ··· *319*

附录：清华法学大事记（1909—2021 年） ······················ *322*

后记 ··· *365*

引 言

1909年，清政府为处理美国"退还"的部分庚子赔款，派遣留学生，设立了游美学务处，下设游美肄业馆，从1909年到1911年，游美学务处共选拔派遣三批学生赴美留学。1911年游美肄业馆改名为清华学堂，分为中等科和高等科两个阶段，高等科学生毕业后派遣留美。1912年清华学堂改名为清华学校，1925年清华学校设立大学部和国学研究院，与旧制留美预备部并行，直至1929年最后一届留美预备部和最后一批国学研究院学生毕业。1928年清华学校改为国立清华大学，1929年设文、理、法3个学院，1932年增设工学院，在师生的共同努力下，成为国内的著名大学。1937年抗战全面爆发，清华大学南迁长沙，与北京大学、南开大学组成国立长沙临时大学，1938年三校再迁至昆明，改名为国立西南联合大学，是战时著名的学府。抗战胜利后三校复员，1946年清华大学迁回清华园，设有文、法、理、工、农等5个学院、26个系。1952年全国高等学校院系调整后，清华大学成为一所多科性工业大学，重点为国家培养工程技术人才，被誉为"红色工程师的摇篮"。自1978年改革开放以来，清华大学逐步确立了建设世界一流大学的长远目标，进入了蓬勃发展的新时期。学校恢复或新建了理科、文科、医学学科和经济管理学科。在国家和社会的大力支持下，通过"211工程""985工程"的实施及"双一流"建设，清华大学在人才培养、科学研究、社会服务、文化传承创新、国际合作交流等方面都取得了长足发展。目前，清华大学共设21个学院、59个系，已成为一所设有理学、工学、文学、艺术学、历史学、哲学、经济学、管理学、法学、教育学和医学等11个学科门类的综合性、研究型大学。①

清华法学的历史依托于上述校史展开，可分为三个阶段。第一个阶

---

① 参见：苏云峰.从清华学堂到清华大学（1911—1929）[M].北京：生活·读书·新知三联书店，2001：前言；清华大学官网."学校概况——学校沿革"[EB/OL].[2021-12-14].https://www.tsinghua.edu.cn/xxgk/xxyg.htm.

段从1909年到1952年,这是清华法学的萌芽与成长时期。前三批庚款学生直接赴美留学时期(即所谓"史前期")和留美预备部时期可视为清华法学的萌芽时期,这一时期清华尚无系统的法政教育,但其开设有法政类课程,留美学生中亦有一定比例学生学习法政,其归国后在法政及相关领域有杰出表现。从1925年成立大学部(1926年设政治学系,1929年成立法学院)到1952年院系调整取消法学院,可视为清华法学的成长阶段,这一时期清华开设有比较系统的法政教育。在此期间,清华法律学系曾在1932—1934年、1946—1949年两次短暂设立,但因为各种因素又两度被裁撤,法政教育主要由政治学系承担,培养了一批优秀的法政人才。

第二个阶段从1952年到1995年,这是清华法学的薪火传承时期。因为全国的院系调整,这一时期清华没有法学院的建制,但清华永远致力于培养这个国家最需要、对民族最有用的人的精神传承不断,弦歌不辍。正是在这种精神的指引下,清华培养出了一批新中国法治建设的优秀人才。1978年改革开放后校内法制教育的广泛开展,也为清华复建法律学系奠定了一定的基础。

第三个阶段从1995年到2021年,这是清华法学的重生与腾飞时期。一方面国家日趋重视法制(治)建设,对法律人才需求不断提升,法律教育迎来发展的新局面;另一方面清华调整学科布局,尤其是在向建成世界一流的综合性大学这一目标进军的过程中,加强文科建设。清华法律人紧紧地抓住时代发展的契机,积极地发挥主观能动性,从1995年复建法律学系,到1999年复建法学院,清华法学迎来了跨越式的发展:1998年,获得批准设置民商法学硕士学位点;1999年,获得法律专业硕士学位授予权;2000年,获得批准设置民商法博士学位点,实现了博士学位点的零的突破;同年,获得批准设置法理学、刑法学、经济法学、诉讼法学、国际法学硕士学位点;2003年,获得批准设置环境与资源保护法学、宪法与行政法学硕士学位点;2005年,在国内率先开办了全英文讲授中国法律课程的法律硕士项目(L.L.M. Program in Chinese Law);2006年,获得教育部法学一级学科博士学位授予权;2017年,法学学科入选国家"双一流"建设学科名单。二十多年来,清华法学院在服务国家、师资建设、人才培养、学术研究、国际交流等多个领域取得了令人瞩目的成绩,跻身国内一流法学院校之列,国际排名稳步上升,稳居前列,谱写了中国法学教育的新篇章。

上篇
清华法学的萌芽与成长
（1909—1952 年）*

---

* 上篇内容参见：王振民.法意清华[M].北京：清华大学出版社,2015；陈新宇. 近代清华法政教育研究(1909—1937)[J].政法论坛,2009,27(4)；陈新宇. 近代清华法政教育研究(1937—1952)[J].清华法律评论,2015,8(1)；陈新宇.事不过三——清华法律学系的三次筹建始末[J]. 清华法学,2021,15(2).

第一章

清华法政教育的酝酿

第一节 概 况

一、"史前期"

庚款前三批学生直接赴美时期可称为清华法学发展的"史前期"。

依据清宣统元年(1909年)《遣派游美学生办法大纲》,游美学务处的职能是"考选学生、管理肄业馆、遣派学生"等,肄业馆乃为"选取各省学生暂留学习"之处。① 依据计划,这批退还庚款的使用,乃前四年每年派遣百人至美国留学,自第五年起,每年至少派遣五十人赴美留学,一直至该项退还赔款用毕为止。② 但因为时间等因素,前三批(1909—1911年)考取学生③并未达预定人数,亦未入馆(堂)学习,而是直接赴美。

前三批的180人中,学习法政的仅为19人,约占10.6%。依据《清华同学录》(国立清华大学校长办公室印行,1937年4月),这三批学生中学习法政的19人名单如下:第一批只有唐悦良1人;第二批有胡适、何峻业、胡继贤、刘寰伟4人;第三批有王赓、徐光、梁基泰、柴春林、张国辉、张福运、陈嘉助、黄宗法、陆守经、陆懋德、邓宗瀛、卫挺生、谭齐蓁、司徒尧14人。

这19人,从早期职业选择来看,以教育、政经、外交为主,均为当时处于动荡中的国家急需的领域。据《清华同学录》,唐悦良、胡适、陈嘉助、陆

---

① 清华大学校史研究室,编.清华大学史料选编(第一卷)[M].北京:清华大学出版社,1991:120.

② 参见:外务部致柔克义公使[M],美国外交关系[M]//清华大学校史研究室,编.清华大学史料选编(第一卷).北京:清华大学出版社,1991:102-103.

③ 此三批直接赴美学生的名单收入清华大学校史研究室,编.清华大学史料选编(第四卷)[M].北京:清华大学出版社,1994:636-637.

懋德、陆守经等均供职大学,王赓、胡继贤、张福运、张国辉、梁基泰、柴春林、邓宗瀛、卫挺生等供职南京及地方政府,刘寰伟、司徒尧等服务铁路、银行等经济部门,黄宗法于天津租界执行律师业务。他们中的大多数虽后来跨越多个领域履职,但仍以政经、外交、教育为职业目标,声名最著者如胡适、唐悦良、张福运,一生事业俱在此中。而并未在清华园有过实质校园生活的前三批"史前期"留美生,对母校亦极有感情,与母校的情感联络甚为密切。例如张福运1920年曾与薛桂轮、梅贻琦、蔡正、黄凤华等组织了一个清华幸福委员会,致力于清华和清华同学会之发展。①

"史前期"留美生的职业取向、对母校的热心及与同学之间的情谊,并非被刻意导向的结果,却俨然成为此后清华学校乃至清华大学学子的一种性情。

二、留美预备部时期

清宣统二年十一月(1910年12月),因游美肄业馆的用地是清华园旧址,上有咸丰帝御书匾额,兼该馆学生不仅限于游美一途,为达名实相符之效,外交部与学部呈请将"游美肄业馆"改名为"清华学堂"。② 其后民国肇建,循教育部令改名为"清华学校"。③

可以说,这一时期并无系统的法政课程,仅有之少数课程,亦是基础入门类。此时期的教育,正如学者指出,是"文理并重的通才教育"并以"西文部之学科为主要课程"④,后者显然与留美之需要有密切关联。《清华周刊》此一时期刊发的文章,多涉国文课、英美文学著作翻译、文艺创作,极少涉及法政课程,亦可佐证当时"通才教育"的情形。

此时期虽无系统的法政教育,但与其相关、颇为值得关注的事宜

---

① 参见:清华同学会[M]//清华大学校史研究室,编.清华大学史料选编(第一卷).北京:清华大学出版社,1991:233.

② 外交部学部呈明游美肄业馆改名为清华学堂缘由.清华大学档案,全宗号1,目录号1,案卷号3[M]//清华大学校史研究室,编.清华大学史料选编(第一卷).北京:清华大学出版社,1991:141.

③ 呈外交部文.清华大学档案,全宗号1,目录号1,案卷号3[M]//清华大学校史研究室,编.清华大学史料选编(第一卷).北京:清华大学出版社,1991:158.

④ 苏云峰.从清华学堂到清华大学(1911—1929)[M].北京:生活·读书·新知三联书店,2001:162、164.

有三：

一是学校对演说辩论的重视与鼓励。演讲是清华学生的课外作业之一，《学生奖励规则》所附奖品十四项中，与演说辩论有关者五项，占三分之一强。其间题目不乏与法政相关者，且比赛的参赛者乃至优胜者中，有许多未来法政人。

二是1920年政治学研究会的成立。该会以"纠合同志，公共讨论及研究而切有关于政治之问题及学理，一为扩充公民智识提倡公民责任，一为将来肄业专科中预备起见"为宗旨，以讨论会、请名人演讲政治学理及各国政情、法庭模拟演习、实地参观政治等方式展开活动。① 其会员亦多为未来之法政人，如吴国桢、浦薛凤、胡敦元、翟桓、李迪俊等。

三是学生会中学生法庭的设立。清华学生会成立后，逐步发展，受美国政治制度之影响，采取三权分立的自治形式，以评议部为立法机关、干事部为行政机关，有鉴于司法机关之缺乏，于1922年3月23日设立学生法庭，以补此阙。其采用新大陆司法制度，审判部用陪审制。②

应该说，留美预备部时期，从现有的资料来看，尚未系统地开设法政课程，但学校于通识特别是外语方面的培养、学生口才能力的训练，皆为学生将来留学及法政专业学习奠定了善莫大焉之基础，未来的法政人亦在此领域表现活跃。同时，对法政有兴趣之同学亦已经开始有意识地组织研究之团体。学生法庭之设立，亦足可反映当时清华学生的民主自治意识与法政素养。

依据1937年《清华同学录》，这个时期留美预备部共有973人留洋，其中学习法政的有133人，约占13.7%，分别是：1912年何穆等4人，1913年余日宣等4人，1914年金岳霖等3人，1915年何孝元等4人，1916年黄华等3人，1917年向哲濬等3人，1918年汪心渠等3人，1919年钱端升等6人，1920年萧公权、刘师舜等14人，1921年沈乃正、吴国桢、浦薛凤等9人，1922年罗隆基等12人，1923年王化成等9人，1924年梅汝璈等14人，1925年王造时等6人，1926年史国刚等12人，1927年朱都范等

---

① 苏云峰.从清华学堂到清华大学(1911—1929)[M].北京：生活·读书·新知三联书店,2001：262-263.
② 清华学校的学生会[M]//清华大学校史研究室，编.清华大学史料选编(第一卷).北京：清华大学出版社,1991：207-208.

9人,1928年张汇文等9人,1929年李德明等9人。

除此之外,清华这一时期还有所谓的专科生、幼年生、津贴生和补助教部官费生。这与当时建校(堂)伊始,资金较为充裕而合格学生较少有关,乃为增加学生之举措。① 其中亦有学习法政之人。

专科生区分男女。所谓专科生(男生),依据《专科学生留美试验规则》②,对报考对象的要求是:属本国籍,年龄在二十六岁以内,国内外法、矿、电机、机械、土木工程、纺织、农林各专门学校毕业,能直接进美国大学院 Post-Graduate Course 各专科研究高深学问者。每年招生 10 名。从此要求来看,其与留美预备部相比,学生年龄、学历要更高,主要是选取前往美国大学直接进入研究生阶段的学习。依据《女学生赴美试验规则》③,其年龄须在十八岁以上、二十五岁以下,国学至少须有中学毕业,英文及其他学科须能直进美国大学校肄业。录取后选择进美校研究之专科为:教育、幼稚园专科、体育、家政学和医科。这一时期共有专科生 120 人出国,其中学习法政的有专科男生 4 人,分别为:1916 年的燕树棠、1918 年的康时敏、1923 年的石颖、1925 年的曾友豪。

限于史料,幼年生的录取条件尚未得知,但此时期仅有 1911 年一批幼年生 12 人被派遣出国,其中有 3 人学习法政,分别为:李达、陈宏振、薛学海。

所谓津贴生,依据清宣统元年(1909 年)《奏设游美学务处津贴在美自费生章程》④,"津贴之役,所以体恤寒畯,奖励游学,期使在美自费诸生之有志向上而无力卒学者得成所学,归国效用",对象是"大学正班肄业,实业已入第二年班以上"且"境况实在困苦、功课实有成绩者",类似的规范可见《清华学校津贴在美自费生章程》。⑤ 1909—1936 年,清华津贴生

---

① 参见:曹云祥.清华学校之过去现在及将来[M]//清华大学校史研究室,编.清华大学史料选编(第一卷).北京:清华大学出版社,1991:42.
② 清华一览 1919[M]//清华大学校史研究室,编.清华大学史料选编(第一卷).北京:清华大学出版社,1991:224-225.
③ 清华周刊 1919[M]//清华大学校史研究室,编.清华大学史料选编(第一卷).北京:清华大学出版社,1991:226-228.
④ 清华大学校史研究室,编.清华大学史料选编(第一卷)[M].北京:清华大学出版社,1991:129-130.
⑤ 清华一览 1919[M]//清华大学校史研究室,编.清华大学史料选编(第一卷).北京:清华大学出版社,1991:229-231.

学习法政的有邱昌渭等12人(有必要指出,《清华同学录》上很多津贴生并无注明其在美留学的信息,所以这一数据并不全面)。

限于史料,补助教部官费生的情况不详。

对这一时期的法政留学生,可注意的有如下几点:

(1) 延续了"史前期"的特点,留学的学校多为美国名校,如哥伦比亚大学、耶鲁大学、芝加哥大学、普林斯顿大学、哈佛大学等,且多在较短的时间内拿到学位,拿到第一个学位的时间一般都少于四年,更有在两年内拿到的,这说明留学时学生应该是直接进入美国大学的二、三年级就读,可证学生素质不低;其中,更有不少人读了两个不同的学位,这也从一个侧面反映了清华留美预备部时期通识教育的成果(最为特别的是金岳霖,其后来转向哲学领域并大放异彩)。

(2) 留学回国后,有不少留学生成为清华及其法政教育的教员。比如,浦薛凤(曾任政治学系主任)、钱端升、燕树棠(曾任法律学系主任)、王化成、余日宣(曾任政治学系主任)、金岳霖(曾在政治学系任教,后任哲学系主任、文学院院长)、刘师舜、陈之迈、陈复光、沈乃正、萧公权、杨光泩、张忠绂、胡道维等。

(3) 这批学生在留学期间多有结社办刊等活动。早期共产党人徐永煐、冀朝鼎主持、创办了《国民日报》《奋斗》《先锋周报》《今日中国》《美亚杂志》等报刊;何杰才任《共和月报》社长,留美学生会会刊《留美学生年报》(最初名为《美国留学报告》)历任主编中有胡适、罗隆基、邱昌渭、梁朝威等法政人;《中国学生月刊》主编有杨永清、何杰才、杨光泩等法政人;留美学生会、政治学会、经济学会等社团中均有较多法政人参与其中。当然,他们在清华学校预备留美时,结社办刊等活动已然相当活跃,例如萌生于五四运动的清华学生会、大江学会、唯真学会、教育学会等社团,法政人在其中或担任重要角色或为发起及运作者,《清华周刊》亦由学生主办,法政人在其中颇为活跃,不唯发表文章数众多,还有多人在其中担任总编辑等要职。

(4) 这批留学生大多为"公共知识分子"甚而"革命知识分子"的角色,较少"专业知识分子"。表现为,无论从事何种职业,总不辍发言论政之士子情怀,几乎人人参与报刊言论,许多人热衷创办报刊或担当主笔,跻身当时重要时评家、政治评论家之列,如钱端升、罗隆基、王造时、林同济、陈之迈等。

这批法政留学生,后来在各自领域有广泛影响者颇多,如萧公权、钱端升、浦薛凤、杨永清、燕树棠、梅汝璈、向哲濬、杨光泩、王化成、甘介侯、刘师舜、刘驭万、段茂澜、时昭瀛、李迪俊、陈之迈、吴国桢、王造时、罗隆基等。亦有多人虽未有举世瞩目之声名,但仍以其成就堪称各自领域中坚,其履历亦足令人称道。

以职业分布论,这批法政留美生有从教经历者甚多,于时局动荡、内忧外患之际,以救国报国志向从政者、投身革命者亦为数众多。大体可以说,赴美学习法政者,或多或少以天下为任,胸怀政治抱负,归国后或投身教育以开启民智为社会培养更多英才,或投身政界以直接参与国是,也就是理所当然的选择了。而法政人由于其志趣及学术训练,始终是社会变动的敏感人群,在风起云涌的年代,他们在各个领域弄潮并因此浮沉世间于是也不足为奇。

第二节　留美预备期校园生活

清华留美预备时期,没有法律学系,亦无法政专业。当时清华的特点,浦薛凤归纳为十项:来自全国,英语教学,强迫运动,重视道德,多方竞赛,鼓励组织,倡导体育,自治民主,分数严格,专科自选。① 彼时系统的法政教育远远不能实现,但因为对竞赛、结社、自治的倡导及训练,以及少量法政基础课程的熏染,清华校内并不缺少法政思想与法政氛围,表现为几个方面:一是在课程设置上,虽然没有系统的法政课程,但也有与法政相关的课程,如政治学、国际法、比较政制、公民学、劳动法等,"偏公法""国际化"是当时清华法政课程的特点;二是清华课外活动丰富,学生们热衷于各种演讲辩论比赛和法政社团活动,清华关涉时事法政演讲辩论之热烈开当时国内高校之风气,而法政人在社团活动中为主要力量;三是推崇自治,五四运动之后成立的清华学生会和学生法庭是学生们推行自治和司法理念的试验场,在校内掀起阵阵风潮;四是法政学生以《清华周刊》为平台发表一系列对时政的看法,尤为活跃;五是在历次学生爱国运动中,

---

① 浦薛凤.浦薛凤回忆录(上)[M].合肥:黄山书社,2009:55.

不少法政人成为学生运动的主要组织者和领导者,初显其社会担当。

一、课程设置

自1911年至1929年的近二十年间,清华的学制经历诸多变迁。

清华学堂初成立时,办中等、高等二科,均为4年毕业。学堂成立几个月后,学制即改为中等科5年,高等科3年,直到1913年7月。同年8月起,又恢复中等、高等科各4年,直到1920年为止。1913年秋天,停招中等科一年级生。1921年,改高等科四年级为大学一年级,大学一年级学生仍为留美预备生。这时,全校从中二到大一,共有7个年级。1925年设立大学部,招收大学一年级生,向完全大学过渡,从这时起,学校实际上分为三个部分:一为旧制部,即留美预备部,其学生叫作旧制生,分四级,其程度与国内高中二、三年级及大学一、二年级相等,包括旧制大一学生;二为大学部,1925年创设,大学部学生不再是留美预备生,叫作新制生;三为研究院,1925年新设。自1923年起,停招旧制生。至1929年,旧制最后一级学生毕业,留美预备部全部结束。[①]

依据清宣统三年正月(1911年2月)的《清华学堂章程》[②],学堂以进德修业、自强不息为教育方针。其学科大致分为十类:(1)哲学教育类;(2)本国文学类;(3)世界文学类;(4)美术音乐类;(5)史学政治类;(6)数学天文类;(7)物理化学类;(8)动植生理类;(9)地文地质类;(10)体育手工类。其中,从中等科到高等科八年的课程中,皆有涉及法政的是第五类学科史学政治类。

但是,清宣统三年七月十四日(1911年9月6日)上呈之《游美学务处改行清华学堂章程缘由致外务部申呈》,后附经过修订的《清华学堂章程》,章程第二章第五条列举了高等、中等两科教授科目,所修科目中并无法律。

1914年《北京清华学校近章》[③]中规定,学校以培植全才、增进国力为

[①] 清华大学校史编写组,编著.清华校史稿[M].北京:中华书局,1981:25.
[②] 清华大学校史研究室,编.清华大学史料选编(第一卷)[M].北京:清华大学出版社,1991:146-147.
[③] 神舟(第一卷第二册)1914.7[M]//清华大学校史研究室,编.清华大学史料选编(第一卷).北京:清华大学出版社,1991:159-163.

宗旨,"以造成能考入美国大学与彼都人士受同等之教育为范围"。高等科的文实两科必修科目中,亦有政治课目;但具体内容同样尚不得知。

1916年《清华高等科中西文课程表》的选修课有政治学、国际法。①

依据1922年的高等科功课表②,当时清华课程分为英文、方言、自然科学、数学、艺术、社会科学和国文七部,其中涉及法政的课程有两部:一是社会科学部,其中有余日宣开设的"公民学"和"比较法制"、魁格力开设的"比较法制"、江之昶开设的"劳动法""商法";二是国文部,其中有陆懋德给二年级开设的"法制"。

依据《1924—1925年的课程表》③,中等四年级共同科目中有"公民学",研究项目为:(1)群众生活,分家族、学校及市区观察之;(2)市区之公益事件,如卫生、保安、观瞻、道德等;(3)工业社会之雏形;(4)中国中央省区、地方政治之组织及概况,鼓励学生留心时事,考虑现今中国之政治社会各问题。研究方法有讲演、问答、讨论、报告等。浦薛凤在其回忆录中提及中等科设有"议事规则"(parliamentary law)一课,详述主席、发言、提案、辩论、表决、复议等程序,"此盖民主社会中人人应知应守之公正议事规则"④。

依据1925年12月3日经教职员会议通过课程委员会议定的《民国十五年至十六年学程细目》(适用于旧制学生)⑤和《1925年秋教员授课表》⑥,社会科学课组仅有余日宣开设的"政治学及远东政治"和钱端升开设的"比较政治(中央及地方)"两门法政课程。

从这些略显零散的课程可知,留美预备时期的清华法政显然并非显学。究其原因,法律学与一国的法治环境和法律文化是息息相关的,彼时

---

① 苏云峰.从清华学堂到清华大学(1911—1929)[M].北京:生活·读书·新知三联书店,2001:187.
② 清华周刊第254期,1922年10月14日[M]//清华大学校史研究室,编.清华大学史料选编(第一卷).北京:清华大学出版社,1991:29-32.
③ 清华一览1925,1926[M]//清华大学校史研究室,编.清华大学史料选编(第一卷).北京:清华大学出版社,1991:307-327.
④ 浦薛凤.浦薛凤回忆录(上)[M].合肥:黄山书社,2009:56.
⑤ 清华周刊第363期,1925年12月11日[M]//清华大学校史研究室,编.清华大学史料选编(第一卷).北京:清华大学出版社,1991:334-338.
⑥ 清华周刊第350期,1925年9月11日[M]//清华大学校史研究室,编.清华大学史料选编(第一卷).北京:清华大学出版社,1991:338-340.

刚刚推翻清王朝,旋即陷入军阀混战,各路军阀政权交替无不打着立宪的旗号,短短十几年间,立宪之多超出正常,"法治"畸形,而"法律"一词难含褒义。按照蔡元培1923年的说法,北京官吏、议员堕落,阁员受军阀控制,法律是舞文工具,政治上毫无是非可言,只重利害,不要人格。① 大环境如此,能够将法律当作一门学问的人有多少就可想而知了。王化成对这一时期课程情况做过简明扼要的概括:"民国十四年以先……当时学校亦设有二三关于政治学之课程,惟以办学目的,在求深造于国外,故课程性质,尽属基本浅显学科。"②

二、学会与结社:法政思想的扩展

清华的教育是课内与课外并重。虽然留美预备时期在学校正式课程设置中没有系统法政教育,却并不妨碍法政思想在课外发展,校内已有很多涉及法政的社团。当时学生之所以积极发起和踊跃参与此类社团,一般出于对社会的关心和对法政的兴趣,从所成立的各种社团来看,可以发现两个特点:其一,学校演讲辩论事业十分红火,无论校方还是学生都十分推崇,频频发起社际、级际以及校际演讲辩论比赛;其二,成立的法政相关社团很多,除了有名的大社团以外,校内还存在很多小社团,人数不必多,有对法政的共同兴趣即足以号召同人。比如王造时在清华读书期间,曾组织一个似学术又似政治或友谊的团体,叫作"仁社",成员多为同期同班的同学,如彭文应、徐敦璋、罗纶、陈国瑺、沈熙瑞等;又如1919年9月,中等科四年级有几位同学感到专读功课太无趣味,想做点别的事来发展自己,酝酿两个月后成立了一个读书会,成员包括一九二二级之陈石孚(后得历史和经济学士学位)、时昭瀛(国际法硕士)和一九二三级之吴景超(社会学博士)、王绳祖(地理学硕士)等七人,这个读书会一年之后定名为"二十"(因在1920年成立)。在这些社团的成员中,有很多熟悉的法政人的名字,如李迪俊、王化成、翟恒、张忠绂、梁朝威、张彝鼎、湛志远、王造时等,可以说他们的人生选择与这一时期的经历是分不开的。

---

① 蔡元培.蔡元培全集(第四册)[M].台北:台湾商务印书馆,1968:312.
② 政治学系概况.清华周刊向导专号.1935年6月14日[M]//清华大学校史研究室,编.清华大学史料选编(第一卷).北京:清华大学出版社,1991:362.

(一)演说辩论盛况空前

当时人们认为演说辩论不仅是一种表达方式,还与民主和领导力有密切关系。可能正是这种思想,使演讲辩论在清华早期的很长一段时间内既是官方热衷的大型活动,也得到学生们的积极响应。广大学生自发组织各种以练习演讲辩论为目的的社团,老师们也将演说辩论作为一种重要的教学方法,可谓盛况空前。

1. 社团林立

当时成立的有关演讲辩论的社团为数众多,这些社团虽有英文、法文、国语或其他不同侧重,但其基本目的和宗旨都是给同学们提供演说辩论的练习机会,增进同学演说辩论水平。除自己练习以外,一些社团还会邀请校内教授和社会演讲名流作为裁判或指导,比如由新大一级学生在1927年初设立的"演说辩论组",其中的国语组就聘请余日宣教授指导,告诉同学们写稿、姿势和声音等注意要点。①

值得一提的是"国语演说辩论会",在当时学生演说辩论社团林立、缺乏系统的情况下,学校鼓励高等科学生成立本校学生练习国语演说辩论的总组织,即国语演说辩论会。该会于1916年成立后经常组织校级比赛,各级均有辩论员,还邀请名人发表演说,比如1917年敦请北京大学教员胡适之博士到会演说。② 该会1919年以前主要由马绍良先生组织筹备,到1919年正式成立时,罗隆基为会长,姚永励等为副会长。③ 1922年,施滉任会长,冀朝鼎任副会长兼干事,陈念宗为通信书记,魏毓贤为记录书记④,此后该会每星期举行常会一次,年终还有"年终演说大会"。1922年4月、5月,演说者先后有潘大逵、全增嘏、冀朝鼎、于德仁、陈念宗、汤爵芝等,并由余日宣先生裁判。1923年4月,因冀朝鼎久病未愈,无

---

① 清华周刊第408期,1927年4月29日[M]//清华大学校史研究室,编.清华大学史料选编(第一卷).北京:清华大学出版社,1991.
② 清华周刊第119期,1917年11月15日[M]//清华大学校史研究室,编.清华大学史料选编(第一卷).北京:清华大学出版社,1991.
③ 清华周刊第169期,1919年5月8日[M]//清华大学校史研究室,编.清华大学史料选编(第一卷).北京:清华大学出版社,1991.
④ 清华周刊第241期,1922年3月24日[M]//清华大学校史研究室,编.清华大学史料选编(第一卷).北京:清华大学出版社,1991.

人主持,新举会长潘大逵。①

2. 开高校演说辩论竞赛之风

清华的演说和辩论比赛数量和形式众多,除社团内部练习比赛外,学校还设立演说辩论委员会,负责定期举办校内级际比赛、校内社际比赛和校际比赛,并且往往先在各级举办演说辩论比赛,分别选出演说和辩论代表,参加全校比赛,校内的比赛可以持续两个月。清华对于演说辩论的重视,开当时北京高校演说辩论之风。

按照苏云峰先生的说法,1912—1919 年是清华演说辩论之兴起与极盛时期。② 根据潘大逵先生(法政学生)的回忆,清华举行演说比赛,是从 1914 年开始的,获得冠军的有陈达(1914 年)、何浩若(1920 年)、罗隆基(1921 年)等人,也包括潘大逵自己(1924 年);1924 年的清华校队,由闻齐(闻一多的三弟)、王仕倬和潘大逵组成,与南开对阵,地点在清华,清华为正方,获得冠军。

综观当时清华的演说辩论,可以发现两大特点:第一,演说辩论的题目不乏与法政相关者,比如"如何使中国之共和成为永久的制度"、"共和政体不宜于今日之中国"、"中国现阶段的改革政治应重于社会"、"中国于欧战后应加入万国和平会以促进世界和平"等③;第二,在这些比赛的参赛者乃至优胜者以及裁判员中,常常可以看到清华法政人的身影,比如何穆、何义均、张汇文、张彝鼎、苏宗固、罗隆基、浦薛凤等。在 1923 年 5 月的英语演说决赛中,裁判员为魁格雷博士及清华往日学生张福运先生。④ 在 1919 年的中等科联合辩论赛中,题目为"欧战结局后世界永久和平必能实现";李鹤龄、钱昌淦为正组,张治中、翟桓、段茂澜为反组;安绍芸、

---

① 清华周刊第 279 期,1923 年 4 月 27 日[M]//清华大学校史研究室,编.清华大学史料选编(第一卷).北京:清华大学出版社,1991.

② 苏云峰.从清华学堂到清华大学(1911—1929)[M].北京:生活·读书·新知三联书店,2001:291.

③ 参见:苏云峰.从清华学堂到清华大学(1911—1929)[M].北京:生活·读书·新知三联书店,2001:265-273.更详细的介绍,可见孙宏云.中国现代政治学的展开:清华政治学系的早期发展(1926—1937)[M].北京:生活·读书·新知三联书店,2005:248-255.

④ 清华周刊第 283 期,1923 年 5 月 25 日[M]//清华大学校史研究室,编.清华大学史料选编(第一卷).北京:清华大学出版社,1991.

张忠绂、全增嘏为正组,潘光迥、杨世恩、闻齐为反组。① 在1922年举行的级际国语辩论中,参赛者中有大一的翟桓、王化成,高二的王造时,均为法政人。② 为了锻炼自己这方面的能力,浦薛凤曾学一位希腊演讲政治家,把光滑的小白石子,放在口中,每天去西院溪旁练习演讲,颇有成效,最终被选入了清华校级的辩论队,在美国翰墨林大学求学时,浦薛凤还获得全校演讲比赛第一名。③ 另一位法政人冀朝鼎在美国芝加哥大学学习时,在芝加哥大学旁边有个华盛顿公司,每到星期天,那里都有自发的群众集会,可以自由在会上演说、辩论各种政治与社会问题,冀朝鼎几乎每个星期天都去,经过长期的实践,冀朝鼎的演说才能达到了很高的水平。④

（二）政治学研究会

政治学研究会由清华高等科同学十人组织成立于1920年。该会以"纠合同志,公共讨论及研究而切有关于政治之问题及学理,一为扩充公民智识提倡公民责任,一为将来肄业专科中预备起见"为宗旨,以讨论会、请名人演讲政治学理及各国政情、法庭模拟演习、实地参观政治等方式展开活动。⑤

其会员亦多为未来之法政人,如吴国桢、浦薛凤、胡敦元、翟桓、李迪俊、张忠绂、王化成、梁朝威等。1922年该会举行选举,吴大钧当选为队长,李迪俊当选为书记,周思信当选为会计,刘锡煅当选为摄影干事。

政治学研究会经常邀请名人来校演讲。1922年10月中旬,研究会邀请饶孟任讲《论国宪中省宪之商榷》。1926年4月在工字厅开迎新大会,有新会员30人,请钱端升教授演讲《国际联盟与罗加纳会议问题》,5月办3次演讲会,主题分别为国际交涉方法、使馆组织和欧洲外交大概。1927

---

① 清华周刊第163期,1919年3月20日[M]//清华大学校史研究室,编.清华大学史料选编(第一卷).北京:清华大学出版社,1991.
② 清华周刊第264期,1922年12月22日[M]//清华大学校史研究室,编.清华大学史料选编(第一卷).北京:清华大学出版社,1991.
③ 浦丽琳.清华经历竟疑梦——追忆父亲浦薛凤教授[M]//宗璞,熊秉明,编.永远的清华园.北京:北京大学出版社,2013:385.
④ 周培源.清华三位最早的共产党员[M]//庄丽君,主编.世纪清华.北京:光明日报出版社,1998:25.
⑤ 苏云峰.从清华学堂到清华大学(1911—1929)[M].北京:生活·读书·新知三联书店,2001:262-263.

年12月1日,请《北京导报》(*Peking Leader*)主笔 Mr. Clark 讲"英俄关系",请《顺天时报》主笔讲"中日关系"。研究会讨论的话题多与法政相关,比如"国际联盟(League of Nations)之组织","The Government of China","中国政党之过去历史及现在情形","Plato 的政治理想","Aristotle 的政治理想"[①]。1921年4月出版《现今中国之内政与外交》一书。课余还组织参观外交部、英美使馆,进行有关研究活动,编制政治书报指导等。

为了发挥团体优势,政治学研究会还分工合作研究某一专题。1922年的制宪问题,是当时国人议论的重要话题,政治学研究会对此给予特别关注,全体会员分若干组,每期研究各国宪法的一部分,将研究结果或疑点提出[②]。政治学研究会的研讨活动在各会员的论文题目中均有体现,如李迪俊《中国政党发达史》、王化成 *Chinese Politics Since 1912*。会员还分组讨论宪法:甲组——研究关于中央政府者,如李迪俊(主席)、王化成、梁朝威等;乙组——研究关于地方政府者,如翟桓(主席)。

(三)两相对峙——唯真学会与大江学会

清华在1920年以前,学生中没有什么团体。1921年以后的几级,才开始有组织地讨论政治话题。经过五四运动,学生中逐渐形成了两个方向、两条路线的组织,一是唯真学会,一是大江学会。唯真学会主张社会改造,大江学会不主张社会改造。虽然都是学生社团组织,但大江学会与唯真学会差异巨大,在校园内均有一定影响。两个团体,一左一右,成为清华学生运动中的两个核心,两相对峙。

1. 唯真学会

唯真学会的前身是"暑期修业团",1918年7月,由施滉与冀朝鼎等组织成立,旨在响应和宣传新文化运动,成为清华第一个进步社团,出版杂志,宣传新文化,冀朝鼎为团长。"暑期修业团"出过《修业杂志》,提倡白话文和文字改革。何永吉有篇主张"牠"字(即"他""她"之外,再加一个中性的"牠")的文章发表在上面。该杂志还翻译过托尔斯泰的文章。杂志

---

① 参见:清华周刊第213、236、239、240、246期[M]//清华大学校史研究室,编.清华大学史料选编(第一卷).北京:清华大学出版社,1991.

② 清华周刊第252期,1922年9月30日[M]//清华大学校史研究室,编.清华大学史料选编(第一卷).北京:清华大学出版社,1991.

封面题签是到北大请蔡元培题的,可见已跳出清华大门。这个刊物出了两三期即停止。

1919年12月25日"修业团"开年终俱乐会时,决定将旧章程全部推翻,进行改造。新大纲确定之后,修整后的学会更名为"唯真学会",宗旨是"本互助和奋斗的精神,研究学术,改良社会,以求人类的真幸福",主要观点是寻求真理,真理所在,即趋往之,由于寻求真理的关系,无形中倾向马克思主义和社会主义。唯真学会对社会问题和经济问题比较重视,其活动内容在清华校园各会(社)中,显得更深刻、更实际、更具可行性。学会组织会员创办平民夜校,参加生产劳动,深入到人力车工人、赶毛驴车的农民等最下层的劳动个体中调查研究,要求会员做到不抽烟、不喝酒、不嫖、不赌等"八不主义",《清华周刊》对唯真学会的活动给予"成绩很好,很勇敢"的评价,应该承认这也是当时学校层面给予唯真学会的评价。

唯真学会于1920年10月2日召开第一次常会,会员共6人——徐永煐、周先庚、梅汝璈、何永吉、冀朝鼎、施滉,施滉任会长。会议当天通过了以下事项①:

(甲)公认以后的"唯真"为品学互助的团体,作会员精神上的中心点——这是他们的新观念。

(乙)会务暂分为两种:

(一)会员实行行检上的互相砥砺。

(二)学问上之互相砥砺。

(丙)每礼拜开一次会。

1924年春,会长施滉与会友徐永煐趁寒假漫游粤滇,返校后学会在高等科学生接待室为两位接风,冀朝鼎为当晚主席,除两名会友外出辩论外,其余都列席会议。

清华学校对留美前的学生都要安排时间和资金让他们回家探亲或游览,1924年1月,施滉、徐永煐等利用这个机会南下革命策源地广州,向敬仰已久的李大钊和孙中山,寻求个人人生、中国革命前途、国家统一等重大问题的指点。

---

① 清华周刊第194期,1920年10月15日[M]//清华大学校史研究室,编.清华大学史料选编(第一卷).北京:清华大学出版社,1991:42.

2. "超桃"组织

1923年初,施滉、冀朝鼎、徐永煐、胡敦源、章友江、罗宗震、梅汝璈和女师大附中学生罗静宜8人,在唯真学会内部又成立了一个名叫"超桃"的秘密核心组织。"超桃",即超过桃园结义的意思。针对当时清华学生中"科学救国""教育救国"等思潮,"超桃"秘密宣誓要以"政治救国"。"政治救国"是通过政治途径来改造社会,是"超桃"的一项原则;另一原则是强调拥护孙中山,这是针对当时国民党党内许多人不尊重孙中山而发的。"超桃"是秘密组织,他们强调集体主义精神,有严格的纪律,大家拥护施滉为领导,"超桃组织"一直存在到会员大部分都参加了共产党为止。在短短的4年时间里,其成员组织参加了五卅运动,支援北伐战争,还组织了留美学生和华侨进行反对帝国主义、封建军阀等各种活动。特别是1923年秋,施滉被选为清华学校学生会会长后,"超桃"在清华各类学生活动中起着核心作用,使学校的学生工作出现了新局面。

1925年暑假,"超桃"成员徐永煐、罗静宜等陆续到达美国。同年9月,由施滉主持,在旧金山伯克利召开了"超桃"在国外的第一次会议。会议交流了国内五卅运动的情况和美国共产党、工人支持中国革命斗争的情况,分析了国内形势,把共产党和国民党的主张进行了反复对比,决定加入共产党。这次会议是"超桃"由爱国到追求共产主义的转折点,也是他们在认识上的一次飞跃。施滉、徐永煐等加入美国共产党,冀朝鼎1927年2月代表美国反帝大同盟参加在布鲁塞尔举行的全世界反帝大同盟大会时由廖焕星介绍加入美国共产党,他们成为中国留美学生中的第一批共产党员,于是成立了一个中国支部,由美共领导,施滉当选为美共中央中国局首任书记,随后"超桃"宣布解散("超桃"成员中,只有梅汝璈一人未加入共产党)。

3. 大江学会

大江学会的前身,是"通信小组"。1923年春,清华1921级和1922级留美学生中逐渐形成了两个通信小组。前者有闻一多、吴泽霖、罗隆基、钱宗堡、浦薛凤、沈有乾、何浩若等,后者有闻亦传(闻一多的堂哥)、时昭瀛、潘光旦、刘聪强、陈石孚、刘昭禹等。通信小组的主要活动是"互相通信,报告消息,讨论问题",以便"在这干枯孤寂的留学生活中加进一点新兴趣、新精神",同时体现"清华底合作精神"。通信团体的成立反映了留美青年学生对当时留学生颓唐风气的担忧，反映了当时这些留美学生的社会责任感和国家意识。

随着"一战"之后华盛顿《九国公约》的签订，形势趋于严峻，通信小组成员的内心也经受着剧烈撞击。因此，大家一致赞成建立一个组织，以保持青年学生的爱国传统。1923年6月14日，罗隆基、吴泽霖从威斯康星赶至芝加哥，就此事与闻一多、钱宗堡、刘聪强、何浩若、浦薛凤等交换了看法。起初，他们打算成立"新清华学会"，并商定在麦迪逊的夏令会上正式建立。

1923年9月9日下午，清华留美同学会中部年会在麦迪逊举行，闻一多担任书记，罗隆基、刘聪强、何浩若、浦薛凤、闻亦传、时昭瀛，以及刚刚抵美的1923级学生吴景超、孔繁祁等出席了这次会议。会议主题为"清华大改革案"，内容涉及改组清华董事会、组织清华基金调查委员会、校中中美职员同薪同待遇、教材应选择关于中国的材料、对清华驻美监督处意见、《清华周刊》改革等问题。① 上述讨论，为志同道合者建立新组织做了必要的准备，不过也许并非所有与会者都赞成成立团体，正式成立的组织没有用"清华"二字，而是定名为"大江学会"。一般意义上的"学会"专指学术研究而言，而大江学会则性质近于政治团体。

大江学会的代表人物是罗隆基、何浩若、时昭瀛、潘光旦、梁实秋、闻一多。会员多为1921、1922两级学生，1923级也有一些。冀朝鼎认为："他们标榜国家主义，反对马克思主义，反对苏联。由于讲国家主义的关系，也反对国民党，但就是不反对帝国主义，颇有点像曾琦、左舜生的青年党，但不完全一样。"②客观来看，这些青年知识分子的确是由于受到"外抗强权内除国贼"的激励，鼓吹国家主义。这些人提倡国家主义，是基于真诚热烈的爱国情绪，而非出自意识形态的分野。

虽然政治立场迥异，但唯真学会与大江学会都是清华法政学子针对当时国家积贫积弱的状态而做出的政治上的探索，是清华法政人民族责任感的彰显。

---

① 清华大改革案之本文[J].清华周刊第292、293期，1923年11月2日、9日.
② 清华甲子级访谈：冀朝鼎同志访问记录[EB/OL].2009. https://www.douban.com/group/topic/8774192/#7216879y3tpLmZ.

三、清华学生会"学生法庭"

清华学生会作为校内的学生自治组织,其发展经历了一个从无到有的过程,最终形成于五四运动之后。在清华学生会成立之前高等科已有学生法庭①,因而准确地说,高等科的学生法庭早于清华学生会存在,作为全校性"司法机关"的学生法庭则在清华学生会成立之后才逐步设立。

(一)漫长酝酿:作为学生会"司法机关"的学生法庭

1919年12月,清华学生会由"五四"期间清华学校各会、社组织起来的学生代表团更名而来。最初,清华学生会仅有评议、干事两部,其功能分别相当于"立法机关"和"行政机关",随着学生们自治意识的增强,以及三权分立思想的深入,频频有人呼吁在学生会内部成立学生法庭作为"司法机关",关于是否设立学生法庭的讨论遂逐渐热烈。

自1918年第133期《清华周刊》开始,就有孟宪承发表题为《学生法庭之真义》的评论文章,之后关于学生法庭的文章频见,比如陈念宗《学生法庭》②,动生《学生自治与学生法庭》③,王造时《学生法庭试行的研究》④,傅正《清华斋务处与学生法庭》⑤。1921年,罗隆基在就任学生会评议部的主席时发表演说《我的态度和主张》⑥,呼吁设立学生法庭。之后,学生们讨论的话题从是否需要设立学生法庭到应如何设立,更有关于学生法庭性质之深入分析,在校园内造出巨大声势。

(二)高等科学生法庭

尽管有一批推动学生法庭成立的积极分子,学生法庭的成立仍经历

---

① 校闻:学生法庭:校内现有组织高等科学生法庭之举[J].清华周刊第127期,1918年1月10日.

② 清华周刊第七次增刊,1921年6月[M]//清华大学校史研究室,编.清华大学史料选编(第一卷).北京:清华大学出版社,1991.

③ 清华周刊第七次增刊,1921年6月[M]//清华大学校史研究室,编.清华大学史料选编(第一卷).北京:清华大学出版社,1991.

④ 清华周刊第七次增刊,1921年6月[M]//清华大学校史研究室,编.清华大学史料选编(第一卷).北京:清华大学出版社,1991.

⑤ 清华周刊第246期,1922年5月5日[M]//清华大学校史研究室,编.清华大学史料选编(第一卷).北京:清华大学出版社,1991.

⑥ 清华周刊第七次增刊,1921年6月[M]//清华大学校史研究室,编.清华大学史料选编(第一卷).北京:清华大学出版社,1991.

了一些周折。"学生法庭章程,业经委员会逐条讨论通过。决定由评议部将草案提交大会通过后,始生效力。"①而 1920 年评议部的讨论结果则是多数认为根本不必有法庭,遂否决设立法庭原案。②

1921 年 6 月,《清华周刊》刊登《试办清华学生法庭的章程》③,计 32 条,均按实际法庭之结构及程序设计,先在高等科试行。法庭权限为"判决条件及拟定惩罚陈报本校校长",分初级及高级二庭,各以检察、审判二部构成,初级庭审判检察人员均由学生选举产生。初级庭受理案件包括高等科学生间争执、高等科学生违反本校校章事件由学生告发或由法庭检查部自行起诉者,不受理匿名控告。高级庭专受理所有不服初级庭判决而上诉案件,其审判人员改为由校长临时聘请教职员三人,其余由初级庭人员充任。

(三) 宣告成立

最终在 1922 年 3 月 23 日,学生法庭始宣告成立。清华学生会因 1922 年添设学生法庭而组织更为完备,"以全校而论,学生会俨如中央政府,评议部为立法机关,干事部为行政机关。而最大缺憾,则三权分立之自治,学生会尚少一司法机关。该会有鉴于此,于学生法庭,极力提倡,积极筹备,竟于本年三月二十三日告厥成功,而三权分立之自治,毕竟实现于清华。刻下学生会评议部有评议员四十八人。学生法庭采用新大陆司法制度。审判部用陪审制,现有审判员三人,检察部检察官三人。"④1923 年《清华周刊》刊载的《清华学校学生会章程》⑤,是当时实际运行的版本。章程规定"本庭采用单级审判制"(第四十一条),但根据后来《清华周刊》所记述学生法庭审判案件的实践,不服判决可提出复审。

---

① 清华周刊第 187 期,1920 年 5 月 7 日[M]//清华大学校史研究室,编.清华大学史料选编(第一卷).北京:清华大学出版社,1991.
② 清华周刊第 188 期,1920 年 5 月 21 日[M]//清华大学校史研究室,编.清华大学史料选编(第一卷).北京:清华大学出版社,1991.
③ 清华周刊第七次增刊,1921 年 6 月[M]//清华大学校史研究室,编.清华大学史料选编(第一卷).北京:清华大学出版社,1991.
④ 清华周刊 235-249 期,1922 年双四节特刊,1922 年[M]//清华大学校史研究室,编.清华大学史料选编(第一卷).北京:清华大学出版社,1991.
⑤ 清华周刊第 283 期,1923 年[M]//清华大学校史研究室,编.清华大学史料选编(第一卷).北京:清华大学出版社,1991.

(四) 小试牛刀：第一次开庭前后

学生法庭成立之后，旋即审理了张毓昆归校逾期一案。当时判案盛况空前，许多学生现场旁听。翟桓发表《旁听学生法庭第一次开庭后》，详细描述学生法庭初次审判的情况，指出学生法庭需要改进的地方。①

尽管这次开庭程序多有瑕疵，各部人员职责尚不熟悉，各种关系尚待厘清，但总体来说，这次开审是"学生自治"和"司法独立"观念的第一次实践，其标志性意义自不待言。

(五) 惨淡运行、逐渐消弭

学生法庭之成立一波三折，其运行则是困难重重。从其首次开庭起，改良学生法庭的声音便此起彼伏。

《清华周刊》第294期（1923年），施滉发表《今年的学生法庭》，介绍了该年学生法庭与以往不同的几个方面，例如陪审制改为审判制，还有人数、职权、检察部权限等的不同，并指出法庭有权但不影响自由。

《清华周刊》第九次增刊（1923年6月）刊载《学生方面一年来课外作业记》，文中说道："学生法庭：本学年学生法庭职员，迟至去年十一月初始行选出。审判部为施滉、张忠绂、冀朝鼎三君，检察部为李迪俊、胡毅、何鸿烈三君。"

学生法庭实际审理的案件在成立之初的一年内颇有几件，然时间一长，热情消退，学生法庭的处境每况愈下。《清华周刊》上关于学生法庭的报道也越来越少，1923年之后几乎没有，由此可见，学生法庭陷入困境。学生法庭历经波折，终因实行效果不佳而被取消②，可谓其兴也勃焉，其衰也疾焉。

四、《清华周刊》的创办

《清华周刊》于1914年春创刊，是学生自主主编的刊物，以"促进三育之进步，扩大清华之荣誉，培养完全国民之性格"为宗旨，内容含校闻、知识、学术与思想，包括言论、文苑与小说等形式。它为许多人文、学术和法

---

① 清华周刊第243期，1922年[M]//清华大学校史研究室，编.清华大学史料选编（第一卷）.北京：清华大学出版社，1991.
② 参见：锋.清华学生会的过去现在和将来.清华大学消夏周刊迎新专号[M]//清华大学校史研究室，编.清华大学史料选编（第二卷）.北京：清华大学出版社，1991：878.

政方面的领导人才提供了成长的平台。《清华周刊》的历届总编辑之中，有罗隆基、浦薛凤、梅汝璈、彭文应等法政人，主要撰稿人之中法政人亦占相当比例。1925年以后，《清华周刊》上更是大谈政治，法政人在其中更为活跃。法政人在清华留美预备期及留美读书时期发表于《清华周刊》上的文章，数量众多，内容广泛，有国文课程作业，有翻译的外国小说，但更多的是对当前局势的看法和政治评论意见，可谓早期清华法政人关心时局、敢言善辩的印证。

《清华周刊》也是当时师生讨论校务的平台，唐悦良、余日宣、陆懋德、燕树棠、胡道维、萧公权、王化成等在回校任教时期亦发表不少文章，或涉教学，或论时政，或为学术，如余日宣《清华课程问题的我见》、胡道维《多元政治论》、燕树棠《公道与法律》、萧公权《晋代反政治之政治思想》等。

五、爱国运动

美国原想通过"退庚款"这种方式"从知识上与精神上支配中国的领袖"，"使类似(义和团运动)的事件难以再生"。由于退还庚款受到严格监管均须投入清华学校，因而清华初期资金充足，教学条件优厚，这些都使清华成为当时国内高校中十分独特的一个，受到社会广泛关注，而这些关注中，对清华崇洋媚外的担忧和批评声音甚为强烈。无论外界如何质疑，清华学子的民族自尊心和爱国热情是不容置疑的，在历次爱国运动中，清华学子用实际行动诠释了知识分子对国家的责任。

（一）五四运动

1919年5月4日，五四运动爆发，北京城内十几所学校3000余名学生举行游行示威。五四运动由北大首先发起，清华由于地理位置等原因，参加得迟了一些。当日下午，城内消息传到清华，使得远离市区、偏僻闭塞的清华园沸腾起来，学生们义愤填膺，怒火中烧；当日晚，高等科二年级学生闻一多连夜赶写了岳飞的《满江红》并贴在饭厅门口，以表收复失地的决心。

次日，清华学生召开会议，当场一致通过了三件事：(1)与北京学生采取一致行动，宣布从即日起罢课；(2)组织成立"清华学生代表团"；(3)派代表与北京各校联络，互通声气。下午，各校学生在北大法科召开全体联合大会。清华派代表黄珏生等参加，并当场宣布："我校僻处西郊,(昨日)未及进城,从今日起与各校一致行动。"

7日,清华学生代表团正式宣布成立,当日出席代表共有57人。代表团负责的事务有组织游行演讲,派代表往各省联络,派代表会见各国公使,致电巴黎和会要求主持公道等。

9日,清华校园内挂半旗,各处电线杆上都贴着"勿忘二十一条!""还我青岛!"等标语。全体同学在体育馆举行了"国耻纪念会",会上决议通电巴黎和会的中国代表,要求拒绝签字。全体同学庄严宣誓:"口血未干,丹诚难泯,言犹在耳,中岂忘心。中华民国八年五月九日,清华学校学生,从今以后,愿牺牲生命以保护中华民国人民、土地、主权,此誓。"散会后,还在大操场上焚烧了校内的日货。

"五四"游行大示威后,城内高校很多学生领袖被反动当局逮捕。各校代表应清华学生代表团的邀请,聚集清华工字厅内开会,决定为了营救被捕同学和扩大"五四"影响,各校组织宣传队立即上街进行宣传活动。6月3日、4日,各校共出动了几千名学生上街宣传。清华同学也组织了"救国十人团"和18个宣传队(每队有5～10人)奔赴城内开展反帝爱国演讲。清华在6月3日有100余名学生进城演讲,40余人被捕;4日进城演讲人数增至160余人,被捕者近百人。学生的爱国运动获得北京人民和上海工人的支持,宣布罢市罢工,下午北京政府迫于压力同意释放学生。学生的运动一直坚持到6月8日。后来6月28日中国代表团拒绝在对德和约上签字,五四爱国运动胜利告一段落。

五四运动对于清华的震撼是巨大的。"五四"以前,清华学生的政治兴趣淡薄,五四运动中,同学们的热情空前高涨,尤以法政人最为积极活跃;当时,冀朝鼎带着一个小队到西城宣武内城绒线胡同附近演讲,被军警拘捕,送往北大三院,关了三天。"五四"以后,革命的火种在清华园悄悄点燃了。

(二)"三一八"惨案

天津大沽口事件后,日本联合英美等八国于1926年3月16日向北洋军阀段祺瑞执政府提出撤除津沽防务的所谓"最后通牒",激发了中国人民的极大愤慨。3月18日,北京群众五千余人,由李大钊主持,在天安门集会抗议,要求拒绝八国无理通牒。段祺瑞执政府下令开枪,当场打死四十七人,伤二百余人。清华学生参与了此次运动,并有学生丧生,令全体清华人愤怒。张彝鼎①以其亲历撰文特为记述：

十八日惨案之经过②

张彝鼎

国务院门口的惨剧发生以来，已经一周了。校内外人士或有不明了本校同学对该运动之经过情形者，特为专记述之于下：

十七日段宅的流血，本校学生初不之知，即次日的游行，亦直至十七日晚十时半，评议部主席黄仕俊始接到翠花胡同国民党党部通知的电话。当即摇铃召集评议会，通过参加国民大会，同时并通过"专对外不对内"的原则，如涉及对内问题，本校即单独行动。当时有人问及对内对外界说，评议部乃决定由每级举二人为临时代表团，解决临时事件。时干事部主席徐君敦璋请假，彝以总务科副科长代行职权，当即请干事部各科长及其他同学帮忙筹备一切，次晨并请定方君宗汉为总指挥。

十八日晨八时半，方君带领同学出校时，彝以传单未就，未能离校。九时始偕尤君家驹进城，直至天安门，时大队已先到矣。是日国民大会由徐谦主席，讲坛前挂血衣及青天白日旗等。惟是日到会人数不及前数次之多。主席报告开会宗旨并演说后，即有人报告先一日留学情形及段政府之可恶等等。同学中有以大会于昨日清华疑案不符质予者，予以此事应询代表主席黄君。后因将及十二时同学遂决定赴东车站用午餐。至东站后因电信尚未到，遂由大会通过先随大队请愿后，再到王府井大街同学会用餐。此时大队遂行，彝与二三人同学先赴同学会。

我等甫抵同学会，忽闻枪声连响不绝，盖是时惨剧已开始矣。急出门外，则见国民军大刀队往北飞奔，受伤者往南飞奔。枪声至十五六分钟后始停，而同学来者只有邹君邦梁等数人。后陆续逃来者前后约四五十人。据该君等报告谓，不知何故卫队忽然开枪，伤亡枕藉，情形惨不忍睹云云。

此时受伤同学大半赴协和，轻伤或未伤多陆续回校。是晚调查得结果如次：

---

① 张彝鼎，1928年留美预备部毕业，武昌行营侍从第五处秘书。
② 清华周刊第372期，1926年3月26日[M]//清华大学校史研究室，编.清华大学史料选编(第一卷).北京：清华大学出版社，1991.

韦杰三君(新大一)生殖器及腹部伤孔四。

丁绪淮君(高三)枪弹伤及肺部。

汪燕杰君(新大一)腿部受伤。

孟泰庄君(高一)腿部受伤。

黄仕俊君(大一)压伤。

何鸿烈君(高三)脚上踏伤。

当晚校中因评议部黄吴二主席均未返校,张君锐当选代理主席,次晨并通过反对惨杀案通电等案。并组织出席代表委员会,由包、张、汪、何、李等担任,专管大沽及惨杀两案,对外事件云。

旋黄君返校,同学中渐有表示不满者,此时条告满墙,颇有二年前反对改组董事会委员会五项原则之概云。二十日晚开大会,罢免评议会之议案,遂依法通过矣。有人解释法律,谓干事部为评议部产出,应随带罢免,亦经通过。临时举出委员黄、徐、温、王、汪、戚、程等七人,暂时负责。

自是日起学校已允停课一周以示哀悼。而新大一同学韦君杰三亦于二十一日晨一时,溘然长逝矣!呜呼痛哉!

在历次学生运动中,清华法政人皆积极奔走参与,虽难以计算其贡献,但以天下为任之担当已堪铭记于史。

第三节 校友列传①

清华"史前期"留美生没有在清华园校园生活的经历,清华学校留美预备部虽有教学活动,其中也列有法政课程,但无系统法政教育。这批法政人所受系统严格训练,大抵俱在留美期间,自然遵循美国各校之规则。因此,虽不可将这批法政人物的功业归之于清华的教育,然而如前所述,留美生之专业志趣、留美预备期校园生活之性情,在留美时期有相当延续,加之归国后多人曾任教清华及其他大学,其个体经验对于法政教育亦有重要贡献。而清华学子相互间基于母校情感的联系,多少影响了一代清华人的职业取向,其相砥砺携助多少体现于各自的人生轨迹之中,因此亦有必要对其间脉络加以措意。

---

① 参见:王振民,主编.法意清华[M].北京:清华大学出版社,2015:44-99.

1909—1929年自清华园赴美学习法政的庚款生,其中有百科全书式的人物胡适,传述之丰,自不必舌重复;负有盛名如萧公权、钱端升等,早已是学术研究的对象;向哲濬、梅汝璈等亦超越历史沉浮,为人们重新认识。于此以清华法政名义为传,虽限于史料,撰者仍期望可以约略勾画早期清华法政人群像,尤其无闻于经传却亲身推动历史事件者,亦希望能够展现其应当被记载的贡献。

为撰述及阅读之便利,以下循例分教育学术、政经、外交、司法、军事等类目,但需提请注意的是,此一时期清华法政人"专业"分野并不十分明确,且出于法政人对国家社会态势的敏感及责任感,其职业、事业、关注点总是应时而动,应事而变化。故此,本节之分类乃粗略划分,所依据者,亦人物行迹之主要方向而已。

一、教者列传

作为一时精英,留美生学成归国进入大学任教,是顺理成章的选择。早期清华法政人甫归国先入大学执教,再转入或兼任政经、外交等职业者,为数不少,亦有供职别处但长期或短期兼任大学教职者。本节所谓教者,乃以教育学术为业或为毕生主要事业者。以教育学术为业者,大多先后在多所大学执教,除抗战时大学南迁等原因外,当时大学选聘教授之自由、留洋归国学者之受重视,应为主要原因。早期清华法政人的从教足迹,覆盖了当时中国全部重要学府,如清华大学、北京大学、燕京大学、辅仁大学、中央大学、复旦大学、南开大学、光华大学、武汉大学、中山大学、东吴大学等。清华早期法政人的执教科目大多为法律、政治、经济等法政领域,个人学术兴趣亦着重于此。

限于史料,一些人物如孙浩烜、谌志远、严继光、余文灿、徐敦璋、崔钟秀、金通艺、翟楚等仅有一鳞半爪信息,其执教及学术研究详情暂不得而知。限于本书主旨、体例及篇幅,赴美学习法政而后转向文学、哲学、历史、工程等领域者,如刘寰伟、陆懋德、金岳霖等亦不加详述。以下仅依既有材料,以自清华毕业时间为序,略述早期清华法政人从教事迹。

(一)余日宣

余日宣(1890—1958),湖北蒲圻人。1913年毕业于清华学校后赴美留学,1917年获普林斯顿大学政治学硕士学位。历任武昌文华大学教授、天津南开大学教授暨教务长、北京清华学校(大学)教授暨政治学系首任系主任、国民政府军政部中校秘书、上海沪江大学文学院教授暨校长、复旦大学外文系教授等职,讲授公民学、比较法制、政治学及远东政治、政治科学与政府等课程。1926年秋清华大学成立政治学系,余日宣为首任政治学系主任。1928年6月,国民党北伐取得胜利,原由北洋政府控制的清华学校,转而归南京国民政府管辖。原校长温应星即向外交部辞职,外交部遂派余日宣代理校长,直至1928年8月17日由蔡元培等人大力举荐罗家伦接替。

1936年夏,时在沪江大学政治与历史系任教授的余日宣带领沪江"边疆问题研究社"部分成员远赴西安,面见张学良,向张学良宣传抗日救国。抗战胜利后,沪江大学于1945年10月1日正式复校。上海解放后,沪江大学的校务由余日宣、蔡尚思主持。后沪江大学部分并入复旦大学,余日宣遂任教复旦。他曾执教南开中学,民国时期上海市市长吴国桢以及新中国总理周恩来都是他的学生,但他虚怀若谷,从未宣扬。① 其著有《基督徒与集权国家》(香港青年协会书局,1939年)。

(二) 鲍明钤

鲍明钤(1884—1961),浙江余姚人。1910年入北京清华学堂,1913年毕业。经考试于1914年获中国政府公费赴美留学。1914—1918年在耶鲁大学读文科经济系,获学士学位,1918—1919年在哥伦比亚大学获硕士学位,1920—1921年在霍普金斯大学学习政治学,获政治学博士学位。此外他很重视神学,于1918—1919年在纽约协和神学院学习,1919—1920年在耶鲁大学宗教学院取得学士学位。

1922年冬鲍明钤回国,在天津南开大学教政治学。1923—1926年任北平师范大学英文系主任,后于北平大学法学院任政治系教授、主任。1932年赴菲律宾大学任教。1933—1936年任东北大学政治系教授。1938年在伪满"建国大学"任政治学教授。此后又到朝阳大学、辅仁大学、华北学院等校任教。1939—1945年,拒绝与日本侵略者合作,以生病为名在家休养。1946年6月10日,与符定一、陈瑾昆一起赴延安考察。

---

① 余日宣在沪江事迹,参见:金昌闾.绵绵情思谢沪江——为纪念母校百年华诞而作[N].沪江青年报,2007-10-22.

1947—1949年,于朝阳大学、辅仁大学等校兼课,其间,因同情学生运动,曾一度被捕,经亲属营救后出狱。1952年,全国高等院校院系调整,政治学专业被取消,英语课也为俄语课所取代,故赋闲在家。1961年年底病故。著有 Modern Democracy in China(《中国民治主义》)等。

(三) 杨永清

杨永清(1891—1956),中国教育家、外交家,为东吴大学首任中国籍校长。字惠庆,浙江镇海人,生于江苏无锡。1909年,毕业于东吴大学,随即任教于清心中学和东吴大学附属中学。1914年,杨永清获得清华大学选派资格,赴美国威斯康星大学留学,1918年获法学学士,1919年获文学硕士。在美国留学期间,杨永清曾担任《中国学生月刊》的主编,1917年出任美国中国学生会会长。

1922年,杨永清被举荐为东吴大学的副校长,但未能成行。1927年,杨永清出任东吴大学校长,为东吴大学校史上第一任中国籍校长,直至1952年院系调整东吴大学并入江苏师范学院。杨永清就任东吴大学校长以后,励精图治,东吴大学取得了较大发展。抗日战争期间,东吴大学的内迁工作亦由杨永清主持。1945—1946年,杨永清曾先后就职于美国旧金山联合国国际秘书处和英国伦敦联合国国际秘书处。在1947年东吴大学欢迎杨永清回国的集会上,他说:"永清有三件一直不能忘怀的事——祖国、母校东吴和青年。"

在服务东吴大学之前,杨永清有一段值得称道的外交生涯。1919—1922年,杨永清在中国驻英公使馆担任随员秘书,同时兼任国际联盟第一届大会中国代表团秘书和华盛顿太平洋裁军会议中国代表团的秘书。1922—1927年,杨永清曾就职于外交部,担任秘书和条约司等职务,负责起草取消不平等条约的照会,是顾维钧的得力助手。

作为享有国际声誉的学人,1935年,应美国夏威夷大学、埃默里大学、杜克大学、鲍登大学的邀请,杨永清出任上述美国大学的客座教授,主讲中国文化,其讲稿结集为《学道爱人》(英文),在美国出版。[①]

[①] 参见:中国英美法学教育的摇篮(一)[EB/OL]. http://www.lawsz.cn/dongwu/xuetong/200612/280.html;杨永清:东吴首任华人校长[N]. 姑苏晚报,2010-04-11.

（四）燕树棠①

燕树棠(1891—1984)，字召亭，河北定县人。1914年毕业于北洋大学法科，1916年通过清华专科考试赴美，入哈佛大学、哥伦比亚大学、耶鲁大学学习，1917年获得哥伦比亚大学法学硕士学位(L.L.M.)，1920年获得耶鲁大学法理学博士学位(J.S.D.)。

归国后，燕树棠曾担任北京大学法律学系教授暨系主任，武汉大学法律学系教授暨系第一任主任(燕氏曾三入武大，皆任系主任)，清华大学法律学系、政治学系教授暨法律学系第一任系主任，西南联合大学法律学系教授暨系主任、系教授会主席，主讲国际私法、国际公法、宪法、法理学、民法概论、民法总则等课程。法学杏坛，燕氏堪称奠基者之一。

传道授业的同时，燕氏积极入世，国民政府期间曾兼任中央法制局编审、宪政实施协进会会员、监察院监察委员、第一届司法院大法官、联合国教育科学文化组织中国委员会第一届委员、中华民国法学会编辑委员会委员等职务，负责起草了《中华民国民法》亲属编草案，参与《中华民国宪法》草案之修改、讨论。

作为民主爱国人士，燕树棠以法为剑，反抗威权暴政。1926年"三一八"惨案发生后，其有状告段祺瑞之举；1945年抗战结束后的反内战运动中，其是《国立西南联合大学全体教授为11月25日地方军政当局侵害集会自由事件抗议书》的八名起草委员之一；在"一二•一"惨案发生后，其为联大法律委员会委员之一，对包括云南省前警备司令关麟征、第五军军长邱清泉在内的涉案人员提起诉讼。

1949年后，燕树棠在武汉大学法律系编译室、武汉大学图书馆工作，并兼任湖北省政协委员、湖北省政协政治学习小组副组长、中国对外文化协会武汉分会理事、中国政法学会理事会理事等职。1984年2月20日去世，享年九十有三。

燕树棠笔耕不辍，著有论文、时评与书评多篇，其著述经后人整理编辑，以《公道、自由与法》之名刊行（清华大学出版社，2007年）。

---

① 关于燕树棠学术思想，参见：陈新宇.法治的恪守者——燕树棠先生的生平与思想[J].华东政法大学学报，2009,(4)：3-9.

(五)华秀升[①]

华秀升(1895—1954),名时杰,蒙古族,云南玉溪人。1908年考入北京清华学校,在清华1917年百米赛跑中取得了10.04秒的成绩,超越了当时的著名运动员潘文炳,这个成绩也是民国初年全国的最好成绩,直到1926年才被打破。1919年赴美留学,先后入密苏里大学、哥伦比亚大学学习政治经济,获学士、硕士学位。毕业回国后,1924年被聘为东陆大学教授兼文科主任,同时兼任高等师范学校校长和美术学校校长;1928年任东陆大学副校长、代理校长。华秀升在主持东陆大学工作期间,对学校机构实行重大改革,东陆大学面貌一新,受到教育界赞赏。

1931年日本侵占东北的消息传来,华秀升领导东陆大学师生于当年恢复了1928年因抗议日本出兵山东而组织的救国会,在师生中组织义勇军进行军事训练,把正准备出版的学术性刊物《东大月刊》改为《东大特刊·抗日专号》出版,亲自写了刊头语,阐明出专刊的目的是"拿笔杆子来尽我们当国民的义务"。1933年,他被任命为云南省审计处处长、会计处处长,抗日战争胜利后任云南省财政厅厅长。

1948年,中统密电缉拿严办在财政厅供职的中共地下党员李绍基、张亚民,华秀升得知这一消息后,不畏风险,立即派人密告他们两人迅速离开昆明,使二人免遭逮捕。昆明解放前夕,朋友们劝他出国,他毅然留在昆明,并积极拥护和支持云南省政府主席卢汉和平起义。

(六)钱端升[②]

钱端升(1900—1990),字寿朋,1900年2月25日生于上海,1917年考入北京清华学校,1919年被选送美国北达科他州立大学,后入哈佛大学研究院深造,24岁获哲学博士学位。

钱端升"以教书为业,也以教书为生",但亦关心时政,在时评领域占有一席之地。作为政治学、法学教授,1924年归国后,钱端升先在清华讲授政治学、宪法学。1927年,任教于南京中央大学,1930年,钱端升回清华政治学系任教并兼任教北大,1934年再度前往南京中央大学。抗日战

[①] 参见:施律.云大第二任校长华秀升在云南首先推行学分制[N].生活新报,2006-04-16.
[②] 关于钱端升学术及生平,参见:赵宝煦,等,编.钱端升先生纪念文集[M].北京:中国政法大学出版社,2000.

争爆发后,钱端升参与筹建西南联大法学院,于辛勤教学外,撰写有关国际时事的论文和学术研究专著,积极参加加强抗日统一战线的活动。1937—1949年,钱端升四次应邀赴美国参加学术会议和讲学;其中,1947年10月至1948年,钱端升任哈佛大学客座教授,讲授"中国政府与政治"。1948年回国后于北京大学任教,被选为第一届中央研究院院士。1949年5月,被任命为北大法学院院长。1952年院系调整,钱端升参与北京政法学院筹建并担任首任院长。

作为时评家,钱端升1927年在《现代评论》杂志连续发表论述,强烈要求废除"领事裁判",归还租界;并主张吸取西方经验,建立完善的中国行政系统。1934年,继任天津《益世报》主笔,数月间发表议论170篇,针砭时弊,后被迫去职。钱端升在1947年之后还是储安平主编的《观察》杂志的撰稿人之一,写了不少"抨击国民党的法西斯统治"的文字。

除了坚持学术报国、言论救国之外,钱端升亦以实际行动参与救国、建国大计。1937年卢沟桥事变后,南京国民政府特意派出胡适、张忠绂和钱端升三位北大教授,赴美、英、法等国宣传抗日,争取各方的援助,到1938年才返回国内。1949年后,兼任外交学会副会长、对外友协副会长、世界和平理事会理事、外交部顾问,致力于新中国法制建设。1954年,钱端升被聘为全国人大宪法起草委员会顾问,参加新中国第一部宪法的起草。

1957年,钱端升被错划为"右派",迫离讲坛。1974年,出任外交部国际问题研究所顾问及法律顾问。"文革"结束后,被选为第六届全国人民代表大会常务委员会委员、法律委员会副主任委员等职,主编法律学丛书。1990年1月21日病逝。

钱端升撰有《法国的政治组织》(1930年)、《德国的政府》(1934年)、《法国的政府》(1934年)、《比较宪法》(1938年)、《民国政治史》(1939年)、《战后世界之改造》(1943年)、《中国政府与政治》(英文版,美国哈佛大学出版社,1950年)等学术专著,合著有《比较宪法》《民国政制史》等。

(七)陈复光[①]

陈复光(1898—1960),字勋仲,清华学校1920级留美生,在哈佛大学

---

① 参见:谢本书.著名学者陈复光与中俄关系史研究[J].云南社会主义学院学报,2000,(1):43-46.

获得外交史及国际法博士学位(1923年)后,赴欧洲考察。回国后,先后在清华大学、燕京大学任教,同时兼任北京政府司法部所属法权讨论会秘书。1928年,陈复光到黄埔陆军军官学校任教官。1930年回到云南,被聘为东陆大学教授,主讲各国政治,兼任云南全省公路经费委员会委员,抗战期间任陆军第三十八军特别党部筹备委员会常务委员。

陈复光的《有清一代之中俄关系》(云南大学文法学院,1947年)被学界公认为1912年至1949年间中国研究清代中俄关系史的最高成就。《有清一代之中俄关系》一书不但在当时首屈一指,在今天看来也有较高的参考价值。

(八) 萧公权[①]

萧公权(1897—1981),原名笃平,自号迹园,笔名君衡,江西泰和人。1920年,自清华毕业,后赴美留学,就读于密苏里大学新闻专业和康奈尔大学哲学系。1926年取得康奈尔大学博士学位后回国,先后在南开大学、东北大学、燕京大学、清华大学等校任教。抗战爆发后,迁成都,任教于四川大学、成都燕京大学、光华大学,抗战胜利后继续在光华大学及四川大学任教。1948年,当选为中华民国第一届中央研究院院士。1949年年底赴美出任西雅图华盛顿大学教授,1968年循例退休。1981年11月4日萧公权先生逝世于美国西雅图寓所。

其博士论文《政治多元论》,经恺德林教授(George E. G. Catlin)介绍,由伦敦著名出版社出版,并列为"国际心理学哲学及科学方法丛书"之一;《宪政与民主》,为其自1932年移讲清华大学起,至1948年去国前止,撰写的一系列发表于国内的著名报章与杂志上的政论文字,共22篇;《中国政治思想史》,被南京国民政府教育部审定为"部定大学用书";《中国乡村》(英文),获美国学术团体协会"人文学术奖";《问学谏往录》为回忆录;另有《康有为变法与大同思想研究》(英文)等。其著述经其弟子汪荣祖先生辑成《萧公权全集》,共计9册。

(九) 沈乃正

沈乃正(1899—1970),浙江嘉兴人,1921年毕业于清华学校,随即赴

---

① 萧公权之生平及学术思想,参见:萧公权.宪政与民主[M].北京:清华大学出版社,2006.

美留学,1923年获印第安纳州立大学国际公法学士学位,1927年获哈佛大学哲学博士学位。回国后先后担任南开大学政治系教授,国立清华大学政治学系教授,浙江大学政治系教授兼主任。沈乃正在抗战时期任军官团上校教官、内政部民政司科长、上海市政府参事等职。1949年赴台后回归大学,在台湾大学法学院政治学系担任教授。著有《美国政党》《比较政治制度》《法国地方政制》等。

(十) 王世富[①]

王世富(1901—?),字善赏,福建闽侯人。清华学校留美预备部毕业,赴美国留学,获威斯康星大学政治学博士学位。国民政府期间历任教育部部聘国立编译馆简任编译,《中国评论周报》专任编辑,国立北平师范大学、燕京大学文学院历史系教授,厦门大学、河南大学政治学教授。

1930年秋,王世富受聘为厦门大学法学院政治学教授,先后开设过比较政制、世界政治、远东外交史、世界外交史、政党论、外交学、外交程式、国际政治概论等课程,同时还兼授国际公法。1931年2月,王世富被推举为校务会议委员;1932年8月,接任政治学系主任一职;之后还兼任过学校学业助进委员会主席。王世富在厦门大学任教期间,不仅承担了繁重的教学任务,而且还热心参与学生的课外活动;1931年,法学院学生发起成立了国际关系学会,王世富任指导教授。

1934年夏,王世富北上受聘为河南大学政治学教授,后又兼任河南省政府及绥靖公署合办国际政治研究班导师。因河南省主席刘峙推荐,任中国驻土耳其大使馆秘书。

抗日战争胜利后,厦门大学四处延聘名师,发展校务。为此,王世富于1945年12月重回厦门大学,再次受聘为法学院政治系教授,但一年多后又离校他就。于"文革"中逝世。

(十一) 潘大逵

潘大逵(1902—1991),四川开县人。1924年毕业于清华学校并赴美留学,获得斯坦福大学政治学学士学位,威斯康星大学政治学硕士学位。

---

① 王世富生平主要资料参见:何凤山.外交生涯四十年[M].香港:香港中文大学出版社,1990:713;张建智.文博玩家——王世襄传[M].台北:秀威资讯科技股份有限公司,2010:94-95.

其间于1928年春到诺威齐陆军大学特别班学习军事。

1930年回国后,潘大逵先在暨南大学兼课,后任上海法学院专职教授兼政治系主任、江西中正大学法学院教授、云南大学教授、重庆西南法学院教授兼政治系主任、重庆大学政治系教授及法学院院长,讲授政治学、政治思想史、欧美宪法史、外交史等课程。潘大逵一生钟爱教育事业,离开讲坛后仍保持与教育的密切联系,晚年还应邀讲授比较宪法课程,并担任一些大专院校的名誉职务,如四川大学法律系名誉主任、西南财经大学法律系名誉主任等。

潘大逵在实际政治斗争中亦多有作为。1935年参与发起上海文化界救国会,为负责人之一,并于次年参加全国各界救国联合会。1937年与宋庆龄、何香凝等签名发起"救国入狱运动"。1943年参与筹建昆明民盟组织,1944年被选为中国民主政团同盟中央委员。1946年,任《民主周刊》社长,抨击投降主义,宣传抗日民主。

1949年以后,曾任西南军政委员会文教部副部长,民盟中央委员会委员、民盟四川省委员会主任委员、民盟中央参议委员会副主任,四川省第一、四、五届政协副主席,第一、五、六、七届全国人大代表,四川省文史研究馆馆长,中国政治学会顾问,中国法学会宪法学研究会顾问等职。1991年6月26日于成都逝世。

潘大逵主攻政治理论、思想、历史和宪法,著有《欧美各国宪法史》、《中国宪法史纲要》、《近代政治思潮》、《风雨九十年——潘大逵回忆录》(成都出版社,1992年)等。

(十二)林同济[①]

林同济(1906—1980),笔名耕青,福建福州人。16岁毕业于北京崇德中学。1926年毕业于清华学校,后赴美留学,在密歇根大学攻读国际关系和西方文学史,获学士学位,1930年获加利福尼亚大学伯克利分校政治学硕士学位,1933年获该校政治学博士学位。1930—1932年在加州大学和奥克兰米尔斯学院任讲师,讲授中国文化史。1934年回国,任天津南开大学政治学教授,1937—1942年任云南大学文法学院院长,1942—

---

① 林同济学术思想参见:许纪霖.紧张而丰富的心灵:林同济思想研究[J].历史研究,2003,(04):100-110.

1945年任北碚复旦大学比较政治学教授。

在抗战时期,与雷海宗、贺麟等创办《战国策》半月刊,在《大公报》上开辟《战国副刊》,探索民族救亡图存之道,形成了颇有影响的"战国策派"。

1949年后任上海复旦大学英语及西方文学教授,成为颇有影响力的莎士比亚专家,曾经翻译多部莎氏著作,但只有《哈姆雷特》手稿保留下来。1980年在美国讲学期间因心脏病发去世。

主要著述有《时代之波》、《日本对东三省之铁路侵略：东北之死机》、《文化形态史观》、《丹麦王子哈姆雷的悲剧》(译著)、《天地之间：林同济文集》等。

(十三) 张汇文[①]

张汇文(1905—1986),号叔海,山东临朐人。小时候念私塾,14岁进北京汇文中学,17岁考入清华大学,1928年留学美国,在斯坦福大学先后获公法政治系学士、硕士、博士学位。回国后先后在南京中央大学、南京国立政治大学任教。在中央大学时,创办刊物《是非公论》。

张汇文1931年被选为美国斯坦福大学Pi Sigma Alpha荣誉学会会员,并得到"金钥匙"奖。1943—1947年应聘担任英国剑桥大学交换教授。1944年被选为英国科学法律协会Atheneum的名誉会员。此间,代表中国出席在伦敦举行的联合国教科文组织关于社会科学的筹备会议。1947年在上海创办了《上海英文自由论坛报》,任主笔、总经理。1949年5月,张汇文以国民党立法委员身份与其他52位立法委员联合发表宣言,拥护中国共产党。新中国成立后,张汇文先后在东吴大学法学院、复旦大学法学院、上海社会科学院法学研究所任教授等职。

张汇文在政治制度、国际法等领域有很高的学术成就,著有《公法概念与行政管理效率》《儒家的有效管理理论》。20世纪70年代末张汇文较早地恢复了国际法方面的研究,1979年参加《辞海》定稿,担任国际法学分科的主编。

自1956年起,张汇文历任上海市第二、四、五、七届人大代表,第七

---

① 参见：上海社会科学志编纂委员会,编.上海社会科学志[M].上海：上海社会科学院出版社,2002.

人大常委会委员兼政法委员会副主任；上海市历届政协委员及第二、三、五、六届政协常委兼法制委员会副主任；中国国民党革命委员会中央委员和上海市委员会副主任委员；中国国际法学会副会长；上海市法学会副会长、顾问；上海市国际关系学会理事；上海社会科学院学术委员会委员、华东政法学院学术委员会委员；上海国际问题研究所教授、顾问；上海社会科学院法学研究所教授、顾问。

（十四）何孝元

何孝元（1896—1976），字达峰，闽县人。早年入清华学校学习工程学。1916年赴美深造，研究英美契约法，获哥伦比亚大学政治学士学位、芝加哥大学法学博士学位。1929年，回国任山东省特别法政大学教授。后到上海持志大学、法政大学、大夏大学任教授近20年。

1950年，任台湾省立地方行政专科学校法学教授；次年，兼司法行政科主任。1955年，该校改制为法商学院，任法律系主任。1961年，学校并为中兴大学，他仍主系务。3年后，兼校法学研究所主任。另在台湾大学、政治大学、辅仁大学兼授课程。

何孝元治学严谨，精通英、日、法、德等国语言，悉心研究英美法学和中国古代民刑律例，推崇法理学和罗马法。著有《民法总则》《民法债篇总论》《中国债法与英美契约法之比较》《工业所有权之研究》《英美侵权行为法概述》等10多种著作。

二、政经列传

从事政治经济领域工作，至今仍是法政人职业选择的主流。早期清华法政人投身政经领域，有四种情形：其一为执教大学者响应政府号召，投身行政、外交等国家急需人才的事业，可称学者入仕；其二为留学归国直接进入政经领域或经历大学短暂教职随即从政，可称直入政坛；其三为作为社会活动家以组织政治团体、积极论政等方式参与政治；其四为进入银行、商会、公司等经济实体服务。

民国时期学者入仕之动机，大抵出于书生报国之理想，法政人所学政治、法律、经济诸学，固然可以通过执教大学培育英才以贡献国家，但更为直接的方法，则是亲身从政发挥所学。入仕学者之心声，由蒋廷黻一番话可观大略。1935年12月，清华大学历史系主任蒋廷黻应蒋介石约请，担任行政院政务处长。蒋廷黻说:"我之离开清华,并不是由于失望,而是因为当时国内的局势日渐恶化,对日抗战已不可避免,因而应政府号召参加抗战实义不容辞。"当时的知识精英在抗战救亡的背景下,投身政界从此与权力发生联系,实际上是对国民政府的抗战在理性上的一种认同。

早期清华法政人以学者入仕者,有浦薛凤、陈之迈、王化成、沈乃正、刘师舜、何杰才、何义均等。

直入政坛者,有卓越如张福运者,"显赫"如吴国桢者,亦有被他人故事湮没如王赓者。在1937年《清华同学录》"经历"一栏中,供职政府者远多于执教大学者。当时学者入仕尚未成风气,直入政坛实为早期清华法政人在那个国家危机深重年代的第一选择。

以组织政治团体、积极论政等方式参与政治的,有罗隆基、王造时、彭文应等,其与闻政治的源头可追溯至求学清华学校时期。

服务经济实体者,1937年《清华同学录》中有司徒尧(香港广东省银行香港分行经理)、李达(汉口中央银行经理)、薛学海(无锡商会执行委员,无锡豫康纱厂整理委员会、庆丰豫康等厂董事)、徐也箴(上海飞运公司)、余曹济(开封四省农民银行行长)、钟可成(上海中国营业公司)、李赓昌(天津开滦矿务局北平分局经理)、沈麟玉(上海中央银行),惜乎资料匮乏,其详情不得而知。

另有作为经济学家、国际活动家的红色革命家冀朝鼎,抱"政治救国"之信念,为信仰而奋斗,其传奇处又不与众人同。

限于所掌握史料,仅于下文略表部分早期清华法政人在政治经济领域活动情形,仍以自清华毕业时间为序。

(一) **张福运**[①]

张福运(1890—1983),山东福山人。1910年考取清华庚款留美预备班后,1911年赴美国哈佛大学学习,成为第一位就读于哈佛大学法学院的中国人。1917年获哈佛大学法学士学位。

回国后,张福运任教于北京大学,教授国际法。后入北京政府交通部

---

① 参见:程麟荪,张之香,主编.张福运与近代中国海关[M].上海:上海社会科学院出版社,2007:1-13.

和外交部工作,历任交通部航政司司长等职,曾担任中国代表团秘书,参加华盛顿"国际限制海军军备会议"。1922—1925年间担任交通大学(北京)校长。

1927年应哈佛同窗、国民政府财政部部长宋子文之邀,担任国民政府财政部首任关务署署长兼国定税则委员会委员长。在张氏的殚精竭虑之下,截至1933年,中国完全收复了关税自主权。同时,通过改革海关行政管理体制,张氏在不影响中国海关正常运行的情况下,成功地实现了其国有化,为中国海关正本清源做出卓越贡献。其后曾在全国经济委员会、中国国防供应公司等处工作,担任联合国大会中国代表团的法律与经济委员会代表,后再任国民政府关务署署长兼国定税则委员会委员长。1949年赴美供职于亚洲学会。1983年逝世于旧金山寓所。

张福运对母校事务甚为热心,1920年曾与薛桂轮、梅贻琦、蔡正、黄凤华等组织了一个清华幸福委员会,致力于清华和清华同学会之发展。1988年,张福运逝世5年后,他的女儿张之香和她的丈夫共同在哈佛大学法学院创办了"张福运基金会",致力于发展中国的法学教育和研究。

(二) 卫挺生

卫挺生(1890—1977),字申父、琛甫,号经野,湖北枣阳人。1911年考取清华留美预备班,随后在美国密歇根大学、哈佛大学攻读文理、政治经济、银行财政等科,1916年获哈佛大学政治经济学士,1918年获哈佛大学工商管理硕士(MBA),通汉语、英语、法语、德语、俄语、日语六种语言。1920年回国后,于南京高师任教,参与筹办国立东南大学。次年赴北京任美国人端纳所办"经济讨论处"英文撰述员,后任中国银行总管理处秘书,并在燕京大学、朝阳学院、盐务学校兼课。

1927年,南京国民政府成立,卫挺生任关务署税科长,同时在交通大学兼课。次年10月,出任立法院立法委员,设计《财政管理法》,起草《公债法》《预算法》《会计法》《统计法》《公库法》《决算法》等一系列财政法规。1938年6月,任湖北省政府委员。卸任湖北省政府委员后,卫挺生专任立法委员,代理法制委员会委员长及烟专卖局副董事长,同时兼任复旦大学经济系主任、中央政治学校计政学院教授。其间主持起草《公司法》,参加了《土地法》与《宪法》的起草和讨论修改。1943年春,卫挺生草拟《地方税捐条例》,意图废止杂税杂捐。1944年,卫挺生以中国财政代表团顾问身份出席在美国召开的国际平准基金协会,经力争,中国当选为该会常务理事国,得以在国际金融组织长期保持"四强"之一的地位。

1948年卫挺生赴香港,在华侨学院、香港书院、新亚书院、珠海书院讲学,1949年到台湾大学图书馆进行徐福东渡事研究,著《徐福入日本建国考》(香港商务印书馆,1950年)。1953年11月飞往马尼拉市,在菲律宾大学任教授。1956年8月,卫挺生赴美国哈佛大学植物标本馆,从事药用植物资料的翻译工作,并利用该馆藏书,致力于学术研究。1977年5月在美国加利福尼亚病逝。

著有《穆天子传考》《山海经今考》《徐福入日本建国考》《驺衍子今考》《南美三强利用外资兴国事例》《欧战中英法美之金融》《战时财政》《财政改造》《中国主计制度》等。

(三)戴恩赛

戴恩赛(1896—1955),原籍广东长乐,生于香港。早年就读于上海圣约翰大学。1914年毕业于清华留美预备学校,入美国哥伦比亚大学学国际法,获哲学博士学位。1918年回国,任广东军政府外交部秘书、政治组组长。1921年任梧州市政厅长,与孙中山次女孙婉结婚。1923年10月任陆海军大元帅大本营财政部梧州关监督兼外交部特派广西交涉员。为孙中山遗嘱证明人之一。此后历任广东治河督办、驻巴西公使等职。1946年任翠亨中山纪念中学校长。1955年1月16日在澳门病逝。

戴恩赛对文物收藏的兴趣,使得他成为孙中山家族文化遗产的守护者,由他多年精心保存的孙中山家族文物1700余件于2008年由其养女司徒倩捐赠深圳博物馆。①

(四)何杰才②

何杰才(1894—1969),又名其伟、仲慈,上海颛桥人。1915年自北京清华学校毕业后公费留学美国,先后入哈佛大学、耶鲁大学、哥伦比亚大

---

① 参见:刘莎莎.解密民国第一家庭[N].深圳特区报,2010-06-24.
② 据《上海地方志》之上海县志第三十二篇人物[EB/OL]. http://www.shtong.gov.cn/node2/node4/node2250/shanghai/node54197/node54199/node63622/userobject1ai52049.html.

学,获国际公法学硕士学位。旅美期间,曾任《留美学生月报》总编辑、《共和月报》社长、留美经济学会会长、中国驻美使馆随员、太平洋会议宣传处股长等职,著有《中日条约论》《英日同盟论》《山东问题之解决》等英文著作。1922年回国,在北京从事新闻工作,任《英文日报》总主笔,《英文世界晚报》总经理兼总主笔。1924年入政界,曾任北京政府交通部秘书、国务院秘书、外交部机要处主任等职。1927年国民革命军到达上海后,于3月任上海市绘丈局局长兼上海市代理交涉员。次年3月,任国民政府外交部第三司司长。此后离开政界,长期赋闲于上海家中。1930年,一度执教于上海交通大学等大学。新中国成立初期,在光华大学任教二年,因患病离职,1969年病逝。

（五）谢保樵

谢保樵(1896—1960),广东南海人。1919年毕业于清华学校,后赴美国留学,入霍普金斯大学学习经济、政治,1923年获哲学博士学位。回国后,历任北平法政大学、交通大学、天津北洋大学及广东大学教授,国民政府外交部、交通部及财政部科长,武昌土地局局长,汉口第三特别区主任,浙江卷烟税局副局长,江苏烟酒税局局长,中国国民党中央党部国际宣传委员会委员,铁道部秘书及中国航空公司秘书等。1931年任广九铁路管理局局长。1933年1月,任立法院编译处处长。1948年4月,任驻泰国全权大使,1950年3月离职。

1944年5月17日,"中外记者西北考察团"一行21人赴延安等抗日根据地考察,6月9日抵达延安,时任国民党外事局副局长的谢保樵为团长。①

（六）吴国桢

吴国桢(1903—1984),字峙之、维周,湖北建始人。1914年考入天津南开中学就读。自南开毕业后,吴国桢就读北京清华学校,1921年毕业后前往美国留学,在格林内尔学院获得经济学硕士学位之后,于1926年获得普林斯顿大学政治学博士学位。

1926年回国之后进入政界,曾任汉口市土地局局长、财政局局长,1928年出任湖北省财政厅厅长,1932年出任汉口市市长,1939年出任重庆市市长。1942年,重庆大隧道惨案发生,吴国桢被免职。1943年,吴国

---

① 参见:张伟.史海回眸:中外记者参观团访延安[N].环球时报,2002-11-18.

桢出任外交部政务次长,1945年出任中国国民党中央宣传部部长。1946年2月至1949年3月任上海市市长。

1949年去台湾,担任"台湾省主席"等职。其间,吴国桢致力于推动地方自治、农业改革,允许某些地方官员职位由普选产生,并试图减少滥用警权。1953年4月,因与蒋氏父子政见不一,以健康欠佳为由辞职,与妻子前往美国,受聘于《芝加哥论坛报》担任远东问题顾问。

1954年吴国桢在美国 Look(《展望》)杂志用英文发表了一篇旨在给美国人看的名为《在台湾你们的钱被用来建立一个警察国家》的文章,批评台湾在蒋氏父子专制独裁的统治下,利用美国人的钱,建立一个毫无人权保障的警察政府,史称"吴国桢事件",随后蒋介石明令撤销其政务委员职务、开除其国民党党籍。① 1966年,吴国桢于美国佐治亚州萨凡那阿姆斯特朗大学任东方历史和哲学教授,直到退休。在美国期间,吴国桢著有《中国的传统》(Chinese Heritage)等。

(七)浦薛凤

浦薛凤(1900—1997),号逖生,生于江苏,14岁考入北京清华学校,完成中等科和高等科学业。1921年赴美留学,先就读于明尼苏达州的翰墨林大学,以政治学为主科,哲学为辅。毕业后,浦薛凤赴芝加哥大学读暑期学校,选读近代欧洲史。留美5年,获翰墨林大学学士学位、哈佛大学硕士学位、翰墨林大学法学博士学位。

浦薛凤回国后,历任清华大学政治系教授兼系主任、《清华学报》编辑、北京大学教授。1933年夏,去德国柏林大学进修。抗战爆发后,由西南联合大学转赴重庆进入政界,历任国民政府国防最高委员会参事,行政院副秘书长。1949年后,在我国台湾历任政治大学教务长兼政治研究所所长,"教育部"政务次长,"台湾省政府"秘书长,台湾商务印书馆总编辑。1962年移居美国,任桥港大学教授,纽约圣若望大学教务长。1997年,于美国病逝。

作为学者的浦薛凤是研究西方近现代政治思想史的权威,曾创立"政治五因素论",用于阐释和研究政治现象;其专著《西洋近代政治思潮》曾被列入商务印书馆"大学丛书",在学术界具有持久的影响力。另著有《现

---

① 参见:陈正茂."吴国桢事件"始末[N].南方都市报,2010-12-24.

代西洋政治思潮》《政治论丛》《政治文集》《浦薛凤回忆录》等。

(八) 赵锡麟

赵锡麟(1900—1979),字仁溥,四川荥经人。1923年毕业于北京清华学校,随即留学美国,在哥伦比亚大学、霍普金斯大学学习政治、经济,1931年获博士学位。国民政府期间曾任全国经委会专员兼土地委员会专员、四川造币厂厂长。抗战期间担任过国民党中央训练团教官。1949年以后被中国人民银行聘为专门委员。1979年辞世。

(九) 罗隆基

罗隆基(1896—1965),字奴生,江西安福人。1913年考入北京清华学校,1921年赴美留学,先后入威斯康星大学和哥伦比亚大学攻读政治学。后赴英国伦敦政治经济学院求学,并获得政治学博士学位。

罗隆基在五四运动时即为清华学生领袖。回国后,罗隆基任教于上海光华大学,其主要活动一直是发表政论以及组织和参与政治团体等政治事务。1928年罗隆基创办《新月》杂志并担任主编。后因发表反对国民党一党专政的言论而被捕。"九一八"事变发生后,罗隆基在上海各大学公开演讲,主张抗日。1931年与张君劢等组织再生社,出版《再生》杂志。1932年1月担任《益世报》社论主笔,兼任南开大学政治系教授。皖南事变后,罗隆基积极参与发起创建中国民主政团同盟,任中央常务委员兼宣传部部长。他和张澜、沈钧儒等民盟参政员一起,支持中国共产党参政员,拒绝出席国民参政会,同时宣布脱离国社党,并赴昆明西南联大任教。他在昆明主持创建民盟昆明支部,任主任委员,积极推动昆明抗日运动的开展。

抗日战争胜利后,罗隆基全力从事民主运动。1949年9月,他以中国民主同盟代表的身份出席中国人民政治协商会议第一届全体会议。罗隆基历任中华人民共和国政务院政务委员、森林工业部部长、政协全国委员会常委、第一届全国人民代表大会代表、中国人民保卫世界和平大会宣传部长,民盟中央副主席等职。

1957年,罗隆基被错划为"右派"。1965年12月7日,因心脏病突发去世。1986年10月24日,中国民主同盟中央在全国政协礼堂三楼大厅隆重纪念罗隆基先生90周年诞辰,肯定了罗隆基先生的革命贡献,认为他是知名的爱国民主人士和政治活动家。

罗隆基是当代重要的人权理论家,主要著作有《人权论集》《政治论文集》和《斥美帝国务卿艾奇逊》等。①

(十)翟桓

翟桓,号毅夫,安徽芜湖人。1923年毕业于清华学校随即留学美国,回国后,曾任江苏常熟县县长、金坛县县长。1945年任国民政府教育部秘书,1947年10月任安徽省政府委员会委员兼教育厅厅长。后任国民政府教育部次长。

(十一)梁朝威

梁朝威(1900—1975),广东开平人。1924年毕业于清华学校,随后赴美留学,在斯坦福大学及霍普金斯大学攻读政治学,1930年获博士学位。回国后先后任国民政府中央军校第四分校(广州分校)政治特别班教官、中华民国立法院立法委员。

(十二)冀朝鼎

冀朝鼎(1903—1963),号筱泉,笔名动平,山西汾阳人。1916年考入北京清华学校,1919年参加五四运动,在"六三"大宣传中被捕。参与组织校学生自治会,任评议部委员,成立唯真学会,编辑出版《清华通俗周刊》,并组织工读团。1924年赴美国留学,于芝加哥大学攻读历史学,并于1928年获芝加哥大学法律博士学位(J.D.)。在美期间,曾任《芝城侨声报》编辑、大学国际学生会委员长及会计、芝加哥中国留学生会会长。

1927年前往欧洲出席世界反帝、反殖民主义大同盟大会,经与会的中共代表团介绍,加入中国共产党。不久参与组织美国共产党中央中国局,任委员,兼《先锋报》编辑。1929年被派到美国,参加美共《工人日报》和美共中国局的工作,创办《今日中国》和《美亚杂志》。同时继续攻读经济学,获得哥伦比亚大学经济学博士学位。

1941年回国,被中共组织派到国民政府从事经济工作。② 先后任平准基金会秘书长、国民政府外汇管理委员会主任、中央银行经济研究处处长,并兼任圣约翰大学、暨南大学商学院教授等。

---

① 关于罗隆基的人权理论和法哲学思想,参见:喻中.罗隆基和他的法哲学[J].炎黄春秋,2010,(7):55-60.
② 这一经历参见:山旭.冀朝鼎.经济学家在"潜伏"[J].瞭望东方周刊,2009,(35).

抗日战争胜利后任中央银行稽核处处长。他利用合法身份和经常接近国民党要人的机会，为中共中央提供了许多重要经济情报，为解放区购买医药器械，掩护许多地下党员工作。1948年到北平任"华北剿总"经济处处长，曾数次与傅作义商谈和平解放北平的问题。

中华人民共和国成立后，历任中国国际贸易促进会副主席兼中国人民银行副董事长、中国拉丁美洲友好协会副会长等职，创办并主持贸促会研究室工作。曾多次率外贸代表团赴西欧访问和举办展览，被誉为"中国最干练的经济学家"。他是我国仲裁事业的先驱者，主持筹备建立对外贸易仲裁委员会和海事仲裁委员会。他在贸促会法律部建立商标注册业务，是我国最初的知识产权业务。

冀朝鼎也是一位出色的外交家。在他的斡旋下，我国对外关系有了很大的发展。1963年8月8日，正准备出访阿尔及利亚的冀朝鼎因突发脑溢血，晕倒在办公室，次日中午去世。

冀朝鼎著有《中国历史上的基本经济区与水利事业的发展》（英文版，*Key Economics Areas in China History*，1936年）。

（十三）王造时

王造时（1903—1971），祖籍江西安福，原名雄生。1917年考入北京清华学校中等科，1919年参加五四运动，曾两次被捕入狱，后任清华学生会评议会主席。1925年8月，自清华毕业后，留学美国威斯康星大学攻读政治学，1929年6月获政治学博士学位，8月到英国任伦敦经济学院研究员，主要研究国际政治。

王造时1930年经苏联回国。同年受聘担任上海光华大学文学院院长兼政治系主任，教授。1931年"九一八"事变后，创办《主张与批评》半月刊，后又创办《自由论坛》杂志。同时，王造时参与发起组织上海各大学教授抗日救国会，参与发起组织中国民权保障同盟，担任同盟的宣传委员、执行委员。1933年11月，他参加了"闽变"[①]，发表《为闽变忠告当局》宣言，公开了他的抗日主张。1935年年底，参与组织上海文化界救国会并担任执行委员。1936年王造时出任上海文化界救国联合会宣传部长，主

---

① 1933年11月20日，李济深、陈铭枢、蒋光鼐、蔡廷锴等人以国民党第十九路军为主力，在福建发动抗日反蒋事件，又称"闽变"。

持《上海文化界救国会会刊》和《救国情报》,主张停止内战,一致对外。1936年6月,全国各界救国联合会成立,他被选为执行委员、常务委员。同年11月被国民党政府逮捕,为著名的"七君子"之一员。抗战期间,王造时曾担任江西省政治讲习院教育主任兼教授,在江西吉安创办《前方日报》,并被聘为国民参政会参政员。抗战胜利后在上海创办自由出版社,同时兼任私人法律顾问。

上海解放后,王造时积极参加爱国民主运动,是著名的爱国人士。自1951年起,王造时任复旦大学历史系教授、世界史教研室主任。1971年9月王造时因病逝世。

著有《荒谬集》《世界近代史》;译有黑格尔的《历史哲学》,摩瓦特的《近代欧洲外交史》《现代欧洲外交史》,拉铁耐的《美国外交政策史》,拉斯基的《国家的理论与实际》《民主政治在危机中》等。另有遗作若干,收录在叶永烈编《王造时:我的当场答复》一书中(中国青年出版社,1999年)。

(十四)彭文应

彭文应(1904—1962),江西安福人。1917年考入留美预科清华学校。在清华求学期间,担任过《清华周刊》总编辑、学生评议部部长,参加了五四运动。1925年赴美国留学,在美国威斯康星大学攻读政治学,获学士学位;后又至哥伦比亚大学深造,获政治学硕士学位。

1932年回国后,在上海法学院、光华大学担任教授,并担任王造时主编的《主张与批评》《自由言论》杂志的主要撰稿人,发表了《社会主义之路比较可通》《剿民乎?剿匪乎?》等文章,主张中国走社会主义道路,曾资助过在上海从事地下工作的周恩来。1935年,彭文应参加上海各界救国会。1938年参加宪政协进会和民主同志会等组织,曾担任《民主》《宪政》半月刊主编。上海沦陷后,彭文应赴江西,任《前方日报》主笔,在此期间,曾任江西省政府临时参议会参议,省立永修高级农林学校校长,南昌大学教授、总务长等职。

抗战胜利后,彭文应回到上海,任上海临时大学教授,由沈钧儒、沈志远介绍加入中国民主同盟,并积极投入民主运动,1947年民盟被国民党政府宣布为"非法组织"而解散时,彭文应出任民盟上海市支部地下组织主任委员,领导民盟上海地下组织进行民主斗争。

上海解放后,彭文应在民盟中央一届四次全会上被选为中央委员。

后历任民盟上海市支部临工委副主任委员,民盟上海市支部第一、二届副主任委员,民盟上海市第三届委员会副主任委员;并任上海各界人民代表会议第一、二、三届代表,上海各界人民代表会议协商委员会第二、三届常委,第一届上海市政协常委。1962年12月15日病逝。1989年民盟中央召开"纪念彭文应诞辰85周年座谈会",高度评价了彭文应的一生,"彭文应先生的一生是爱国的,进步的"。

(十五)张彝鼎

张彝鼎(1902—1992),号鉴秋,山西灵石人。1928年毕业于清华留美预备部,后入芝加哥大学,1929年获哲学学士学位,翌年获硕士学位。1933年于哥伦比亚大学获国际公法博士学位,其博士论文《条约之司法解释》(The Interpretation of Treaties by Judicial Tribunals)在学术界评价颇高,广为西方学者所引用。张彝鼎在美期间加入中国国民党。

于1935年任国民政府军事委员会委员长侍从室秘书,1936年任国民党中央政治会议法制专门委员,1937年当选为制宪国民大会代表,1938年任国民党中央政治学校国际法教授、第八战区副长官部政治部主任,1945年任绥远省政府委员兼建设厅厅长、行政院善后救济总署晋绥察分署署长,1947年任国防部新闻局、政工局副局长。

1949年赴台。1992年2月8日逝世,享年90岁。

张彝鼎的主要著作有 The Interpretation of Treaties by Judicial Tribunals(剑桥大学出版社,1933年)、《战时法律概要》(1938年)、《行政学概论》(1965年)、《中外人权思想之比较》(1981年)、《鉴秋忆往录》(1981年,与俞士英合编)、《国际法论集》(1986年),主编《云五社会科学大辞典——四、国际关系》(1971年)。张彝鼎力主国家统一,宣传一个中国思想。

三、外交列传

或者由于延揽"学养优越"者入仕之传统,又或者因为政府希望借由学人的加入提升其威望及能力,1919—1949年间,相当一批大学教授或学界名流,以学人身份介入外交事务,任外交官。清华法政人之中,先有唐悦良,其后又有甘介侯、刘师舜、杨光泩、段茂澜、时昭瀛、王化成、李迪俊、张忠绂、陈之迈等。而自清华留美学习法政,回国后直入政界,担任外交官或有外交事务经历的也有若干，如张国辉（曾任中华民国外交部秘书、武汉国民政府外交部特派福建交涉员）、邓宗瀛、刘驭万、卢廷英（曾任国民政府外交部情报司科员）、刘家骐（曾任职国民政府外交部欧美司）、沈惟泰（曾任国民政府外交部专员）、张启贤（曾任国民政府外交部情报司编译专员）、邹邦梁（曾任职驻苏联新西比利亚中国领事馆）等。

关于此时期外交官的人员构成等，学者多有研究，无须赘述。对新中国初期外交事业多有贡献者如徐永煐，反而鲜为人知，需特别说明。本节仅以既有资料，略叙早期清华法政人介入外交领域者之努力及贡献，当然他们并非职业外交官，因而其在教育、学术等领域的贡献亦请读者留意。

（一）唐悦良

唐悦良（1888—1956），字公度，广东中山人，其堂叔是清末民初著名政治活动家、外交家唐绍仪。唐悦良毕业于上海圣约翰大学，1909年考取游美学务处第一批留学生，与梅贻琦、金邦正、秉志、王士杰、胡刚复等同赴美国留学，入耶鲁大学，获教育学学士学位，旋复入普林斯顿大学研究院，获政治学硕士学位。

归国后，唐悦良曾任教于燕京、辅仁、师范、清华、北大等学府，担任过清华大学法学院讲师。

唐悦良可能是清华毕业生中最早进入外交部工作之人，1919年在中华民国外交部任职，后任驻古巴公使馆三等秘书，1921年任中国出席华盛顿会议代表团编纂、研究远东问题专员。返国后，任农商部秘书、内政部秘书。1925年任西北督办公署外交署长，1927年历任国民革命军第二集团军总司令部外交处处长、国民政府外交部特派河南省交涉员。1928年3月，任外交部常任次长，5月30日，唐悦良暂代外交部部长，11月复任外交部常任次长。1936年任行政院冀察政务委员会外交委员会委员。1945年8月，任北平市外事处处长，办理各国驻北京外交使节事物，并任北平行辕主任李宗仁的英文翻译。

"七七"事变后，唐悦良一家暂时避居天津英租界，王揖唐（后为华北敌伪高官）曾当面劝说其出任敌伪职务，为其所拒。在政界任职期间，唐悦良曾主持选派留苏学生的工作。1949年后，唐悦良加入九三学社，并受聘为中央文史馆馆员，1956年逝世。

（二）邓宗瀛

邓宗瀛(1892—?)，江西高安人。1911年考取清华第三批庚子赔款赴美留学，先后就读于威斯康星大学、哥伦比亚大学，1916年获政治学硕士学位。回国后即任职于外交部。1925年起，任驻秘鲁公使馆秘书兼理总领事、外交部秘书。1934—1937年间出任驻马尼拉总领事。

邓宗瀛任驻马尼拉总领事时，菲律宾医师考试局再度采取严厉措施取缔中医。该局根据中文报纸登载的中医广告拘捕三名中医，撤掉十余处中医诊所招牌。中医不得不纷纷藏匿避难。邓宗瀛遂亲往菲总督府交涉，最终考试局局长有条件地接受中医在菲律宾的存在。①

（三）甘介侯②

甘介侯(1896—1984)，江苏宝山人。1920年毕业于清华学校，随即赴美国留学，于威斯康星大学、哈佛大学攻读政治学，1926年获哲学博士学位。

1927年任武汉国民政府外交部秘书，未几升任秘书长，一度代理外交部部长；同年11月，任江汉关监督兼特派湖北交涉员。1928年后，任第一方面军外交处处长。广州国民政府成立后赴粤，任第四集团军外交处处长。1932年1月，任南京国民政府外交部常务次长；同月辞职，其后任外交部驻广东、广西特派员，1936年5月辞职。1938年6月，被选为第一届国民参政会参政员。1940年12月，被选为第二届国民参政会参政员。

抗日战争结束后，1946年任北平行辕顾问。后在美任新泽西州大学教授多年。退休后住纽约，仍被新泽西州大学聘为名誉教授。1984年11月10日在纽约病逝。

（四）刘师舜

刘师舜(1900—1996)，字琴五，江西宜丰人。12岁考入北京清华学校，1920年赴美留学，先后就读于霍普金斯大学、哈佛大学、哥伦比亚大学，获得国际公法学士及硕士学位、哲学博士学位。1925年回国，先后任

---

① 郑洪,陆金国. 海外中医的崎岖之路[N]. 南方都市报,2010-06-12.
② 刘国铭,主编. 中国国民党百年人物全书[M]. 北京：团结出版社,2005；李宗仁,口述. 唐德刚,撰写. 李宗仁回忆录[M]. 桂林：广西师范大学出版社,2019.

清华大学教授,国民政府外交部司长,政务次长,首任驻加拿大公使、墨西哥大使,驻联合国代表等职。1996年8月3日病逝于美国加州普林斯顿镇,后改葬于纽约。

刘师舜虽然身在国外,却无时不眷恋祖国,惦念故乡。1986—1994年,刘师舜特寄自己的《传略》以及其他著作史料,为家乡江西宜丰县志、年鉴、图书馆资料等尽力。

主要译著有:英译《中诗选辑》、陈立夫《四书道贯》、吴趼人《二十年目睹之怪现状》、《唐宋八大家文选》,改译《四书》《中诗续辑》等,中译英诗《沙场寻父行》;著作有《出使加拿大回忆》等。

(五) 刘驭万①

刘驭万(1896—1966),湖北宜昌人。1912年入武昌文华学校,1916年考入北京清华学校,曾被推为清华学生会评议委员会主席。1920年赴美留学,先后获欧柏林学院文学学士学位、威斯康星大学政治学硕士学位,并在哈佛大学研究院做研究。1924年年底返国,为全国基督教青年协会学生干事,旋又改派为基督教武汉青年会总干事,并兼任华中大学教授。

1929年被聘为全国建设委员会总干事。翌年被任命为浙江省建设人员养成所训育主任,旋升所长。1931年"九一八"事变发生,被聘为太平洋国际学会中国分会干事,1933年升执行干事,迄1946年。其间,曾先后任国民政府铁道部及交通部总务司帮办兼人事科科长及经济部物资局昆明办事处处长。

1945年6月,奉派为驻日盟军总部中国代表;同年11月,任驻汉城公使衔待遇兼任总领事,甫一年加公使衔。1948年8月,特派为驻韩国大使衔外交代表,兼任联合国驻韩国委员会中国首席代表,并曾充任该委员会主任委员。1966年6月7日,因心脏病猝发逝世。

(六) 杨光泩②

杨光泩(1900—1942),浙江湖州人。少年时考入清华学校高等科,

---

① 刘国铭,主编.中国国民党百年人物全书[M].北京:团结出版社,2005.
② 刘国铭,主编.中国国民党百年人物全书[M].北京:团结出版社,2005;《浙江通志》编纂委员会,编.浙江通志[M].杭州:浙江人民出版社,2019.

1920年赴美留学,先后获科罗拉多大学文学学士、普林斯顿大学政经学硕士、国际公法哲学博士学位。1924年毕业后在中华民国驻美使馆任随员、三等秘书,并任《中国学生月刊》总编辑,还曾任教于乔治城大学、华盛顿美国大学。1927年回国,在清华学校任教。

1928年2月,任南京国民政府外交部情报司副司长兼外交委员会主任委员。1929—1933年,出任中国驻英国伦敦总领事及驻欧洲中国特派员。1933年回国,创办世界电讯社并任社长。其后又曾担任外交部华北各省总视察,上海英文《大陆报》经理、总编,中国驻欧洲新闻局伦敦、巴黎总部负责人等职。1938年,出任中华民国驻菲律宾总领事。1942年日军攻占马尼拉后,杨光泩与驻马尼拉总领事馆其他七位外交官一同被捕,杨光泩大义凛然,气节不屈。日军于4月17日将杨光泩等八人杀害。

1945年杨光泩等八位外交官忠骸移葬南京雨花台。1948年旅菲侨胞为纪念杨光泩烈士,在菲律宾华侨义山建立了一座上镌"效忠成志"的纪念碑,还有以他名字命名的光泩路和光泩小学。1989年12月2日,国务院民政部颁发了杨光泩革命烈士证书,并在南京市菊花台公园修复了烈士墓和烈士纪念馆。

(七) 段茂澜

段茂澜(1899—1980),字观海,祖籍安徽合肥,生于济南。1911年入济南德文学堂,后入天津南开中学。后考入北京清华学校,1921年毕业后赴美深造。先后在美国威斯康星大学、纽约大学及哥伦比亚大学研修西洋文学及政治经济,获博士学位。后赴法,在巴黎大学及法国学院进修。

1925年,其族叔段祺瑞任中华民国临时执政,派徐树铮出国考察各国政治,适逢段茂澜在巴黎,经段祺瑞特荐,段茂澜辅佐徐树铮前往英、德、俄、美、日等12国考察。1928年段茂澜返国,同年12月任天津电话局局长,兼在南开大学教授法文及德文。1936年入国民政府外交部,初任秘书兼交际科长,后升任美洲司司长、驻英大使馆公使。1945年抗日战争胜利后,调任驻马尼拉公使兼总领事。

1936年12月3日,中日政府间自"九一八"事变以后唯一一次、长达一年之久的谈判完全破裂。南京国民政府以日本人参与绥战为由,断然采取了导致谈判破裂的行动,这对于抗日救国的民族大业是有利的。而此次谈判中方所依据的正是绥远抗战百灵庙大捷后,时任外交部秘书段茂澜奉命收集的日本卷入绥远战争的证据。①

(八) 时昭瀛②

时昭瀛(1905—1958),字怡清,湖北枝江人。1922年毕业于清华学校,随即留美。1923年入美国明尼苏达州立大学就读,两年后授学士学位,随即进哈佛大学法学院,专攻国际法,1927年获法学硕士学位,是年冬取道英法等国游学,一年后归国。

1929年夏,时昭瀛应聘任国立武汉大学法律系副教授,后升任教授;1934年,应驻苏联大使蒋廷黻之力邀,赴莫斯科任一等秘书,一年后升参事衔一秘,开始其一生的外交官生涯。1937年奉调离俄返国接任外交情报司长,次年外放驻加拿大首府渥太华总领事,1941年改调南非约翰内斯堡总领事(兼管南非事务)。抗战胜利后,时昭瀛申请回部服务,1947年,复任情报司长,兼任外交部发言人。

在当时的外交官中,时昭瀛的英文也是数一数二的,梁实秋的《雅舍小品》最早由时昭瀛译为英文,1960年台湾远东出版公司印行中英文对照本,使梁实秋散文的影响达至北美及东南亚。

(九) 王化成

王化成(1903—1965),江苏丹徒人。少年入清华学校读书,1923年毕业,负笈入美研习国际法。先后获明尼苏达大学学士学位(B. A.)、芝加哥大学博士学位(Ph. D.)。1927—1928年在哈佛大学专研国际公法。

早在1924年,王化成便自美致函母校建议改设大学和增设中国社会科学。1927年更参与组成了清华文科课程委员会讨论会。1928年9月甫一归国,即入清华大学政治学系任教授,后历任系副主任、代理主任,国立西南联合大学政治系教授,主讲国际公法、国际关系、国际组织、条约论等课程,并著有《现代国际公法》一书,成为清华大学法政教育的中坚力量。其学生王铁崖、陈体强等日后均成为国际法名家。

1939年,国民党设立最高国防委员会,王化成于3月应邀就任参事。

---

① 刘凤茹,高现朝.试论绥远抗战对蒋介石内外政策的影响[J].时代人物,2007,(12):126-127.

② 李绍盛.被遗忘的外交干才时昭瀛[N].世界日报,2006-07-08.

1942年5月至1947年,出任外交部条约司司长。抗战胜利后任联合国战犯调查委员会委员。

(十)李迪俊

李迪俊(1901—1981),字涤镜,湖北黄梅人。1923年毕业于北京清华学校。后赴美国留学,入威斯康星大学,获政治学博士学位。旋为芝加哥大学、哈佛大学研究院研究员。回国后任中央政治学校、中央大学兼职教授。1930年起任职国民政府。1932年任外交部秘书。1933年任外交部情报司司长。后任《时事月报》主任编辑。1939年5月,任驻古巴全权公使。1942年1月,兼驻哥伦比亚、委内瑞拉全权公使。1943年7月,兼驻多米尼加全权公使。1947年3月,任驻土耳其全权大使。著有《英国选举比例运动史》《孙中山先生政治学说》。

(十一)张忠绂

张忠绂(1901—1977),湖北武昌人。1923年毕业于清华学校,后留学美国,获哈佛大学硕士学位、霍普金斯大学博士学位。历任国民政府驻美公使秘书,东北大学、南开大学、北京大学政治系教授,《外交月报》总编辑,外交部参事,中国出席旧金山联合国大会代表团顾问、办事处主任。1937年曾与胡适、钱端升出访欧美寻求国际上对中国的同情与支持,乃一时众人瞩目之民间外交活动。1977年在美国病逝。

张忠绂为民国时期研究国际问题的著名学者,其在学术研究、政论和外交实践等各方面,都卓有建树。在对外交的学术探研方面,张忠绂一反陈说,提出了"弱国也有外交"的论断。著有《中华民国外交史》《欧洲外交史》。

(十二)徐永煐[①]

徐永煐(1902—1968),江西赣州人。1924年毕业于清华学校,1925年赴美国留学。在清华时,与同学冀朝鼎、施滉等组织"唯真学会""工读团",并亲身实践"耕读主义",主张清华毕业后"留国"一年再出国学习。

在美期间,徐永煐先后进芝加哥大学读法律、历史,入哲学暑期班,又在威斯康星大学、斯坦福大学读过经济学,但未拿过任何学校的学位。而在此期间"主持""创办""主编""主笔"及参与编辑的报刊名目,共有6种:

---

① 徐庆来,编著.徐永煐纪年[M].北京:中央文献出版社,2011.

《革命》("中山学会"会刊)、《国民日报》(时为国民党左派报纸,后被右派夺走)、《先锋报》("美洲华侨反帝大同盟"机关报)、《共产》(美共中央办的中文杂志)、《救国时报》(由巴黎迁来的中共报纸)、《华侨日报》(纽约华侨洗衣馆联合会报纸)。

1926年年底,徐永煐加入"美国人民反帝大同盟"。1927年加入美共。1927年初夏,在美共中央指导下,徐永煐和施滉等创建了中国局,隶属中央委员会,接受设在旧金山的美共第十三区委员会具体领导。徐永煐自此领导旅美华侨左翼运动逾20年,直至1946年回国。第二次世界大战时期,徐永煐在太平洋学会任研究员,该学会曾极大影响了美国舆论和政府对华政策。

从1945年开始,徐永煐受命主持并亲自参加翻译毛泽东著作,至20世纪60年代初,完成《毛泽东选集》1—4卷英译。从1947年开始,徐永煐先后作为中共中央外事组编译处处长、天津及上海市外事处处长,参与了新中国外交事业的初创。1954年徐永煐调入外交部政策委员会,1955年任外交部美澳司司长,1959年11月起任外交部顾问,1964年5月被任命为中国人民外交学会副会长,兼党组书记。1968年9月9日逝世。

(十三)陈之迈

陈之迈(1908—1978),广东番禺人。1928年毕业于清华大学留美预备部,随即赴美留学,就读于美国俄亥俄州立大学(历史)、哥伦比亚大学(公法),1933年获哥伦比亚大学哲学博士学位。

回国后先后任教于清华大学、北京大学、南开大学、西南联大及中央政治大学。曾与蒋廷黻等人创办《独立评论》社和《新经济》半月刊,是"独立评论派"的重要代表人物之一。历任国民政府行政院参事兼第一组主任、驻美大使馆参事、中国出席联合国善后救济总署副代表、中国出席国际紧急粮食理事会委员、联合国粮农组织中国代表等职。1949年赴台后,陈之迈一直致力于弘扬中华文化。1958年5月在马尼拉创建"菲律宾华侨华人宗亲会的联合机构"。1960年,陈之迈在澳洲国立大学内发表英文学术演讲,以"中国山水画的黄金时代"为题,阐释唐代山水画的魅力。1978年退职,同年病逝。

著有《中国政制建设的理论》(商务印书馆,1939年)、《政治学》(正中书局,1943年)、《中国政府》(商务印书馆,1945年)、《蒋廷黻的志事与平生》(台湾传记文学出版社,1967年)、《天主教流传中国史》(台湾 Wisdom Press,1976年),译有《欧洲近代战争小史》(独立出版社,1940年)。

四、司法列传

早期清华法政人曾任职司法机构者,有陆守经、梅汝璈、向哲濬、张国辉、乔万选、曾友豪等,梅汝璈、向哲濬因东京审判载入史册,其余诸君也有事略见诸各地方志。

曾执行律师职业者,则有黄宗法、姚永励、刘世芳、何孝元、赵泉、石颖等,据1937年《清华同学录》,黄宗法、赵泉在平津执行律师职务,姚永励、刘世芳、何孝元、石颖在沪执行律师职务(法律事务),王造时亦有一段律师经历。何孝元仅有曾于上海正明法律事务所任职的记载,其身份或许更倾向于学者。限于资料,赵泉执业情形不得而知。

虽资料有限,毕竟律师业乃法政人应然之主要就业领域之一,当尽力呈现早期清华法政人执行律师职务情形。以下先依自清华毕业时间之序,叙述任职司法者之事略;再略述诸律师情形。

(一)陆守经

陆守经(1881—1946),字鼎生,号达权。早年曾赴日留学。1911年考取清华留美预备班,赴美留学,在威斯康星大学学习政治,获博士学位。回国后任欧美学生会主席及留美学生会主席。后历任国民政府司法部主事、厦门公审会堂堂长、江苏及上海审判厅厅长、淞沪护军使秘书长等职。亦曾任清华、燕京、南京等大学教授。[①]

(二)张国辉[②]

张国辉(1893—1968),字光甫,号传薪,福建邵武人。1911年从福州格致中学考取清华学堂留美预备班,1913年赴美国留学。获美国哥伦比亚大学法学士、文学硕士学位,芝加哥大学法律博士学位。素有"闽北第一博士""闽北第一留学生"之称。

张国辉回国后,曾任北洋政府外交部秘书兼北京中国大学英文教授、

---

① 据《陆士谔年谱》,陆士谔为陆守经长兄,上海世博会期间因媒体广泛报道其1910年所撰《新中国》一书而为世人关注。田若虹.陆士谔年谱[J]. 明清小说研究,2002,(3):119-138.

② 参见:侯利标《私立时期厦门大学法学教师传略》,见厦门大学法学院网站。

特派调查福建烟苗专员、武汉国民政府外交部特派福建交涉员、南京国民政府特派厦门交涉员兼财政部厦门海关监督。1927年10月间,张国辉辞去政府公职,受聘厦门大学法科教授,任教不久,即北上担任国民政府中央特种刑事临时法庭审判员。1928年12月转任司法院参事,直至1932年4月。其间还应聘兼任国立中央大学教授。

1933年张国辉参与"闽变",12月"闽变"失败后,张国辉前往越南,避居岳父家中多年,并创办强华学校,自任校长。同时,应邀担任中华学校国文、英文教员。1940年,张国辉曾一度返回上海,从事律师业务。其时,汪伪政权以公使职相邀,张拒绝,被迫再赴越南。1946年冬,张国辉经香港回国,并加入民盟组织。次年应聘广州岭南大学历史系教授,积极参加爱国民主运动。1949年秋离校前往北京参加新中国开国大典。

1950年秋,张国辉从华北革命大学政治研究班毕业后,前往哈尔滨担任松江省人民法院审判员,后调任东北人民政府司法部宣传调查员,再转任福建省高级人民法院审判员。1952年秋离职,后任福州大学历史系教授,直至1958年。1960年赴广东南方外语专科学校任教,1961年春回乡休养,并被聘为邵武县政协委员。1967年年末,张国辉被诬陷为"资产阶级反动学术权威",遭到游街批斗,1968年7月3日病逝。

著有《中国外交史》(商务印书馆)一书。

(三)向哲濬

向哲濬(1892—1987),湖南宁乡人。1910年考入清华学堂的前身游美肄业馆,1917年从清华学校毕业后,赴美国耶鲁大学学习,1920年获得文学学士学位,同年进入耶鲁大学法学院学习,1922年获美国国会图书馆奖学金,同年转入乔治·华盛顿大学法学院,1925年获法学学士学位。1925年秋回到中国,担任北京大学、北京交通大学、河北大学法律系以及北京法政大学教授。从1927年起,向哲濬又先后出任国民政府司法部和外交部秘书、最高法院检察署首席检察官和最高法院湘粤分庭首席检察官、苏州地方法院院长、上海第一特区地方高等法院首席检察官。

1945年抗日战争胜利后,远东盟军总部在组建国际军事法庭的过程中,向中国政府要求派遣一位精通英语、有英美法和国家法知识背景的法官。中国政府决定选派向哲濬出任此职。但向哲濬考虑到起诉惩治战争罪犯,检察官的责任可能更为重大,故他推荐了同样清华大学出身、有着英美法知识背景、精通英语的师弟梅汝璈出任法官,自己则担任了检察官一职,并且在组建富有战斗力的中国检察组、广泛收集各个战犯的罪证方面做出了巨大贡献,出色地完成了自己的历史使命。

1948年年底,东京审判结束后,向哲濬回绝了国民党政府赴台湾的邀约,先后在上海大夏大学、东吴大学担任大学教授。1952年院系调整后,又先后在复旦大学法律系、上海社会科学院担任法律教学和研究工作。1960年担任上海财经学院教授兼外语教研室主任,1965年退休。向哲濬于1987年8月31日逝世,享年95岁。

(四)梅汝璈

梅汝璈(1904—1973),字亚轩,江西南昌人。1924年清华学校毕业后赴美国留学,1926年在斯坦福大学获得文科学士学位,并被选入"怀·白塔·卡帕荣誉学会"。1926年夏至1928年冬,梅汝璈在芝加哥大学法学院攻读法律,并获得法学博士学位。在此期间,曾与同学施滉、冀朝鼎等以实际行动积极响应国内北伐革命。

1929年春回国后,梅汝璈先后在山西大学、南开大学、武汉大学、复旦大学等校任教,还担任过国民政府内政部、立法院等政府机关法律方面的职务。

第二次世界大战结束后,受国民政府派遣,梅汝璈于1946—1948年代表中国出任远东国际军事法庭法官,参与了对20世纪30至40年代发生于亚洲和太平洋地区的大规模侵略战争负有主要责任的日本战争罪犯的审判工作,同某些庇护日本战犯的势力进行了坚决而卓有成效的斗争。在历时两年半的开庭的漫长过程中,梅汝璈始终坚持法律原则,有礼有节,在"法官席位之争""起草判决书"和"坚决死刑处罚"等关键时刻维护了祖国的尊严和人民的利益,赢得了世界的赞赏和尊重,促成了大体公正的审判结果。

1948年年底,梅汝璈拒绝国民政府的任命避居香港,与当时中共驻香港代表取得联系,于1949年年底秘密抵达北京,随即出席中国人民外交学会成立大会。此后,梅汝璈长期担任中华人民共和国外交部顾问、专门委员兼条约委员会委员,并历任第一届全国人民代表大会代表、法案委员会委员,第三、四届全国政协委员,以及世界和平理事会理事、中国人民外交学会常务理事、中国政法学会理事等职。

梅汝璈的主要著作有《现代法学》《最近法律学》《法律哲学概论》《远东国际军事法庭》《东京大审判：远东国际军事法庭中国法官梅汝璈日记》，用英文撰写的著作有《中国人民走向宪治》和《中国战时立法》等。论文主要有《训政与约法》《陪审制》《中国与法治》《宪法的施行问题》《关于谷寿夫、松井石根和南京大屠杀事件》等。

梅汝璈于1973年4月23日逝世，享年69岁。1976年年底，梅汝璈的家人遵嘱将厚达尺余的东京审判判决书中文原稿和其在东京大审判时穿过的法袍，无偿捐献给中国革命博物馆收藏，希望能作为历史的见证，警示后人永远不要忘记过去的那段岁月。

（五）曾友豪

曾友豪(1900—1973)，广东梅县人。1923年毕业于沪江大学，是该校政治学专业第一位研究生。1925年自清华学校赴美留学，在霍普金斯大学、哥伦比亚大学学习历史政治及法学，获得哲学博士、法学博士学位。回国后任甘肃省高等法院院长，安徽省高等法院院长（1932年）；并曾任南京中央大学、安徽大学、东吴大学、兰州大学教授，南华大学教授、系主任、院长和名誉校长等职。著有《中国外交史》（商务印书馆，1925年）、《国际公法例案》（上海法学书局，1934年）。

（六）黄宗法

黄宗法(1889—?)，字约三，安徽无为人，1910年考取清华留美预备班，1917年获美国纽约大学法学博士学位，回国后在平津执行律师职务，为当时知名律师。《北京图书馆馆史资料汇编(1909—1949)》上册有"1930年1月24日黄宗法律师致函国立北平图书馆关于履行梁启超遗嘱有关寄存图书声明"，乃1927年因病辞职的前国立北平图书馆馆长梁启超逝后，其后人梁思成、梁思永、梁思忠遵遗嘱将饮冰室藏书永远寄存，委托黄宗法律师致函代办。1929年8月31日《中比间关于比国交还天津比国租界协定》，内有"全权公使律师黄宗法"钤印。

（七）刘世芳[①]

刘世芳(1901—?)，浙江镇海人。少年时求学于上海高级中学，1917

[①] 史秋波，主编.《上海司法行政志》编纂委员会，编.上海司法行政志[M].上海：上海社会科学院出版社，2003.

年考入清华学校,1920年毕业留美,就读于哈佛大学奥柏林学院、耶鲁大学法学院,在美期间曾任耶鲁大都会俱乐部副主席、中国学生联合会东部分会副主席。随后在德国 GOETTNGGEN 大学、柏林大学,法国 GENOBLE 大学从事研究。1927年回国,同年6月加入上海律师公会,在圆明园路开设律师事务所,执行律师业务。同时兼任东吴大学法学院德国民刑法教授、上海暨南大学美国法讲师、上海法学院德国民法讲师。1931年任暨南大学法律系主任。1936年11月上海发生沈钧儒、章乃器等救国会"七君子"案,刘世芳是王造时的辩护律师之一,在各方共同努力下,迫使国民党当局于1937年7月将沈钧儒、王造时等无罪释放。抗战胜利后曾任中国战区审判侵华日军特别军事法庭的庭长,并曾推荐其学生高文彬①担任东京审判中国检察官向哲濬的助手。译有《新中国民法财产法律和中国流通票据法》。

(八)姚永励

姚永励(1900—?),字叔高,浙江绍兴人。1921年毕业于清华学校,随即赴美,先后就读于耶鲁大学、芝加哥大学,学习政治经济及法律,1926年获法律博士学位。回国后在上海香港路59号银行工会二楼开有"姚永励律师事务所"。据《福尔赛世家》周煦良译本序,姚永励曾对小说中法律名词的翻译给予了许多帮助。

五、军事列传

(一)王赓②

王赓(1895—1942),江苏无锡人,1911年考取清华留美预备班并赴美留学,先后在密歇根大学、哥伦比亚大学、普林斯顿大学就读,1915年获普林斯顿大学文学学士学位后转入西点军校,1918年军校毕业时为全级137名学生中第12名。

---

① 高文彬,1925年生,上海人。中国民主同盟成员。现任上海海事大学法学院教授。1945年毕业于上海东吴大学法学院。1946年应聘前往日本东京远东国际军事法庭参加审判日本甲级战犯工作,先后担任国际检察处翻译官和中国检察官办事处秘书。1949年后在上海东吴法学院、华东政法学院任教。参见:高文彬,口述.我所经历的东京大审判[M]//李菁,著.往事不寂寞.北京:生活·读书·新知三联书店,2009.

② 苏晓康.中国式的"玉碎"——普林斯顿大学档案中的王赓[J].今朝,2006-06-01;王凯.被遗忘的民国帅哥王赓[N].法治日报(法治周末),2010-10-21.

随后归国,供职于国民政府陆军部,旋又任巴黎和会中国代表团上校武官,兼外交部外文翻译;1918年秋,任航空局委员;1921年为陆军上校。1928年后王赓先后担任过孙传芳的五省联军总部参谋长、敌前炮兵司令、铁甲车司令,国民政府淮北盐务缉私局局长、财政部税警总团总团长。1935年任职铁道部,后任国民政府兵工署昆明办事处处长,为维持抗战期间滇缅命脉的战略物资内运做了大量工作。

1942年4月,王赓作为政府军事代表团成员于赴美期间(当时太平洋已为日军封锁)因肾病复发,医治无效于开罗逝世,终年仅47岁。

(二)汪世铭

汪世铭(1896—1977),号佩之,字心渠,安徽桐城人。1911年考入清华学堂,1918年毕业于清华学校,同年留学美国弗吉尼亚军校、哥伦比亚大学研究院。回国后,1924年任职督理江西公署,后为东北军团长、湖南大学教授、财政部缉私副总指挥、国民政府军事委员会外事局副局长,1946年11月30日授中将衔。1932年参加中国国家社会党,1946年退出国大代表,1947年改组中国民主社会党,为民社党革新派负责人之一。1948年在香港拥护中国共产党发出的"五一号召"。1949年9月,作为特邀人士参加中国人民政治协商会议第一届全体会议,同年加入中国民主同盟。中华人民共和国成立后,任第一、二、三届全国人民代表大会代表,国务院参事,中国民主同盟中央委员会常务委员、组织部长。

(三)曾锡珪①

曾锡珪(1899—1966),湖北沔阳人,1916年考入北京清华学校,1922年留美,先后在哈佛大学、诺维奇骑科军官学校、弗吉尼亚军事学院骑科习军事。后入康奈尔大学攻读政治历史,获硕士学位。1926年去比利时、法国进修、考察,在巴黎结识陈毅。

1927年曾锡珪投冯玉祥麾下任第一集团军参谋,相继在李济深的第八路军、蔡廷锴的第十九路军任参谋和参谋处长。抗日战争爆发,两淮税警部队改编为第八师游击部队,下辖八个团,曾锡珪任总司令。1938年5月20日,日军进犯连云港,曾锡珪率部浴血奋战,坚守云台山阵地三个

---

① 张至贵.荣获美国总统勋章的抗日将军曾锡珪[EB/OL]. http://www.miancheng.com/Article_Show.asp? ArticleID=3883.

月。这一段史实被当时的驻军刻在了连云港的山石上,曾锡珪题刻"殷忧启圣,多难兴邦"八个大字。

珍珠港事件后,曾锡珪被任命为国民党军事委员会外事局第一处处长。不久,被派赴中缅印战区任中国方面的主任联络官,辅助史迪威(战区盟军指挥官),做中、英、美三国军队的协调工作。战争结束后,美国总统曾授予曾一枚美国军团功勋章和功勋荣誉状。1945年年初,美驻华特使魏德迈保举曾锡珪(时为少将衔)赴美入参谋大学。1946年回国,任盐务总局盐警处处长。1949年离开大陆,后赴新加坡。1966年,在新加坡华侨南洋大学执教期间病逝。

(四)潘白坚[①]

潘白坚(1900—1951),湖南湘乡人,1923年毕业于清华学校,随即赴美国哥伦比亚大学留学,1926年获政治学硕士学位。回国后曾任九江公安局局长、南京首都警察厅分局局长等职。

1938年应其清华同窗孙立人、齐学启之邀,前往贵州都匀协助训练名义为"国民政府财政部缉私总队"这支即将开赴抗日前线的部队(即新三十八师的前身),初任政训处处长,军衔上校。潘白坚担任新三十八师政训处处长协助孙立人将军练兵期间,戴笠来过两封信请潘出任甘肃省警察厅厅长之职,条件是要潘参与他主管的特工系统工作。潘白坚一直认为戴笠的特工系统不符合法律,与民主政治的原则相违背,所以两次拒绝。

新三十八师开赴缅甸抗日前线时,潘白坚任新三十八师军法处处长,孙立人升任新一军军长后,潘白坚任新一军军法处处长,除维护部队严明整肃的军纪,还负责甄别、教育和处置日本侵略军俘虏。

1944年9月,中国驻印军在攻克密支那后休整两个月,在此之前,潘白坚已由上校晋升为少将;密支那休整时奉调回国,去重庆军事委员会外事局工作,直到抗日战争胜利后的1945年年底。此后事迹不详。

(五)梁思忠

梁思忠(1907—1932),梁启超第三子,1907年生于日本,从日本回国

---

① 潘白坚子女. 回忆父亲潘伯(白)坚在抗战时期[EB/OL]. https://xsg.tsinghua.edu.cn/info/1004/2214.htm.

后考入清华学校,1926年毕业并赴美留学,先后在威斯康星大学、弗吉尼亚军事学院和西点军校学习。20世纪30年代初毕业回国,加入国民革命军。入伍后,由于留学资历和杰出才干,他很快升任国民革命军第十九路军炮兵上校。在1932年的淞沪抗战中,梁思忠表现相当出色。可惜此后不久,年仅25岁的他因患腹膜炎去世。

第一章
清华系统法政教育的产生与发展

1925年9月,清华学校正式设立大学部。1926年4月26日,清华学校第一次评议会决定在大学部设立十七个系,其中十一个系先行设立专修课程,其中之一即政治学系。同年4月29日,教授会选举产生了各系主任,政治系主任为余日宣。① 此乃清华系统的法政教育之开始。这一时期,又可分为三个阶段展开论述:(1)1925—1937年,清华学校至国立清华大学时期;(2)1937—1946年,长沙临时大学至西南联合大学时期;(3)1946—1952年,复员至院系调整时期。

第一节 清华学校至国立清华大学时期

在1925—1937年这段时间,清华的法政教育主要由政治学系来承担,法律学系虽曾短暂设立,无奈时代大背景下,受主客观各种因素影响,只能感叹生不逢时,终成雪泥鸿爪。本时期的介绍主要围绕如下问题展开:政治学系的发展概略、师资、课程设置,法律学系的筹建与裁撤、研究生教育。

一、政治学系发展概略②

在这个时期,政治学系经历了三位系主任,余日宣(任职时间为1926—1927年)、吴之椿(任职时间为1928—1930年)以及浦薛凤(任职时间为1930—1937年)。

---

① 陈俊豪.生不逢时的法律学系——20世纪二三十年代清华法律学系设立之周折[J].清华法学,2006,(03):49-54.
② 赵德洁.清华政治学系发展之概况[J].清华周刊(向导专号),1931-06-01(11-12);王化成.政治学系概况[J].清华周刊(向导专号),1935-06-14;浦薛凤.政治学系概况[J].清华周刊(向导专号),1936-06-27.

余氏主持系务期间,教员共 5 人。1926 年首届学生有 29 人(为二年级生,此时期清华大学部学生一年级新生不分系),在清华各系人数中占第一位。此阶段政治学系课程逐步增加(1926 年 4 门、1927 年 11 门),1927 年起更加以系统整顿,分为各组,拟定预修科目,使得选修时有所依循,以免避难趋易。资料方面:1926 年订购西文杂志 12 种,年费美金 56 元;1927 年订购西文杂志 19 种,年费美金 88 元。

1928 年清华正式改为大学,校长罗家伦改聘吴之椿为系主任。这是变化甚巨的一年,师资和课程同时倍增。其中尤其值得注意的有两件事:一是美国普林斯顿大学的政治学教授,堪称当时权威的恪而温来校讲授"政治问题"一科;二是新置课程半属于法学方面,诸如宪法、行政法、民法等。原因是当时法律学系尚未设立,政治学系的学生又需要选修法律课程。借此法学类实体法的课程已经略备,为成立法律学系奠定了基础。此年开始招收女生,全校共收女生 15 人,入政治学系有四分之一强。新生入学,亦开始分系,政治学系四级学生共 90 人,在全校各系中,仅次于经济学系。该年图书杂志购置费用总 8800 元,所购书籍多偏向国际公法及国际关系方面;订购西文杂志 23 种,年费美金 125 元。

1929 年暑假,大学部首届毕业生毕业,全校共 82 人,政治学系有 22 人,居全校之首。此年教员继续增加,课程增开 8 种(共 21 门),其中有曾任教于哈佛大学和芝加哥大学的国际法权威莱特,讲授"条约论""国际关系专题研究"及"国际法案"3 科。该年图书购置费用 9919 元;订购西文杂志 28 种,年费美金 150 元。该年 6 月依教育部部令,学校分文、理、法三院,首任法学院院长为陈岱孙(陈总)①,法学院下设政治、经济与法律三系,法律系暂缓开办。本年度政治学系四级人数男女共 93 人,外加第一

---

① 陈岱孙(1900—1997),福建闽侯(今福州)人,1920 年毕业于清华学校,1922 年毕业于威斯康星大学经济系,获学士学位,1926 年毕业于哈佛大学经济系,获哲学博士学位。1927 年起任清华经济系教授,1928 年起兼任系主任,1929 年起兼任法学院院长。1933 年 6—8 月,任伦敦国际经济货币会议中国代表团专家,1937—1945 年任长沙临时大学、西南联大经济系教授兼经济系主任。1952—1953 年任中央财经学院第一副院长。1953 年后任北京大学经济系教授,1959—1984 年兼任经济系主任。历任第二届至第八届全国政协委员,第六、七届全国政协常委。著有《从古典经济学派到马克思——若干主要学说发展论略》、《政治经济学史》(主编)。参见陈岱孙自撰小传手稿,收入陈岱孙.陈岱孙遗稿和文稿拾零[M].北京:北京大学出版社,2005.

级毕业学生留校特别研究者4人，凡97人，在全校各系中仅亚于经济学系。

1930年，系里教授继续增聘，课程继续增加。法科研究所政治学部开始招生，首届录取3人，该年有日籍特别生1人，四级学生85人，共89人，人数位于经济学系和工程学系之后，居学校第三位。该年度资料方面有显著变化：图书杂志购置费用预算为15000元；西文杂志猛增至50种，新添的22种以法文杂志居多，年费美金260元。该年下学期吴之椿因病辞去主任一职，由浦薛凤继任。该年暑假，第二级本系毕业生为19人。

浦氏继续革新。1931年教师增至19人，课程加至32种。课程分为三类（研究所）五门（本科）。三类为：(1)公法；(2)制度；(3)思想。五门为：(1)宪法与行政法；(2)国际法与国际关系；(3)政治制度；(4)市政学；(5)政治思想。浦氏注意培养本国应用人才，对于本国政治方面各学科及市政学，予以特别重视。本年度图书杂志购置费仍为15000元。本年学校有筹办法律学系之计划，故对法律课程，继续兼顾。该年暑假，第三级本系毕业生为21人。

1932年，法学院添置法律学系，本年为政治学系自身发展时期，对政治学系课程增加颇多。该年萧公权加盟，授中国政治思想等科。本年度图书杂志购置费仍为15000元。该年暑假，第四级本系毕业生为17人，其中女生1人。

1933年，因法律学系奉部令暂缓加设，一部法律课程，又划归政治学系开班。浦薛凤本年休假赴欧，王化成代理主任。学校评议会通过社会科学各系之课程应尽量向有关国情方面发展的决议。因学校添设工学院，预算紧缩，图书购置费减至13000元。该年暑假，第五级本系毕业生为24人。另，研究所业经三载，有同学一人应毕业试验，成绩颇优，经本校评议会通过，资遣留美。

1934年，政治学系根据评议会之议决，特别注意本国之各种设备，尤其是地方政府方面。多次邀请校外服官久长、行政经验丰富的人士，如胡次威、吴时中等先生向学生介绍经验等。该年暑假，第六级本系毕业生为13人。

1935年春季，美国哈佛大学教授何尔康来校做演讲四五次，内容关于宪法和行政。该年暑假,第七级本系毕业生共 10 人。

1936 年第八级本系毕业生为 15 人,其中女生 1 人。此时,校图书馆中有关政法之新旧书籍近万册,中日文杂志约 40 种,西文杂志约 80 种,其中完全成套之杂志,颇为不少。八年来所购图书杂志,约值 15 万 6 千元。

1937 年第九级本系毕业生为 13 人。

二、师资情况

师资是教育之关键。在此时期内,清华经历了曹云祥(在任时间 1922.4—1928.1)、温应星(在任时间 1928.4—1928.6)、罗家伦(在任时间 1928.6—1930.5)、吴南轩(在任时间 1931.4—1931.5)与梅贻琦(在任时间 1931.12—1948.12)五位校长①,其中尤以罗、梅二位,与法政教育的发展关系最深。

罗、梅两位校长,皆以延揽人才为要任。罗氏在任时,努力提高教员薪俸,建立专任教授休假制度,资助专任讲师、教员及助教休假、出国研究②,首倡图书仪器费用占全年总预算至少 20% 之举。③ 梅氏以虚怀若谷之度、谦谦君子之风,甚至放弃政府授予的校长治校之权力,身体力行地发扬民主,尊重教授,巩固教授治校制度。④ 以上种种,皆为延揽人才奠定良好的基础。两人在任时期,法政教员名单如表 2-1⑤:

---

① 历任校长一览表(1909—1929 年)[M]//清华大学校史研究室,编.清华大学史料选编(第一卷).北京:清华大学出版社,1991:18;国立清华大学(1928—1937)历任校长一览表[M]//清华大学校史研究室,编.清华大学史料选编(第二卷).北京:清华大学出版社,1991:136.
② 清华大学校史研究室,编.清华大学史料选编(第二卷)[M].北京:清华大学出版社,1991:179-182.
③ 罗家伦,著.文化教育与青年[M].北京:商务印书馆,1946;清华大学校史研究室,编.清华大学史料选编(第二卷)[M].北京:清华大学出版社,1991:202.
④ 苏云峰.从清华学堂到清华大学 1911—1929 近代中国高等教育研究[M].北京:生活·读书·新知三联书店,2001:49-51.
⑤ 本表以苏云峰编《清华大学师生名录资料汇编(1927—1949)》(台北"中央研究院"近代史研究所,2004)为基础,另对名单疏漏、错误之处进行补订。又,所谓讲师,指的是兼课的教员;教授、专任讲师、助教乃本校的教员。

表 2-1 罗家伦、梅贻琦在任期间法政教员情况表

姓名	籍贯/国籍	生卒年	职称	在校时间	主要经历
王化成	江苏丹徒	1903—1965	教授	1928.8—1937	1923年清华学校毕业,后获美国明尼苏达大学学士、芝加哥大学博士学位,在哈佛大学从事研究;1925—1942年历任清华大学教授、中央政治学校讲师、国民政府国防部最高委员会参事;1942年任国民政府外交部条约司司长,1947年任驻葡萄牙公使;1965年2月18日于美国哥伦布市病逝
何基鸿	河北藁城	1892—?	讲师	1928.8—?	日本东京帝大毕业,留德;历任大理院书记官、推事,司法部参事,国民政府考试院编撰,北大教务长兼第三院主任及法律、政治系主任,清华政治系讲师,河北省政府委员兼民政厅长,河北教育厅教育设计委员会高等教育委员;1936年受聘北平大学法商学院名誉教授
何尔康(Holcombe)	美国	1884—?	教授	1935年4—12月进行数次演讲	1912—1933年历任美国哈佛大学政治系教授、主任;1928年来华考察政治情形,回国后著有《中国的革命》《中国革命的精神》二书;为美国最早研究孙中山之学者
余日宣	湖北蒲圻	1890—1958	教授	1922—1927	武昌文华大学毕业,美国普林斯顿大学政治学硕士;曾任南开大学教务长、清华中等科教员兼校务调查委员会会长
吴之椿	湖北江陵	1894—?	教授	1928—1930	美国哈佛大学硕士,国民政府外交部秘书长;广州中山大学法科讲师,山东大学秘书长,国民政府教育部兼任秘书

续表

姓名	籍贯/国籍	生卒年	职称	在校时间	主要经历
沈乃正	浙江嘉兴	1899—1970	教授	1933.8—1936.7	清华学校毕业,美国哈佛大学哲学博士;南开大学政治系教授,军官团上校教官,国民政府内政部民政司科长,浙江大学政治系教授兼主任
恪而温(Corwin)	美国	—	教授	1928.8—？	美国哈佛大学博士,普林斯顿大学教授
柳哲铭	浙江鄞县	1900—？	专任讲师	1932—？	清华津贴生,威斯康星大学硕士
胡道维	湖北彝陵	1900—？	教授	1928—1937	清华学校毕业,美国普林斯顿大学博士;国民政府北京市政府参事,北大政治学教授,北京女子师范学院经济组教授;中华教育总会委员
唐悦良	广东中山	1888—1956	讲师	1932.9—1933.6	上海圣约翰大学毕业,美国普林斯顿大学政治学硕士;北大教授,师大外文系讲师,中国大学英文系教授兼系主任;曾任国民政府外交部常任次长,代理外交部部长,1936年任冀察政务委员会委员,1945年任北平市外事处处长
浦薛凤	江苏常熟	1900—1997	教授	1928.8—1936.7	清华学校毕业,美国哈佛大学硕士;曾任云南东陆大学、浙江大学、西南联大、台湾政大等校教授
张映南	湖北江陵	1893—？	讲师	1932.9—1936.6	日本早稻田大学政治经济科毕业,1935年任北大法律系副教授

续表

姓名	籍贯/国籍	生卒年	职称	在校时间	主 要 经 历
张奚若	陕西朝邑	1889—1973	教授	1929.8—1949	政治学家，教育家，早年加入同盟会，参加辛亥革命；美国哥伦比亚大学学士、硕士，任国际出版品交换局局长，大学院高等教育处处长；中央大学教授，抗日时任国民政府国民参政员，胜利后参加爱国民主运动；1949年后，任中央人民政府委员会委员、教育部部长、对外文化联络委员会主任、中国人民外交学会会长，全国政协委员
郭云观	浙江玉环	1889—1961	教授	1928.8—？	1915年毕业于天津北洋大学法律系；1916年为北京政治学会首届会员，兼任《政治学报》编辑；1917年被公费派往美国人哥伦比亚大学研究院攻读国际法，获法学博士；1919年随中国代表团参加巴黎和会，任专使秘书；1920年，任北京大理院推事、国民政府司法部参事，兼修订法律编纂室主任；1921年，作为中国代表团秘书长出席华盛顿裁减军备会议；1932年就任上海第一特区高、地两级法院院长，兼任北京燕京大学校长，抗战胜利后再任上海高等法院院长；1961年在上海病逝
陈之迈	广东番禺	1908—1978	教授	1934.8—1936.7	1928年毕业于清华学校，1933年获美国哥伦比亚大学博士学位；北大政治系讲师，南开大学、西南联大及中央政治学校教授；1938年任国民政府行政院参事，后兼法制专门委员会委员；1944年任驻美大使馆参事；1949年赴台，1978年11月病逝

续表

姓名	籍贯/国籍	生卒年	职称	在校时间	主要经历
陈复光	云南大理	1898—1960	讲师	1924—1927	1920年毕业于清华学校，1922年获美国哈佛大学学士学位，1923年获硕士学位
程树德（郁庭）	福建闽侯	1877—1944	讲师	1932.9—1936.6	日本法政大学法科毕业，回国后通过留学生授职考试，增予法政科进士出身，授翰林院编修；历任清国史馆协修，法典编纂会纂修，福建法政学堂教务长，留美生考试襄校官，法官考试襄校官，国民政府国务院法制局参事、帮办，北京大学法学院、北平大学法学院、清华大学政治系讲师、教授
莱特（Quincey Wright）	美国	—	教授	1929—?	美国芝加哥大学国际法教授，清华大学王化成教授之师；邵循恪清华研究院毕业后，赴美攻读博士学位，亦以其为师；1929年被清华大学政治系聘为教授
邹文海	江苏无锡	1909—1970	助教	1933.8—1934.7	1930年毕业于清华大学政治系，1935—1937年在英国伦敦政经学院进行研究；1937年后，历任湖南大学、厦门大学教授，暨南大学教务长及法学院院长；1955年任政大政治系教授兼系主任、教务长，法学院院长及政治研究所主任
赵凤喈	安徽和县	1898—?	教授	1933.8—1949	北大毕业，法国巴黎大学法学硕士，中央大学讲师，西南联大政治系教授
赵德洁	河北大兴	1909—?	助教	1933.8—1934.7	1930年清华大学政治系毕业

续表

姓名	籍贯/国籍	生卒年	职称	在校时间	主要经历
刘彦	湖南醴陵	1880—1941	教授	1928.8—?	日本早稻田大学政治经济科毕业，华盛顿会议中国代表团咨议，北京中国大学外交史教授，清华大学外交史教授，北平大学法学院讲师；1934年任民国学院政治系教授兼主任，北京法政大学校长
刘师舜	江西宜丰	1900—1996	教授	1925—1927	1920年毕业于清华学校，1923年获哈佛硕士学位，1925年获哥伦比亚大学博士学位
潘昌煦	江苏苏州	1874—?	讲师	1929—?	清光绪戊戌科进士，留日，翰林院编修，清国史馆协修，编查处协修，武英殿协修，政事常法制局参事，大理院推事兼庭长，孙中山临时大总统府顾问，燕京大学法律教授
燕树棠	河北定县	1891—1984	教授	1931.8—1934.7	1914年毕业于北洋大学，1920年获耶鲁大学法学博士学位；任教北京大学、武汉大学、清华大学，西南联大法律系教授、主任，兼任国民政府宪政实施促进委员会委员，国民参政会参政员，监察院监察委员，司法院大法官；1949年后在武大法律系编译室、图书馆工作，兼任湖北省政协委员，中国对外文化协会武汉分会理事，中国政法学会理事

续表

姓名	籍贯/国籍	生卒年	职称	在校时间	主要经历
萧公权	江西泰和	1897—1981	教授	1931.9—1936.7	1918年毕业于上海青年会中学，1920年毕业于清华学校，1923年获美国密苏里大学文学硕士学位，1926年获美国康奈尔大学哲学博士学位；先后任教于南方大学、国民大学、南开大学、东北大学、燕京大学、清华大学、四川大学、华西大学、政大、台大等校；1948年当选中华民国第一届中央研究院院士，1949年任西雅图华盛顿大学教授，1960年获全美学术团体协会第三届人文学术卓越成就奖，1968年退休；1981年病逝于美国西雅图
钱端升	上海	1900—1990	教授	1924—1927；1930—1934.7	1919年毕业于清华学校，1924年获哈佛大学政治学博士学位；1924年后，历任中央大学教授，北大法学院院长、政治系主任，1926年任清华教授，1938年任西南联大教授，1947—1948年任哈佛大学客座教授，1948年当选中华民国第一届中央研究院院士，任北大教授；1952年起，任北京政法学院教授兼院长，中国教育工会副主席，中国外交学会副会长，全国政协常务委员；1982年起，任全国人大常委会委员，法律委员会副主任，并任宪法起草委员会顾问
戴克光	江苏阜宁	1906—1977	助教	1929—？	1929年清华大学政治系毕业，民国大学政治学教授，南京中央大学教授

续表

姓名	籍贯/国籍	生卒年	职称	在校时间	主要经历
杨沃特（Carl Walter Young）	—	—	讲师	1934.2—1934.6	—
龚祥瑞	浙江宁波	1911—1996	助教	1935.9—1936.7；1939.8—1947	1935年清华大学政治系毕业，1938年获伦敦政治经济学院硕士学位；1939年先后任西南联大副教授、教授，1945年任重庆中央大学政治系教授，1946年后，历任国民政府行政院资源委员会委员，考试院铨叙部参事，清华大学政治系教授，北京大学政治系、法律系教授
王彦美	—	—	助教	1935.9—1937.7	—
曹保颐	—	—	助教	1935.9—1937.7	1936年清华政治系毕业，就职于纽约中国银行，中国常驻联合国代表团兼任一级顾问
杨光泩	浙江吴兴	1900—1942	教授	1927—1928	1920年清华留美预备部毕业，1924年获普林斯顿大学博士学位，1927年任清华大学政治学、国际法教授，后任职南京国民政府外交部，抗战爆发后任中国驻菲律宾马尼拉总领事，1942年被日寇杀害
苏尚骥	—	—	教授	1927—1928	—
金岳霖	湖南长沙	1895—1984	教授	1927—1928	1920年获哥伦比亚大学政治学博士学位，著名逻辑学家，清华哲学系教授、文学院院长，1948年当选中华民国第一届中央研究院院士
江之永	—	—	讲师	1927—1928	—

续表

姓名	籍贯/国籍	生卒年	职称	在校时间	主要经历
黄右昌	湖南临沣	1885—？	讲师	1928—1929	日本法政大学毕业，北大法律学系第一任主任，1930—1937年任国民政府立法院立法委员，1948年9—11月任司法院大法官，后任湖南大学法律系教授
刘懋初	—	—	讲师	1928—1929	里昂大学法学博士，北平大学法学院经济系主任
蒋廷黻	湖南邵阳	1895—1965	讲师	1928—1929	清华津贴生，哥伦比亚大学哲学博士，南开大学、清华大学教授，清华大学文学院院长、历史系主任，1935年任国民政府行政院政务处处长，中国驻联合国常任代表
潘照煦	—	—	讲师	1928—1929	—
张忠绂	湖北武昌	1901—1977	讲师	—	1923年清华留美预备部毕业，哈佛大学硕士，霍普金斯大学博士，北京大学政治系主任及《外交月报》社总编辑
邱昌渭	—	—	讲师	—	—
嵇文甫	河南汲县	1895—1963	讲师	—	北大哲学系毕业，河南大学教授、校长，中国科学院学部委员
林彬	—	—	讲师	—	—
戴修瓒	湖南常德	1888—1957	讲师	1932—1935	日本中央大学毕业，历任国立北京法政大学教务长、京师地方检察厅检察长、河南司法厅厅长、国民政府最高法院首席检察官、上海法学院法律系主任、中国公学法律系主任、北京大学法律系主任、西南联大教授；1949年后任中央人民政府法制委员会委员、国务院参事，中国国际贸易促进会对外贸易仲裁委员会副主席

续表

姓名	籍贯/国籍	生卒年	职称	在校时间	主 要 经 历
张锐	—	—	讲师	—	—
沈观准	—	—	讲师	—	—
张慰慈	—	—	讲师	—	—
钟庚言	浙江	—	讲师	—	日本东京帝大毕业,曾任国民政府北京法制局参事
黄觉非	—	—	讲师	—	—
郑麐	广东潮阳	—	教授	—	曾在哈佛大学、牛津大学从事研究,翻译家
杨宗翰	江苏镇江	—	讲师	—	哈佛大学政治学学士,国立北平师范大学名誉教授,河南大学教授
王觐	湖南浏阳	1890—?	讲师	1932.9—1934.6	日本明治大学法学学士,历任河北大学法科教授,北大法律系主任、教授,中国大学教授,清华讲师,朝阳学院教务长
邵勋	—	—	讲师	1932.9—1934.6	—
刘志敭	江苏武进	1886—?	教授	—	日本东京帝大法科毕业,北京法政专门学校教务主任;京师高等审判厅推事,大理院推事;南京国民政府最高法院首席推事,北平大学、成都大学法学院教授,司法行政部法官训练所主任;1935年任北大法律系教授
邵同怡	浙江余杭	—	教授	—	日本明治大学法律科毕业,京师地方审判厅推事,江西、京师等高等审判员厅厅长,大理院推事,最高法院推事,1936年任最高法院东北分院厅长;北京大学、朝阳大学、中国大学、清华大学、燕京大学、新民学院等校法律教授

续表

姓名	籍贯/国籍	生卒年	职称	在校时间	主 要 经 历
郁宪章	—	—	讲师	1933.9—1934.6	—
李浦	—	—	讲师	1933.9—1934.6	—

这是一个既有成名已久之大家,亦有已露小荷尖角之新秀,更以高学历、在各自专攻领域上颇有创见的中青年学者为主的阵容。教员多在年富力强阶段,尽管国家遭遇一系列危机变故,但清华优美之校园、宽裕之待遇、稳定之生活、良好之氛围,仍是教员潜心问学、传道授业两相宜的大好时机。正如何炳棣所言,"20世纪30年代的清华不但是校史中的黄金时代,也构成全国高教史中最令人艳称的一章"①,"30年代清华文法两院表现出空前的活力。除各系师资普遍加强外,教授研究空气较前大盛,研究成果已非《清华学报》所能容纳,于是不得不另创一个新的学术季刊《社会科学》"②。冯友兰的《中国哲学史》和萧公权的《中国政治思想史》两部巨著更足反映在文法教学研究方面,清华俨然已居全国学府前列。

三、课程设置

《清华周刊》第382、408期,35卷第11、12期以及1937年的《清华大学一览》对政治学系课程有比较详细的介绍;尤以刊登于最后者的民国廿五年至廿六年度(1936—1937)的《政治学系课程一览》最为详细。其中提到关于学程的规定"自二十二年秋季始业实行",所以这份课程一览实际上可以看成是1933—1937年的课程介绍。

---

① 何炳棣.读史阅世六十年[M].桂林:广西师范大学出版社,2005:98.
② 何炳棣.读史阅世六十年[M].桂林:广西师范大学出版社,2005:102. 梅贻琦在《五年来清华发展之概况》中对当时学术刊物的发展有更详细的介绍:"本校学术刊物,初仅有《清华学报》一种,创刊于民国十六年,年出二册,继续出版至今。但今年因为稿件增多,自二十四年期,即已增为年出四册。此外又于二十年起,刊行《理科报告》,计分三种,每种年各刊行六次,专载本校师生对于理科研究之成绩。又自二十四年期,刊行《社会科学》一种,年出四册,专刊本校师生在社会科学方面之著述。此外自二十一年起,又有《气象季刊》之刊行。至于非定期刊物,如学术专著、如大学丛书,年有出版,其不经本校印行者尚不计焉。"清华大学校史研究室,编.清华大学史料选编(第二卷)[M].北京:清华大学出版社,1991:43-44.

择其精要,兼参考同年度《法科研究所政治学部学程一览》整理介绍如下:

(一)要求:"凡入本系肄业者,应按照本大学教务通则之规定,修满132学分及毕业论文及格者,方得毕业。"

(二)课程分为四大类,其内容与学分分配情况如表2-2所示:

表2-2　1933—1937年政治学系课程分类及其学分分配表

类别		应修	必修	选修
第一类	大学本科公同必修学程	36	36	—
第二类	本系学程	48	26	22
第三类	历史经济及外国语文三系学程	40	40	
第四类	本系及别系学程	8	—	8

(三)各类课程中的必修学程见表2-3:

表2-3　各类课程必修学程表

第一类	国文;(第一年)英文;自然科学;中国通史或西洋通史;数学或逻辑
第二类	政治学概论;近代政治;国际公法;西洋政治思想史
第三类	中国近代外交史或欧洲十九世纪史;经济学概论;财政学;(第一年、第二年)第二外国语;(第二年)英文

(四)各年级之必修学程及学分见表2-4:

表2-4　各年级必修学程及学分表

第一年级	国文(6学分);英文(8学分);中国通史或西洋通史择一(8学分);自然科学(普通物理、普通化学、普通地质学、普通生物学择一)(8学分);数学或逻辑(逻辑、高级算学、微积分择一)(6学分或8学分)
第二年级	英文(6学分);政治学概论(6学分);经济学概论(6学分);中国外交史或欧洲十九世纪史(6学分或8学分);第二外国语第一年(8学分)
第三年级 第四年级	第二外国语第二年(8学分);近代政治制度(6学分);国际公法(8学分);财政学(6学分);西洋政治思想史(6学分)

(五)本系学生应按照年级次序先后修习必修与选修之学程。选习本系或他系学程时,应受系中教师之指导,以专门于下列数组之一为标准:甲、普通政治学;乙、政治制度;丙、市政;丁、国际法与国际关系;

戊、政治思想。

（六）本系学生选课时应注意与政治学相关之他系课目，如市财政学、城市卫生工程、政治地理、经济地理、初民社会、中国社会史等。

（七）本系第四年学生，应于上学期十月底以前，与本系主任商定毕业论文题目。毕业论文应于下学期五月十五日以前交进。

（八）本系学程说明："有＊号者每年开班，余则每年或每两年开班，逐年酌定。101—199者为大学本科之学程，201—299为本科四年级与研究院之学程。301—399为研究院之学程。但301以上之某项数项课程，得酌定情形，准许本科四年级生选习，惟须个别得到授课者之允许。"

从课程设置中，我们可以看到如下特点：

第一，开创大学通识教育模式。在必修的102个学分中，国文、外语、自然科学、数学、逻辑、历史、经济等课程占据了至少76个学分，比重近75％。此种情况非政治学系所特有，其他院系皆同。这种颇具清华传统特色的模式，在梅贻琦的教育思想中有了清晰深刻的表达。对于通识（一般生活之准备）与专识（特种事业之准备）的关系，梅氏认为："大学期内，通专虽应兼顾，而重心所寄，应在通而不在专……夫社会生活大于社会事业，事业不过人生之一部分，其足以辅翼人生，推进人生，固为事实，然不能谓全部人生即寄予于事业也……通识之用，不止润身而已，亦所以自通于人也。信如此论，则通识为本，而专识为末。社会所需要者，通才为大，而专家次之。以无通才为基础之专家临民，其结果不为新民，而为扰民。此通专并重未为恰当之说也。大学四年而已，以四年之短期间，而既须有通识之准备，又须有专识之准备，而二者之间又不能有所轩轾。即在上智，亦力有未逮，况中资以下乎？并重之说所以不易行者此也。"[①]清华史上培养出众多中西古今兼通甚至文理兼通的人才，足以证明这种通识教育的价值。

第二，就政治学系自身而言，首先，史论的课程同样占据了相当的比例，其次，既重视国际问题，亦关注中国国情，两者保持比较均衡的状态。关注本国的原因应该是出自两个方面：一是浦薛凤之重视，一是学校评

---

① 清华大学校史研究室，编.清华大学史料选编（第三卷）[M].北京：清华大学出版社，1994：199.

议会要求社会科学各系之课程应尽量向有关国情方面发展。据浦氏介绍,课程的目标在于:①教授学生以政治科学之基础智识,训练其思想之缜密,理解之确切,并授以研究学问之经验与方法,使能力能作高深学术之探讨;②养成学生应付社会环境之学识与技能,使于毕业后,或服务社会,或参加考试,皆能举措裕如。故理论与事实并重,同时对于各种考试(如留学考试、高等试验、县长考试等)之科目,亦求能互现衔接。① 最后,法学类的课程仅具备了实体法之基础,唯程序法则付阙如,其中缘故,很可能与法律学系筹建的夭折不无关系。

四、法律学系之筹建与裁撤

(一)经费与理念:1929 年清华暂缓设立法律学系

设立法律学系是当时大学法学院的应有之义。但清华大学法学院却在建院伊始申请缓设法律学系,其原因主要出自两个方面:一个是经费紧张,一个是主政者的教育理念。

关于第一个方面的原因,清华法学院的首任院长、经济学家陈岱孙曾有论及:

> 十八年(笔者按:1929 年),始根据新颁之大学组织法,分为文理法三院,以已有之政治、经济二系,划归法学院,是为本学院之始期。依照大学组织法,法学院应有法律、政治、经济三系,而十八年分院以前,本校未有法学系,其政治、经济二系学生所需要之法律课程,皆附设于政治系之内,故于分院之后,即有添设法学系以完全法学院组织之议;惟是时本校经费未充,而已有之各院系急待发展,故特呈请教育部,于短期内暂缓设立法学系……民国廿年、廿一年之间,本校收入因金贵银贱稍为充裕,而同时已有各系亦相当之发展,故与廿一年春呈请教育部于是年秋季始业时,正式添设法学系,以政治系附设之法学课程归并入之。一以完成本院组织,再则以减轻政治之负担,以谋该系自身之发展。得教育部批准后,本院乃着手组织法学系,添设教授,购置图书,招考新生等事项于廿一年夏间积极进行。不幸是年秋间,教育部忽有本大学法学系此后暂停收生之指令,此新创之法学系乃受意外之挫折。惟是时尚冀此暂停收生指令

---

① 浦薛凤.政治学系概况[J].清华周刊(向导专号),1936-06-27:18.

有效之期为时较暂,则法学系虽一时未能发展,尚无大碍。廿一、廿二年间,历由学校向教育部呈陈设立法学系之经过与理由,俱未蒙谅解,廿三年学校乃议决法学系于是年起暂行停办,所有政治系、经济系学生所需要的法律课程,仍附设于政治系内。①

法律、政治、经济三系合一的大法学院建制,应该是受到当时大陆法系法学院模式之影响,究其根源,在于大陆法系对于"法"的认识,正如Salmond 指出:"大陆派普通对于 Droit 这个字义的解释,因为受到哲学派的影响,不是专指法律,他们于法律的意义之外,包含有理想的公正意义在内,其意义非常广泛,所以他们的法律教育制度,因为法律和政治、经济的关系非常密切,遂不免放在一起研究了。"因此,"在大陆派方面的法律学校,都以法律、政治、经济三门包括在一个学院内,统称叫作法学院。所以他们的法学院,不是单一的法律学院,法学院毕业生,无论是研究法律、经济或政治的,都是给以法学士或法律博士的学位。"②

陈岱孙认为,法律学系之所以暂缓设立,乃是因为在学校转型过程中经费有限的情况下,需要优先发展原有的政治、经济两系的缘故。1929年暂缓设立法律学系,学校经费不充裕自然是重要原因。曾担任清华校长的曹云祥将当时清华的经济状况分为四个时期,分别为扩张时期(1908—1921年)、短绌时期(1921—1926年)、转移时期(1926—1931年)和积储时期(1931—1945年)。短绌时期内,留美学生人数增加,而且欧战之后美国生活费昂贵,使得资助留学的费用提高,清华不得不采取各种方法节省支出;在转移时期,经费支出则从资助留美逐渐转移到学校自身发展,诸如开设各科各系,添聘教授,扩充图书馆,添建教室宿舍等。③ 由此可见,当时学校财政压力颇大,这对刚成立的法学院自然会有影响。在

---

① 清华大学校史研究室,编.清华大学史料选编(第二卷)[M].北京:清华大学出版社,1991:361-362.

② Salmond Jurisprudence, English and Foreign Jurisprudence[M]//孙晓楼,等,著.王健,编.法律教育.北京:中国政法大学出版社,1997:47-48. Salmond 认为:"英美派因为受到历史法学派、分析法学派的影响很深,所以普通对于法律(Law)这个字义的解释非常狭窄,好像不能有别的问题牵涉在内,因此英美派的法律教育制度,是以纯法律研究的机关来研究法律。"

③ 清华大学校史研究室,编.清华大学史料选编(第一卷)[M].北京:清华大学出版社,1991:42-44.

经费有限的情况下,院系初步发展需要有所侧重而不是力求齐全,因此1929年法律学系暂缓设立乃迫不得已的牺牲之举。

但需要注意,陈先生是站在学院立场来谈的,其在介绍中有意无意地"忽略"了校方对此的态度。从大学的层面看,在学校资源的大盘子下如何"分蛋糕"与校长有密切关系,这就引出法律学系暂缓设立第二个方面的原因,即首任清华大学校长罗家伦对法律教育的看法。罗家伦就职演讲《学术独立与新清华》中有一段话颇能体现此点:

我动身来以前,便和大学院院长蔡先生商量好如何调整和组织清华的院系。我们决定先成立文、理、法三个学院……法学院则仅设政治、经济两系,法律系不拟添设,因为北平的法律学校太多,我们不必叠床架屋。我们的发展,应先以文理为中心,再把文理的成就,滋长其他的部分。文理两学院,本应当是大学的中心。文哲是人类心灵能发挥得最机动最弥漫的部分,社会科学都受到他们的影响。纯粹科学是一切应用科学的基础,也是源泉。断没有一个大学里,理学院办不好而工学院能单独办得好的道理。①

所谓大学院院长蔡先生,即罗氏在北京大学时的恩师蔡元培。从就职演讲中可发现罗氏的办学理念与蔡氏有颇多相似之处,其很可能是受到蔡氏的影响。蔡氏主张大学应该是以文理两科为基础,专门探索高深学问,以研究真理为旨趣的学术机构,当年蔡氏任北大校长,大刀阔斧进行改革之时,曾主张将法科从大学中分离出去而成为专门的法政学校,但遭反对未能实行。② 这种分科设校的背后,是其关于"学"(学理)与"术"(应用)之别的理念:"文、理,学也。虽亦有间接之应用,而治此者以研究真理为目的,终身以之。所兼营者,不过教授著述之业,不出学理范围。法、商、医、工,术也。直接应用,治此者虽亦可有永远研究之兴趣,而及一程度,不可不服务于社会;转以服务时之所经验,促术之进步。与治学者之极深研几,不相侔也……鄙人以为治学者可谓之'大学',治术者可

---

① 清华大学校史研究室,编. 清华大学史料选编(第二卷)[M]. 北京:清华大学出版社,1991:200.

② 李贵连,孙家红,李启成,俞江,编. 百年法学——北京大学法学院院史 1904—2004[M]. 北京:北京大学出版社,2004:53.

谓之'高等专门学校'。"①因此,罗家伦就职演讲中关于大学定位与学科设置的思考,可谓渊源有自,法律学系在其看来,属于实践的"术"的范畴,并非大学不可或缺的核心科系。蔡元培当年在北大没有实现的愿望,通过其学生罗家伦在清华得以落实,清华的法律学系的设立因此在罗家伦主政时期遭遇搁浅。

(二) 形势比人强:1932—1934 年清华设立又取消法律学系

1931 年梅贻琦接任校长,清华进入平稳的发展时期。梅贻琦积极地支持法律学系的筹建,但无奈受阻于当时"限制文法,侧重实科"②的教育政策,最终功败垂成。

但此时局势稳定,经济亦有好转,陈岱孙乃向梅氏与校评议会发函(1932 年 1 月 7 日),阐明法律学系应尽快设立之四点理由:(1)依大学组织法,法学院应有三系,清华法学院缓设法律学系已近三年,长此拖延有悖法令精神。(2)政治、法律本为相辅相行之系;政治学系学生毕业以投身行政为业者为多数,国民政府行政人员考试即包括法律科目且门数甚多,清华政治系毕业生参加考试者因法律学识不足,甚为中馁,这种情况应急弃改正。(3)当时政治系中已有法律学科若干门,聘请讲师多人,事实上法学科目已稍具雏形,但无专任教授,课程之分配,时间之排定,颇欠统系,长此以往,政治系之课程,将永无整理之希望。(4)学校来年因建筑费减少,预算中未经分配之款有十二万元,法律系完全成立常年经费(薪金、书费在内)不过三万余元,时机稍纵即逝,需予以把握。③

陈氏主张获得梅贻琦和学校支持,梅氏以《呈为下半年增设工学院暨成立法律学系仰祈鉴核备案由》学校公函送达国民政府教育部(1932 年 2 月 3 日),同年 2 月 22 日教育部指令(字 1215 号)准予备案。于此,法律学系筹建工作展开,燕树棠被任命为首任法律学系主任。

---

① 蔡元培,著.中国蔡元培研究会,编.蔡元培全集第 3 卷[M].杭州:浙江教育出版社,1997:149-150.
② 王聿均,朱家骅先生言论集[M].台北:"中央研究院"近代史研究所,1977:305.
③ 参见国民政府教育部一九三二年批准成立工学院暨批驳增设法律学系的部令和来往文书(清华大学档案馆藏,全宗号 1,目录号 2-1,案卷号 17,陈俊豪整理)之"陈岱孙信函",本部分有关部令和信函,如无注明出处,皆来源于此。国民政府教育部一九三二年批准成立工学院暨批驳增设法律学系的部令和来往文书[J].清华法学,2006:317-318.

就理工出身的梅贻琦而言,设立清华法律学系之目的何在呢?梅贻琦的法律教育理念与罗家伦不同:首先,在学科定位上,他把大学的法律学科定位为"学"而不是"术",认为大学的法律系不同于法律专门学校,需要重视理论研究,弥补后者在这方面的不足;其次,在人才培养上,他希望法律学系可以培养学理与应用兼备的综合型人才,而不是只懂得机械运用法律的"法匠"。梅氏认为:"本校之拟设法律系,非欲使国内各校已嫌太多之科门,再增一个。实乃吾辈认法学理论之研究,为大学所应注重,而为普通法校所忽视者,故愿此方向,一为矫正。"又,"本学系之宗旨,系对于应用及学理两方面,务求均衡之发展,力避偏重之积习,以期造就社会上应变之人才,而挽救历来机械训练之流弊。"①罗、梅所处的民国时期,的确存在着广设法律院校,乃至泥沙俱下、良莠不齐的情况,梅氏似乎更加敏锐地注意到大学与专门学校相比的优势所在:在理论方面做出自己的贡献。在近代以降以移植为模式的法律改革下,法与社会之间的隔阂,已是不争之事实,如何结合国情在学理上加以论证诠释,进而为建设中国特色之法治国家张本,正是时代问题。在"学术方面应向高深专精方面去做"②的大学,正可大有作为。平允而论,梅氏此番"门外汉"之言,实乃大智慧之体现,在今天看来,亦不乏启迪意义。

但形势比人强,梅贻琦在1933年总结道:"吾校在过去的一年期内,遭遇两层困难。一层是外患的紧迫,敌兵侵入,日深一日,校址所在,几成前线地带,使我们感觉工作要被停顿的危险。一层是经费的缺乏,校中自去年二月,美庚款停付以后,收入骤减,直至今年二月,只由财政部陆续拨到一百万元,暂资接济。而今年三月以来,因政府又有庚款再停付一年之议,学校常款,仍未领到。吾校处此两层非常困难之中,精神与物质方面,同受打击。"③可见,法律系筹建伊始即步履维艰。

很快,1932年5月7日,教育部一纸训令(字3046号)下达"该校应就

---

① 清华大学校史研究室,编.清华大学史料选编(第二卷)[M].北京:清华大学出版社,1991:22,31.
② 清华大学校史研究室,编.清华大学史料选编(第二卷)[M].北京:清华大学出版社,1991:219.
③ 清华大学校史研究室,编.清华大学史料选编(第二卷)[M].北京:清华大学出版社,1991:21.

现时财力扩充工学院,法律学系暂缓招生,令仰遵照由",理由是"工科人才之培植本为我国所急需,值兹国难迫切,物力维艰,该校应就现时财力所能及,力谋工学院之扩充"云云。该令出台之背景,与当时"提倡实科(理工),限制文法"的教育政策有关。

尽管如何炳棣所言,梅贻琦和教授会只积极响应"提倡实科(理工)"而绝口不谈"限制文法"①,然从该训令下达后,以梅氏名义发出的学校公函(1932年6月4日,《为呈覆本校下学年增设工学院暨成立法律学系拟请维持原函仰祈鉴核遵由》;11月30日,《呈覆本校招收法律学生缘由及其不得已之苦衷仰祈钧部鉴核准予备案由》)及梅氏私人发给国民政府教育部钱乙藜次长、高等教育司沈云程司长和杨公兆先生的信函中,皆是校方和梅贻琦积极斡旋,试图挽回局势之体现。尽管这些函件中或晓之以理(阐明法律学系与工学院之设立并不冲突,法律学系设立之积极意义及现有师资、图书②和学生之基础),或动之以情,唯言者谆谆,听者藐藐,终是无可奈何。

1932年12月19日,教育部指令(字10608号)要求清华"仍应遵令停招法系学生,至本年度已招者姑予承认,惟一年级生应饬改任认他系,其不愿改系者,得与二年级生办至本年度终了时结束,再送北大平大等校肄业"。

但校方仍在做最后之努力,梅贻琦讲道:"法律系即无专修学生,于该系之存在不生问题,而学术上之研究,师资之延至,校中当仍有需要而应力予维持者也。"③1933年3月冯友兰、燕树棠到南京斡旋疏通事宜,就法律学系事,唯教育部长朱家骅"甚不以清华为然",认为"清华尽可有法律功课,但另设系实难办到",至此,两人认为"纵观各方面情形,法律系事似无可挽回"。④ 1934年国民政府教育部指令清华,"该校研究院各部应

---

① 何炳棣.读史阅世六十年[M].桂林:广西师范大学出版社,2005:102.
② 梅氏在1933年提到法律学系概况时,讲道:"图书设备,因先有政治学系数年之工作,法律书籍业有相当基础。本学系本年度图书费,合计普通特别两项,共有一万八千元,由图书馆陆续购置……其中所搜集之中文旧书,尤为各大学图书馆中所仅见。俟下学年开始时,本学系之图书,尽够普通参考之用。"可证当时图书已经有相当之准备。清华大学校史研究室,编.清华大学史料选编(第二卷)[M].北京:清华大学出版社,1991:31.
③ 清华大学校史研究室,编.清华大学史料选编(第二卷)[M].北京:清华大学出版社,1991:31.
④ 清华大学校史研究室,编.清华大学史料选编(第二卷)[M].北京:清华大学出版社,1991:708.

自行裁减,呈候核定。再该校法律学系并应遂令结束"。1934年8月13日,学校评议会决定遵照教育部指令第10898号,自1934年起,研究院裁撤社会学、地学、心理学三研究部,本科法学院裁撤法律学系。政治学系得斟酌需要设置法律课程并得酌加预算。原法律学系教授燕树棠、赵凤喈等也转入了政治学系。①

从1932年到1934年,法律学系之筹建戛然而止,主要是受到当时"提倡实科(理工),限制文法"教育政策的影响,其可以追溯到1929年4月26日南京国民政府颁布的《中华民国教育宗旨及其实施方针》。该实施方针共八条,第四条为:"大学及专门教育,必须注重实用科学,充实科学内容,养成专门知识技能,并切实陶融为国家社会服务之健全品格。"②这种宗旨、方针出台的背后,一方面是国民党试图推行其国家主义教育,在某种程度上即党化教育③,另一方面是为了解决文科与实科比例失衡、文科毕业生过剩所带来的社会政治不稳定因素。④1931年"九一八"事变,国家与民族面临严重外患危机,则造成了"提倡实科(理工),限制文法"的激进实施。陈果夫对此提出十项方案,其中第二、三项与法律教育有关:"二、全国各大学及专门学院自本年度起,一律停止招收文法艺术等科学生,暂定以十年为限。三、在各大学中,如设有农工医等科,即将其文法等科之经费移作扩充农工医科之用,其无农工医科者,则斟酌地方需要,分别改设农工医等科,就原有经费,尽量划拨应用。"⑤对于这两项方案,国民党中央政治会议经过审查,变相地承认陈果夫停止文法招生并将其经费发展实科的建议。清华筹建法律学系的过程,恰逢推行"提倡实科(理工),限制文法"政策的尖峰时刻。国民党中央政治会议的这个停止招生的决议,实际上成为教育部裁撤法律学系的"尚方宝剑"。

"九一八"事变的国难危机除了导致国家教育政策的激进化实施,也

---

① 陈俊豪.生不逢时的法律学系——20世纪二三十年代清华法律学系设立之周折[J].清华法学,2006,(03):49-54.
② 顾明远.世界教育大事典[M].南京:江苏教育出版社,2000:536.
③ 陈能治.战前十年中国的大学教育1927—1937[M].北京:商务印书馆,1990:24-30,51.
④ 陈德军.南京政府初期文科与实科比例失衡的社会政治效应[J].史学月刊,2004,(06):60-64.
⑤ 多贺秋五郎.近代中国教育史资料民国编(下)[M].台北:文海出版社,1976:108.

带来了学校财政的困难。因为时局危难,财政紧张,南京国民政府在1932年停付庚款,而清华的经费主要来源于美国的庚款退款,在这种情况下,只能依靠财政部垫借100万元维持现状和向银行商借小款予以应急,而下年度急需经费及他项必需费用共282万,资金缺口甚大,为此梅贻琦只能请求教育部商请财政部早日拨给庚款。① 在学校有求于人的情况下,教育部自然更有话语权,指令清华遵照国民党中央政治会议决议将停招法律学系学生的结余经费用于扩充工学院。

与清华法律学系的筹建形成鲜明对比的是,同样在1929年成立、同样在初设时没有法律学系的复旦大学法学院(初设政治学系、经济学系、市政学系),在1930年夏一边创办法律学系进行招生,一边向教育部进行申请备案。1931年3月,教育部准予法律系备案,同年7月,司法部准予特许设立。② 两校的法律学系在教育部备案只差不到一年,命运迥异,让人好生感叹。

当时清华法学院的办公场所和研究室乃在清华图书馆的一层的西部馆舍,占有14个房间(其中法律学系4间、经济学系4间、政治学系5间、院长室1间)。③ 冯友兰在1936年曾讲道:"清华本拟有文法学院之建筑,地址已定在生物学馆南之岛上,现因故未能进行,然终望其必能实现也。"④原因在于在1933—1935年,清华果断地停建了文法大楼,将节省下来的40万元基建款转投长沙秘密购买岳麓山土地筹建清华分校,作为华北战事爆发后的退路。⑤ 平允而论,清华文法学院为时局做出了牺牲。遗憾的是,冯氏的理想后来并未实现,战后计划拟建之文法大楼,因未请得经费,未能修建。⑥

---

① 清华大学校史研究室,编.清华大学史料选编(第二卷)[M].北京:清华大学出版社,1991:706.

② 参见:复旦大学法学院官网 http://www.law.fudan.edu.cn/Content/Index.aspx? mid=12.

③ 清华大学校史研究室,编.清华大学史料选编(第二卷)[M].北京:清华大学出版社,1991:739-741.

④ 清华大学校史研究室,编.清华大学史料选编(第二卷)[M].北京:清华大学出版社,1991:295.

⑤ 水木清华九十年(上).凤凰卫视,2001;转据陈俊豪.生不逢时的法律学系——20世纪二三十年代清华法律学系设立之周折[J].清华法学,2006,(03):51.

⑥ 清华大学校史研究室,编.清华大学史料选编(第四卷)[M].北京:清华大学出版社,1994:69.

五、研究生教育

1930年,清华法学院设置法科研究所,包括政治学部与经济学部,此乃法政研究生教育之滥觞。依据1937年的《清华大学一览》上的《法科研究所 政治学部》和《法科研究所 政治学部学程一览》(民国廿五年至廿六年度,1936—1937年),将其要点整理如下:

(一)政治学部的工作方针为:①确定研究范围;②侧重本国题材;③着重材料之搜集;④实施严格训练与培养认真切实之风气。

(二)研究生毕业期限,原定最少三年,后于1934年5月遵教育部令改为最少二年,实际上并无人能于两年内完成。对研究生的修学要求是:①第二外国语考试及格;②选修学科至少满24学分;③毕业初试应考及格(考试委员会应有经国民政府教育部核准之校外人员参加);④毕业论文经研究导师认可,本部预审合格,再经论文考试委员会(组织同前条)考试及格。

(三)研究生于第一学年始业时,应与部中导师及部主任切实商定整个研究计划,包括选修课程、认定学科、预备各项考试、决定论文题目等。导师及其指导范围如下:萧公权(中国政治思想)、王化成(国际公法及国际关系)、沈乃正(中国地方政府)、陈之迈(中央政治制度)、张奚若(西洋政治思想)、浦薛凤(近代政治思潮)。

(四)研究生要求于下列三种专门选读与研究中选修一门:①公法(宪法或国际公法)专门选读与研究;②政治制度专门选读与研究;③政治思想专门选读与研究。其意在使研究生初步专门化,并期于研究过程中,能获得一适当之论文题目。

(五)第二外国语(除导师及部主任特许者外,应于德法语文中,选择其一)考试最迟须于入学后一年内应试及格。及格程度以等于已曾修习该项文字至少二(三?)年以上,能译读流利为准,未及格者,不得参与毕业初试。

(六)凡应毕业初试者,应于下列五项学科中,择一为主科,择二为副科,共计三项,为其初试范围:①政治制度;②宪法与行政法;③国际公法及国际关系;④政治思想;⑤市政。凡应毕业初试得下等者,得于三个月后,补考一次。凡应毕业考试不及格者,其所著论文,研究部概不接受审查。毕业初试至迟应于毕业前六个月,应试及格。

(七)论文考试之范围,应包括主科。

从这些要点中,可得如下三点感受:

首先,政治学部的研究生可分为规范、制度和思想三个方向,每个方向的导师,皆堪称中国该领域最优秀的学者,其大都受过较为系统的中国古典教育,并在西方一流大学中取得学位或有长时间的游学经历,且当时正是年富力强的年龄。

其次,政治学部的培养考核相当严格,除了相关课程的学习,第二外语、毕业初试、论文考试,环环相扣,一项不过关就无法进入后一项。

最后,在专业智识的训练上,非常注意奠定学生扎实的基础,再养成其专精。学生貌似只需就三个研究方向中选择一个进行研究,进而形成论文,但毕业初试中的主、副科内容,实际几乎涵盖了各个方向的内容,且毕业论文考试,实际也不只限于论文本身,而是包括主科这一更广阔之范围。

从现有资料看,1930—1937年政治学部研究生有邵循恪、谢志耘(1930年)、万异、陈春沂(1932年)、王铁崖(1933年)、罗孝超、楼邦彦(1934年)、靳文翰(1935年)、宋士英、池世英(1936年)、张天开、刘信芳、陈明謇、鞠秀熙等人。[1] 但有意思的是,从现有的资料上看,1933—1943年清华授予硕士学位的学生中,政治学部只有1933年毕业的邵循恪和1936年毕业的王铁崖二人。[2] 其原因主要有两个:一是考核非常严格,可能有中途辍学者;二是不少学生通过中美、中英庚款考试,未完成学业即出国留学。如楼邦彦(通过第四届中英庚款留学考试,1936年,专研行政法)、张天开(通过第五届中英庚款留学考试,1937年,专研社会立法)、谢志耘(通过第六届中英庚款留学考试,1938年,专研近代史)、陈春沂与靳文翰(均通过第七届中英庚款留学考试,1939年,专研行政法)等。[3] 这类

---

[1] 1930—1936年的《研究生院新生名单》(《国立清华大学校刊》第200、305、436、514、592、676、765号),收入《清华大学史料选编》(第二卷)(下)[M].北京:清华大学出版社,1991.括号内所标年份为其始就读研究生年份,未标者情况不详。

[2] 参见:清华研究院1933—1943年授予硕士学位人数报告(清华大学档案,具体卷宗号不详)[M]//清华大学史料选编(第三卷)(上).北京:清华大学出版社,1994:102.该名单遗漏了1936年毕业的王铁崖,其硕士论文为《租借地问题》。

[3] 孙宏云.中国现代政治学的展开:清华政治学系的早期发展(1926—1937)[M].北京:生活·读书·新知三联书店,2005:154.

庚款考试难度颇高，一般每个方向全国仅有一个名额（第七届中英庚款考试可能是例外），高中者无疑是这个领域全国的佼佼者，清华政治学部录取名额之多（王铁崖亦于1936年通过第四届中美庚款留学考试，专研国际公法），可证明其培养学生之优秀。

尽管政治学与法学，无法双剑合璧而比翼齐飞，此时清华的法政教育不免有所缺憾，但整体而言，仍在稳定与持续的发展当中，良好的师资条件、合理的制度安排、优美的校园环境、严格的考核标准、扎实的学习作风，皆是值得肯定、借鉴之处。可惜，校史上的黄金时代，因为日寇侵华，不得不戛然而止，接下来，是漫漫的南迁之路。

第二节　长沙临时大学至西南联合大学时期

1937年7月7日，卢沟桥事变，日寇发动全面侵华战争，国立北京大学、国立清华大学、私立南开大学三校师生不得不负笈南下，先短暂栖身于湖南，组成国立长沙临时大学，后因战局恶化，又千里跋涉至云南，更名为西南联合大学，直至抗战胜利，三校复员。民族危难之际，三校精诚团结，通力合作，求同存异，师生们以刚毅坚卓之精神，撰写出了一批经典名著，培养出众多不乏大师级人物在内的优秀人才，并以各种方式积极地参与国家事务，为抗战胜利做出积极贡献，为民主运动谱写新章，铸就教育史上的一段奇迹。

一、长沙临时大学时期

1937年9月10日，教育部16696号令正式宣布以北京大学、清华大学、南开大学组成国立长沙临时大学。[1]

选择长沙为校址，是从办此新校的物质条件出发的。首先，在卢沟桥事变前两年，清华大学曾拨巨款在长沙岳麓山下修建了一整套校舍，并预计在1938年年初即可全部交付使用；其次，卢沟桥事变前两年的冬季，清华大学曾秘密南运好几列列车的教研工作所需的图书、仪器，暂存汉口，

---

[1] 西南联合大学北京校友会，编.国立西南联合大学校史[M].北京：北京大学出版社，2006：366.

可以随时运往新校。①

国立长沙临时大学本部设于长沙,租用韮菜园路一号圣经学院校舍,后因校舍不敷分配,将文学院设于圣经学院的南岳分校。因为胡适等人富有洞见的建议,战时的教育仍采取常态教育的方式。②依据长沙临时大学常务委员会会议记录,其拟设4科,即文科、理科、工科、法商科,凡17系。其中,法商科包括法律系、政治系、经济系、商学系4系,4系的教授会主席(后称为主任)分别是戴修瓒(北大)、张佛泉(北大)、陈总(即陈岱孙,清华)和方显廷(南开)。③依据《长沙临时大学各院系必修选修学程表》,其法政课程设置与师资如表2-5、表2-6所示(按:"必修或选修"栏内,罗马数字表示某年级必修学程,如Ⅰ、Ⅱ、Ⅲ、Ⅳ,表示第一年级、第二年级、第三年级及第四年级必修课程。阿拉伯数字表示某年级选修学程,如1、2、3、4,表示第一年级、第二年级、第三年级及第四年级选修学程。"学期"栏内注"全"者,表示全学年学程,填上下者,表示上下学期学程)④。

表2-5 长沙临时大学法律学系必修选修学程表

学程	必修或选修	学期	学分	教师
物权法	Ⅰ,Ⅱ	下	6	赵凤喈
债编总论	Ⅱ	—	6	李祖荫
刑法分则	Ⅱ	—	6	蔡枢衡
民事诉讼法(Ⅰ)	Ⅱ	—	6	张守正
法院组织法	Ⅱ	上	2	戴修瓒

---

① 参见:陈岱孙.国立西南联合大学校史序[M]//西南联合大学北京校友会,编.国立西南联合大学校史.北京:北京大学出版社,2006:1.从敌机空袭时,清华向国民政府教育部呈报损失的报告中可窥得新校舍的格局,共有六所:甲所(理工馆)、乙所(文法馆)、丙所(教职员宿舍)、丁所(学生宿舍)、戊所(工场)、己所。清华长沙校舍被毁情况[M]//清华大学校史研究室,编.清华大学史料选编(第三卷)(上).北京:清华大学出版社,1994:350.
② 参见:谢泳.西南联大与中国现代知识分子[M].福州:福建教育出版社,2009:148.
③ 张爱蓉,郭建荣,主编.国立西南联合大学史料:第2卷[M].昆明:云南教育出版社,1998:7-8.张佛泉后请辞政治学系教授会主席,改推张奚若为主席,未到前仍由张佛泉代理,见上书12页。
④《长沙临时大学各院系必修选修学程表》(1937至1938年度)[M]//张爱蓉,郭建荣,主编.国立西南联合大学史料:第3卷.昆明:云南教育出版社,1998:117以下.有必要指出,与会议记录相比,课程表少了化工系与商学系,且称谓上以"学院"代替原来的"科",如称"法商学院"而非"法商科"。

续表

学程	必修或选修	学期	学分	教师
※民法通论	—	—	8	赵凤喈
※刑法通论	—	—	6	蔡枢衡
债编各论	Ⅲ	—	6	戴修瓚
亲属法	Ⅲ	—	4	李祖荫
民事诉讼法（Ⅱ）	Ⅲ	—	6	陈瑾昆
刑事诉讼法	Ⅲ	—	6	陈瑾昆
保险法	Ⅲ，Ⅳ	下	2	戴修瓚
国际公法	Ⅲ	—	6	王化成
破产法	Ⅲ	—	4	张守正
继承法	Ⅳ	—	4	李祖荫
海商法	Ⅳ	—	4	戴修瓚
民事执行法	Ⅳ	—	4	张守正
国际私法	Ⅳ	—	4	赵凤喈
民刑事诉讼实务	Ⅳ	—	2	陈瑾昆
监狱学	Ⅳ	—	4	蔡枢衡

注：※为政治系必修科。

表 2-6　长沙临时大学政治学系必修选修学程表

学程	必修或选修	学期	学分	教师
政治学概论	—	—	6	浦薛凤
近代政治制度	—	—	6	陈之迈
宪法	—	—	4	陈之迈
地方政府	—	—	4	沈乃正
市政府及市行政	—	—	4	沈乃正
国际公法	—	—	6	王化成
国际关系及组织	—	—	4	王化成
条约论	—	—	4	崔书琴
外交惯例	—	—	4	崔书琴
西洋政治思想史	—	—	8	张奚若
中国政治思想史	—	—	6	萧公权
西洋近代政治思想	—	—	4	浦薛凤
公民学原理	—	—	4	张佛泉
中国政治之改造	—	—	4	张佛泉

另,因经费与设备关系,研究院暂告停办。① 研究生招生培养暂时停止。

但形势比人强,战局的恶化显然超出了预期,1937年11月12日上海失守,1937年12月13日南京沦陷,随之武汉告急,空袭时来,长沙已非安全之处,再次迁校不得不提上议程。梅贻琦倾注心血、寄予厚望的岳麓山下新校舍,只能借给与清华有合作关系的陆军交辎学院使用。②

从1937年10月18日开始旧生注册,10月25日举行开学典礼,11月1日开始上课,到1938年1月19日国民政府最高当局批准迁往昆明③,长沙临时大学的短暂存设,期间之曲折坎坷,恰是此时期中国多蹇命运之写照。更需要指出的是,物质之贫乏不能抹杀精神上迸发的火花,恰如文学院冯友兰的记载:

我们在衡山只住了大约四个月,一九三八年春迁往昆明,最西南的边陲。在衡山只有短短的几月,精神上却深受激励。其时,正处于我们历史上最大的民族灾难时期;其地,则是怀让磨砖作镜、朱熹会友论学之处。……可是我们生活在一个神奇的环境:这么多的哲学家、著作家和学者都住在一栋楼里。遭逢事变,投止名山,荟萃斯文;如此天地人三合,使这一段生活格外地激动人心……④

二、西南联合大学时期

(一) 概述

在学校和各方当局精心安排之下,长沙临时大学的近千名师生,历两月有余,经水陆兼具,通过多种方式艰苦跋涉,陆续抵达昆明。1938年4月2日,奉教育部令:国立长沙临时大学改称国立西南联合大学。⑤ 其

---

① 梅贻琦.抗战期中之清华[M]//张爱蓉,郭建荣,主编.国立西南联合大学史料:第3卷.昆明:云南教育出版社,1998:13.
② 参见:抗战二年中教务处工作概况[M]//张爱蓉,郭建荣,主编.国立西南联合大学史料:第3卷.昆明:云南教育出版社,1998:13.
③ 西南联合大学北京校友会,编.国立西南联合大学校史[M].北京:北京大学出版社,2006:367-369.《校史》所记开学典礼日期为10月26日,但依据《长沙临时大学二十六年度校历》,开学典礼时间应为10月25日,参见:张爱蓉,郭建荣,主编.国立西南联合大学史料:第3卷[M].昆明:云南教育出版社,1998:19.
④ 冯友兰,编.中国哲学简史[M].北京:生活·读书·新知三联书店,2013:370-371.
⑤ 西南联合大学北京校友会,编.国立西南联合大学校史[M].北京:北京大学出版社,2006:371.

英文名称为"The National Southwest Associated University",校训为"刚毅坚卓",校庆日即长沙临时大学开始上课的日期:11月1日。

西南联大的本部设于昆明,其间校舍几易,1939年建新校舍于昆明城外西北郊三分寺,在环城马路两侧,占地120余亩。① 因校舍不敷使用,文、法学院曾暂设蒙自(位处云南东南部,1938年8月迁回昆明)。因战局不稳有再次迁校之议,一年级新生曾被安排于叙永分校(位处四川、云南、贵州交界,1941年撤销)。

西南联合大学原由4院即文学院、理学院、法商学院、工学院构成,1938年增设师范学院。凡26学系、2个专修科(电讯和师范)和1个先修班。在西南联大存续的近9年间(包括长沙临大),先后执教的教授有290余人,副教授48人,前后在校学生约8000人,毕业的本科生、专科生和硕士研究生共3882人。法商学院原设政治学、法律学、经济学和商学4系,1940年5月,社会学系从文学院的历史社会学系中分出来单独设系,并入法商学院。此5系之中,政治、经济两系原为北大、清华、南开所共有,而法律、社会、商学则原来各为北大、清华、南开所独有。②

西南联大时期,法商学院的院长先后为方显廷(南开,1938年1月—1938年4月19日在任)、陈序经(南开,1938年4月—1944年8月在任)和周炳琳(北大,1944年8月—1945年7月在任),期间张奚若(清华)、陈岱孙(清华)曾代理院长。法律学系的主任原推戴修瓒(北大),因其尚未到校,1938年7月12日改推燕树棠(北大),一直至联大结束;政治学系主任由张奚若(清华)担任;经济学系主任由陈岱孙担任;商学系主任由方显廷(南开)担任,后方氏请辞,1938年5月10日起由丁佶(南开)担任,在丁氏于1940年不幸溺亡后,由陈岱孙兼任;社会学系主任由陈达(清华)担任,后陈氏请辞,1943年8月12日起由潘光旦(清华)担任。

从1938年到1946年,法商学院共有毕业学生1356人。其中,属于清华学籍的毕业生,政治学系26人,经济学系120人,社会学系1人(按:

---

① 西南联合大学北京校友会,编.国立西南联合大学校史[M].北京:北京大学出版社,2006:41.

② 西南联合大学北京校友会,编.国立西南联合大学校史[M].北京:北京大学出版社,2006:209-210.从联大的课程表上看,经济学与商学系的课程合并,统称为经济商业学系。

从1942年起,社会学系毕业生始归于法商学院之下);属于北大学籍的毕业生,政治学系34人,法律学系20人,经济学系68人;属于南开学籍的毕业生,政治学系3人,经济学系32人,商学系56人;属于西南联大学籍的毕业生,法律学系91人,政治学系90人,经济学系562人,商学系103人,社会学系59人。①

(二) 师资和教研

这一时期的师资有两个特点:

首先,学术代际的传递正在有序形成。清华的情况最为明显。早期毕业于清华政治学系的优秀学生,如张企泰、王赣愚、邵循恪、林良桐、周世逑、楼邦彦、龚祥瑞,以及曾炳钧、王铁崖、邹文海等人,已经陆续在巴黎大学、哈佛大学、芝加哥大学、伦敦政经学院、哥伦比亚大学等国外一流大学取得学位或完成学业,回国任教,这从一个侧面反映了当时清华法政教育的成功。这批人与早期清华留美预备部出身的萧公权、钱端升、王化成、陈之迈、浦薛凤、沈乃正、罗隆基等一起,成为西南联大教研的中坚力量。与此同时,更为年轻的学子,如陈体强等也开始担任助教,发表论著,崭露头角。

其次,此时期的教员由于三校合一,得以资源共享,如王化成到法律学系开设《国际公法》,陈序经到政治学系开设《主权论》等,此虽为优势,但因为战争等因素的影响,教员处在较为频繁的变动之中,虽然并非无人可代,但其原本熟手的专任课程之效果难免会受到影响,则是弊端。例如,清华政治系在联大初期就有四位资深教授离校,其中萧公权赴四川大学,陈之迈赴行政院,浦薛凤和王化成赴国防最高委员会,对西南联大来说,可谓重大损失。北大法律系也出现一名教授开设多个领域课程的情况,固然可赞其博学,但对当时受大陆法系影响颇深的中国法学教育来说,也不能不说是无奈之举。

---

① 参见:西南联合大学北京校友会,编.国立西南联合大学校史[M].北京:北京大学出版社,2006:210,432-435.有必要指出,该书第210页统计法商学院的毕业生为1296人,并没把从1942年起的60名社会学系毕业生计算在内。

  战争改变了原来物质比较宽裕的教授们的生活,通货膨胀使得1942年11月昆明一个家庭一个月最低生活费达到7500元[①],而1943年,即便是资深教授如钱端升、吴之椿者,月薪也不过4000元[②],这对上有老人需要赡养,下有小儿嗷嗷待哺的联大教员们来说,其拮据、窘迫之状可知,若不幸遭遇其他变故,则更为艰难。

  但令人感佩的是,生活方面急剧的落差、条件的艰苦并不能阻挠教研的开展。端木正回忆道:"抗战八年我是在读大学和研究生中度过的,目睹我的老师们怎样艰苦卓绝教育我们这一代人。日寇空袭、颠沛流离、法币贬值,资料不足、住房狭小、电灯昏暗(有时无电则一灯如豆在油灯或烛光下'开夜车')……但他们为了延续民族的文化,为了民族的未来,甘之如饴,保证质量地讲课,还不断出科研成果。"[③]

  端木正追忆的情景,与在西南联大法商学院兼任讲师的瞿同祖之记忆颇为契合:"在昆明时生活和工作条件艰苦,敌机不时来袭,在呈贡乡间住了一年,夜间以菜籽油灯为照明工具,光线昏暗,不能写读,八时即就寝,于是就在床上反复思考写作中遇到的问题。有了腹稿,次晨便可奋笔疾书了。"[④]正是在如此极端不便的情况下,甚至在缺乏《宋刑统》这样重要图书资料的条件下,《中国法律与中国社会》这部介绍中国法律史的典范作品、直至今天仍然一版再版的不朽名著诞生了。

  法律学系的蔡枢衡讲道:"侵略破坏了一切秩序,炮火阻止了书本学问的向前。唯一可能的工作是:观察现实,回顾已往,憧憬未来,偶有所感,每以一吐为快……自二十七年末至于三十二年春,我个人便产生了一个散文时代。"[⑤]在这一特殊时空之下,蔡枢衡进行着对中国法学深刻的批判性反思,写就了《近四十年中国法律及其意识批判》《新中国之文明与文化》等一系列作品,集成《中国法理的自觉发展》。该书寻求中国法学主体

---

① 昆明教授家庭最低生活费的估计(按1942年11月昆明物价)[M]//清华大学校史研究室,编.清华大学史料选编(第三卷)(下).北京:清华大学出版社,1994:336.
② 清华大学档案[Z].清华大学档案馆,全宗号1,目录号3-2,案卷号193:75.
③ 端木正.王铁崖文选序[M]//邓正来,编.王铁崖文选.北京:中国政法大学出版社,2003:序页4.
④ 赵利栋.瞿同祖先生访谈录[M]//瞿同祖.瞿同祖论中国法律.北京:商务印书馆,2014:94.
⑤ 蔡枢衡.中国法理自觉的发展[M].北京:清华大学出版社,2005.

性的问题意识,时至今日仍然有重要的意义。

1940年9月,颇具特色的行政研究室成立。该研究室以研究中国现代及过去各种行政问题为目的,由法商学院担任行政部门之各教授与研究助理员。钱端升、周世述、龚祥瑞、戴修瓒等为委员,钱端升任主席。行政研究室的前身是钱端升战前在中央大学政治系任教时建立的图书室,后随其迁往北大。① 该研究室的设置,代表着钱端升对中国政治问题的持续关注和对年轻学人的着力栽培。该研究室的系列丛刊中,后起之秀陈体强的《中国外交行政》(商务印书馆)这一坚实厚重的著作获得1944年教育部第四届学术奖励社会科学类的三等奖。②

此外,邵循恪的《国际法与中日事件研究》、*The Obsolescence of Treaties*(Private Edition, Chicago, 1939年),吴之椿的《自由与组织》《青年的修养》(国民图书出版社,1941、1942年),王赣愚的《中国政治的改进》(商务印书馆,1940年)、《民治独裁与战争》(正中书局,1941年),钱端升的《战后世界之改造》(商务印书馆,1943年)、《中国政府》,崔书琴的《三民主义新论》,燕树棠的《西洋法律哲学及中国法律思想》,赵凤喈的《民法亲属编》,章剑的《保安处分制度之沿革及其将来》,李士彤的《买卖法中之瑕疵担保》等著述、研究,加之相关课程的讲义③,散布于各期刊上的论文,以及法政人积极参与的《当代评论》《时代评论》等杂志的创立④,皆是筚路蓝缕中坚持研究、笔耕不辍的有力论据。

---

① 参见:西南联合大学北京校友会,编.国立西南联合大学校史[M].北京:北京大学出版社,2006:211,386;清华大学校史研究室,编.清华大学史料选编(第三卷)(下)[M].北京:清华大学出版社,1994:261.

② 摘自第二次中国教育年鉴第六编第五章[M]//张爱蓉,郭建荣,主编.国立西南联合大学史料:第3卷.昆明:云南教育出版社,1998:763.

③ 依张爱蓉,郭建荣,主编.国立西南联合大学史料:第3卷[M].昆明:云南教育出版社,1998:555-556;清华大学档案[Z].清华大学档案馆,全宗号1,目录号3-2,案卷号193:76,81,83,85-87整理。例如芮沐先生的讲义《民法法律行为理论之全部》(后于1948年经河北第一监狱印刷刊行,2003年中国政法大学出版社再版)就被民法学者认为"是1949年以前中国民法著述中的绝响。1949年以来大陆地区的民法著述,也无有出其右者。这是中国民法学者撰写的一部可以和世界对话的作品"。参见:张谷.历百年沧桑,观四海潮涌,先生堪为跨世通儒——名实之间忆芮翁[EB/OL]. https://wenku.baidu.com/view/c10ea89ae518964bce847cc1.html.

④ 西南联合大学北京校友会,编.国立西南联合大学校史[M].北京:北京大学出版社,2006:392,419.

（三）课程设置

政治学系的必修课程和本系开设的选修课程[①]如表 2-7 所示。

表 2-7　西南联大时期清华政治学系必修课程与本系开设选修课程表

课程类别	课　　程
专业必修课	政治学概论(1年级,6学分)、近代政治制度(2年级,6学分)、中国外交史(2年级,6学分)、国际公法(3年级,6学分)、西洋政治思想史(3年级,6或8学分)、中国政府(3年级,3学分)、行政法(4年级,6学分)
非专业必修课	大一英文、大二英文、第二外国语、中国通史、西洋通史、自然科学课程、社会科学课程
本系开设的选修课	近代西洋政治思想(4学分)、国际关系(6学分)、英国宪法史(6学分)、现代西洋政治思想(4学分)、主权论(3学分)、宪法(4学分)、各国地方政府(3学分)、国际法及外交研究(4学分,研究生课程)、条约论(4学分)、中国政治思想史(6学分)、国际公法判例(6学分,研究生课程,高年级本科可选)、地方政府(4学分)、中国地方政府(2学分)、市政府及市行政(4学分)、国际关系组织(4学分)、极权政府(4学分)、战后问题(3学分)、各国行政问题(3学分)、现代政治学(4学分)、政治制度研究(4学分)、行政问题及行政原理(3学分)、行政学(6学分)、比较行政法(6学分)、行政程序(3学分)、外交惯例(4学分)、中国外交史研究(4学分)、外交学(3学分)、国际及殖民行政(3学分)、边疆问题(4学分)

法律学系的必修课程和本系开设的选修课程[②]如表 2-8 所示。

---

① 依据西南联合大学北京校友会,编.国立西南联合大学校史[M].北京：北京大学出版社,2006：212-213 整理。有必要指出,西南联大时期,课程处在持续变化之中,1937—1946 年度具体每一学年的课程情况,可参见上书 133 页以下。法律系的课程亦是如此。
② 依据西南联合大学北京校友会,编.国立西南联合大学校史[M].北京：北京大学出版社,2006：230-234 整理。

表 2-8　西南联大时期清华法律学系必修课程与本系开设选修课程表

课程类别	课　　程
专业必修课	法学绪论(1年级,2学分)、民法总则(1年级,6学分)、宪法(1年级,4学分)、刑法总则(2年级,6学分)、民法债编(2年级,6学分)、民法物权(2年级,4学分)、国际公法(2年级,6学分)、中国司法组织(2年级,2学分)、民法亲属继承(3年级,6学分)、商事法概论(3年级,6学分)、行政法(3年级,6学分)、刑法分则(3年级,4学分)、中国法制史(3年级,4学分)、刑事诉讼法(3年级,6学分)、国际私法(4年级,4学分)、破产法(4年级,2学分)、劳工法(4年级,3学分)、民事诉讼法(4年级,8学分)、强制执行法(4年级,2学分)、法理学(4年级,4学分)、诉讼实习(4年级,2学分)、毕业论文(4年级,2学分)
非专业必修课	大一国文、大一英文、大二英文、第二外国语、中国通史、西洋通史、逻辑、哲学概论、自然科学课程、社会科学课程
本系开设的选修课	海商法(3或4学分)、保险法(2或3学分)、民事执行法(4学分)、监狱学(2或4学分)、犯罪学(2或3学分)、犯罪心理学(4学分)、公司法(3或6学分)、近代大陆法(2学分)、罗马法(4学分)、土地法(3学分)、刑事政策(2或3学分)、法医学(2学分)

注：选修与必修课程性质有时会发生变动。

1942年,教育部与司法行政部会商,指令西南联大的法律系增设司法组,注重司法实务训练[①],1943年,西南联大开始在法律系中增设司法组,其"目的在造就专门人才,以备收回法权后之亟需,该组学生在校享公费待遇,毕业后亦有优待条款"[②]。司法组的必修科目[③]如表 2-9 所示。

---

① 参见：清华大学档案[Z].清华大学档案馆,全宗号1,目录号3-2,案卷号088：1.
② 西南联大三十三年度录取新生标准[M]//张爱蓉,郭建荣,主编.国立西南联合大学史料：第3卷.昆明：云南教育出版社,1998：88.
③ 依据清华大学档案[Z].清华大学档案馆,全宗号1,目录号3-2,案卷号088：7-9整理。

表 2-9　西南联大时期清华司法组各学年必修科目表

第一学年	三民主义(4学分)、军训(4学分)、体育(2学分)、国文(6或8学分)、外国文(6或8学分)、社会学(4或6学分)、经济学(6学分)、政治学(4或6学分)、伦理学(3学分)、法学绪论(2或3学分)、宪法(4学分)、民法总则(6学分)
第二学年	体育(2学分)、外国文学(6或8学分)、伦理学(3学分)、中国司法组织(2或3学分)、公司法(2或3学分)、民法物权(4学分)、刑法分则(4或6学分)、※第二外国语一(6学分)、※罗马法(6学分)、※劳工法(3学分)、※土地法(3学分)
第三学年	体育(2学分)、民法亲属继承(4或6学分)、民事诉讼法(8或10学分)、刑事诉讼法(6学分)、行政法(6学分)、中国法制史(4或6学分)、票据法(2或3学分)、保险法(2或3学分)、※第二外国语二(6学分)、※比较法学绪论(6学分)、※罗马法(6学分)、※刑事特别法(3学分)、※犯罪学(3学分)、※监狱学(3学分)、※劳工法(3学分)、※土地法(3学分)
第四学年	体育(2学分)、国际私法(4或6学分)、法理学(4或6学分)、强制执行法(3或4学分)、海商法(2或3学分)、破产法(2学分)、刑事审判实务(4学分)、民事审判实务(4学分)、检察实务(2学分)、论文(2或4学分)、※比较民法(6学分)、※比较刑法(4或6学分)、※英美法(3学分)、※近代欧洲大陆法(3学分)、※中国司法问题(2或3学分)、※比较司法制度(4或6学分)、※证据法(3学分)、刑事政策(3学分)

注：有※号者本年级学生每学期任选6学分。

依据《西南联合大学本科教务通则》[①]第 30 条规定：学生在修业期间，须修满 132 学分，及党义 2 学分，体育 8 学分，军事训练 6 学分。但第 13 条在规定除党义、体育及军事训练之学分外，每学期所选学分以 17 学分为准，不得少于 14 学分，亦不得超过 20 学分的同时，已有法律学系与工学院各系另有例外的规定。可见，法律系的学分要超过教务通则规定的基准数，以司法组为例，"其学生最少须修够必修科目 143 学分至 176 学分，选修科目 18 至 21 学分，方得毕业。但每学期修习学分总数至多不得超过 26 学分"，可证其课业负担较重。

---

① 西南联合大学本科教务通则[M]//清华大学校史研究室，编.清华大学史料选编(第三卷)(下).北京：清华大学出版社，1994：157.

(四) 研究生教育

1939年6月27日,西南联大常委会第111次会议决议:"本校暂不举办研究院,由三校就现有教师设备并依分工合作原则酌行恢复研究所部。其研究生奖金等费用亦由各校自筹拨发。"①自此,开始恢复研究生的培养。

1940年,开始恢复法政研究生的招生。依据《国立西南联合大学清华、北大、南开研究院二十九年度招生简章》,清华的法科研究所设有政治学部,组别及考试内容如下:(1)政治制度组;(2)国际法组,考试内容:a.国文,b.英文(作文及翻译),c.近代政治制度,d.西洋政治思想史,e.国际公法。

北京大学的法科研究所设有法律学部,组别及考试内容如下:(1)中国法律史学及中国法律思想史组,考试内容:a.国文,b.中国经文解释,c.英文(作文及翻译),d.罗马法及法理学,e.民法,f.刑法;(2)国内司法调查组,考试内容:a.国文,b.英文(作文及翻译),c.民事诉讼法,d.刑事诉讼法,e.民刑法。②

1942年,西南联大研究生教育规模扩大,法科研究所的法律学部分为三组,分别是:中国法律史学及中国法律思想史组(北大)、国内司法调查组(北大)、犯罪学组(北大);政治学部分为四组,分别是:政治制度组(清华)、国际法组(清华)、行政组(北大)、国际关系组(北大)。③

依据《国立清华大学、国立北京大学、私立南开大学研究院暂行办法》,研究院学生学费暂免,可担任本校半时助教(半时助教者不给予津贴,但仍得领受奖学金)。成绩及格者得请求津贴(每年每人600元),成绩优异者给予甲种(总平均分80分以上,300元)、乙种(总平均分75分以上,150元)奖学金。④ 津贴与奖学金虽然有人数限制(如清华津贴名额以

---

① 张爱蓉,郭建荣,主编.国立西南联合大学史料:第2卷[M].昆明:云南教育出版社,1998:96.
② 国立西南联合大学清华、北大、南开研究院二十九年度招生简章[M]//张爱蓉,郭建荣,主编.国立西南联合大学史料:第3卷.昆明:云南教育出版社,1998:443以下.
③ 国立西南联合大学清华、北大、南开研究院三十一年度招生简章[M]//张爱蓉,郭建荣,主编.国立西南联合大学史料:第3卷.昆明:云南教育出版社,1998:456.
④ 国立清华大学、国立北京大学、私立南开大学研究院暂行办法[M]//张爱蓉,郭建荣,主编.国立西南联合大学史料:第3卷.昆明:云南教育出版社,1998:445以下.

20人为限,每部以4人为限,奖学金以10人为限),但考虑到研究生人数甚少,只要成绩符合标准(当然非常严格),获得津贴和奖学金的概率不低。

从现有资料来看,北京大学的法律学部研究生有4人,1940年入学者为贺祖斌,1941年入学者为闻鸿钧,1942年入学者为张挹材,1943年入学者为崔道录。① 其中,张挹材的论文是《司法调查》、崔道录的论文是《隋唐法律思想与法律制度》,指导教授皆为燕树棠先生。②

清华政治学部的研究生有7人,1940年入学者为瞿维熊、吴明金、屈哲夫,1941年入学者为胡树藩,1942年入学者为钟一均、罗应荣,1943年入学者为端木正。③ 目前可知:罗应荣于1946年毕业,论文是 The International Relation of Outer Mongolia in Relation to Russia and China;端木正于1947年毕业,论文是《中国与中立法》,导师是邵循恪;钟一均于1948年毕业,论文是《不列颠自治领的宪法地位》,导师是甘介侯。

以端木正在西南联大的教育历程为例,可见该时期研究生培养之一斑。

端木正于1943年9月考入清华研究院政治学研究所国际法组,1945年6月修满26学分后,进入相关的考试阶段。首先是外语考试,1946年4月2日在西南联大外国语文学系通过第二外国语考试(法文),主试人吴达元,成绩为及格。

其次是学科考试,1946年5月7日,在清华大学会议厅(昆明)举行学科考试,考试范围为国家公法与国际关系、各国政府及政治、西洋政治思想,主试委员是张奚若,委员有钱端升、赵凤喈、刘崇鋐、邵循恪、潘光旦和王赣愚,成绩为81分。11月起,端木正成为半时助教。

最后是论文考试。在其论文《中国与中立法》获得导师邵循恪认可后,进入最后的论文考试。端木氏论文的审查意见摘录如下:"取材虽未完备,论断则颇为精审。本文能对中立法方面做初一步的历史叙述,实为尚有学术价值之作。"该论文考试于1947年7月16日下午3时至6时,在

---

① 清华大学档案[Z].清华大学档案馆,全宗号1,目录号4-2,案卷号79:13.
② 国立北京大学研究生论文题目一览[M]//张爱蓉,郭建荣,主编.国立西南联合大学史料:第3卷.昆明:云南教育出版社,1998:468.
③ 清华大学档案[Z].清华大学档案馆,全宗号1,目录号4-2,案卷号79:8.

图书馆楼下文法学院讲讨室举行。考试委员阵容强大,有 9 人之多。其中,本系教授 4 人:邵循恪(主试委员)、张奚若、赵凤喈、甘介侯;本校外系教授 3 人:吴泽霖(社会学系教授)、刘崇鋐(历史系教授)、邵循正(历史系教授);校外委员 2 人:崔书琴(北大政治系教授)、王铁崖(北大政治系教授)。端木正论文考试的成绩为 81.5 分。①

其培养考核,无论是程序还是具体内容,皆保持着与之前清华相当的连续性。考试委员的阵容强大,是让人印象深刻的一面。学科考试委员 7 人,论文考试委员甚至高达 9 人,各位考试委员的专业背景也各不相同,分别来自政治学、法律学、社会学、历史学各个领域。想必其所提之问题,也会从各自的专业出发,考生如果知识背景不够广博、专精,准备不充分,在数小时多对一的轮番"轰炸"下,实际上是很难过关的。

作为端木正的导师,邵循恪参与了学科考试和论文考试的全过程,在论文考试中,其甚至担任了主试委员,这里并无今天硕博士论文答辩制度设计上的所谓导师回避问题,联想到邵循恪当年考试,其导师王化成也是全程参加,大家似乎习以为常,可以从另一角度说明学生素质和论文水准才是考试的关键,亦让人再次感叹何炳棣对于当时知识分子的评价——其"重趣味重性情而轻利害","道德"水准较高,没有鱼目混珠、自欺欺人、互相吹捧、树立利益集团等不良风气②——实不无道理。

端木正的两次考试,成绩皆在 80 分以上,实际上已达到当时甲种奖学金的标准,可证其在联大表现优异,但对其论文的审查意见仍然相当谨慎,对该论文未尽完美之处毫不客气地指明,褒奖之处则留有余地。这样"苛刻"的评价不仅无损端木先生的声望,反倒是会让人对那个时代严谨、严肃、严格的学风心生敬仰。西南联大堪称中国乃至世界教育史上的一个奇迹,这种奇迹的基础正建立在这种笃实的学风之上,端木先生在该时期所受教育的过程,正是其有力佐证。

如同其导师邵循恪,端木正也选择了毕业后赴国外深造之路。1947 年,其考取留法公费,并于 1950 年在巴黎大学顺利地获得博士学位,毕业

---

① 根据清华大学档案[Z].清华大学档案馆,全宗号 1,目录号 4-2,案卷号 80:1,2 相关内容整理。
② 何炳棣.读史阅世六十年[M].桂林:广西师范大学出版社,2005:162.

论文是 Le rôle de la nationalité dans la composition et le fonctionnement de la Cour Internationale de Justice，1951 年再获巴黎大学高级研究所毕业文凭，毕业论文是 Droit des Prises maritimes chinois。遗憾的是，后来在 1952 年的院系调整中，清华法学院被撤销，所属各系调整至其他学校，形势比人强，归国的端木正无法如当年的邵循恪一样，在念兹在兹的清华大学施展其本身所学。

（五）爱国民主运动

法政师生们认真投入教研、学习之余，亦心忧国事，以各种方式积极地投入爱国民主运动。抗战时期，西南联大法商学院百余名学生积极从军，投笔从戎，为抗战胜利贡献自己的青春、智慧乃至鲜血、生命。

清华法学院政治学系的第一届毕业生、后来担任政治系主任的曾炳钧，1941 年在美国哥伦比亚大学取得博士学位后，毅然放弃在美国供职的机会，接受美国中共地下党委托，签下生死状，作为中方唯一代表，冒着被敌机轰炸的危险，押运挪威货船 S. S. Gunny 号（挪威和德国是交战国），将一船新型战斗机带回祖国[①]，有力地支持了当时饱受日机轰炸之苦的中国抗战。

抗战结束后，在反对独裁、争取民主法治运动中，法政人的身影尤为活跃。试举二例如下：

1945 年 10 月 1 日，张奚若、周炳琳、朱自清、李继侗、吴之椿、陈序经、陈岱孙、汤用彤、闻一多、钱端升等十教授为国共商谈致电蒋介石与毛泽东，电文内容主要包括三个方面：首先，要求召集包括各党各派及无党派人士的政治会议，共商成立联合政府，举行国民大会代表选举，召开国民大会以制定根本大法，产生立宪政府。其次，提出特别注意并应立即施行者四点：(1)蒋介石应纠正一人独揽之风；(2)今后用人应改变专重服从不问贤能之弊端；(3)反对军人干政；(4)严惩汉奸。最后，认为真正的民主国家，在于政府重视个人的价值、人格与自由，信赖人民之智慧，希望两党能自尊重人民始而树立宪政。[②]

---

① 参见：曾尔恕.纪念我的父亲曾炳钧[M]//王振民，主编.法意清华.北京：清华大学出版社，2015：101.

② 参见：西南联大张奚若等十教授为国共商谈致蒋、毛电文[M]//清华大学校史研究室，编.清华大学史料选编（第三卷）(下).北京：清华大学出版社，1994：511-513.

在 1945 年 12 月 1 日国民党昆明军政当局屠杀爱国学生的惨案发生后,西南联大教授会组织法律委员会负责研讨,法律委员会由周炳琳、钱端升、费青、赵凤喈、燕树棠、蔡枢衡、章剑、李士彤八位教授,加以助教代表曹树经、闻鸿钧和丁则良组成。① 经法律委员会努力,以联大教授会之名义提出诉讼,诉状分为两份:一呈国民政府军事委员会,控告云南全省警备司令关麟征和第五军军长邱清泉;一呈法院,控告云南省政府委员前兼代主席李宗黄。两份诉讼均分为两项内容,第一项是被害事实及证据,第二项是被告和罪名。②

细绎诉状,其逻辑严密,持论有据,重事实,讲法理,联大的法政人以这种冷静理智的方式,来控诉国民党当局的独裁统治。虽然该案之结果只是李宗黄被免职,几名无业流氓被枪毙,但联大法政人这种身体力行的法治实践,亦足给国民党当局极大的震慑,其对法治理想的服膺追求以及其间表现出来的专业素养,值得为之大书特书。

第三节 复员至院系调整时期

一、复员时期

(一) 法律学系的复建

1945 年 8 月 15 日,日本正式宣布无条件投降,中国人民取得抗战胜利。1946 年 5 月 4 日上午,西南联大全校师生在新校舍图书馆举行结业典礼,梅贻琦代表常委会宣布西南联大教学活动结束,7 月 31 日,联大常委会举行第 385 次,也是最后一次常委会会议,西南联大正式宣告结束。③

三校复员,学生依志愿发至三校。其中分至北大的本科生 628 人,研究生 19 人;分至清华的本科生 938 人,研究生 45 人;分至南开的本科生 64 人,研究生 6 人。其中,清华法学院的情况是,本科生有 221 人:政治

---

① 张爱蓉,郭建荣,主编.国立西南联合大学史料:第 2 卷[M].昆明:云南教育出版社,1998:552 以下.

② 该诉状的详细内容,可见"西南联大教授会呈国民政府军事委员会告诉状"(抄自重庆各界反对内战联合会,昆明"一二·一"学生爱国运动)[M]//清华大学校史研究室,编.清华大学史料选编(第三卷)(下).北京:清华大学出版社,1994:525-536.

③ 西南联合大学北京校友会,编.国立西南联合大学校史[M].北京:北京大学出版社,2006:427-428,431.

学系有王俊鹏等 26 人,经济学系有游兆炳等 117 人,社会学系有吴锡光等 77 人,法律学系有蒋荫昌 1 人;研究生有 14 人:政治学部有钟一均等 3 人,经济学部有郑昌麟等 6 人,社会学部有沈瑶华等 5 人。① 从这个角度上讲,清华法律学系在第二次筹建之前,已经有了一名学生有志来此求学。

复员时期,在梅贻琦校长的院系建设蓝图中,就有添设法律学系的规划:

秋间复校后,为应国家社会之需要及本校学科顺序之发展,就院系言之,将成立农学院,即以农业研究所之基础,设置四五学系。文学院增设语言人类学系,以注重边疆民族语言文化之研究。理学院地学系原有气象组,今另成一系,以提倡高空气象之探讨。法学院将添设法律系,以实现十年前原拟之计划。工学院添设之化工系在今日之重要,固无待赘言。而建筑系则欲应社会之急迫需要,解决人民居室问题、城市设计问题,于人才训练上、于学术研究上,皆当另辟蹊径,以期更有贡献于社会者也。②

在梅贻琦的大力支持下,经教育部批准,清华法学院恢复了法律系,赵凤喈教授担任系主任。依据 1947 年 5 月的《国立清华大学规程》,清华大学共设文、理、法、工、农五学院,法学院下设法律学、政治学、经济学和社会学四系③,复员后的清华法学院重新恢复了当时大法学院的完整建制。

(二)课程设置和师资

1947 年的《清华大学学程一览》中,有当时法律学系和政治学系学程的完整介绍④,见表 2-10、表 2-11、表 2-12、表 2-13。

---

① 西南联合大学北京校友会,编.国立西南联合大学校史[M].北京:北京大学出版社,2006:498 以下.
② 梅贻琦.复员期中之清华[M]//清华大学校史研究室,编.清华大学史料选编(第四卷).北京:清华大学出版社,1994:28.
③ 国立清华大学规程(民国三十六年五月)[M]//清华大学校史研究室,编.清华大学史料选编(第四卷).北京:清华大学出版社,1994:168.
④ 清华大学学程一览[M]//清华大学校史研究室,编.清华大学史料选编(第四卷).北京:清华大学出版社,1994:344-350.

表 2-10　1947 年《清华大学学程一览》法律学系必修课程表

年级	课　　程
第一年级	国文(6 学分)、英文一(6 学分)、中国通史(6 学分)、逻辑(6 学分)、民法总则(6 学分)、微积分(或普通物理学、普通化学、普通生物学、普通地质学择一,8 学分)、三民主义、体育
第二年级	民法债编(8 学分)、刑法总则(6 学分)、中国司法组织(2 学分)、西洋通史(6 学分)、哲学概论(4 学分)、英文二(6 学分)、政治学概论(或经济学概论、社会学概论择一,6 学分)、伦理学、体育、选修(0～4 学分)
第三年级	民法物权(4 学分)、民法亲属(3 学分)、民法继承(2 学分)、商事法(8 学分)、刑法分则(4 学分)、民事诉讼法(8 学分)、国际公法(6 学分)、体育、选修(3～17 学分)
第四年级	行政法(6 学分)、刑事诉讼法(6 学分)、国际私法(4 学分)、法理学(3 学分)、中国法制史(4 学分)、毕业论文(2 学分)、体育、选修(3～17 学分)

表 2-11　1947 年《清华大学学程一览》法律学系选修课程表

年级	课　　程
第二年级	罗马法(4 学分)、英美法(4 学分)、第二外国语(6 学分)
第三年级	土地法(3 学分)、刑事特别法(2 学分)、大陆法(4 学分)、宪法(4 学分)、第二外国语(6 学分)
第四年级	劳工法(4 学分)、破产法(3 学分)、诉讼实习(2 学分)

表 2-12　1947 年《清华大学学程一览》政治学系必修课程表

年级	课　　程
第一年级	国文(6 学分)、英文一(6 学分)、中国通史(6 学分)、逻辑(6 学分)、政治学概论(6 学分)、微积分(或普通物理学、普通化学、普通生物学、普通地质学择一,8 学分)、三民主义、体育
第二年级	各国政府及政治(6 学分)、西洋政治思想史(6 学分)、英文二(6 学分)、西洋通史(6 学分)、经济学概论(或法学通论择一,6 学分)、哲学概论(4 学分)、第二外国语一(4 学分)、伦理学、体育
第三年级	国际公法(6 学分)、西洋外交史(6 学分)、中国政治思想史(或中国政府择一,6 学分)、财政学(6 学分)、法学通论(或经济学概论择一,6 学分)、第二外国语二(6 学分)、选修(0～4 学分)、体育
第四年级	近代中国外交史(6 学分)、中国政府(或中国政治思想史择一,6 学分)、行政法(6 学分)、毕业论文(4 学分)、选修(6～18 学分)、体育

表 2-13　1947 年《清华大学学程一览》政治学系选修课程表

年级	课　程
第三、四年级	市政学、宪法(4学分)、各国政府专题研究、英国宪法史、条约论(3学分)、外交学(3学分)、近代西洋政治思想(4学分)、国际私法

政治学研究所选修课程表有：政治制度研究(6学分)、国际公法判例(6学分)、条约论(3学分)、中国外交史研究(6学分)、外交学(3学分)。

复员时期，师资和图书的短缺成了法学院最大的问题。如梅贻琦的描述：

三十五年本校复原，本系(作者按：政治学系)遭空前之困难，原在西南联大之教授，如钱端升、吴之椿、崔书琴三位随北大复原，本系只有张奚若、赵凤喈、邵循恪三位先生。同时张先生因病请假(下学期已上课)，邵先生体亦不健，赵先生又兼顾法律学系之事，新聘教授，只甘介侯先生一人到校，旧教授浦薛凤、萧公权皆阻于交通，不能到校。师资困难，甚于抗战期中，只有勉请崔书琴、吴恩裕、楼邦彦、邱维周诸位先生来校兼授各项必修课程。关于图书一层，原留平校者，残缺不堪，整理补充，尚需时日；迁往西南者，损失大半；由昆明运回者，仅有一小部分到校。①

(法律学系)惟以复员伊始，图书设备及教师敦聘均感困难，故仅招收一年级新生一班，而大一新生除修法学院共同科目外，因学分限制关系，只能修习本系基本课程一、二门(若民法总则等)。因此，三十五年度本系系务，由原任政治系教授赵凤喈先生负责，只聘请教授一位(王克勤)，助教一位(李声庭)，共有教师三人……过去本校法律学系，仅有二年历史，法学书籍数量较少，目前视财力所及，正积极采购，补充各项必需之中西文书籍，期以充实设备……②

虽有困难，但言语之中，也可看到梅贻琦的倾力扶持，除增聘教师、招收插班生外，他更提出"希望于一、二年内成立法律研究所，藉符本校研究高深学术之旨"③。在各方的积极努力下，系务大有起色，法律学系的教员

---

① 梅贻琦. 复员后之清华(续)[M]//清华大学校史研究室,编. 清华大学史料选编(第四卷). 北京：清华大学出版社,1994：49-50.
② 梅贻琦. 复员后之清华(续)[M]//清华大学校史研究室,编. 清华大学史料选编(第四卷). 北京：清华大学出版社,1994：51.
③ 梅贻琦. 复员后之清华(续)[M]//清华大学校史研究室,编. 清华大学史料选编(第四卷). 北京：清华大学出版社,1994：51.

第二章 清华系统法政教育的产生与发展

从 1946 年的 3 人、1947 年的 5 人发展到 1948 年的 9 人①,1948 年,法律学系和政治学系教员的情况具体如表 2-14、表 2-15② 所示。

表 2-14　1948 年清华大学法律学系教员情况表

姓名	别号	性别	年龄	籍贯	职别	简历	到校年月
赵凤喈	鸣岐	男	52	安徽和县	教授兼主任	国立北京大学法学士,巴黎大学法学硕士,中央大学讲师	1933 年 8 月
陈廪	仓亚	男	42	广东	教授	法国里昂大学法学博士,中法大学法国文学系教授兼主任,云南大学法律系教授	1947 年 8 月
于振鹏	念平	男	40	山东文登	教授	法国国家法学博士,曾任日内瓦国际联盟秘书厅中国秘书,云南大学法律学系教授	1947 年 8 月
全陆麒	—	男	28	北平	副教授	燕京大学毕业生,美国弗拉其法律学院博士,于哥伦比亚大学法学院从事研究	1948 年 8 月
杨昌第	—	男	47	江苏无锡	讲师	北平法政学校毕业生,历任江苏、贵州、山东、上海、青岛各高等法院地方法院推事庭检察官、院长等职,贵州大学、大夏大学兼职教授	1948 年 9 月
芮沐	—	男	41	浙江吴兴	讲师	法国巴黎大学硕士,德国佛琅克府(作者按:法兰克福)大学博士,美国哥伦比亚大学访问教授,中央大学、西南联合大学、北京大学教授	1948 年 9 月

---

① 1946 年是赵凤喈、王克勤、李声庭,1947 年是赵凤喈、李声庭、陈廪、于振鹏、童介凡,1948 年是赵凤喈、陈廪、于振鹏、全陆麒、杨昌第、芮沐、何基鸿、陈沛寰、童介凡。参见:清华大学档案[Z].清华大学档案馆,全宗号 1,目录号 4-5,案卷号 7.

② 参见:清华大学档案[Z].清华大学档案馆,全宗号 1,目录号 4-5,案卷号 6:34-35.

续表

姓名	别号	性别	年龄	籍贯	职别	简历	到校年月
何基鸿	海秋	男	60	河北	讲师	日本东京帝国大学法学士,北京大学法律学系教授、主任	—
陈沛寰	—	男	29	广西兴安	助教	西南联合大学毕业生,广西兴安县立中学教员	1948年8月
童介凡	—	男	26	湖南平江	助教	国立北京大学法律系毕业生	1947年8月

表2-15　1948年清华大学政治学系教员情况表

姓名	别号	性别	年龄	籍贯	职别	简历	到校年月
曾炳钧	仲刚	男	42	四川泸县	教授兼主任	清华大学法学士,美国伊利诺伊大学硕士,哥伦比亚大学博士,云南大学教授,武汉大学教授	1948年8月
张奚若	—	男	60	山西朝邑	教授	美国哥伦比亚大学硕士,国际出版品交换局局长,曾任国民政府大学院高等教育处处长,中央大学教授	1929年8月
甘介侯	—	男	52	江苏宝山	教授	美国哈佛大学博士,东南大学、暨南大学、政治大学、大夏大学教授,湘鄂政委会委员,国民政府外交部次长,西南五省外交特派员	1936年8月
邵循恪	—	男	37	福建闽侯	教授	清华大学学士、硕士,美国芝加哥大学博士	1940年8月
刘毓棠	—	男	34	广东台山	教授	燕京大学学士,美国哈佛大学博士	1948年8月
杨荣春	—	男	37	黑龙江	副教授	清华大学学士,美国哈佛大学政治学博士,《益世报》编译,天主教文化(?)进会秘书	1947年8月

续表

姓名	别号	性别	年龄	籍贯	职别	简历	到校年月
陈体强	—	男	31	福建	副教授	清华大学法学士,英国牛津大学博士	1948年8月
杜汝楫	—	男	29	广东	助教	西南联合大学政治学系毕业生	1944年8月
萧英华	—	男	26	湖南武冈	助教	清华大学毕业生	1947年8月

此时师资有所增强,学生数量也在逐步增加,从1946年起,清华法律系开始招生。1946年的新生有高林等5人;1947年有汪恺曾等6人,二年级转入王敬松1人;1948年有乐久成等4人,三年级转入朱洪文等6人,二年级转入李克威等5人。①

此时的法律学系,虽然师资规模不大,学生人数不多,但已经从各方面显露出一些新气象,正如《院系漫谈》所介绍:

法律系在法学院,是比较冷静的。一来是因为战后才创办;二来是因为同学人数不多。可是这却丝毫未能影响到她的地位与前程。在专家的黾勉努力下,教学之外,仍进行着深深入微的研究工作,尤其是系主任赵凤喈先生,他看透了目前中国政治的不上轨道,社会秩序的紊乱,完全是大多数的人们失去了守法精神,以致公理泯灭,正义消沉,所以他在北京大学"五四"纪念会上曾大声疾呼:"在中国有史以来,法家总是失败的,现在应使法律与民主、科学一样的被提倡。没有法律,民主与科学都会受到冷酷的摧残,人类社会的优良制度与秩序也要失去了保障。"他以他要建立一个新清华法律系的精神,是从两方面进行:第一是注重专门知识的基本训练,严格考试,增加课外阅读时间,参考书多半是英文本与法文本,亦有中文及日文本,同学可以自由地选择,对于阅读上是极为顺手的。杂志有专门的刊物,也有通俗的论文与短评,来补充教科书之缺陷。系里又有小的图书馆,也订有国内外的杂志报章,供给本系同学流瞵,虽不敢说蔚为大观,不患无书阅读倒是真的。第二是培养同学的守法精神,在不定期的全系同学谈话会中,我们同学可以随意发表意见,无话不谈,他常

---

① 国立清华大学本科一年级学生名录(1946年度)[M]//清华大学校史研究室,编.清华大学史料选编(第四卷).北京:清华大学出版社,1994:458以下.

常以道德心、正义感来诱导青年，最后希望同学在学校内即养成守法习惯。因为培养优良的法治人才是建设新中国首先要做的工作，所以这种清华法律学系的新作风，也许是对的。①

概括而言，复原时期的清华法律学系主要在以下四方面呈现出蓬勃发展的态势。首先是系主任赵凤喈教授倡导建立新清华法律系的精神，包括两点：一个是注重专业能力训练，严行考试，增加课外阅读时间；一个是培养学生的守法习惯。其次是师生人数在逐年递增。再次是系里建成小图书馆，订阅国内外报纸杂志，解决学生的课外阅读问题。最后是计划在1948年分设理论法学组，成立法律研究所，加强学术研究。②

（三）爱国运动

在解放战争时期，清华师生积极拥护中国共产党领导的革命新政权，以各种方式投入到爱国运动中去，其中不乏法政人的身影。试举二例如下：

1948年6月，张奚若领衔百十名知名学者发表声明，反对美国扶日政策，抗议美国驻华使节对中国人民的污蔑和侮辱，拒绝美援平价面粉，退还其配购证。③1949年1月24日，清华大学和燕京大学五十二名教授发表对时局宣言，其中就有清华法学院的张奚若、费孝通、曾炳钧、杨荣春，该宣言提出"坚决贯彻毛主席八项主张，彻底粉碎反动派的阴谋"④，对当时的解放战争给予有力支持。

1948级清华法律学系的学生魏廷琤，担任中共法学院地下党党支部负责人，在学生运动中发挥着骨干作用，积极领导开展学生运动，并发展党员。后来又同二百五十名清华大学同学一起参加了四野南下工作团，并担任了清华大学的三个带队人之一，为北平的和平解放和解放战争做出积极的贡献。⑤

---

① 院系漫谈[M]//清华大学校史研究室，编.清华大学史料选编（第四卷）.北京：清华大学出版社，1994：201-202.

② 参见：清华大学档案[Z].清华大学档案馆，全宗号1-4，目录号2-8，案卷号5：33-34.

③ 张奚若等百十师长严正声明[M]//清华大学校史研究室，编.清华大学史料选编（第四卷）.北京：清华大学出版社，1994：587-588.

④ 清华、燕京教授发表对时局宣言[M]//清华大学校史研究室，编.清华大学史料选编（第五卷）.北京：清华大学出版社，1994：44.

⑤ 参见：连小童.一年清华人一生清华情（魏廷琤访谈纪实）[M]//史宗恺，主编.从清华起航：千名校友访谈录（第一辑）.北京：清华大学出版社，2011：23-28.

二、院系调整时期

（一）法律学系的再次取消

1949年6月1日,华北高等教育委员会成立,开始对大学进行改革。6月27日,其常务委员会第二次会议做出《华北高等教育委员会关于南开、北大、清华、北洋、师大等校院系调整的决定》,该决定共四项内容,其中第二项关系到清华法律学系的命运:

> 取消下列各校中之各系:南开哲教系,北大教育系,清华法律系、人类学系。南开哲教系、北大教育系三年级生提前毕业,二年级以下转系,清华法律系学生可转入该校各系或北大法律系或政法学院,人类学系并入该校社会学系。取消各系教授之工作,在征得本人同意后尽各校先分配,亦得由高教会分配。①

根据这项决定,重建三年的清华法律学系被取消。1949年清华大学发往北京大学的公函资料显示,清华大学法律系取消后,该系学生27人中,志愿转入北京大学法律系肄业者,二年级有夏长祥等3人,三年级有许慈耀等6人。上述学生被准予免试编入相当年级就学。随后,又有邓永堃、张静宇、叶履中、沈承运4名学生申请转入北京大学法律系。②和第一次筹建时一样,清华法律学系尚未来得及完整地培养出一届学生,即戛然而止。

在1949年这次初步的院系调整中,清华法律学系被取消,推测其原因主要有以下两点:

首先是法律自身特殊性质的影响,这从当时的两个重要文件可以体现出来,一是1949年2月《中共中央关于废除国民党的六法全书与确定解放区的司法原则的指示》,二是1949年4月1日《华北人民政府为废除国民党的六法全书及其一切反动法律的训令》。这两个文件都着重强调法律的阶级性问题,强烈批判国民党政权的法律体系,即以宪法、民法、商法、刑法、民事诉讼法、刑事诉讼法为代表的六法全书,指出"法律是统治

---

① 中央档案馆,编.共和国雏形——华北人民政府[M].北京:西苑出版社,2000:420.
② 参见:清华大学档案[Z].清华大学档案馆,全宗号2,目录号3,案卷号077:4-5,13-14.

阶级公开以武装强制执行的所谓国家意识形态。法律和国家一样，只是保护一定统治阶级利益的工具。国民党的六法全书和一般资产阶级法律一样，以掩盖阶级本质的形式出现，但是实际上既然没有超阶级的国家，当然也不能有超阶级的法律。"①因此，在旧法律已经不具备合法性的背景下，"兹决定废除国民党的六法全书及其一切反动法律，各级人民政府的司法审判，不得再援引其条文"②，以教授六法全书内容为主的法律学系，自然面临批判，需要革新。

其次是大学教育改革的趋势惯性使然，这从当时三次教育改革会议可以体现出来。第一次是1949年3月14日，北平市军管会、文管会于北京饭店召开的"大学教育座谈会"，出席者有马叙伦、范文澜、茅盾、沙千里、周扬、晁哲甫、刘清扬、吴晗、杨秀峰、施复亮、许德珩、洪深、李济深、陈劭先、田汉、王昆仑、陈其瑗、侯外庐、孙起孟、高崇民、孔德沚、胡子婴、张西曼、周建人、高祖文、杨美真、钱心波、黄薇、雷洁琼、张奚若、王绍、邓初民、张曼君、符定一、安娥、沈志远、卢于道、许广平、陈其尤、胡愈之、曹孟君、章培、胡守愚、郝人初等40余人。会议首先由文管会主任钱俊瑞同志简要阐明新民主主义的教育方针，并声明此次会议的议程主要有两项，一是北平各国立大学的课程改革和院系调整问题，二是私立大学的存废改进问题。其中部分发言与法律（学）直接相关：沙千里主张新中国还需要人民自己的法律，法律系要彻底改造，但不是说不要法律；施复亮认为法学院应改称社会科学院，社会学系可取消。会议最后，由钱俊瑞同志提议，下次继续在新民主主义教育的总方针下，讨论大学课程问题，并由文管会准备好必要的参考材料，事先印发大家参考。到会者一致赞成。③

第二次是1949年5月17日，北大、清华、燕京三校法学院在北大孑民堂举行的"法学院教育方针座谈会"，有沈钧儒、王明、周扬、谢觉哉、钱

---

① 中共中央关于废除国民党的六法全书与确定解放区的司法原则的指示[M]//韩延龙，常兆儒，编.中国新民主主义革命时期根据地法制文献选编：第1卷.北京：中国社会科学出版社，1981：85.

② 华北人民政府为废除国民党的六法全书及其一切反动法律的训令[M]//韩延龙，常兆儒，编.中国新民主主义革命时期根据地法制文献选编：第1卷.北京：中国社会科学出版社，1981：88.

③ 人民日报，1949-03-16(03).

端升、何思敬、陈瑾昆等40人出席。钱端升作为主席,检讨过去大学法学院教育的缺点是观点不正确,对社会需要缺乏合理的配合,教材多偏于外国的东西,与中国实际脱节;同时建议今后应采取有效的方式,矫正以往的缺点,确立正确的教育方针。发言者中特别值得注意是王明,他对法律系教育方针提出了许多意见。他指出,北大法律系废除13种旧课程,新开5门课程,是正确的、适时的;新开的5门课程代表了一个方向,即师生们选择了学习马列主义与毛泽东思想的哲学、经济学、政治学的方向;马列主义的基本理论与中国革命的基本问题,是各学院都可以学习的。此外,他认为法律系还要学习新民主主义的政策知识与各种法律知识,学习为人民服务的司法制度与司法技术知识,学习新法律原则。同时必须进行对旧法律的批判,学习新的法律理论,必须与人民政府的立法工作与司法工作实践密切联系起来。他建议发起组织新法学研究会,团结平津及全国法学界以及一切愿意研究新法学的人们做研究新法学的工作,协助人民政府的立法和司法工作,并在人民中进行普及法律知识的工作。①

第三次是1949年6月8日,华北高等教育委员会召开首次常务委员会会议,会上做出五项决定,其中第四项涉及文科的课程改革,内容是:研讨文、法、教育学院学制课程改革事宜,决定组织历史、哲学、文学、法律、政治、经济、教育等7组分别进行,并推定范文澜、艾思奇、周扬、何思敬、钱端升、李达、张宗麟7人为以上各组召集人。②

综合以上三次重要会议的内容可以看出,在教育改革的大背景下,就法律教育而言,法律学系裁并和课程改造已经势在必行,而且在课程改造方面北大法律系已经做出表率。

可以推测,华北高等教育委员会取消清华法律学系的行为,并非仓促而就,可以说是经过深思熟虑的产物。清华作为知名学府,其法律学系尚在襁褓时期,将其裁撤一来符合新政权对于法律的批判态度,二来可以彰显出教育改革成果,树立典型效应,三是实施难度相对较低,比起老牌的法律学系而言,裁撤新设的法律学系无疑更加方便。因此,取消清华法律学系,将学生转入正在进行课程改造的北大法律学系,可以同时达到裁并

---

① 人民日报,1949-05-19(01)。
② 人民日报,1949 06-09(02)。

院系、改造课程、培养新法律人的三重目标,可谓一举多得。

(二)课程设置的变化

在这一阶段院系初步调整的同时,课程设置也在发生变化。1949年10月11日,华北高等教育委员会发布了《各大学专科学校文法学院各系课程暂行规定》①,10月14日,《人民日报》发表社论《认真实施文法学院的新课程》②。

社论提出:"华北高等教育委员会对于旧大学教育的总方针是'坚决改造、逐步实现',现在这一课程规定即是极重要的一步。"社论重申了毛泽东在《新民主主义论》中提出的新民主主义的文化教育应该是民族的、科学的、大众的、反帝反封建的文化教育,这是用马列主义的思想观点与方法分析了中国的现实之后所得出的唯一正确的总方向,也强调了应"注意研究与学习社会主义国家苏联大学教育的经验,并结合我们自己的情况,适当地采用他们的经验"。

依据《各大学专科学校文法学院各系课程暂行规定》,在课程改革中,各院系课程的实施原则是"废除反动课程(如国民党党义、六法全书等),添设马列主义的课程,逐步地改造其他课程"。

1. 文学院、法学院的公共必修课程

包括辩证唯物论与历史唯物论(包括社会发展简史),第一学期学完,每周三小时;新民主主义论(包括近代中国革命运动史),第二学期学完,每周三小时;政治经济学,第二学年起,每周三小时,一年学完。

2. 政治学系课程

任务:学习以马列主义的立场、观点、方法分析政治时事问题,并培养新中国的一般行政事务的知识与技能,培养中等学校教授政治课的师资。

本系基本课程有:(1)中国革命史;(2)中国革命基本问题;(3)近代世界革命史;(4)现代世界政治;(5)政治学概论(马列主义的阶级论、国家论、民族论等);(6)政策及法令;(7)名著选读(《共产党宣言》《帝国主义论》《列宁主义问题》《马克思主义和民族问题》《联共党史》等)。

本系分组修习,如普通行政、外事行政、思想及制度研究等,其课程由

---

① 人民日报,1949-10-12(02).

② 人民日报,1949-10-14(01).

各校酌定。

3．法律学系课程

任务：培养以马列主义的科学观点分析政治法律问题，并培养新民主主义国家立法司法干部的基本知识。

本系基本课程有：(1)马列主义法律理论，主要内容为马列主义的社会观、国家观及法律观；(2)新民主主义的各项政策法令，主要内容为：新司法制度(人民法院组织、新审检实务、监狱制度)，土地政策法令(土地改革、减租减息、城郊土地政策等)，城市政策法令(工商业政策、房屋租赁、民主建设、城市管理及建设、失业处理、乞丐妓女问题等)，劳工政策法令(职工运动、劳工立法、工会工作、工资政策等)，财经政策法令(金融外汇管理、对外贸易、财政、合作新法规等)，婚姻法令，文化教育政策法令(新民主主义文化教育方针、知识分子政策等)，外交政策法令；(3)名著选读：选读马、恩、列、斯和毛泽东的重要著作；(4)新民法原理；(5)新刑法原理；(6)宪法原理；(7)国际公法；(8)国际私法；(9)商事法原理；(10)犯罪学；(11)刑事政策；(12)苏联法律研究。

除政策与法令、马列主义法律理论、名著选读等外，其他课目得酌量改为选修。

一言以蔽之，此时期的法政教育乃适应当时的社会发展阶段，以各种方式废除旧有课程，通过学习苏联的经验模式，建立以马克思主义为指导的新法政教育。

（三）全面的院系调整

在1949年初步的院系调整之后，清华法学院保留了政治学系、经济学系和社会学系三系。这个时期清华法学院的情况，在1951年的《高等学校简介》关于清华的部分中有所介绍[①]：

政治学系分国际(外交)组及内政组。任务在培养各级政府行政干部、外事工作干部及国际法国际关系专业人才。除着重学习马列主义的立场观点、方法，提高修养外，并着重进行必要的专门知识训练。专任教授7人，为辅助学系，设有资料室及国际问题研究室等。

---

① 高等学校简介——清华大学.光明日报,1951-06-24[M]//清华大学校史研究室，编.清华大学史料选编(第五卷).北京：清华大学出版社,1994：32.

经济学系以培养学生用科学的观点和方法，分析实际经济问题的能力，造就新民主主义经济建设实际工作干部和研究工作干部为任务，在系统的理论知识的基础上注重适当的专业训练，以期达到理论与实际的结合。根据当时的条件，分为四组：(1)统计；(2)会计；(3)财政；(4)金融。

社会学系自1950学年度起全系分为劳动、民族、内政三组，内政组与政治系合作办理，目的是除培养学生一般的社会科学知识、马列主义的理论观点与科学的分析与研究方法外，又设置重点课程，使其于学业完成后，能分别充当有关劳动、民族与内政各部门的干部或担任有关方面的教学或研究工作。

与此同时，思想改造运动在高校兴起，主要表现形式为理论学习和参与土地改革运动。

1950年11月30日，中共中央发出《关于在学校中进行思想改造和组织清理工作的指示》。此次政治学习时间为6个月，以学习马列主义、毛泽东思想为主要内容，联系本人的思想和学校实际，用批评和自我批评的方式进行自我教育和自我改造，肃清封建思想、买办思想，清除资产阶级腐朽思想。① 1951年12月初，知识分子思想改造运动开始进入第二阶段的学习改造。1952年1月12日，京津高等学校教师学习委员会决定，各校停止期考，教师们停止原来的学习计划转入"三反"运动，深入开展思想改造的学习。各学校领导放手发动群众、发扬民主，教职工、学生勇敢地公开地检查、检举、揭发了学校中的贪污、浪费、官僚主义现象，这次反贪污运动又称"打虎运动"，运动中发现，各个学校的贪污现象十分严重②，对于此次知识分子思想改造运动，清华大学积极响应。1952年1月21日，学校召开揭发贪污和浪费的典型大会，全校教职员工参加。③ 同年2月5日，召开全校师生员工反对贪污动员大会。④ 3月18日，《人民日报》发表

---

① 何东昌，主编.中华人民共和国重要教育文献(1949—1997年)[M].海口：海南出版社,1998：132-133.

② 涂颖.建国初教育界知识分子思想改造运动研究(1949—1953年)[D].南昌航空大学,2017.

③ 清华大学档案.2-1-52003[M]//孙敦恒,田彩凤,主编.清华大学校史研究室,编.清华大学史料选编(第五卷).北京：清华大学出版社,2005：1231.

④ 清华大学档案.2-1-52009[M]//孙敦恒,田彩凤,主编.清华大学校史研究室,编.清华大学史料选编(第五卷).北京：清华大学出版社,2005：1238.

《严格地和资产阶级思想划清界限——清华大学绝大部分教师已作了检讨》的文章。① 清华大学教务长周培源表示,政治学习运动提高了广大教师们的思想和政治觉悟。②

高校知识分子参与土地改革也是此次思想改造运动的一个阶段,其目的是希望知识分子在劳动实践中确立马克思主义的阶级立场和阶级观点,认识到人民群众的伟大力量。1950年2月,清华大学文法学院师生共328人参加京郊石景山、德胜门外、丰台三个区的土地改革工作,3月10日返校。1950年3月25日,学校支部工作科发布了《清华大学等三校教授参加土改的反映》,陈体强教授参加了此次京郊土改。③ 4月27日,中国共产党清华大学总支委员会汇报了清华大学文法学院师生参加京郊土改工作情况。④ 在此次土改中,老师和同学建立了对劳动人民的感情,初步建立了阶级观点,对党的认识和对组织必要性的认识增加了。1951年7月,教育部决定北大、清华、燕京、辅仁四所大学的政治学系、法律学系、社会学系(内政组),经济学系二、三年级学生,参加本年西南、西北地区土地改革运动。本校500余人分三批到西南、西北地区参观土改,到广西、江西、四川等地参加实际土改斗争。去广西参加土改的师生由吕森率领,于1952年6月返校。⑤ 返校后吕森进行了总结,谈到参加土改的同学和教员都获得了思想上的提高。7月16日,《人民清华》第18期发表《教育部决定法学院学生参加土改去——消息传来同学们欢欣鼓舞奔走相告》的文章。⑥ 8月12日,民盟区分部邀请文法学院教师参加关于土改的座谈会,交流参加土改的体会和经验,以供准备参加土改的法学院师生参

---

① 严格地和资产阶级思想划清界限——清华大学绝大部分教师已作了检讨[N].人民日报,1952-03-18(3).
② 吴海光.建国初高校知识分子思想改造运动及影响研究[D].曲阜师范大学,2007.
③ 清华大学档案.2-1-5125[M]//孙敦恒,田彩凤,主编.清华大学校史研究室,编.清华大学史料选编(第五卷)[M].北京:清华大学出版社,2005:1154-1156.
④ 清华大学档案.2-1-5125[M]//孙敦恒,田彩凤,主编.清华大学校史研究室,编.清华大学史料选编(第五卷)[M].北京:清华大学出版社,2005:1147-1154.
⑤ 清华大学校史研究室,编.清华大学一百年[M].北京:清华大学出版社,2011:191.
⑥ 参见:教育部决定法学院学生参加土改去——消息传来同学们欢欣鼓舞奔走相告.1951-08-16(2)[M]//孙敦恒,田彩凤,主编.清华大学校史研究室,编.清华大学史料选编(第五卷).北京:清华大学出版社,2005:1158-1159.

考。8月16日,《人民清华》第 20 期发表《法学院师生参加土改消息》。①
8月22日,本校法学院参加土改师生 170 余人,与燕京、辅仁和北大等校法学院参加土改师生共 800 余人一起集中在北大学习。23 日举行开学典礼。9月1日,《人民清华》第 21 期发表《法学院土改通讯》。② 9月3日,参加土改师生分别前往工作地区,根据教育部指示,分赴西北、中南、西南参加土地改革工作半年,有关各系教师或留校或参加土改工作。据清华大学档案记载,清华大学 1951 年度第一学期法学院共有 139 人参加土改;其中,政治学系 18 人,经济学系 100 人,社会学系 21 人。③ 1952 年,各级学校开展了土地改革政策学习和宣传活动,各地许多学校教师就地参加新解放区土地改革工作。北京组织了大学教授土改参观团,分赴华中南、西北地区参观新解放区的土地改革运动。

这一时期的思想改造运动在一定程度上为 1952 年的院系调整提供了思想上的准备。随着 1952 年全国范围的院系调整,清华法学院的命运发生彻底改变。在院系调整基本完成后,1952 年 9 月 24 日的《人民日报》社论总结指出,这次院系调整着重培养工业人才,强调学习苏联经验,并批评旧的高等教育制度存在"学非所用""用非所学"的缺陷,认为"今天新中国正在向着工业化的道路迅速迈进,我们需要大量的合格的各种专门人才,尤其是工业建设的专门人才,而现在的高等学校无论在数量上和质量上都远远不能满足今后国家建设的需要",因此院系调整的总方针是:"以培养工业建设人才和师资为重点,发展专门学院与专科学校,整顿和加强综合性大学,逐步创办函授学校和夜大学,并在机构上为大量吸收工农成分学生入高等学校准备条件。"根据这个方针,"原有的高等学校经过调整后,分别成为综合性大学、专门学院与专科学校,今后即可按照各校的性质和任务,朝着确定的方向发展。这就改变了原有大学一般化与盲

---

① 参见:法学院师生参加土改消息.1951-08-16(2)[M]//孙敦恒,田彩凤,主编.清华大学校史研究室,编.清华大学史料选编(第五卷).北京:清华大学出版社,2005:1159-1160.
② 参见:黄国宪.法学院师生参加土改消息.1951-09-01(1)[M].//孙敦恒,田彩凤,主编.清华大学校史研究室,编.清华大学史料选编(第五卷).北京:清华大学出版社,2005:1160.
③ 清华大学档案.2-1-52008[M]//孙敦恒,田彩凤,主编.清华大学校史研究室,编.清华大学史料选编(第五卷).北京:清华大学出版社,2005:1164.

目设校的不合理现象。"①

此次院系调整的基本过程如下：1952年4月16日，《人民日报》刊登了《中央人民政府教育部关于全国工学院调整方案的报告》，其中包括："将北京大学工学院、燕京大学工科方面各系并入清华大学。清华大学改为多科性的工业高等学校，校名不变。将清华大学的文、理、法三学院及燕京大学的文、理、法方面各系并入北京大学。北京大学成为综合性的大学。燕京大学校名撤销。"②

1952年5月，《教育部关于全国高等学校1952年的调整设置方案》出台③，清华被定位为多科性高等工业学校。清华大学由原清华大学、北京大学两校工学院及燕京大学工科各系科，察哈尔工业大学水利系，天津大学采矿系二年级、石油钻探组、石油炼制系/组及北京铁道学院材料鉴定专修科合并组成多科性高等工业大学，附设工农速成学校。

依据这个调整方案，清华法学院的政治系与北京大学、燕京大学的政治系、法律系以及辅仁大学社会系民政组合并成立北京政法学院；清华法学院的经济系财经部分，北京大学、燕京大学、辅仁大学的相同部分与中央财政学院各系科合并成立中央财经学院；清华大学经济系的理论部分并入北京大学；清华大学社会学系被取消。调入北京政法学院的清华教员有8人（3人未到职），其中教授4人（于振鹏、曾炳钧、赵德洁、邵循恪），讲师1人（杜汝楫），学生33人。④

从1946年的复员到1949年的初步院系调整、课程改革和1951年起全面的院系调整，清华法学院经历了法律学系的复建和再次取消、法学院裁撤调整至其他院校等重大事件，见证了大时代变迁之下法学的命运。梅贻琦重建法律系的赤子之心可鉴，师生们也付出了巨大的努力，颇有起色，但在时局动荡的时期，或许只能再次感叹生不逢时。1949年后因为新中国百废待兴，国家建设发展工业的客观需要，兼之向苏联教育模式的

---

① 做好院系调整工作,有效地培养国家建设干部[N].人民日报,1952-09-24(01).
② 人民日报,1952-04-16(01).
③ 参见：何东昌,主编.中华人民共和国重要教育文献(1949—1975年)[M].海口：海南出版社,1998：150-151.
④ 馆藏展示·档案里的法大记忆之六：我校建校之初的师生员工[EB/OL].(2010-11-09). https://news.cupl.edu.cn/info/1011/12723.htm.

学习,与清华大学的命运一般,法学院也发生了重大变化。院系调整后,清华大学成为一所多科性的工业大学,法学院政治学系被调整至新成立的北京政法学院,经济学系被调整至北京大学和新成立的中央财经学院,社会学系被取消,使得这一时期的法政教育并不能维持一个稳定的状态。

从院系调整的总体而言,1956年蒋南翔的反思颇有代表性:"一九五二年全国高等学校的院系调整有很大成绩,但是有某些措施是不够妥当的……我们认为学习苏联经验进行院系调整在总的方面是对的,这使我国高等教育更加适应社会主义建设的需要,但当时没有更多地考虑到不要破坏我国原有的基础和传统,对于我国过去学习英美资产阶级的方法办了几十年教育,其中某些有用的经验也没有采取批判的态度来吸收,而有一概否定的倾向……"①

就法政教育而言,何勤华的观点具有一定代表性:"1952年全国政法院系调整,对之后法学教育的发展,以及新中国60年法和法学的面貌均产生了重大影响。一方面,它使中国的法学教育与苏联的模式接上了轨,走上了具有中国特色的社会主义道路:政法人才的培养,主要以单科性的五所政法学院为主……法学教育中的政治挂帅色彩,以及短、平、快培训特色迅速增强,法学教育面向司法实务,以接受工农子弟为宗旨,等等。另一方面,使原来学术色彩比较浓厚的综合性大学中的法律系,退居到中国法学教育的二线,加上新中国成立时留用的一批民国时期的著名法学教授或改行,或在家闲赋,以及许多法律图书资料散失,原来在综合性大学的知识背景之下的法学研究氛围大大淡化,中国现代法学研究的整体力量有所削弱,因而造成了该时期法学著作、论文寥寥的惨淡局面。这些,也是一个值得反思的历史教训。"②

第四节 校 友 列 传③

依据目前的资料统计,从1929年到1952年,清华法学院的本科毕业

---

① 蒋南翔.当前北京市高等学校的几个问题的汇报[M]//蒋南翔文集(下卷).北京:清华大学出版社,1998:646-654.
② 何勤华.1952年政法院系调整[N].新民晚报,2009-08-09(B11).
③ 本部分参见:王振民,主编.法意清华[M].北京:清华大学出版社,2015:179-221.

生(不包括西南联大籍)有931人,法科研究所毕业生14人。此外,在此期间因故肄业的学生中亦不乏值得我们追缅的杰出人才,例如抗战英烈张甲洲。本节将以小传的方式列举出毕业生、肄业生中的31位代表性人物。需要指出的是,限于时间、资料和研究者个人能力,这些人物仅仅是这批优秀的校友群体中的一小部分,所以,本节的整理仅仅是研究的起步而绝非盖棺定论之总结。追思先贤,彰显其潜德幽光,并对该群体做出整体性之评价,仍有待后续的深入研究。

(一)戴克光

戴克光(1906—1977),江苏阜宁人,1929年毕业于清华大学法学院政治学系,曾任南京中央大学等多所大学的政治学教授。

戴克光进入清华大学政治系就读后,在校期间曾任于1928年创刊的《国立清华大学校刊》的编辑。在获得学士学位后,戴克光留学于英国剑桥大学并获得硕士学位。

新中国成立后,戴克光于1950年进入中国人民大学(其时为革命大学)法律系进修,后调至北京政法学院任教。与吴恩裕、曾炳钧、严景耀并称北京政法学院的"四大教授"。

戴克光的学术论文有《论唐律与封建社会"四种权力"问题(提纲)》《试论唐律是中国封建社会的标准法典》《关于研究中国法制史的几个问题》等,翻译的著作有Raymond G. Gettell《政治思想史》,编译的有《英国工业革命和宪章运动》。

(二)楼福卿

楼福卿(1908—1989),曾用名介繁,浙江宁波人,生于上海,1929年毕业于清华大学法学院经济学系,是著名的国际金融专家。

楼福卿曾先后担任清华大学经济系助教,上海章华毛绒纺织厂会计员,上海中国银行总管理处总账室办事员,北平中国银行、上海中国银行总管理处储蓄部襄理兼营业主任。抗日战争时期,任中国银行驻香港办事处储蓄部襄理、中国银行驻印度尼西亚雅加达经理处副经理。1947年任英国伦敦中国银行副经理。1950年1月8日作为中国银行伦敦分行副经理,组织全体职工联名致电中国银行总管理处,接受新中国政府领导。后历任中国银行董事会常务董事、中国银行伦敦分行经理、中国银行顾问。第四、五、六、七届全国政协委员。

(三) 孙碧奇

孙碧奇(1908—1986)，号璧琦，浙江奉化人，1929年毕业于清华大学法学院经济学系，后入美国斯坦福大学，获硕士学位。

毕业后，曾任立法院统计处科员。后成为外交官，1931年任中华民国驻旧金山总领事馆主事、随习领事、副领事，1940年任驻吉隆坡领事馆副领事、领事，1946年任中华民国驻菲律宾公使馆一等秘书等。

(四) 王赣愚

王赣愚(1906—1997)，原名王家茂，字贡予，祖籍江西南城，生于福建福州。1926年进入清华大学政治学系，1929年毕业被选派到美国哈佛大学留学，获政治学硕士和博士学位，旋即又赴英国伦敦大学和德国柏林大学短期进修、访问。1933年年底回国，于南京中央政治学院任教授。1935年起任教南开大学，1937年王赣愚随校南迁昆明，后被熊庆来校长聘为云南大学教授。1941年又返西南联大政治系任教，直至1946年联大结束。1946年应聘到美国华盛顿州立大学政治系、远东系执教，1949年任南开大学财经学院院长，1952年院系调整后任经济系教授，1985年后任国际经济系教授。

作为一名著名学者，王赣愚长期潜心于政治学和经济学两个领域的教学研究工作，新中国成立前，他基本上侧重于政治学领域，新中国成立后，政治系被取消，他转向经济学的教学和研究工作。其主要著作有：《中国的政治改进》(1941年)、《民治独裁和战争》(1941年)、《新政治观》(1946年)、《民治新论》(1946年)、《政治经济学史》。他还撰写了小册子《西德新自由主义》和长文《经济成长阶段论》，以及《我国宪法草案的人民民主性质》《资本国际化与跨国公司》《国际经济法初探》等。

(五) 曾炳钧

曾炳钧(1904—1994)，别号仲刚，祖籍四川泸县。于1926年进入清华大学政治学系，成为清华政治学系第一级毕业生；并于1934年考取清华公费留美，为第二届留美公费生，赴美学习、研究经济及政治学，先入伊利诺伊州立大学，获硕士学位，而后入哥伦比亚大学学习，获博士学位。

1928年济南惨案发生之后，与冯友兰等人发起组织了"济案后援会"，后发展成为"清华大学边疆问题研究会"。1947年，与金克木等6人发表《我们对于当前学潮的看法》，呼吁停止内战，恢复和谈，谋求统一；

并被推选担任教授善后委员会主席,营救参与反饥饿、反内战运动的学生。1941年毅然放弃在美国供职机会,接受中共地下党委托,作为中方唯一代表,押运挪威货船 S. S. Gunny 号,将一船新型战斗机带回祖国。至新中国成立前,曾炳钧历任云南大学政治经济系教授、重庆国民政府经济部参事、武汉大学教授兼政治系主任、清华大学教授兼政治系主任、《清华学报》编辑、北京大学兼任教授。

新中国成立后,调入北京政法学院,与吴恩裕、戴克光、严景耀并称北京政法学院"四大教授",1954年分配至国家与法教研室,1956年担任国家与法历史教研室主任。曾兼任中国法学会筹备会委员。1979年,中国政法大学复建,担任法制史专业导师组组长。

曾炳钧著述甚丰,新中国成立前,曾发表论文《人治与法治》《学术与政治》《中国战时的工业和商业管制》《评罗滨汉斯教授的经济计划与国际经济》等,还著有《魏玛宪政时期德国的经济复兴》、《英国的财务管理:预算控制》(英文)、《在放任主义与全盘社会主义计划之间》(英文)、《评柯尔的经济政策未来十年展望》、《评拉斯基的美国的民主》等专论和书评。新中国成立后亦笔耕不辍,主编《中国法制史》,翻译《当代世界政治理论》等。

(六)梁方仲

梁方仲(1908—1970),广东番禺人,1930年毕业于清华大学法学院经济学系,1933年毕业于清华研究院经济所,是著名的中国经济史学家、明清史学家,被国内外史学界誉为研究"明代赋役制度的世界权威",也是中国社会经济史学的奠基者之一。

梁方仲先生原名梁嘉官,笔名方翁、方仲、畏人,出身于书香世家。1922年夏,梁方仲与弟嘉彬先后到北京"读新书"。1926年夏梁方仲跳级考入清华大学农学系,1927年9月转读西洋文学系,1928年秋转读经济系,1930年毕业;同年9月考入清华大学研究院攻读硕士研究生,1933年冬毕业,获经济学硕士学位,随即任职于中央研究院社会科学研究所经济史组。

1934年,梁方仲与吴晗等人成立"史学研究会",在天津《益世报》和南京《中央日报》开辟《史学》副刊,编辑出版《中国社会经济史研究集刊》,这是中国第一份以"社会经济史"命名的刊物。1937年6月,被派往日本进行为期一年的学术考察研究。因"七七"事变发生,他谢绝日本学者挽留,于8月中旬回国,同祖国人民共赴国难,坚持社会经济史研究。

1943年先生赴美国考察,被聘为哈佛大学经济史研究员。1946年入伦敦大学政治经济学院从事研究工作,在此期间,作为中国代表团成员之一,出席联合国教科文组织第一次大会。1947年回国,任中央研究院社会研究所研究员,次年任代理所长。

1948年9月,解放军南下,梁方仲组织全所十多名研究人员拒绝迁往上海,留在南京等待解放。1949年,任岭南大学经济系教授兼系主任。1952年岭南大学撤销后,被聘为中山大学历史系教授,兼任中山大学校务委员会委员和广州市政协委员。

梁方仲著有《明代田赋初制定额年代小考》《明代鱼鳞图册》《一条鞭法》《明代粮长制度》《中国历代户口、田地、田赋统计》等中国社会经济史著作,这些著作具有资料翔实、释证严谨、论断中肯、富于创见和不断开拓的特点。

(七)邵循恪

邵循恪(1911—1975),字恭甫,福建福州人。于1926年就读于清华大学政治学系,是清华大学政治学系第一批学子。1930年,邵循恪就读于清华研究院法科政治研究所,并于1933年成为此院首批毕业生,后因成绩优异派遣留美,研究国际关系及国际法,获得芝加哥大学博士学位。

抗日战争开始之后,邵循恪于1939年归国受聘于西南联大,任法商学院政治系教授,开设国际公法判例等课程,与其他教授一起培养出陈体强、端木正等著名法学家。在教书育人期间,邵循恪仍为抗战救国不懈奔走,曾任昆明宪政讨论会研究委员会委员,并在《当代评论》周刊撰文讨论时政,多次参与西南联大、昆明广播电台、中国国际同志会等多个组织举办的国际关系问题讲座。抗日战争结束之后,邵循恪任清华大学法学院政治学系兼法律学系教授,也曾在武汉大学任教。

作为一名政治学家及国际法学家,邵循恪为中国的政治学及国际法学做出了重要的贡献。其著述主要有《国际法上的情势变迁主义》(英文,1934年)、《最近欧洲疆界问题》(1939年)等。

(八)邵循正

邵循正(1909—1972),中国历史学家,字心恒,生于福建省福州市。

1926年秋入清华政治学系,1930年毕业,同年入清华大学研究院,在蒋廷黻指导下专攻中国近代史。所著硕士学位论文《中法越南关系始末》二十余万字,入选清华大学研究院毕业论文丛刊。1933年获清华大学研究院史学硕士学位。

1934年初赴欧洲留学,改习蒙古史。1936年由法回国,被聘为清华大学历史学系讲师。"七七"事变后,随校南迁赴长沙临时大学、西南联合大学任历史学系专任讲师、副教授、教授。1945年秋任牛津大学访问教授,并到比利时布鲁塞尔大学和鲁汶大学进行短期讲学。1946年冬归国,回清华大学任教。1950年任清华大学历史学系主任。1952年院系调整,任北京大学历史系教授、中国近代史教研室主任,兼中国科学院第三历史研究所(即今中国社会科学院近代史研究所)研究员,1952—1958年任该所史料编辑室主任。与中央民族学院翁独健、南京大学韩儒林并称国内"蒙元史三巨擘"。1956年与翁独健、韩儒林作为中国蒙古史专家代表赴莫斯科,拟定由蒙、中、苏历史学家合作编写《蒙古通史》的研究计划,促进了国际学术文化交流。"文化大革命"期间,邵循正抱病主持点校《元史》,在劳瘁中于1972年4月27日逝世。

邵循正先生的著作有《中法越南关系始末》,与翦伯赞、胡华合著《中国历史概要》,与陈庆华合著《中国史纲要》第四册,《盛宣怀未刊信稿》,其学术论文已编入《邵循正历史论文集》;主持编辑和出版了《中法战争》(七册)、《中日战争》(七册)两套大型资料图书;同时他积极推动和组织编辑《近代史料笔记丛刊》,自己率先校注出版了梁廷枏的《夷氛闻记》(中华书局,1959年);选编《中俄关系历史资料选辑》(1964年2月,《历史研究》编辑部印);发表了《我国南沙群岛的主权不容侵犯》(载1956年6月5日《人民日报》)、《西沙群岛是中国的领土》(载1956年7月8日《人民日报》)和《两千年来中日人民的友好关系》(载1955年9月5日《人民日报》)等文章。

(九) 邹文海

邹文海(1908—1970),字景苏,江苏无锡人。1926年中学毕业后考入清华大学政治学系,1930年毕业。因成绩优异留校任助教,后于1935年被保送留学英国,入伦敦政治经济学院,师从拉斯基和怀纳等专攻西洋政治思想与制度。

1937年夏,邹文海因国家多难而放弃学业,归国后,他抱着"教育救国"的理想,历任上海私立沪清中学校长、国立湖南大学教授、江苏省立江苏学院政治系主任兼教务主任、国立厦门大学教授、国立暨南大学教务长及法学院院长、国立政治大学教授等职。

邹文海学识渊博,著述甚丰。主要著作有《自由与权力》《比较宪法》《各国政府与政治》《西洋政治思想史稿》《政治学》《代议政治》等,后辑成《邹文海先生政治科学文集》。

(十) 戴世光

戴世光(1908—1999),湖北江夏(今武昌)人,1931年毕业于清华大学法学院经济学系。中国著名统计学家。

戴世光生于天津市一个知识分子家庭。十四岁进入南开中学,中学毕业后考入清华大学经济学系,大学毕业后进入清华大学经济研究院研究社会、经济统计方法应用问题。三年后,他又考取清华公费留美生,到美国学习国情普查统计。1937年,戴世光在美国哥伦比亚大学商学院研究经济统计学,写出论文《美国人口预测》。1937—1938年,赴美国等国国情普查局(或中央统计局)调查、实习,从事国情普查统计研究工作。1938—1952年,任西南联合大学经济学系、清华大学国情普查研究所、辅仁大学经济学系统计学教授。1952年由清华大学调中央财经学院,1953年又调中国人民大学统计系,历任教授、人口科学研究国际协会会员、中国统计学会副会长等职,并任中国统计学会顾问和《中国大百科全书·经济学》编辑委员会委员。1981年被推选为国际统计学会会员,1982年被吸收为人口科学研究国际协会会员。

20世纪40年代在统计调查的基础上,戴世光发表几十篇统计调查报告和论文,40年代末,提出在中国实行"社会革命、工业革命和人口革命"的呼吁。著有《世界各国人口政策》(1976年)、《战后美国人口问题》、《国民收入统计方法论》、《外国政府统计工作若干经验》等。

(十一) 王秉厚

王秉厚(1910—1992),江苏扬州人,1932年毕业于清华大学法学院经济学系。

王秉厚中学毕业后入清华大学经济系就读,曾任清华大学经济系助教。后赴美国哥伦比亚大学研读经济学,获博士学位,1946年到联合国秘书处工作,任纽约联合国秘书处专员,直到 1978 年退休。退休后,负责纽约华侨子弟祖国文化教育。王秉厚一直关心祖国教育,曾捐助扬州中学并设立奖学金,捐助清华经济管理学院设立"陈岱孙经济学奖学金"。

(十二) 巫宝三

巫宝三(1905—1999),原名巫味苏,江苏省句容县人,1932 年毕业于清华法学院经济学系,中国著名经济学家。

巫宝三于 1927 年考入南京中央大学,1929 年转入清华大学,1932 年毕业于清华大学法学院经济系,同年入南开大学经济学院,1933 年进入北平社会调查所从事研究工作,1934 年并入中央研究院社会科学研究所。1936—1938 年被派往美国哈佛大学学习。1938 年在硕士毕业的同时,通过博士学位初试。1938—1939 年在德国柏林大学进修。抗战胜利后,1947—1948 年,巫宝三再度赴美进修,随后回国,一直任职于社科院经济所。新中国成立后,历任中国科学院经济研究所研究员兼副所长、代理所长,经济思想史研究室主任,中国社会科学院经济研究所研究员、顾问、学术委员会委员,北京大学兼职教授,中国经济思想史学会副会长,中国民主促进会中央委员会常委,中国人民政治协商会议全国委员会委员,北京市政协副主席等。

巫宝三一生致力于经济学理论的研究,学贯中西,著作甚丰。早期主要从事中国农业经济问题和西方经济学说的研究,20 世纪 50 年代以后,巫宝三主要致力于中国经济思想史的研究,主要著作有《农业与经济变动》《中国国民所得(1933 年)》《中西古代经济思想比较研究绪论》等。此外,1985 年还出版了由他主编的《中国经济思想史论》专题论文集和《中国经济思想史资料选辑(先秦部分)》。

(十三) 张天开

张天开(1911—1998),广东省梅县人,1933 年毕业于清华大学法学院经济学系,著名劳工问题专家。

张天开于 1933 年获得清华大学法学学士后,通过庚款留英考试,获得英国伦敦大学哲学博士学位。毕业后长期任职国民党官办劳工部门,历任社会部工检处副处长,台湾省劳工保险管理委员会专任委员,日内瓦"国际劳工局"局长特别助理,台北中国文化大学社会科学院院长、劳工关系学系系主任、劳工研究所所长、劳动教授协进会理事长。

（十四）龚祥瑞

龚祥瑞(1911—1996)，浙江宁波人。1929年被保送进入上海沪江大学生物学系学习，1931年转入清华大学法学院政治系，1935年通过留英公费生考试，1936年赴英留学。1938年获英国伦敦政经学院政治学硕士学位，1939年获法国巴黎大学法学院比较法研究所法学博士学位（因"二战"爆发，未发证书）。回国后在西南联合大学、重庆中央青年干部学校、重庆中央大学、北京大学任教。1954年以后长期担任北京大学法律系教授，直至逝世。

龚祥瑞先生的著（译）作主要有：《欧美员吏制度》(1934年，与楼邦彦合著)、《西方国家的司法制度》(1980年，与罗豪才、吴撷英合著)、《文官制度》(1985年)、《比较宪法与行政法》(1985年)、《法与宪法近论》(1992年)、《宪政的理想与现实——宪法与宪政研究文集》(1995年)、《法与宪法》(1997年，[英]W. Ivor·詹宁斯原著，龚祥瑞、侯健译，贺卫方校)。

（十五）楼邦彦

楼邦彦(1912—1979)，笔名硕人，浙江鄞县人。1934年毕业于清华大学法学院政治系，1936年赴英国伦敦政经学院留学。1939年回国，任西南联合大学政治学系副教授。之后曾担任武汉大学、中央大学、北京大学政治学系教授。1949年后，先后担任北京大学、北京政法学院教授，北京司法局副局长，九三学社社员，第二届全国政协委员。

楼邦彦长期受业于著名宪法学家、政治学家钱端升先生，留学英伦期间又受到拉斯基等顶尖政治学家的学术指导。作为清华和伦敦政经学院的"双料"校友，他与龚祥瑞、王铁崖等知名法学家也一直保持着紧密的学术联系。

楼邦彦长期从事政治学和法学的研究工作，其主要研究领域为行政法和宪法。主要著作有：《欧美员吏制度》(1934年，与龚祥瑞合著)、《各国地方政治制度：法兰西篇》(1942年)、《不列颠自治领》(1944年)、《南斯拉夫新宪典》(1948年)、《中华人民共和国宪法基本知识》(1955年)等。

（十六）王铁崖

王铁崖(1913—2003)，原名庆纯，号石蒂，出生于福建省福州市。1929年考入上海复旦大学西语系，后改入政治系学习。1931年转入清华大学法学院政治系，1933年本科毕业，以优异成绩保送进入清华大学研究院,攻读国际法。1936年获得法学硕士学位。1937年赴英国伦敦政治经济学院留学,研究国际法。1939年,王铁崖回国,后历任武汉大学、中央大学、北京大学教授,中国政法大学、外交学院、南开大学兼职教授,中国社会科学院法学所研究员,北京大学国际法研究所所长。20世纪50年代初加入中国民主同盟,1983年加入中国共产党。

王铁崖长期从事国际法和国际关系的教学和研究工作。1979年在北大创立全国第一个国际法专业,招收第一批国际法本科生。1980年倡议并协助创建中国国际法学会并任副会长,自1991年起任会长。1982年同陈体强教授共同创办《中国国际法年刊》并任主编。

作为中国当代杰出的国际法学家,王铁崖在国外赢得了崇高荣誉。1981年当选为国际法研究院副院士,1987年当选为正式院士;1983年被聘为加拿大国际法理事会咨询理事;1987年被选为世界艺术与科学院院士,同年还被选为亚洲学会理事会国际理事。1988年被"建立国际刑事法院基金会"授予"著名国际法学者"名誉奖状。此外,还担任《海洋管理与国际法》编委会委员和《亚洲国际法年刊》顾问。1993年当选常设国际仲裁法院仲裁员。1997年5月当选前南斯拉夫国际刑事法庭法官,同年年底赴海牙上任。

王铁崖著作等身,1933年以来,发表《在华领事裁判制度》《租借地问题》《条约与国内法的冲突》《联合国与国际法》等论文;主编《国际法》教科书;撰有《新约研究》《战争与条约》等专题论著;编纂《中外旧约章汇编》(3卷)、《海洋法资料汇编》等资料十几种;主要译著有《国际法原理》(凯尔森著)、《奥本海国际法》(与陈体强合译)等。

(十七)俞国华

俞国华(1914—2000),浙江奉化人。1934年作为优等生毕业于清华大学法学院政治学系,先后任职于国民政府军事委员会委员长南昌、武昌及重庆行营。1936年起任委员长侍从室秘书。1942年随蒋介石访问印度,翌年又随蒋介石出席开罗会议。1944年到美国哈佛大学主修经济学,1946年转赴英国伦敦政治经济学院。1947年夏赴美出任国际复兴开发银行(即世界银行)副执行董事。1951年改任国际货币基金会副执行董事。2000年10月4日,在台北荣民总医院去世,享年86岁。

（十八）靳文翰

靳文翰(1912—2004)，河南开封人，1935年毕业于清华法学院政治学系，同年考入清华研究院，1939年考取第七届中英庚款留学生；专研行政法，我国著名历史学家。

抗战后清华迁校，为弘扬清华精神，靳文翰曾于1938年，与王万福、唐宝鑫等人创建贵阳清华中学，并把清华中学当成当年的清华学堂来办，在中华民族最危险的时候，将母校清华的教育理念、救国思想传播到了贵阳。贵阳清华中学现今仍然存在。

靳文翰于1947年回国后，执教于圣约翰大学，后来在复旦大学历史系执教，编有《世界历史词典》。

（十九）徐毓楠

徐毓楠(1913—1958)，江苏无锡人，1935年毕业于清华大学法学院经济学系，我国著名经济学家。

徐毓楠从清华经济系毕业后曾留学英国，获得英国剑桥大学博士学位。后返国，1942年任西南联大经济系教授，1946年在燕京大学兼课，1952年任教北大。徐毓楠是当时公认的在经济学研究上极有天赋的学者之一，他翻译的凯恩斯著作《就业利息和货币通论》（徐毓楠译为《通论》），是经典的传世译文。

1958年，徐毓楠病逝。他的过早逝世曾经震动中国经济学界，陈岱孙等人对此深感悲痛，并一生介怀。

（二十）严中平

严中平(1909—1991)，江苏安东（今涟水）人，1936年毕业于清华大学法学院经济学系，中国经济史学家。

严中平于1936年毕业后到中央研究院社会科学研究所工作。1947年赴英国进修。1950年回国，任社会学研究所研究员。1953年任中国科学院经济研究所研究员、副所长。1982年后任中国社会科学院经济研究所研究员、顾问，并任全国经济学团体联合会顾问、中国历史学会理事、中国经济史学会会长等职。他曾被选为第三届全国人民代表大会代表，第五、六届全国政协委员，并曾任政协文史资料研究委员会经济组副组长。

严中平对中国经济史颇有研究，先后撰有《中国棉业之发展》《老殖民主义史话》等著作。其中，严中平于1942年写成的《中国棉业之发展》一书,于 1955 年修订再版,改书名为《中国棉纺织史稿》;1966 年日本人依田喜家将此书译为日文出版,书名为《中国近代产业发展史》。1958 年,严中平还与民主德国科学院院士 J. 库钦斯基合写有《上海纺织工人状况》一书。

(二十一)袁家麟

袁家麟(1914—?),河南项城人,袁世凯之孙,1936 年毕业于清华大学法学院经济学系。

袁家麟先后获得清华大学法学学士、美国哥伦比亚大学工商管理硕士学位,先后任职于国民政府全国经委会、交通部、经济部、物资局、财政部税务署、中央信托局、中央银行等机构;曾任教于上海交大和香港新亚书院。

1949 年后赴美,于 1982 年创立了北加州清华校友会(THAA-NC),成立的宗旨在于联络母校和校友,至今仍发挥重要的作用。

(二十二)李侠文

李侠文(1914—2010),广东中山人,1937 年毕业于清华大学法学院经济学系,著名爱国报人,《大公报》名誉董事长、前总编辑。

李侠文幼年就读私塾,稍长赴穗,考进岭南附中,1933 年考入清华大学。1938 年抗战初期进入香港《大公报》工作。太平洋战事爆发后,李侠文随报而迁,由港而桂、由桂而渝,战后由渝赴沪,再返回香港负责编务,并担任报社领导工作。1948 年去港参与复刊《大公报》,并任职总编辑,1988 年出任《大公报》董事长。在《大公报》服务超过半个世纪。历任第五、六、七、八、九届全国政协委员,中国新闻社理事会理事等职。

在逾半个世纪的报人生涯中,李侠文撰文以千篇计,其立论精辟,富有文采,在香港新闻文化界享有盛誉。李侠文年轻时便投身爱国新闻事业,不论环境如何困难复杂,爱国立场始终不变,对宣传祖国建设成就、团结香港各界人士起到了重要作用。

(二十三)杨联陞

杨联陞(1914—1990),字莲生,原籍浙江绍兴,生于河北清苑(今保定)。国际知名汉学大师、史学家。

1933 年同时考取了清华大学经济系和北京大学中文系,最终选择了清华大学。在大学学习期间,受教于陈寅恪和陶希圣两位先生,专攻中国经济史。

1937年毕业于清华大学经济系。1940年应哈佛大学贾德讷（C. S. Gardner）博士之聘赴美，一面协助其进行研究工作，一面在哈佛就读。太平洋战争爆发后，协助赵元任先生在哈佛大学陆军特别训练班讲授中文。1942年，获哈佛大学硕士学位。1946年，以毕业论文《晋书·食货志译注》获哈佛大学博士学位。

1947年，任哈佛大学远东语言文学系（后改称东亚语言及文化系）助教授，1951年任副教授，1952年出版《中国的货币与信用》，1958年任教授，1959年当选为台湾"中央研究院"院士，1961年入美国籍。1962年应法日两国之邀，先后赴法国法兰西学院及日本京都大学讲学。1965年获哈佛燕京中国历史讲座教授称号。1970—1976年相继获得美国圣路易华盛顿大学与香港中文大学名誉文学博士。1974年获法国铭刻与文学学院德卢恩奖。1980年在哈佛大学退休并荣膺"荣誉退休教授"。1990年11月16日在美国麻州阿灵顿寓所安眠中去世，享年76岁。

杨联陞以学术批评的严厉著称，在美国学界有"汉学警察"之称。他担任《哈佛亚洲学报》编委会编委及新竹《清华学报》主编多年。除数百篇论文与书评之外，结集成书的英文论著有《中国史专题讲授提纲》（1950年）、《中国货币与信贷简史》（1952年）、《中国制度史研究》（1962年）、《汉学散策》（1969年）、《国史探微》（中译本，台北联经出版事业公司，1983年），与赵元任先生合编过《国语字典》（1947年），还有《论学谈诗二十年——胡适杨联陞往来书札》等。另外有18篇中文论文，编为《杨联陞论文集》（中国社会科学出版社，1992年）。

（二十四）韩克信

韩克信（1910—2010），河南沈丘人，1937年毕业于清华大学法学院经济学系，从事国际贸易方面的研究与工作。

1934年，韩克信在河南大学就读经济系二年级时，参与编辑《今日周刊》，批评蒋介石在中国仿效实行法西斯统治的主张。刊物一出，立被查封。韩克信为避缉查，远去北平。时清华和北大均招经济系二年级转学生。韩克信经过考试，获得两校的录取通知，并选择了清华。在韩克信后来的回忆文章中，他一生对母校清华充满了感激。

1951—1956年，韩克信供职我国驻波兰大使馆商务参赞处，研究苏联、东欧经济贸易。回国后即到外贸部国际贸易研究所任职。主要研究发展中国家经济贸易兼及世界经济和国际金融,特别注意研究我国外汇及人民币汇率。1985年出席联合国亚太地区经济和社会委员会七国专家小组会,讨论地区经济发展。

主要著译有:《中国农贷往何处去?》(《大公报》,1941年12月),《苏联国民经济中之技术进步》(俄译,中华书局,1951年),《帝国主义对西亚的掠夺》(世界知识出版社,1957年),《苏联经济新剖视》上册(主译,中国财经出版社,1978年,美国两院联合经济委员会著),《发展中国家经济贸易概况》(主编,对外经济贸易出版社,1984年),《现代国际市场》(同前,1988年),《现代国际经济贸易问题》(同前,1990年)等。

主要论文有:《三十年来我国对外贸易的经济效益及今后对外经济战略》(《国际贸易》1983年11期),《人民币汇率也应实行部分市场调节——关于部分开放外汇市场问题》(同前,1985年8期),《我国社会主义经济改革中的外汇宏观控制》(《国际金融研究》1986年2期),《数学在经济学中的应用问题》(《天津外贸学院学报》1989年1期),《国际债务与世界经济》(《国际贸易》1989年5期),《海湾危机与世界经济趋势》(《天津外贸学院学报》1991年1期)等。

(二十五)李增德

李增德(1917—),浙江杭县人,1940年毕业于清华大学法学院经济学系,我国著名翻译家。

李增德于1934年考入清华大学,1940年毕业后深入缅甸腊戌参战,1941年回到昆明,1941—1944年在缅甸中国银行任职,1945年赴美国威斯康星大学、密苏里大学研究院进修,后获硕士学位。1947年任职上海中国银行国外部,从事编译工作。1949年任中国银行北京总行经济研究室研究员;1951年赴苏联、捷克等,为筹备莫斯科国际经济会议从事组织翻译工作。1952年于中国国际贸易促进委员会任翻译兼联络,曾服务于维也纳世界和平理事会;为周恩来、郭沫若、茅盾等当翻译。1961年任安徽财贸学院教授,1988年退休,后出任蚌埠演达外国语学校名誉校长,蚌埠清华大学校友会名誉主席。

李增德长期从事翻译工作,发表大量译作,其成就已经收入《中国翻译家辞典》。

(二十六）熊应栋

熊应栋(1913—1999)，湖南澧县（今津市）人，1939 年毕业于清华大学法学院经济学系。

1934 年从长沙明德中学毕业，考入清华大学经济系。1939 年，从清华大学毕业，获法学学士学位，即进入昆明中央机器厂工作，随后受聘于中美飞机制造公司。次年，熊应栋入选高等考试院，任国家考试委员会襄试委员。之后，被分配到国民政府会计局工作。1943 年，熊应栋进入永利银行，在此期间，与中共地下工作者张潘川等人来往频繁，常为其筹措资金，传递情报。1949 年 8 月，返乡入津市市军管会领导下的津市市人民银行从事接收工作。

1949 年 12 月，熊应栋应邀赴西安任大华纺织厂副经理，同时被任命为西安市人民政府委员。1957 年，熊被任命为西安市工业局副局长、西安市轻工业局副局长。20 世纪 60 年代初，在全国人大会议上，熊与其他代表就有关三门峡水库建设提出议案，受到周恩来总理的重视。1977 年后担任陕西省政协副主席；不久，当选为陕西省工商联副主委、全国工商业联合会副主席，民主建国会陕西省委员会主任委员、民建中央常委。1980 年后，历任陕西省第五、六、七届人大常委会副主任，第一届至第七届全国人大代表。

（二十七）陈舜礼

陈舜礼(1917—2003)，浙江省奉化县（今宁波）人。1939 年毕业于清华大学法学院经济学系。著名学者，山西大学前校长。曾任国民政府资源委员会昆明办事处经济研究室助理，并担任中国农业银行在成都、兰州、昆明等城市的办事员和主任。1949 年，毕业于英国牛津大学，后在法国巴黎大学学习。1949 年后，任天津南开大学教授、副教务长。1959 年后，任山西大学教授、教务长、图书馆馆长。1982 年 4 月—1983 年 9 月，担任山西大学校长。

陈舜礼是山西省第四、五届政协副主席，中国民主促进会天津市委员会副主任委员，中国民主促进会第三届中央候补委员、第四届中央委员、第七届中央副主席并兼任执行局主任。陈舜礼是第七届全国人大常委，第四、五届全国政协委员，第六届全国政协常委。1988 年，当选为中国民主促进会第八届中央副主席。1997 年 12 月，陈舜礼被推举为中国民主促进会中央名誉副主席。

(二十八)陈体强

陈体强(1917—1983),中国当代著名国际法学家,福建闽侯人。1939年毕业于清华大学法学院政治学系,1945—1948年在英国牛津大学攻读国际法,获博士学位。1948年回国,在清华大学法学院政治学系任教。1950年,任中国人民外交学会编译委员会副主任兼研究部副主任,其后任该学会常务理事和中国政法学会常务理事兼秘书长。1956年以后,先后在国际关系研究所、国际法研究所和国际问题研究所从事国际法研究工作。1981年起,任外交学院教授。1981年,任外交部法律顾问。1983年,任中国人民政治协商会议全国委员会委员,同年8月,在世界性的国际法学会英国剑桥会议上被选为该学会的联系会员。

陈体强毕生致力于国际法的教学与研究工作,所著《关于承认的国际法》一书被誉为国际法名著。中华人民共和国成立后,他从理论上分析和评论了中国外交实践中的现实国际法问题,对中国国际法学的发展做出了巨大贡献。于实践上他也身体力行,担任了中国第一个国际法学术刊物《中国国际法年刊》的主编之一;他还特别热心于开展中外国际法学界的学术交流,向外界阐明我国的对外政策和我国的外交实践对国际法的创造性的贡献。

其专著《中国外交行政》(1943年)、《英国行政法论》(1947年)和博士论文《关于承认的国际法——英国与美国的实践》(1951年),论文集《国家法论文集》(1985年)以及译著《奥本海国际法》(与王铁崖合译)在中国乃至世界国际法学界享有崇高的声誉。

(二十九)罗应荣

罗应荣(1918—1971),1918年生于广东兴宁县。1938年夏考入西南联合大学法学院政治学系,1942年7月毕业,获法学学士学位,旋即考取清华大学法科研究所国际法组研究生,师从邵循恪教授。1946年5月获法学硕士学位。

1945年9月至1946年7月任云南大学政治学系讲师,1946年9月至1947年12月任广州岭南大学历史政治学系讲师。1948年1月到美国西雅图城华盛顿州立大学留学,一年以后转到加州大学伯克利分校攻读国际法。

之后，他接受了马克思主义，尽管在研究生班的课上成绩优异，罗应荣没有完成他的博士学业，于1951年1月毅然回国，赴北京入华北人民革命大学政治研究院，学习马克思列宁主义、毛泽东思想。1951年11月毕业，任岭南大学历史政治学系副教授，1952年9月参加广东省司法改革运动。1952年10月院系调整改任中山大学政法学系副教授，1953年4月调入历史学系，仍继续从事中俄蒙外交关系之研究，所收集资料之多，见解之精，为同行所重视，时有论文发表于《光明日报》等报刊。1971年11月病逝于广州。

（三十）端木正

端木正（1920—2006），安徽安庆人，回族，字昭定，号翼天。1942年毕业于武汉大学政治系。1943年考入清华大学研究院法学研究所，成为该所国际法组研究生，1947年获清华大学法学硕士学位，并留校任教，同年考取赴法留学公费生，于1948年赴法。1950年获法国巴黎大学法学博士学位，1951年获得巴黎大学高级国际法研究所毕业文凭，同年进入华北人民革命大学政治研究班学习。

端木正1951年参加工作，先后执教于岭南大学和中山大学，并任北京外交学院、中国政法大学、浙江大学等数所高等学府的兼职教授。1980年，端木正筹备恢复中山大学法律学系，任复办后首任系主任，中山大学法学所首任所长；任中国法学会顾问、中国国际法学会顾问、中国法国史研究会名誉会长。1993年，端木正任国际常设仲裁法院（海牙）仲裁员，1985年被全国人大任命为香港特别行政区基本法起草委员会委员，参与了《中华人民共和国香港特别行政区基本法》的制定。1990—2000年任最高人民法院副院长。此外，端木正还曾任人大代表、全国政协委员、民主同盟中央常委等职。

端木正先后出版译著、专著20种（个人或集体），在国内外发表文章和译文多篇，是享有盛誉的国际法专家。

（三十一）张甲洲

张甲洲（1907—1937），字震亚，号平洋，又名进思，1907年出生于黑龙江省巴彦县。1923年以全省第一名的成绩考入省立齐齐哈尔第一中学，次年因反对军阀张作霖在学校招兵充当炮灰，被学校开除。同年考入沈阳文华中学，因带领学生游行示威，再次被开除。1926年，考入齐齐哈尔甲种工业学校,因发动学生反对日军暴行遭逮捕,在全省师生强烈要求和大力营救下终获释放。1927年,考入北京大学理化专业。1930年8月,加入中国共产党。为加强清华大学中共地下党力量,张甲洲于1930年考入清华大学政治学系。先后任中共北平西郊区委书记、北平市委宣传部部长、北平市委代理书记等职务。

1932年4月,张甲洲奉命同于天放(清华大学1928级经济系学生)等六人北上哈尔滨进行抗日活动。受中共满洲省委书记罗登贤派遣回巴彦组织抗日游击队,张甲洲任游击队司令,赵尚志任政委。在张甲洲、赵尚志的指挥下,游击队一度收复巴彦县城。1932年中共中央北方五省会议后,巴彦抗日游击队改编为中国工农红军第三十六军江北独立师,张甲洲任师长。这支队伍高举抗日大旗,转战呼兰、绥化、兰西、安达、明水等地,给日军以重创。1933年,由于当时省委执行"左"的路线,且部队自身成分复杂,独立师被反动武装打散。张甲洲化名张进思从事地下工作,设法打入富锦县中学,向广大师生讲述革命道理,又与抗联三军、六军、七军、十一军取得联系,为他们提供情报、枪支和电台,并策动伪警察署长李景荫率部起义。1937年6月,中共北满临时省委书记冯仲云主持召开执委会扩大会议,决定将抗联三军独立师改编为抗联十一军,原师长祁致中任军长,调张甲洲任副军长。1937年8月28日,张甲洲在转移途中遭遇敌人,壮烈牺牲,时年30岁。

1961年5月15日,中共富锦县委会、富锦县人民政府为张甲洲修建烈士墓,以供后人瞻仰、缅怀。[①]

[①] 参见:薛万博.热血"学霸"的青春之歌[J].党的生活,2020,(09);吴霜.革命战争年代的清华地下党员名单[J].清华大学学报(哲学社会科学版),2021,(04);中共抗战英烈:张甲洲[EB/OL].(2014-03-25). http://dangshi.people.com.cn/n/2014/0325/c85037-24729770.html.

中篇
清华法学的薪火传承
(1952—1995 年)

第二章
院系调整至改革开放前的清华法学

第一节 全校师生学习讨论"五四宪法"草案

虽然清华由于院系调整没有法学院系的建制,但清华师生仍然积极参与"五四宪法"大讨论,学校也统一开设了马列主义基础课程,其内容涵盖文法学科教育的通识课程,在一定程度上提高了广大师生的法律素养和革命热情。新中国第一部宪法——《中华人民共和国宪法》从1954年3月23日提出初稿,到1954年9月20日第一届全国人大第一次会议表决通过,宪法草案经历三次讨论。第一次大讨论由全国政协组织北京17个单位和解放军18个单位共8000多人讨论了两个多月。第二次讨论是公布宪法草案,交全民讨论。这期间,全国各界共有1亿5千万人次参与讨论,共提出118万多条修改、补充意见和问题。第三次大讨论根据全民讨论的意见,宪法起草委员会对原来的草案作了修改后,提交给中央人民政府委员会举行的两次临时会议讨论通过。[①] 清华师生广泛而深入地参与了这场全民式的宪法大讨论。

一、学习讨论"五四宪法"的经过

(一)成立清华大学宪法草案讨论办公室

为了有序推动宪法草案的讨论,各地普遍成立了宪法起草讨论委员会,培养报告员和辅导学习讨论的积极骨干分子,有组织地进行宪法草案的讨论和宣传工作。学校领导高度重视宪法草案学习讨论,在部署宪法草案讨论工作之前,专派校内行政负责人参与北京市宪法草案(初稿)讨论委员会。据记载,"本校部分行政负责人十三人,从四月二十三日起参

---

① 席锋宇.五四宪法至今仍闪烁耀眼光芒[N].法制日报,2014-12-02(3).

加北京市讨论《中华人民共和国宪法草案（初稿）》，已于五月二十一日初步结束。本校及航空学院组成一组进行讨论。讨论会由陈士骅①、陈舜瑶②轮流主持，李恩元③任秘书。他们在讨论过程中阅读了有关宪法的资料，逐条逐句进行了八次讨论。在讨论中，大家热烈发言，踊跃提出意见，并听了北京市宪法草案(初稿)讨论委员会举办的问题解答报告。"④

宪法草案公布以后，全校师生争相阅读，欢欣鼓舞，庆祝这一个全民的大喜事。有的教师和学生收听了广播，有的进行了热烈的漫谈讨论，表示一致拥护宪法草案，纷纷准备好好地进行学习和讨论。全校一天内登记购买宪法草案的就有四千多人。⑤ 为更好地使大家了解宪法的基本精神与主要内容以及与自己的切身关系，充分认识国家制定宪法的巨大意义，在宪法公布后能自觉地、严格地遵守宪法，同时为了发动大家提出对宪法草案的意见，以提给宪法起草委员会做再次修改的参考，1954年6月17日，学校召开校务行政会议，根据北京市宪法草案讨论委员会高等学校分会的指示，决定在本校师生员工与家属中进行一次家喻户晓的、广泛深入的宣传与讨论。会上通过成立清华大学宪法草案讨论办公室，由艾知生⑥担任主任，郭道晖、阮铭任副主任，并由政治辅导处、工会、学生会、工农速成中学等单位及政治理论教员等组成的办公室，负责组织全校宪法草案的宣传与讨论。⑦

（二）制订宪法草案讨论计划

基于宪法草案学习和讨论的重要性，清华大学根据上级部门的要求，并结合学校自身实际情况，制订了学习讨论宪法草案的计划。讨论计划大致呈现出如下特点：

一是分批次参与学习讨论。鉴于目前各单位各系不同的情况（如教

---

① 陈士骅(1905—1973)，清华大学水利系一级教授，时任清华大学副教务长。
② 陈舜瑶(1917—2019)，宋平同志夫人，时任清华大学党委副书记。
③ 李恩元，时任清华大学党委常委。
④ 本校教师及行政干部讨论宪法草案初稿[N].新清华，1954-05-25(1).
⑤ 全校欢欣鼓舞迎接宪法草案的公布——校务行政会议通过成立宪法草案讨论办公室[N].新清华，1954-06-22(1).
⑥ 艾知生(1928—1997)，时任清华大学党委副书记。
⑦ 清华大学校史研究室.清华大学一百年[M].北京：清华大学出版社，2011：211；全校欢欣鼓舞迎接宪法草案的公布——校务行政会议通过成立宪法草案讨论办公室[N].新清华，1954-06-22(1).

师与学生中,有的已出发实习,有的即将出发,有的正在考试,有的尚未考试等),决定分部门、分批、按原有学习组织进行讨论。教员与学生共分成三批:第一批(已考试完毕并留校的与实习后返校的教师与学生)在六月二十二日到六月底进行讨论;第二批(一、二年级及一部分专修科学生及留校与返校教师)在七月中旬到七月底进行;第三批(在此期间实习返校的师生)在八月初到八月中旬进行。计划规定需进行有关宪法草案的基本精神及条文的解释的报告两次,讨论一次、二次或三次。①

二是参与人员多,覆盖面广。参加学习讨论的人员既包括上述教师和学生,也涵盖广大职工、教师家属以及清华大学附设工农速成中学②(以下简称"工农速成中学")学生青年。宪法讨论方案规定:"在职工中,本周总路线学习六小时,自六月三十日起到七月二十四日止,职员每周学习六小时,工友每周进行一小时半的讲解与讨论。工农速成中学学生集中在七月十八、十九两日学习,每日学习六小时。"③

三是学习讨论形式多样化,内容具体化。为使宪法草案的讨论真正落到实处,学校制订了具体的学习讨论计划,针对不同的群体,组织安排了多场宪法草案学习宣传主题活动,在全校范围内营造了尊法、学法、守法、用法的浓厚氛围。宣传方式是由学校的负责人或经过训练的报告员根据报告大纲,向师生做报告,然后在宣传员、理论学习辅导员等的协助下,组织小型会议进行讨论。④

对于文化程度高的教师和学生,校内各单位通过开展集中学习、专题

---

① 全校欢欣鼓舞迎接宪法草案的公布——校务行政会议通过成立宪法草案讨论办公室[N].新清华,1954-06-22(1).
② 清华大学附设工农速成中学成立于1951年,是在当时中央"教育向工农开门"的方针和毛泽东同志"民主、科学、大众"的文化教育方向的指引下创办的,选拔一批在革命战争中有贡献的干部、劳动模范、战斗英雄到校学习。清华的工农速成中学一共办了四届,共招收了1000多名学生,对贯彻学校向工农开门的方针、提高工农干部文化、改善大学的学生成分、培养工人阶级知识分子起到了一定的历史作用,在清华附中的发展中已成为不可或缺的重要一页。参见:工农中学校史组.附中往事——清华大学附设工农速成中学始末[M]//清华大学附属中学,编著.峥嵘百年——清华大学附属中学百年历程(长河星烁篇).北京:清华大学出版社,2015:310-316.
③ 全校欢欣鼓舞迎接宪法草案的公布——校务行政会议通过成立宪法草案讨论办公室[N].新清华,1954-06-22(1).
④ 北京市宪法草案讨论委员会通过宣传和讨论宪法草案的计划[N].人民日报,1954-06-16(1).

讨论以及自主学习等形式,选取了宪法草案的部分条文,进行重点学习和讨论,会后要求师生撰写学习体会,将宪法学习和本职工作相结合,更好地推动对宪法知识的理解和运用。据校刊记载,教师们"在学习过程中一般的经过了三次讨论,两次听报告及自学"①,同学们"在听完蒋南翔校长的动员报告后,又听了本校宪法草案讨论办公室主任艾知生同志关于宪法草案基本内容的讲解。认真地学习了我国宪法草案、《人民日报》有关社论、《中国青年》等有关文件,一般进行了讨论一次,有的还漫谈了体会。"②广大职工也积极参与其中,"参加此次学习的职工共有750人。职员听了四次报告,进行了四次讨论,工友听了两次报告进行了两次讨论。"③宪法草案讨论办公室定期对这些讨论意见整理成册,客观科学地充分采纳师生的意见,使讨论真正落到实处。

二、师生学习宣传宪法草案情况

"五四宪法"草案的讨论不仅加深了校内师生对宪法的认识,还在很大程度上提高了他们工作学习的热情,并激发了参与建设社会主义的积极性,清华校刊对此总结说:

这次讨论的目的有两方面:

首先是了解宪法的基本精神和内容及其对我们的切身关系。我们将通过宪法草案的讨论具体了解我国的社会制度和国家制度,更加认识人民民主制度的优越性,这将是一次继总路线学习以后又一次重要的政治学习。我们将明确地了解我们每个公民的权利义务,以便在宪法通过之后严格地遵守宪法。整个宪法和我们每个人都有着切身的关系。我们应该联系自己的任务,认清自己作为中华人民共和国的公民的神圣责任,搞好本岗位工作与学习。

其次,在讨论中有任何意见,也可以积极提出,作为修改宪法的参考。④

---

① 教师讨论宪法草案收获很大[N].新清华,1954-07-13(1).
② 本校第一批千余人进行宪法草案学习和讨论[N].新清华,1954-06-29(4).
③ 职工宪法草案讨论已结束表示要以实际行动来迎接宪法的公布[N].新清华,1954-08-05(1).
④ 热烈展开宪法草案的讨论[N].新清华,1954-06-22(1).

就整体的讨论情况而言,清华师生对"五四宪法"草案持支持赞扬的态度。教师结合自身工作岗位和教学特点畅谈学习宪法草案的心得体会,譬如,梁思成教授在给建筑系同学们回信时写道:"而你们,亲爱的同学们,就是国家社会主义工业化所需的技术干部。你们的神圣的工作是在宪法中规定了的。你们将在宪法的保证下劳动,也为宪法之实施而劳动,这是光荣的,因为'劳动是中华人民共和国一切有劳动能力的公民的光荣事情'。你们在劳动中的积极性和创造性将得到国家的鼓励(第十六条)。宪法保证你们的劳动权(第九十一条),保证你们进行科学研究的自由,并鼓励和帮助你们在科学研究上的创造性工作(第九十五条)。同学们,在这样优越的保证和鼓励下劳动,是解放以前的青年梦想不到的。我怎能不为你们高兴,为你们祝贺!"① 施嘉炀教授就如何学习宪法草案提出自己的见解:"这一方面反映着党和政府虚心倾听群众的意见,另一方面也证明了经过群众的讨论对宪草会有很多帮助。所以我觉得以后我们对宪法草案展开广泛的讨论时,应该掌握新宪法的基本精神,然后再逐字逐条加以精读,充分了解其制定的原因与原则。最后,用严肃而真诚的态度提出自己的意见。"② 马约翰老教授充分认为宪法草案是一部经得起历史检验的良法,他颇感自豪地说:"宪法草案把全国人民所做过的和能够做到的都反映出来了,所规定的都是能够兑现的。宪法反映了我国民族爱好和平的特点。"③ 此外,他还建议在国务院的职权和公民的权利义务中把体育写进去。④ 钱伟长教务长结合宪法在教育、科学领域的双重使命谈了自己的感受:"作为一个教育工作者,怎样创造条件,以保证'国家特别关怀青年的体力和智力的发展';作为一个科学工作者,怎样来运用'保障公民进行科学研究'的自由,满足祖国工业化的要求,这都需要很大的努力。"⑤

学生群体则多从宪法所规定的自由平等精神和时代价值等角度发表

---

① 梁思成.你们神圣的工作是在宪法中规定了的——梁思成先生来信[N].新清华,1954-08-18(2).
② 施嘉炀.真是人民自己的宪法[N].新清华,1954-06-22(3).
③ 访问参加宪法草案初稿讨论的同志[N].新清华,1954-06-22(3).
④ 参见:韩大元.1954年宪法制定过程[M].北京:法律出版社,2014:229-230.
⑤ 访问参加宪法草案初稿讨论的同志[N].新清华,1954-06-22(3);钱伟长.宪法草案体现了中国人民的共同愿望[N].人民日报,1954-06-18(2).

看法。例如,有的学生认为宪法草案保障劳动人民劳动权、休息权和受教育权,对自己和广大职工同学是莫大的鼓励①;有的学生从性别角度评价宪法草案中规定的妇女有与男子平等的权利,是用法律保证妇女在社会主义建设中发挥力量②;有的同学通过回忆自己在旧社会的惨痛经历,表达对新政权与宪法草案的拥护。③

三、宪法大讨论的影响

宪法草案的全民讨论,在新中国宪法发展史上产生了重要影响。曾有学者评价,这是1954年以来,全民对宪法热情最高涨的时期。宪法草案公布后的一个月内北京市已有近百万人对宪法草案进行了讨论;北京市宪法草案讨论委员会为了使各界人士都能了解宪法草案的精神,训练了4000名报告员,在工厂、企业、机关、学校、建筑工地、乡村、街道等地做了报告;全市5000多块黑板都以宣传宪法草案为主要内容。首都人民对宪法草案的讨论表现出真诚拥护和信任。④

这场宪法大讨论对清华的意义不言而喻。

一方面,"五四宪法"大讨论是一次生动的民主法制教育。全校师生从自身经历和工作学习实践出发,深刻领会宪法草案的基本精神和主要内容,以主人翁的态度认真学习、讨论,并提出了若干补充和修改意见。正如参与宪法草案讨论工作的刘仙洲副校长所言:"资本主义国家的政客们,以为我们在大会上只讨论了几天,一点没有争论,更没有打架就全体一致通过了,认为是不民主。包括学校在内,其实我们参加讨论的人员如此广泛,他们是不可想象的,也是做不到的。"⑤这反映了全校师生建设社会主义法制的意愿与责任感,激发了清华师生了解宪法、拥护宪法、守法懂法的积极性,也对完成宪法草案的修订工作起到了推动作用。

---

① 刘鸿文.拥护中华人民共和国宪法草案:有了劳动和受教育的权利[N].新清华,1954-07-13(3).

② 同学第一批讨论宪法草案结束,联系切身体会收获很大[N].新清华,1954-06-29(4).

③ 任宪法.我为什么名叫"宪法"[N].新清华,1954-08-05(3).

④ 参见:韩大元.1954年宪法制定过程[M].北京:法律出版社,2014:320.

⑤ 魂牵梦萦祖国情——著名工程教育家刘仙洲的成长道路[M]//本书编写组.刘仙洲纪念文集.北京:清华大学出版社,1990:47.

另一方面,"五四宪法"大讨论是一次深刻的爱国主义教育。宪法草案的讨论与宣传成为全校师生努力学习科学文化知识,建设社会主义的强大内在动力,这次讨论的意义不仅仅在于对宪法草案条文的理解,其更深层次的价值在于树立人们对于共和国根本法的信心与内在的认同,并以此为基础确立社会共同体的价值基础。对此,有的学生感受尤为强烈:"我感到宪法上每一条都是实现社会主义的指针,我自己是中华人民共和国的公民,是新中国的青年,而国家的建设任务正落在我们青年一辈的身上,因此我要从今努力钻研学习,改进学习方法,把学习搞好,加强锻炼,以贡献自己的劳动,为实现社会主义而奋斗。"①

第二节 政治理论课程教学

1952年院系调整后,法学院从学校的建制名单中被抹去,清华已由一所综合性大学调整为一所多科性的工业高等学校。严格来说,这一时期的清华法学教育已不复存在,然而,要培养具有社会主义觉悟的、有较高科学技术水平的、体魄健全的红色工程师,必须学习马列主义、毛泽东著作,树立无产阶级的阶级观、劳动观、群众观和法律观。为此,1953年2月7日,高等教育部发出通知,自1953年度起,"马列主义基础"为各类高等学校及专修科(两年以上)二年级必修课程。6月17日再次通知,将高等学校一年级开设的"新民主主义论"课程一律改为"中国新民主主义革命史"(简称"中国革命史"),于当年秋开始实行,并规定了该课程的教学目的和重点。② 为响应中央号召,学校陆续开设了"中国革命史""马列主义基础""政治经济学""哲学"四门课程。根据1953年度教学工作计划,本学期增设"马列主义基础"及"政治经济学"两门课,一、二、三年级学生循序学习"中国革命史""马列主义基础""政治经济学"。③ 可以说,这些政治理论课程和其他公共必修课程共同构成了新中国成立后法学教育的通识课程内容之一。

---

① 祁兆龙.以搞好学习来感谢国家对青年的关怀[N].新清华,1954-07-13(3).
② 本书编写组.中华教育改革编年史(第三卷)[M].北京:中国教育出版社,2009:1209.
③ 清华大学校史研究室.清华大学一百年[M].北京:清华大学出版社,2011:200.

一、课程设置

(一)总体安排

根据清华大学《党委宣传部关于政治理论课教学工作的意见》(以下简称《意见》),学校马克思列宁主义基础理论课程,在马克思列宁主义概论课教科书未编出前,可暂开设三门:中共党史(开一年半,一年级下学期开始)、政治经济学(开一年,三年级)、哲学(开一年,四年级);自然辩证法作为本科生选修课,研究生则必修。

(二)具体安排

按照《意见》统一要求,1961年秋季开学后,政治理论课程的具体计划为:

(1)马克思列宁主义基础理论课:中共党史(二年级学生共2500人,寒假结束;一年级新生1700人,寒假后开始),政治经济学(三年级学生2200人,五年级学生1830人),哲学(四年级学生2600人,六年级学生2200人,其中六年级学生寒假毕业,学习一个学期)。

(2)时事报告及讨论(即形势任务课),为各年级的必修课程,由清华大学党委宣传部负责,与教务处、团委会共同计划和组织。①

表3-1为1953年清华大学部分院系相关课程计划:

表3-1　1953年清华大学部分院系政治理论课程教学计划表②

院系	专业	修学年限	课程名称	课时数	开设学期
土木工程系	工业与民用建筑	四年制	新民主主义论	93	第一学年第二学期
			政治经济学	124	第三学年第五、六学期
土木工程系	工业与民用建筑	五年制	中国革命史	102	第一学年第一、二学期
			马列主义基础	102	第二学年第三、四学期
			政治经济学	128	第三学年第五、六学期
			辩证唯物论与历史唯物论	60	第四学年第七学期
机械制造系	机械制造工程	四年制	新民主主义论	93	第一学年第一、二学期
			政治经济学	124	第三学年第五、六学期

---

① 党委宣传部关于政治理论课教学工作的意见[M]//清华大学校史研究室,编.清华大学史料选编(第六卷).北京:清华大学出版社,2009:193-194.

② 参见:清华大学校史研究室,编.清华大学史料选编(第六卷)[M].北京:清华大学出版社,2009:805-820.

续表

院系	专业	修学年限	课程名称	课时数	开设学期
机械制造系	机械制造工程	五年制	中国革命史	102	第一学年第一、二学期
			马列主义基础	102	第二学年第三、四学期
			政治经济学	120	第三学年第五、六学期
			辩证唯物论与历史唯物主义	72	第四学年第七学期
电机工程系	电机与电器	四年制	辩证唯物论与历史唯物论	—	第一学年第一学期
			新民主主义论	—	第一学年第二学期
电机工程系	电机与电器	五年制	中国革命史	102	第一学年第一、二学期
			马列主义基础	102	第二学年第四学期，第三学年第五学期
			政治经济学	128	第三学年第五、六学期
			辩证唯物论与历史唯物主义	56	第四学年第七学期
无线电工程系	无线电工程	四年制	辩证唯物论与历史唯物论	—	第一学年第一学期
			新民主主义论	—	第一学年第二学期
无线电工程系	无线电工程	五年制	中国革命史	102	第一学年第一、二学期
			马列主义基础	102	第二学年第三、四学期
			政治经济学	128	第三学年第五、六学期
			辩证唯物论	72	第四学年第七学期

二、学时安排

《意见》规定，中共党史120学时（课堂教学时数），政治经济学80学时，哲学80学时，每学年按上课32周计，平均每周2.5学时。课外自学时间与课堂教学时数的比例为一比一。时事报告及讨论每周课内1学时，每学年32学时，六年共计192学时；课外每周0.5学时；课内外每月共6学时。学校各专业教学计划总时数约为4500学时。政治理论课程课内教学时数约占总学时的10.5%。[①]

[①] 党委宣传部关于政治理论课教学工作的意见[M]//清华大学校史研究室，编.清华大学史料选编(第六卷).北京：清华大学出版社，2009：194.

三、教师队伍

据校史资料记载,这一时期学校专职政治理论教师数量较少,远不能满足工作需要,因此,主要采取了以下两个方法,以充实教师队伍:第一,一部分政治课教师暂时担任学校各部门和其他宣传工作,1961年暑假可调回10余人,使专职政治教师达约40人;第二,计划1961年暑假从学校抽调党员毕业生10名,并争取教育部分配人民大学等校毕业生10名以充实专职教员队伍。①

四、教研组行政机构

为了加强党委对政治课教研组的领导,健全教研组的行政机构,建议校委会委派三个教研组的行政负责人如下②:建议中共党史教研组刘冰或胡健任主任,冯思孝任副主任;政治经济学教研组高沂任主任,董新保任副主任;哲学教研组艾知生任主任,林泰任副主任(建议林泰同志免去文艺教研组主任职务,主任一职由副主任罗征启同志担任,副主任一职由傅尚媛同志担任)。

五、师生收获体会

自开设政治理论课程以来,全校师生学习政治理论的热情日益增长,通过阅读马列主义书籍,讨论交流学习经验,进一步提高了政治理论学习水平。同学们普遍反映收获很大,提高了思想政治觉悟,对马列基础理论知识和著作以及中国革命和建设的规律有了更多的了解。③ 教师在教学过程中对理论问题有了更为深入的思考,从而进一步深化研究,教学相长,提高了教学能力。例如,哲学教研组教师林泰谈到读书的重要性:

---

① 党委宣传部关于政治理论课教学工作的意见[M]//清华大学校史研究室,编.清华大学史料选编(第六卷).北京:清华大学出版社,2009:194-195.
② 党委宣传部关于政治理论课教学工作的意见[M]//清华大学校史研究室,编.清华大学史料选编(第六卷).北京:清华大学出版社,2009:195.
③ 用马列主义武装起来 全校同学政治理论学习收获很大[N].新清华,1959-07-29(2);迟乃训.系统学习马列主义 树立共产主义人生观——无3同学热烈讨论学习的意义[N].新清华,1959-04-11(4).

"在马列主义理论学习中,主要的就是自学,更明确地说就是要读书。"①社会主义课教研组教师金丽华认为政治理论课的学习提高了同学们的政治觉悟,帮助学生初步树立了正确的世界观和方法论。② 还有的教师认为在课堂讨论中贯彻理论联系实际,这培养了学生的独立工作能力,在帮助学生克服"笔记搬家"等问题方面取得了一些成绩。③

总之,政治理论课程教学在一定程度上提高了广大师生的思想政治和法律素养。通过该课程的开设,清华大学在此时期培养了一批法政人才,他们在祖国需要的时候投身中国的法治建设,延续了清华的法学精神。

第三节 清华精神的熏陶

院系调整之后,除学习讨论"五四宪法"及开设马列政治课程外,清华的法学教育极度缺乏。1952年年末,出身老清华中文系的蒋南翔来到清华担任校长,他知道院系调整对学校的影响,但他更加清楚,这是百废待兴、内外交困的新中国的正确选择。

在蒋南翔看来,清华在院系调整中做出的"牺牲"服务于国家独立、民族振兴和社会主义现代化建设的大局,而新清华的教育方针和办学目的同样要从这一大局和高度来把握。因此,尽管院系调整后的清华从一所综合性大学变成了一所多科性的工科院校,但万变不离其宗,清华的精神和灵魂——清华永远致力于培养这个国家最需要、对民族最有用的人——并未发生丝毫动摇和改变。

正是在这一意义上,院系调整后的清华是多科性的工业高等学校但又不仅仅是一所工科院校,清华培养了大量杰出的工程师但又不仅仅是"工程师的摇篮"。曾任最高人民法院院长的郑天翔学长谦虚地称自己是"万金油"干部——"只要需要你到这里干,你就可以到这里干"④。从某种程度上说,院系调整后清华的教育方针同样贯彻的是这种精神——清华

---

① 林泰.谈马列主义理论学习[N].新清华,1959-07-17(2).
② 金丽华.要掌握住马列主义的武器[N].新清华,1959-09-19(3).
③ 政治理论课三教研组举行教学经验交流会[N].新清华,1955-02-11(2).
④ 法治周末.郑天翔:开创了中国法院一个时代[EB/OL].(2013-10-23). http://www.reformdata.org/2013/1023/21522.shtml.

人,随时可以在祖国最需要的地方做出最大的贡献。在郑天翔学长看来,清华精神正意味着:"每个学生必须都是爱国者,无条件地爱中国人民,为中国服务!"①以此观之,无论是"双肩挑"还是"又红又专",无论是"三支代表队"还是"殊途同归,全面发展",无论是"注重基础课教学"还是强调"真刀真枪"的毕业设计,包括"至少为祖国健康工作五十年"口号的提出,其本质都是确保清华人能够全面成长以在新时期里继续承担对国家和民族的责任,继续确保"清华与国家极密切的连带关系",延续与国家和民族"同呼吸、共命运"的清华精神。

"受了清华的教育,就意味着对国家、民族应有什么样的担当。"②老清华法律人梅汝璈先生曾这样说。"不管是哪个时期的清华教师、学生,有一条是不变的,就是始终把自己的理想和国家的前途命运、民族兴衰联系在一起……清华人的脉搏永远和国家的脉搏一起跳动。"③毕业于自动化专业,曾任司法部部长的张福森学长道出了新时期清华人共同的心声。所谓弦歌不辍,正是这条与国家一同跳动的脉搏穿越时空,将一代代清华人紧紧连在一起。

正是清华精神的引领,让清华在法学教育缺乏、法律系建制不在的时期里涌现出了一批法政人才,包括最高人民法院原院长郑天翔、最高人民检察院原检察长贾春旺、司法部原部长张福森,他们在祖国需要他们的时候投身中国的法治建设,延续了清华的法学精神。

---

① 法治周末. 郑天翔:开创了中国法院一个时代[EB/OL]. (2013-10-23). http://www.reformdata.org/2013/1023/21522.shtml.
② 梁捷. 弦歌不辍人才辈出——清华百年法学教育回眸[N]. 光明日报,2011-04-21(15).
③ 清华校友总会. 张福森. 我心中的校友精神[EB/OL]. (2008-07-31). https://www.tsinghua.org.cn/info/1954/13279.htm.

第四章

改革开放后至复建前的清华法学

第一节 清华法制教育概况

"文革"结束后,党的十二大指出,"社会主义民主的建设必须同社会主义法制的建设紧密地结合起来,使社会主义民主制度化、法律化",并进一步要求"在全体人民中间反复进行法制的宣传教育,从小学起各级学校都要设置有关法制教育的课程,努力使每个公民都知法守法。特别要教育和监督广大党员带头遵守宪法和法律"[1]。邓小平同志也曾形象地讲述了法制的重要性:"搞四个现代化一定要有两手,只有一手是不行的。所谓两手,即一手抓建设,一手抓法制。党有党纪,国有国法。"[2]根据党中央关于加强社会主义法制教育的精神,为了使清华大学全体师生员工知法、懂法、守法和依法办事,学校加快了包括法制学科在内的文科建设的步伐。在法制学科建设方面,1987年校务会议研究决定,筹备成立法学研究协会,指导普法教育,开展法学研究,同时以法律顾问室名义承担学校有关诉讼案件的律师业务和有关法纪问题的咨询业务,条件成熟时成立法学研究室或所。[3] 学校法律教育和法制建设迎来了新的发展机遇。

自1982年上半年开始,学校陆续在全校教职员工和学生中开设了法学概论、法律基础、经济法等选修课程,指定经济管理学院本科生、研究生及进修生选修经济法课程。[4] 截止到1988年,法律课程共开设24个班

---

[1] 魏钦公.学习党的十二大报告[M].郑州:河南人民出版社,1982:103-104.

[2] 邓小平.在中央政治局常委会上的讲话(1986年1月17日)[M]//邓小平文选(第三卷).北京:人民出版社,2001:154.

[3] 委文字(87)第003号:关于我校文科建设的几个问题——校长、书记办公会纪要[Z]//清华大学档案.2-202-1987030:2-3.

[4] 关于在学生、教职工中加强法制教育的意见(1986年9月17日)[Z]//清华大学档案.2-254-1986025:1-2.

次，每门课程学时至少为 24 学时，最多可达 50 学时，一般为 32 学时。参加上述课程学习的人员总数共计 5300 余人，其中本科生 3000 余人，研究生 1000 余人，教职工 1300 余人。① 除此之外，还举办了十多次法制专题讲座，听众达 7000 余人次。为配合上述学习，学校综合治理办公室和保卫部经常把校内发生的典型案例以及敢于同坏人坏事做斗争的好人好事编印成册，分发至各学生班和教职工基层单位。② 每年新生入学时还要进行以遵纪守法为主要内容的法制专题教育。法学教育与研究在清华大学已经具备了一定的基础，在普及法制教育的基础上，学校出现了一批努力学习法律知识的积极分子。在教职工中有三十余人在电大、夜大、律师函授学院学习法律知识。电大在清华大学设立了不脱产法律专业教学班，有六十余人参加业余学习，其中二十余人是学校在职干部，学制三年，这为学校法律教育和普法活动的开展提供了师资力量。

为了适应上述法制教育的需要，学校在经济管理学院经济系设立经济法教研组，编制为五人。与此同时，为了处理日益增多的专利事务，清华大学成立了专利事务所。自 20 世纪 80 年代以来，一些系所还在相关的法学领域开展了科技法、环境保护法、房地产法、物证技术等方面的教学与研究工作。在学校新闻刊物层面，校报《新清华》开辟"法制园地"专栏，着重宣传社会主义法制，普及法律常识，引导和帮助广大师生知法、学法和守法，树立法制观念，以提高警惕，减少和预防犯罪。③

几年来，通过大面积、分层次地在全校教职员工和学生中开展法制教育，使听过课的同志普遍增加了法律知识，增强了法制观念，有不少人能够理论联系实际，活学活用。有的同志为本单位遗留的经济纠纷问题提出了诉讼，学会并懂得用法律手段保护自身的合法权益。通过学习，不少学生摘掉了"法盲"帽子，纠正了"法律＝刑法"的片面认识，加强了法制观念。参与法律课程学习的同学这样说道："通过学习不但增长了法律知识，也加深了对社会的了解。认识到只要坚持以法治国，我们的国家就会

---

① 1984 年度、1985 年度上学期教学工作优秀奖及教学改革成果奖经管学院王承继简介[Z]//清华大学档案.2-254-1986013：97.
② 安慧.严厉打击违法犯罪分子确保安全度假[N].新清华,1987-06-18(2).
③ 编者的话[N].新清华,1985-09-26(4).

大有希望。"①

多年来的教学实践,也使学校建立了牢固地法制教育阵地,积累了教学经验,充实了思想政治教育的内容,为培养有社会主义觉悟的、懂技术、懂管理、有必要法律知识的专门人才,为精神文明建设做出了应有的贡献。实践证明,在清华大学校内开设法制教育课程是十分必要的,也是深受欢迎的。法制教育既是进行思想教育不可或缺的重要环节,又是培养优秀人才的重要保证。

这一时期的法律教育授课内容丰富,教学形式多样,深受广大师生欢迎,兹列举如下:

一、参与社会实践

法律是一门应用性极强的学科,仅凭书本中的理论知识以及课堂上的案例讨论很难真正地理解和领会立法的原意。作为教师,要做到理论联系实际,不断提升教学水平,除掌握法律基本理论之外,还必须走到社会中去,积极参加各种社会实践,据经济法教研组教师王承继介绍,学校鼓励教师到各级人民法院中担任人民陪审员,到法律顾问处担任兼职律师,去企事业单位担任常年或临时的法律顾问,接触各类法律诉讼或纠纷案件,以此充实最新的第一手资料,不断更新教学内容,丰富自身的教学经验。② 对学生来说,除课堂学习外,学校还要求学生继承和发扬老一辈清华人"真刀真枪做毕业设计"的精神,为案件草拟法律文书,参与案件诉讼。部分院系的同学以暑期社会实践的方式深入群众、深入农村、深入基层,进行普法宣传和法律咨询,以助力基层社会法制建设。③ 清华师生在社会实践中以法律人的视角,怀揣"认识国情、服务社会"的理念,对国家发展和社会法制运行进行实际考察和调查研究,充分体现了清华大学师生的专业素质和社会责任感。

二、庭审进校园

为落实好法律教育,调动学生学习的积极性,做到理论联系实际,学

---

① 程霁.我校开设的法制课程受到教工、学生普遍欢迎[N].新清华,1984-05-02(3).
② 1984年度、1985年度上学期教学工作优秀奖及教学改革成果奖经管学院王承继简介[Z]//清华大学档案.2-254-1986013:103.
③ 程激.法制教育简讯[N].新清华,1987-11-17(2).

校定期组织学生和教职工学员旁听各类案件的审判。受学校有关部门的邀请,北京市海淀区人民法院在清华设庭,把庭审现场搬进校园,让清华大学众多师生"零距离"感受庭审,感受法律,增强法律意识。① 这些案件中有中国政法大学出版社诉中国工商银行北京分行海淀办事处的经济合同纠纷案件②、某某单位的工作人员利用职务之便私自收受贿赂的刑事犯罪案件③,以及光明村村民诉海淀区房管局的行政诉讼案件④等,均见诸报道。庭审过程中,在审判长的主导下,原、被告双方按法律规定依次进行法庭调查、举证、质证、法庭辩论等程序。严谨有序的庭审直观、真实地向在场师生展示了人民法院"阳光审判"的整个过程,既能帮助学生们更好地掌握法律知识,又能让广大师生切实感受到法律的威严以及知法、守法的重要性,坚定知法、守法信念,广大师生受益匪浅;同时,庭审进校园始终贯穿"寓教于审"的理念,也为学校的普法宣传教育提供了一个形象、生动的课堂。

三、开展法律知识竞赛

为配合普法活动的深入开展,学校举办了一系列法律知识竞赛活动,旨在提高广大教职工和学生法律素养。据《新清华》报道,"去年(编者注:1986年)年底在全校三十五岁以下教职工中,进行了法律知识竞赛。全校 1627 名参加者中,除 1 人不及格外,全部顺利通过考试,其中 90 分以上 191 人,占参赛总人数的 11.7%。最后评出一等奖 18 名,二等奖 40 名,三等奖 140 名。"⑤校外的法律知识竞赛,学校也积极组织教职工参加。据记载,"校工会组织教职工参加 1987 年全国职工法律知识竞赛。133 人交了试卷,社科系汪荣元获第二名。"⑥"二五"普法期间,为检验"一五"普法成果,1992 年,学校举办了教职工第二届、大学生首届法学基础知识竞赛,通过竞赛调动广大师生知法、懂法、学法、用法和自觉守法的积极性。

---

① 石陆.海淀区法院在我校设庭审理一起经济案件[N].新清华,1986-04-07(2).
② 程激.法制教育简讯[N].新清华,1987-11-17(2).
③ 程激.生动的法制教育:我校师生旁听海淀法院公开审判[N].新清华,1991-06-06(2).
④ 顾华.海淀法院来我校公开审案[N].新清华,1991-12-27(2).
⑤ 井建军.全校青年教职工法律知识竞赛揭晓[N].新清华,1987-02-24(4).
⑥ 程激.法制教育简讯[N].新清华,1987-11-17(2).

据报道,"大学生法学知识竞赛在清华是第一次,也是规模较大的一次基础课单科竞赛,成绩优秀者将由'香港清华校友基金会'授予奖学金,在此基础上还将以班为单位组织集体赛。"①在比赛筹办过程中,教务处、电教中心对这次活动极为重视,成功地为决赛过程拍摄了录像片。该片作为教学片,为丰富学校法学课程的教学手段和教学内容,提供了宝贵资料。②

四、成立学生法律爱好者协会

清华大学学生法律爱好者协会(以下简称"法协")成立于1991年11月,首任会长是经济管理学院经82班王济武,协会以研究法律、维护公正、传扬法律精神为宗旨,拥有自己的会刊《明镜》,更有一批知名法律专家作为坚强后盾。协会在成立之初便拥有两座"桂冠":一是全国理工类大学里第一家;二是清华大学校史上第一个法律专业类型的学生社团协会。③据王济武回忆,法协成立后的两个月间,会员人数增至300多人,成为这一时期校内规模最大的学生社团。④ 由此可见,学生自觉学习法律的热情十分高涨,法律教育氛围浓厚。

这一时期,法协举办了丰富多彩的法律宣传教育活动,譬如,组织同学们到海淀区人民法院旁听刑事审判,举办案例分析演讲会,与校广播台合办《法制天地》宣传节目,还组织了学生模拟法庭、律师资格培训、法律知识竞赛及法学学术报告会等多种活动。通过学会活动和创办学习班,很多同学通过了法学考试和律师资格考试。法协旨在配合全国普法教育,进行法律知识的学习、宣传,使"学法、知法、守法、用法"成为同学们的自觉行动。⑤

---

① 黄新华.我校将举行教工学生法学基础知识竞赛[N].新清华,1992-01-17(2).
② 黄新华.我校学生法学基础知识竞赛集体赛圆满结束[N].新清华,1992-12-18(2).
③ 陈庆辉.学法 知法 守法 用法——记新成立的学生法律爱好者协会[N].新清华,1992-01-10(4).
④ 刘丹.不忧、不惑、不惧,君子之道——专访王济武校友[EB/OL].(2016-02-02)[2021-01-10]. http://www.tsinghua.org.cn/xxfb/xxfbAction.do?lmid=4000578&ms=ViewFbxxDetail_detail0&xxid=10090284.
⑤ 陈庆辉.学法 知法 守法 用法——记新成立的学生法律爱好者协会[N].新清华,1992-01-10(4).

五、举办香港高级公务员培训班

1993年7月,学校应港英政府请求,举办了第一期香港公务员中国研习课程班,8月5日,时任校长张孝文出席课程班结业典礼,并向20名香港公务员颁发了结业证书。① 1997年香港回归祖国后,受特区政府委托,将其更名为"香港特别行政区公务员清华大学北京课程",继续由清华大学举办。② 课程内容以国情、法律、经济等为主,尤其是香港回归后,基本法的培训学习成为该课程的重点内容之一,目的在于提高特区公务员全面、准确地理解和贯彻"一国两制"方针和基本法的能力,让特区公务员更加全面、深入地了解国家整体形势,把握未来发展的大势,为"一国两制"的成功实践做出积极贡献。

该课程的成功举办,激发了香港学员的爱国热情,拉近了他们与祖国的距离。同时,教师也在授课中加深了对香港的了解和对"一国两制"的认识。③ 对当时香港的平稳过渡和顺利回归祖国,以及日后香港的稳定、繁荣和发展具有重要的意义。

这一时期,虽然清华法律教育取得了长足的发展,但仍存在一些显著问题。首先,受限于学校的文科专业起步较晚,以及理工科专业的学科优势,法律教育课程多以经济法、专利法等偏应用型部门法课程为主,未能形成门类齐全的通识性法律教育,这也对复建法律学系之时所提出的"小而精,高水平,有特色"的指导方针产生了一定影响。其次,从事法学教育的师资配置缺乏规划,结构极不合理,制约了法律教育规模的进一步扩大。在实践中,学校对于接受普法教育的教职员工,只能采用分期分批的形式进行轮训,在教职工相对集中的单位,根据各单位的具体情况组织不同形式的短训班。这造成了普法教育除个别专职人员外,一般由临时性

---

① 清华大学校史研究室.清华大学一百年[M].北京:清华大学出版社,2011:442.同年9月20日至10月23日,学校举办了第二期香港公务员课程班,参加培训的有21名香港公务员,参见:清华大学校史研究室.清华大学一百年[M].北京:清华大学出版社,2011:444.

② 清华大学校史研究室.清华大学一百年[M].北京:清华大学出版社,2011:503.

③ 据参与该课程教学的王振民教授回忆,通过这个培训课程,清华增加了一批优秀校友,大家越来越认识到,香港与祖国是无法割舍的命运共同体,一荣俱荣,一损俱损。清华大学新闻网.香港高级公务员国家事务研习课程20周年纪念大会在清华举行[EB/OL].(2014-05-26)[2021-01-12]. https://news.tsinghua.edu.cn/info/1003/27344.htm.

抽借人员组成,且法律专业人才偏少,容易流于形式,普法难以有效落到实处。① 最后,由于缺乏集中统一的教学科研院系,这一时期虽然经济法、科技法、环境保护法、房地产法、物证技术等专业取得了一定程度的发展,但是,各个学科之间的联系不紧密,缺少有效地沟通协调机制,易陷入各自为战、单打独斗的分散局面,不利于法学学科的长远发展。正如时任全国人大常委会副委员长王汉斌在清华大学法律学系复建大会上的讲话中指出的:"高等院校培养法律人才,着重加强法律基本理论、法律基础和基本法律的教学,也是办好法律院校、院系的基本条件。……比方说,有关知识产权方面法律的教学,还是要跟民商法的基础课联系起来;还有环境保护等方面的专业法律也是这样。"②

第二节 法律教研及相关机构

一、经济法教研组

改革开放以来,为了适应国家经济建设的需要,提高理工科学生的人文素养和学校的学术水平,学校增设了一批经济管理学科和文科专业,鼓励学生交叉选修自然科学和人文社会科学课程,并提出了"立足国情,注重应用,交叉见长,突出特色"的办学原则,推进系科专业结构的综合化。于是,经济管理学院相继建立了若干教研组,其中1985年成立了经济法教研组③,由王承继教授担任教研组主任(1993年情况见表4-1)。

表4-1 1993年经济法教研组概况④

所属学院	教研组	学科方向	教师情况
经济管理学院	经济法教研组	经济法(含国际经济法)	教授1人;副教授2人;讲师4人

---

① 关于在学生、教职工中加强法制教育的意见(1986年9月17日)[Z]//清华大学档案.2-254-1986025:1-2.
② 清华大学法学院网站.王汉斌副委员长在清华大学法律学系复建大会上的讲话[EB/OL].(2015-10-09)[2021-01-12]. http://www.law.tsinghua.edu.cn/publish/law/10128/2015/20151009102147063420191/20151009102147063420191_.html.
③ 方惠坚,张思敬,主编.清华大学志(下册)[M].北京:清华大学出版社,2001:210-211.
④ 资料来源:方惠坚,张思敬,主编:《清华大学志》(下册)[M],清华大学出版社,2001:211-212.

改革开放后,随着我国社会经济和科技发展的需要,学校充分继承清华历史上好的教学经验和做法,调整课程设置,逐步更新课程结构,课程主要分为必修课、限定性选修课和任选课;其中必修课又分为校定必修课和系定必修课,而法律基础课成为12门校定基础课之中不可或缺的一门。① 这一时期,新成立的经济法教研组承担了学校本科教育校定必修课法律基础、法学概论和限选课经济法课程,以及部分研究生课程的授课任务(见表4-2)。通过学习法律概论或经济法等法律课程,学生们受到了法制的启蒙教育,引起了学生对法学的浓厚兴趣,选修这几门法律课程的学生学习热情高涨,甚至选修课结束后仍有不少学生积极要求继续深入学习②,形成了"尊法、承法、学法、用法"的良好氛围。然而,由于师资力量欠缺,加之全校学生选课人数众多,客观上限制了法制教育规模的扩大。③

表 4-2　全校各院系法律基础、经济法课程设置情况④

院/系	专业/班级	课程名称	课程性质	学分	学时
建筑学院	建90级	法律基础	校内必修课	3	32
	建管专业93级	经济法	限选课	3	48
土木系	建筑结构工程专业(五年制)90级	法律基础	校内必修课	3	32
		经济法	限选课	4.5	49

---

① 注:其他11门校定必修课分别是政治理论课、体育、第一外语、微积分、线性代数、普通物理、普通物理实验、普通化学、军事理论等。

② 1984年度、1985年度上学期教学工作优秀奖及教学改革成果奖经管学院王承继简介[Z]//清华大学档案.2-254-1986013:98.

③ 1988年,王承继教授曾在《经济法制教育是法制教育的重要内容——清华大学经济法制教育小结》一文中谈道:"清华大学自1982年以来,已在全校开设了法学概论和经济法两门课程,至今已开28个班,学习24至50学时不等,参加人数已达5300余人次。其中本科生3000余人,研究生、进修生1000余人,教工1300余人,此外还举办了13次大型讲座,听众7000余人次。"由此可见,接受法制教育的人数众多,教育背景层次不均。参见:1984年度、1985年度上学期教学工作优秀奖及教学改革成果奖经管学院王承继简介[Z]//清华大学档案.2-254-1986013:97. 多年后曾参与该课程教学工作的教师黄新华教授感慨到,"我应该是清华历史上教过学生最多的老师了"。参见:黄新华.相伴明理廿载坚守一线教学[M]//张剑文,马海晶.明理·师说(上卷).北京:清华大学出版社,2015:58-59.

④ 资料来源:方惠坚,张思敬,主编.《清华大学志》(下册)[M].北京:清华大学出版社,2001:9、25、26、50、88、161、170、225、243.

续表

院/系	专业/班级	课程名称	课程性质	学分	学时
水电系	水工建筑专业91级	法律基础	校内必修课	3	—
		经济法	任选课	2	—
	流体机械及流体工程专业91级	法律基础	校内必修课	3	—
	—	经济法	任选课	3	—
	水电系研究生（硕士）93级	法学基础	非学位课	1	—
环境工程系	90级	法律基础	校内必修课	3	32（课内学时）+16（课外学时）
汽车工程系	93级	法律基础	校内必修课	2	—
化学工程系	93级	法律基础	校内必修课	2	32
材料科学与工程系	材料系93级	法律基础	公共基础课	—	—
人文社会科学学院社科系	研究生班85级、第二学士学位	法学概论	—	5	
		经济法	—	4	
	中央党史专业研究生(硕士)85级	法学概论		2	
	辩证唯物主义专业研究生（硕士）85级	法律基础		2	
	自然辩证法专业研究生（硕士）	法学概论		2	
外语系	英语专业83级	法学概论	任选	3	—
教育研究所	高等工程教育管理大专班1993年	法律基础	必修	—	2（课内学时）+2（课外学时）

附4-1：《法律基础》课程大纲（共34学时）（参见王承继教学笔记）

1. 引言部分 　　　　　　　（3学时）
2. 法理 　　　　　　　　　（5学时）
3. 宪法 　　　　　　　　　（4学时）

4. 民法　　　　　　　　　　　　（6 学时）

5. 婚姻与继承　　　　　　　　　（4 学时）

6. 经济法(含经济合同法)　　　　（2 学时）

7. 刑法　　　　　　　　　　　　（6 学时）

8. 诉讼法　　　　　　　　　　　（4 学时）

附 4-2：MBA 工商硕士经济法课程大纲（共 30 学时）（参见王承继教学笔记）

第一章　经济法概述　　　　　　（2 学时）

第二章　合同法　　　　　　　　（4 学时）

　　　　案例讨论　　　　　　　（4 学时）

第三章　企业法　　　　　　　　（4 学时）

第四章　知识产权　　　　　　　（4 学时）

　　　　案例讨论　　　　　　　（4 学时）

第五章　仲裁与诉讼　　　　　　（4 学时）

　　　　案例讨论　　　　　　　（4 学时）

附 4-3：经济法考试试卷（参见王承继教学笔记）

一、判断对错（每题 3 分，共 30 分，在括弧内打"×"或"√"）

（　）1. 社会主义法制的基本要求和基本内容是依法办事。

（　）2. 政策是制定法律的依据，政策高于法律。

（　）3. 重大调解和显失公平是无效民事行为。

（　）4. 经济合同全部应签订书面合同。

（　）5. 两审终审后，不可以上诉了，但可以申诉再审。

（　）6. 对国内经济仲裁裁决不服，可以到法院起诉。

（　）7. 法人是一个组织，它由法定代理人代表。

（　）8. 争议金额在 100 万元以上由中级人民法院审理。

（　）9. 我国经济仲裁实行一次决裁。

（　）10. 涉外仲裁机构是对外经济贸易部。

二、简答题（每题 10 分，共 40 分）

1. 法人的概念和设立条件。

2. 如何处理无效的经济合同？

3. 经济担保的种类。
4. 涉外经济合同与国内经济合同在违约金制度上的区别。

三、案例分析(共 20 分)

甲厂向乙厂订购五万块耐火砖,合同规定六个月交齐货,逾期应支付违约金及赔偿经济损失。乙方因自愿购买丙厂生产的未经劳动局颁发许可证的钢炉,只生产三天因锅炉爆炸而停产,乙方立即向丁厂购买合格锅炉,双方议定锅炉价格八千元,交货地点在乙厂。但丁厂在运送锅炉途中,因土质松动,山石自然下落,车毁人亡,锅炉也报废。六个月后,乙厂只生产出二万五千块耐火砖。由于乙厂未能如约提供耐火砖,甲厂损失一万元。甲厂要求乙厂支付违约金并赔偿经济损失。同时,丁厂也要求乙厂赔偿八千元锅炉损失。问此案应如何处理?

1. 乙厂应否向甲厂支付违约和赔偿金,为什么?
2. 乙厂应否赔偿丁厂八千元经济损失,为什么?
3. 锅炉爆炸应由谁负责?丙厂还是乙厂?为什么?

附 4-4:经济法教研组教学任务(见表 4-3 到表 4-14)

表 4-3　1989—1990 学年第一学期教学任务

课程名称	课程性质	授课教师	学时	班级	人数
法律基础	必修	黄新华	32	材料系	90
				电机系	152
				自动化系	150
法律基础	必修	王承继	32	水工系	90
				环境系	60
				水机系	30
				无线电系	219
法律基础	必修	赵琦	32	生物系	30
				化学系	30
法律基础	必修	韦岚	32	土木系	90
经济法	任选	曲文新	39	—	100
		杨铎	39	—	100
		朱宏亮	39	—	100
		杨铎	39	—	100
	必修	杨铎	48	经 6	—
		王承继	32	研 8	57
涉外经济法	必修	黄新华	32	国贸系	—

表 4-4　1989—1990 学年第二学期教学任务

课程名称	课程性质	授课教师	学时	班级	人数
法律基础	必修	王承继	40	自 专 81	24
				自 专 82	25
				结 专 81	32
				结 专 82	17
				教管 专 8	25
法律基础	必修	黄新华	32	建 9	85
				经 9	31
				物理（两个班）	60
法律基础	必修	韦岚	34	热能 9(六个班)	150
			34	制 91	31
				制 92	31
				仪 9	34
				英 9	13
经济法	任选	曲文新	39	—	100
		杨铎	39	—	100
		朱宏亮	39	—	100
		杨铎	39	—	100
	必修	杨铎	48	经 8	69
涉外经济法	必修	黄新华	32	双学位	30

表 4-5　1990—1991 学年第一学期教学任务

课程名称	课程性质	授课教师	学时	班级	人数
法律基础	必修	黄新华	34	热能 0	30
				燃 0	30
				空 0	30
				汽 01-02	60
				内 0	30
法律基础	必修	黄新华	24	水电	20
				力学（研究生）	10
法律基础	必修	杨铎	34	物化 0	30
				生 0	30
				工物 91-92	60
				材 01-02	60
法律基础	必修	赵琦	34	结 01-03	90
				环 01-02	60

续表

课程名称	课程性质	授课教师	学时	班级	人数
法律基础	必修	朱宏亮	34	制 01-02	60
				仪 01-02	60
法律基础	必修	王承继	34	机专 9	30
				结专 9	32
法律基础	必修	王承继	34	分 0	30
				化 01-03	90
				水 201-203	90
				机流 0	30
经济法	任选	曲文新	39	—	150
		朱宏亮	39	—	150
	必修	王承继	32	经研 9	22
				管硕 9	25
涉外经济法	任选	黄新华	39	—	100

表 4-6　1990—1991 学年第二学期教学任务

课程名称	课程性质	授课教师	学时	班级	人数
法律基础	必修	王承继	32	自 01-05	156
				计 01-05	158
法律基础	必修	杨铎	32	力 9	34
				热 9	30
				建 01-03	73
				物 01-02	60
法律基础	必修	朱宏亮	32	英 0	18
				电 01-04	126
				生医 0	31
				无 01-06	169
				微 0	33
				数 0	25
法律基础	必修	赵琦	24	市专 0	30
				结专 0	34
				机专 0	32
				自专 0	33
经济法	必修	曲文新	32	经 9	32
	任选	曲文新	39	—	150
		朱宏亮	39	—	150
		杨铎	39	—	150
涉外经济法	任选	黄新华	39	—	150

表 4-7　1991—1992 学年第一学期教学任务

课程名称	课程性质	授课教师	学时	班级	人数
国际经济法	必修	王承继	34	经 72	29
				经 9	32
法律基础	必修	黄新华	32	环境 11-12	60
				物化 1	30
				生 1	30
				经 1	30
法律基础	必修	黄新华	32	热能(三个班)	90
				流机 1	28
				水 11-13	84
法律基础	必修	杨铎	32	化工(四个班)	120
				汽车(三个班)	90
法律基础	必修	朱宏亮	32	材料 11-13	95
				工物(三个班)	84
法律基础	必修	王承继	32	精仪系(五个班)	150
				土木(三个班)	100
				机械(四个班)	120
经济法	任选	曲文新	39	—	150
		朱宏亮	39	—	150
		杨铎	39	—	150
法律基础	选修	黄新华	24—32	校内各系研究生	147
经济法纲要	必修	杨铎	32	经研 0	9
				管硕 0	29

表 4-8　1991—1992 学年第二学期教学任务

课程名称	课程性质	授课教师	学时	班级	人数
法律基础 (本科)	必修	黄新华	32	数 9	26
				数 1	30
				无 11-16	241
				微 1	34
		朱宏亮		电 11-14	127
				生医 1	31
		陈红艺		加 11-12、热 0	84
				英 1	18
				物 11-12	62
				建 11-13	78

表 4-9　1992—1993 学年第一学期教学任务

课程名称	课程性质	授课教师	学时	班级	人数
法律基础	必修	陈红艺	32	制 1-2、仪 2	150
法律基础	必修	陈红艺	32	自 1-5	150
法律基础	必修	李文娜	32	体育 8、体育 2	40
法律基础	必修	陶凝	32	结 2、热能、土木、工物、环 2	389
法律基础	必修	王承继	32	水工、流机、机 2、化 2、分 2	420
法律基础	必修	杨铎	32	物化 2、材 21-22、生 2	125
经济法	任选	曲文新	32	—	150
经济法	任选	陶凝	32	—	150
经济法	任选	杨铎	32	—	100
国际经济法	任选	朱宏亮	32	—	151
国际经济法	必修	王承继、杨铎	24	经 82、经 0	61

表 4-10　1992—1993 学年第二学期教学任务

课程名称	课程性质	授课教师	学时	班级	人数
经济法	必修	杨铎	34	经 0	31
涉外经济法	必修	黄新华	34	经双 8	62
法律基础	必修	黄新华	32	数 9、数 1	56
法律基础	必修	黄新华	32	无 11-16、微 1	275
法律基础	必修	朱宏亮	32	电 11-14、生医 1	158
法律基础	必修	陈红艺	32	加 1-2、热 0、英 1	102
法律基础	必修	陈红艺	32	物 11-12、建 11-13	140
法律基础（大专）	必修	王承继、李文娜	24	机专 1、市政专 1	61
法律基础（大专）	必修	王承继、汪荣元、陶凝	24	自专 1、结专 1、电专 1	89
经济法	任选	曲文新	32	—	100
经济法	任选	杨铎	32	—	100
经济法	任选	陶凝	32	—	100
国际经济法	任选	朱宏亮	32	—	100
法律基础	任选	杨铎	32	计算机系	150

表 4-11　1993—1994 学年第一学期教学任务

课程名称	课程性质	授课教师	学时	班级	人数
法律基础	必修	—	34	经 31-32	66
法律基础	必修	—	34	热动 31-32、空 31-23	120
法律基础	必修	—	34	机 31-34	120
法律基础	必修	—	34	环 31-32	60
法律基础	必修	—	34	化 31-32	54
法律基础	必修	—	34	自 21-25	160
法律基础	必修	—	34	材 31-33	95
法律基础	必修	—	34	流 31-33	90
法律基础	必修	—	34	结 31-33	90
法律基础	必修	—	34	分 31、化 31-33	120
法律基础	必修	—	34	制 31-33、仪 31-32	150
法律基础	必修	—	34	工物 21-22、核能 2	91
法律基础	必修	—	34	流机 3、水工 31-33	120
法律基础（大专）	必修	—		机专 3、自专 3、房专 31-32、机电 3、电专 3、动专 3	200
经济法	任选	曲文新	32	—	200
经济法	任选	陶凝	32	—	200
经济法（研）	必修	曲文新	16	—	47
（研）	必修	吕春燕	16	—	50
涉外经济法（研）	必修	吕春燕	16	—	50
全校"二五"普法	—	王承继	12	—	—

表 4-12　1993—1994 学年第二学期教学任务

课程名称	课程性质	授课教师	学时	班级	人数
法律基础	必修	王承继	32	无 31-36、微 31-32	226
法律基础	必修	汪荣元	32	数 3、英 3	47
法律基础	必修	陈红艺	32	力 21-22、热 2、物 31-32	149
法律基础	必修	陈红艺	32	计 31-36	152
法律基础	必修	吕春燕	32	自 31-35	154
法律基础	必修	吕春燕	32	电 31-35	156
经济法	—		12	全校教工	—

续表

课程名称	课程性质	授课教师	学时	班级	人数
经济法	必修	杨铎	32	经2	36
经济法	任选	杨铎	32	—	150
经济法	任选	曲文新	32	—	150

表4-13　1994—1995学年第一学期教学任务

课程名称	课程性质	授课教师	学时	班级	人数
法律基础	必修	杨铎	32	制41-43、仪41-42	150
法律基础	必修	杨铎	32	化41-42、生4	90
法律基础	必修	陈红艺	32	结41-43	90
法律基础	必修	吕春燕	32	—	90
法律基础	必修	吕春燕	32	机41-44	120
法律基础	必修	吕春燕	32	环41-42、材41-43	150
法律基础	必修	黄新华	32	无41-46、微41-42	248
法律基础	必修	王承继	—	水工41-44	120
法律基础（大专）	必修	汪荣元	32	汽专4、制专4	60
法律基础（大专）	必修	汪荣元	32	电专4、数专4、房专4	90
法律基础（大专）	必修	汪荣元	32	自专41-42、无专4	90
法律基础（研）	必修	吕春燕	16	—	60

表4-14　1994—1995学年第二学期教学任务

课程名称	课程性质	授课教师	学时	班级	人数
经济法	必修	王承继	34	93级EMBA	22
经济法	必修	杨铎	34	经31-32	62
国际经济法	必修	王承继	34	经11-12	64
涉外经济法	必修	吕春燕	34	经双1	45
涉外经济法	必修	黄新华	34	经双1	45
经济法	任选	曲文新	32	—	100
经济法	任选	杨铎	32	—	100
法律基础	必修	陈红艺	32	建11-13	77
法律基础	必修	陈红艺	34	物41-42	60
法律基础	必修	汪荣元	34	数4、英41	51
法律基础	必修	吕春燕	34	自41-45	165
法律基础	必修	黄新华	34	计41-45	210

一个学院跟一个人一样，应有其特殊的精神。从1952年院系调整直到1995年法学院复建前，清华法学院虽间有中断，但弦歌不辍，精神永续，清华人以一种特殊的方式守护、延续着清华法学的"香火"，并为中国的政治文明和法制建设继续做出清华人不可磨灭的贡献。对今天的清华法律人而言，不仅仅要接续老清华法学的"血脉"，也需要传承1952年院系调整后几代非法律专业出身清华人弦歌不辍、薪火相传的可贵精神。这两条线索实为一体，是清华之所以为今日之清华的根本所在。对这段历史及代表性人物的回顾与整理不仅连接过去，也同时指向未来。今日清华法律人如何在新的形势下兑现百年来清华对国家与民族古老的承诺？清华精神是回答这一问题的根本。

二、法律顾问室

1984年8月，国务院经济法规研究中心召开了全国第二次经济法制工作会议，国务院副秘书长顾明在会议上指出，今后两三年内，企业事业单位要逐步建立法律顾问制度，加速培养经济法律人才。① 随着法制环境的不断改善和"一五"普法教育的深入开展，为着力解决学校和广大教职员工在法律事务和活动中所面临的法律问题，学校决定设立法律顾问室。1986年11月15日校长办公会议决定设立清华大学法律顾问室，次年3月31日，校长书记办公会又重申了上述决定。由于法律顾问人员匮缺等现实客观原因，法律顾问室迟迟未能设立，在此期间，此项工作仅由经管学院教师王承继一人承担。②

这一时期，在法律顾问室机构尚未设立的情况下，王承继教授以法律顾问的角色参与到学校法制建设的各项工作中，包括普法宣传、法制讲座、法律解读等活动。③ 一方面加强了学校的法制教育，提高了广大教职员工的法制意识；另一方面，法律顾问处提供法律咨询意见，在提高学校声誉、挽回经济损失等方面发挥了积极作用。

---

① 方舟,李珉,徐贲,等.中国百年会议大典[M].北京：华文出版社,1995：469.
② (89)清校机构通字12号：批准校长办公室设法律顾问室(1989年9月16日)[Z]//清华大学档案.2-252-1989013：26.
③ 三千八百余人选修"法制教育课"[N].新清华,1986-04-07(2)；我校法律顾问就选举问题答本报记者问[N].新清华,1987-04-04(2).

1989年9月16日,校务会议审议通过《关于成立清华大学法律顾问室的决定》[①]:

校长办公室:

经一九八八至一九八九学年度第四十三次校务会议讨论通过,批准校长办公室设法律顾问室。

校务会议
一九八九年九月十六日

至此,清华大学法律顾问室正式成立。

20世纪90年代随着校设机构的改革,法律顾问室的发展同样也面临着变革。1993年3月,由于"法律顾问室大部分工作人员均由经管学院有关教师兼任,且主要工作是为各系特别是为各个公司或个人咨询业务或有关法律事务(这一部分应实行有偿服务),学校一级的法律事务所占比例较小"[②],是年校务会议决定将法律顾问室调整至经管学院。调整后,保留法律顾问室建制,继续负责校级所属法律事务,法律顾问室的工作仍接受学校领导。

三、专利事务所

清华大学专利事务所的前身是科学研究处成果科,十一届三中全会胜利召开,学校教学与科研工作逐渐步入正轨,1978年,在时任清华大学副校长滕藤等人的推动下,学校决定恢复科学研究处的名称,科学研究处下设科学研究科、成果专利科、学术交流科。[③] 吴荫芳担任成果专利科科长一职,杨杏华、赵戈、匡云、谢健娣、宿芬、王晓阳等人先后在成果专利科工作。[④] 在大家的共同努力下,成果专利科逐步完善制度,夯实管理规范,以"质量"为中心,形成了一整套科学有效的工作模式,在学校科技实力和科研水平的提升方面发挥了重要的作用。

[①] (89)清校机构通字12号:批准校长办公室设法律顾问室(1989年9月16日)[Z]//清华大学档案.2-252-1989013:24.

[②] 校务会议关于"法律顾问室"机构调整的决定(1993年3月4日)[Z]//清华大学档案.2-252-1993016:1.

[③] 方惠坚,张思敬,主编.清华大学志(上册)[M].北京:清华大学出版社,2001:322-323.

[④] 吴荫芳.我的三十余年科研管理工作简要回顾[EB/OL].(2006-11-20)[2021-01-12]. https://news.tsinghua.edu.cn/info/1280/46211.htm.

为迎接专利法实施,加强专利的申报、代理等管理工作,1984年学校组建清华大学专利事务所,与科学研究处成果科合署办公,一套班子两个牌子,专利与成果相结合,管理与代理相结合,专职与兼职相结合。1985年3月25日,北京市专利管理局正式批准成立清华大学专利事务所,吴荫芳任所长,白怡为副所长。为抓好队伍建设,学校积极做好专利代理人培训工作,按照学科专业等不同的划分标准,每个系部至少有一名兼职专利代理人参加培训,有的被派往美、日、加、德等国学习交流。曾经在事务所工作的廖元秋回忆说:"我们清华大学本来就是理工科很重要的大学,每年有大量的科研成果。我的工作就是为这些科研技术人员服务,为保护学校的科研成果服务。"①

1985年4月1日是专利法实施后专利申请的第一天,清华大学申请专利多达145项,申请量位居全国之首②,1985—1993年清华大学专利申请量也居于全国高校之首③,就连时任国家专利局局长黄坤益也感慨"清华是冠军"④。以1987年为例,截止到该年年底,清华大学专利事务所已有专利代理290件,远超过同期北京大学(43件)、北京工业大学(80件)、北京师范大学(24件)、朝阳区(51件)、海淀区(20件)、丰台区(18件)等地区或高校科研院所的专利代理数量(见表4-15)。⑤

表4-15 1985—1993年清华大学专利申请、授权数量统计表⑥

年份	申请数	授权数	授权率(%)
1985	182	132	72.5
1986	46	42	91.3
1987	63	61	96.8
1988	73	70	95.9

---

① 张竹新.有一种丰富叫简单——访廖元秋副研究员[M]//赵丽明.清华口述史.北京:中国文史出版社,2014:102.
② 吴荫方.国家专利法生效的当天我校申请专利145项[N].新清华,1985-04-03(1).
③ 方惠坚,张思敬,主编.清华大学志(上册)[M].北京:清华大学出版社,2001:403.
④ 吴荫芳.我的三十余年科研管理工作简要回顾[EB/OL].(2006-11-20)[2021-01-12].https://news.tsinghua.edu.cn/info/1280/46211.htm.
⑤ 参见:李毅.北京科学技术情报信息资源[M].北京:机械工业出版社,1988:279-283.
⑥ 资料来源:方惠坚,张思敬,主编:《清华大学志》(上册),清华大学出版社,2001:401.

续表

年份	申请数	授权数	授权率(%)
1989	74	55	74.3
1990	61	58	95.1
1991	87	61	70.1
1992	109	89	81.7
1993	137	104	75.9

专利事务所在完成学校专利代理、专利诉讼等工作外,还承担了部分校内外的教学工作和咨询服务,例如:为学校研究生讲授专利法等知识产权法学相关课程;在普法教育的背景下,为全校教师开设专利法讲座,并普及专利法知识;为学校在国内外科学技术交流活动中提供有关知识产权的咨询服务;专利事务所丁英烈教授翻译日本专家学者的专利著作,把日本专利制度介绍到国内,并在中央电视台主讲"专利法讲座"。①

专利事务所的成长发展是清华法制建设的一个缩影。一方面,法制环境改善,民主法制建设步伐加快,一大批新的法律、法规密集出台,在新的形势下为使学校的专利技术得到保护,专利知识得以普及,专利事务所应运而生;另一方面,专利事务所的发展,在完善学校专利、商标等知识产权制度建设的同时,还承担了学校专利法、国际经济法等部分法律学科的教学任务②,进一步推动了学校法律教育的发展。

---

① 方惠坚,张思敬,主编.清华大学志(上册)[M].北京:清华大学出版社,2001:403;张竹新.有一种丰富叫简单——访廖元秋副研究员[M]//赵丽明.清华口述史.北京:中国文史出版社,2014:104-105;马国龙.中国专家学者辞典·高等院校[M].北京:中国大地出版社,2001:1.

② 曾在科研处工作的王兵教授谈到,1985年他曾给全校教师、学生开设专利法课程,经管学院成立后,作为兼职副教授开设国际经济法以及知识产权方面的课程。参见:张竹新.胸怀理想,奋斗不止——访法学院王兵教授[M]//赵丽明.清华口述史.北京:中国文史出版社,2014:118-119;赵莼善.浅谈清华大学的知识产权保护工作[G]//国家知识产权局.中国知识产权年鉴(2000).北京:知识产权出版社,2001:31-34.

第五章

校友列传

国难之时,面对民族危亡,梅贻琦校长在就职演说中告诫全体清华师生:"我们现在,只要紧记住国家这种危急的情势,刻刻不忘了救国的重责,各人在自己的地位上,尽自己的力,则若干时期之后,自能达到救国的目的。"①二十一年后,蒋南翔在国民政府政务院法制委员会和清华大学两个职业的选择中,毅然选择回到自己的母校出任校长,同样是就职演讲,他以切身经历感慨道:"我们的清华大学,我们清华大学中的每一个成员,不是离开国家、离开人民孤立地存在着的。我们学校的命运,我们学校中每个人的命运,是和我们伟大祖国的命运紧密联系着的。"②正是清华人与国家和民族之间这种从未切断的"极密切的关系",构成并塑造了"清华精神",也正是在这种精神的熏陶下,一代又一代清华人前仆后继、以身许国,为中华之崛起而读书、奋斗。

诚如王振民教授所言:"一个学院跟一个人一样,应有其特殊的精神。历史的车轮匆匆碾过,岁月的精华悄悄沉淀。清华法学院虽间有中断,但弦歌不辍,精神永续,新一代清华法律人在新的历史背景下,发扬光大、继承演绎着这些精神。正是在这些精神指引下,清华法学院得以在复建短短15年里就取得已有成就。也正因为有这些独特的精神在传承,古老而年轻的清华法学院必将在新世纪焕发出新的生机与活力,再造百年新辉煌。"③在1952年院系调整到1995年清华大学法学院复建之前这段时期,尽管清华法律系的建制不在,但是一批批清华人继承和发扬清华精神,筚路蓝缕、弦歌不辍,以一种特殊的方式守护、延续着清华法学的"香

---

① 梅校长到校视事——召集全体学生训话[N].国立清华大学校刊,1931-12-04(2),第三百四十一号.
② 温家宝谈教育[M].北京:人民教育出版社,2013:236.
③ 清华精神的法学传承:写在清华大学法学院复建15周年之际[N].检察日报,2010-05-06.另见王振民.法律、法治与法学[M].北京:法律出版社,2016:217-224.

火",并为中国的政治文明和法治建设继续做出特殊的贡献,彰显清华人的时代价值。最高人民法院原院长郑天翔,最高人民检察院原检察长贾春旺,司法部原部长张福森,"法治三老"之一、著名法学家郭道晖等就是其中的杰出代表。

由于编者所掌握的材料有限,在短时间内难以完整地搜集与梳理这一时期所有的优秀校友传记,下文校友列传不免有所疏漏,特此说明,不足之处,敬请方家指正。

(一)郑天翔[①]

郑天翔(1914—2013),曾用名郑庭祥,绥远凉城人,郑天翔早年就读于南京中央大学农业化学系;1935年转到北平清华大学文学院外国文学系学习,后转入该院哲学系,参加了当时北平学生发动的"一二·九"运动。1936年2月,加入左翼作家联盟和民族解放先锋队,并参与组织了晋绥旅京同学抗日联合会。1936年12月加入中国共产党。抗日战争时期,1937年到延安陕北公学学习,并先后在陕公生活指导委员会训育科和陕北公学同学会工作。1938年年底,调晋察冀边区北岳区宣传部工作。1943年,任阜平县委副书记兼宣传部部长、聂荣臻秘书。1945年,参与组建中共塞北地委,并任宣传部部长。此后,历任绥南专员(后兼凉城县长)、绥南地委敌军部长、凉城中心县委书记、绥南工委副书记。1947年先后到右玉县西山搞土改,到晋绥党校学习。1948年,任中共中央华北局宣传部宣传科长。

新中国成立后,1949年12月起,郑天翔先后任绥远军政委员会包头工作团团长,中共包头市委副书记、书记,兼任包头市市长。1952年起,历任中共北京市委常委兼秘书长、市委副书记兼秘书长、市委书记处书记兼秘书长。1975年,任北京市建委副主任。1977年,任中共北京市委书记、市革委会副主任。1978年后历任第七机械工业部第一副部长、党组第一副书记,七机部部长、党组第一书记,七机部顾问等职。1983年,在第六届全国人民代表大会第一次会议上当选为最高人民法院院长。郑天翔是中国共产党第七、八次全国代表大会代表。在党的十二、十三届代表大会

[①] 中国法院网.最高人民法院第七任院长郑天翔[EB/OL].(2019-10-18)[2021-01-21].https://www.chinacourt.org/article/detail/2019/10/id/4564634.shtml.

上,当选为中共中央顾问委员会委员。

(二) 魏廷铮①

魏廷铮(1926—),江苏盐城人。曾于水利专科学校和复旦大学学习,1948年进入清华大学法学院攻读法律专业,担任法学院中共地下党支部负责人,在学生运动中发挥着骨干作用,积极领导开展学生运动,并发展中共地下党员。1949年北平解放后不久,为了解决干部缺乏的问题,中共中央决定抽调京津一万名大学生直接随军南下,由此,魏廷铮离开清华,随四野南下工作团南下,担任清华大学三个带队人之一。

曾任国务院三建委办公室副主任、长江流域规划办公室、长江水利委员会主任、党委书记、党组书记。教授级高级工程师,1986年由国家科委授予有突出贡献的国家级专家称号。

(三) 郭道晖②

郭道晖(1928—),出生于湖南长沙,祖籍为湖南湘阴,当代著名法学家、法治思想家,中国法学会法理学研究会顾问,尊称"法治三老"之一。

1948年加入中国共产党,从事地下革命活动,曾是朱镕基的入党介绍人。1951年清华大学电机系毕业。20世纪50年代曾任清华大学党委常委兼宣传部长,哲学讲师(20世纪80年代初为清华大学副教授)。1979年以来先后任全国人大常委会法工委研究室副主任,中国法学会研究部主任,《中国法学》杂志社总编辑、编审,兼任中国法学会理事、法理学研究会副会长,在南京大学等十多所高校兼职法学教授,中国法制新闻工作者协会副理事长,是中宣部、司法部特聘的法制宣传高级讲师团讲师,国家社科规划委员会国家基金课题评审组成员,法哲学社会哲学国际协会(IVR)会员、中国分会副会长。现任中国法学会法理学研究会顾问,北京大学宪法学行政法学博士生导师组成员、公法研究中心客座研究员,湖南大学教授兼《岳麓法学评论》主编,最高人民检察院专家咨询委员会委员。主要研究方向为法理学、宪法学。著有《中国法律制度》《民主·法制·法

---

① 参见:连小童.一年清华人一生清华情(魏廷铮访谈纪实)[M]//史宗恺,主编.从清华起航:千名校友访谈录(第一辑).北京:清华大学出版社,2011:23-28.
② 参见:王玉明,主编.《中国法学家辞典》[M].北京:中国劳动社会保障出版社,1991:594.

律意识》《当代中国立法》《法的时代精神》《法的时代呼唤》《法的时代挑战》《当代中国法学争鸣实录》《走向民主法治新世纪》《法理学精义》等20多部著作。2019年12月26日,入选新中国70周年百名湖湘人物榜单。2020年8月20日,受聘为最高人民检察院专家咨询委员,聘期为五年。[1]

(四)曾俊伟[2]

曾俊伟(1928—2014),1952年毕业于清华法学院经济系专业,同年进入中国国际贸易促进委员会。曾任中国国际贸易促进委员会主任,中国法律服务(香港)有限公司执行董事兼常务副总经理,中国国际经济贸易仲裁委员会仲裁员,中国国际经济关系学会常务理事,中国徐霞客研究会常务理事,清华大学法学院兼职教授,(英国)ELI国际控股公司董事、首席法律顾问,(美国)孙中山国际基金会常务理事,(北京)金杜律师事务所高级顾问等职务。

(五)俞晓松[3]

俞晓松(1937—),浙江杭州人。俞晓松于1956年加入中国共产党。1964年8月毕业于清华大学工业及民用建筑系。历任共青团北京市委统战部部长,北京市一轻局基建处干部、办公室副主任,北京市经济建设总公司副总经理,北京市昌平县县委副书记,北京市政管理办公室副主任,北京市房地产管理局党委书记,北京市经贸委主任,北京市政府副秘书长。

1988年任对外经济贸易部外国投资管理司司长。1991年6月任对外经济贸易部党组成员、部长助理。1992年9月起任国务院经济贸易办公室副主任。1993年5月起任国家经济贸易委员会副主任。1993年7月至1995年12月任香港特别行政区筹备委员会预备工作委员会委员。1995年12月至1997年7月任香港特别行政区筹委会委员。

1997年10月任中国贸促会、中国国际商会会长。1998年4月任第

---

[1] 参见:高检网.关于聘任新一届最高人民检察院专家咨询委员的决定[EB/OL].(2020-11-09)[2021-01-29]. https://www.spp.gov.cn/zdgz/202011/t20201109_484396.shtml.
[2] 参见:笑谈清华印记——访谈曾俊伟[1948级][M]//史宗恺,主编.从清华起航:千名校友访谈录(第一辑).北京:清华大学出版社,2011:29-35.
[3] 参见:中国贸促会、中国国际商会会长副会长简历[J].中国对外贸易,1998(06):10.

十四届中国国际经济贸易仲裁委员会、中国海事仲裁委员会主任。1998年4月当选第三届中国贸促会会长。1998年在太平洋盆地经济理事会第31届国际大会上当选为PBEC董事会成员。2002年5月当选第四届中国贸促会会长。此外,俞晓松校友还是第九届全国政协委员、港澳台侨委员会副主任。

(六) 贾春旺[①]

贾春旺(1938—),北京人,1962年9月加入中国共产党,1964年8月参加工作,清华大学工程物理系实验核物理专业毕业生。

1958—1964年在清华大学工程物理系实验核物理专业学习。1964—1966年任清华大学工程物理系教师兼校团委学习劳动部副部长。1972—1978年任清华大学工程物理系教师、办公室主任、政治处副主任,系党委常委。1978—1982年任清华大学学生工作部副部长、部长、团委书记、校党委常委。1982—1983年任北京市委常委兼团市委书记。1983—1984年任北京市委常委兼海淀区委书记。1984—1985年任北京市委副书记兼纪委书记。1985—1998年任国家安全部部长、党组书记、党委书记。1998年至2002年12月任公安部部长、党委书记,武警第一政委、党委第一书记。

2002年任最高人民检察院党组书记、副检察长、检察委员会委员,2003年3月任最高人民检察院检察长,同年12月当选中国检察官协会会长。2006年10月25日,当选国际反贪局联合会第一届联合会主席。2008年12月任中国检察官协会名誉会长。中共第十二届、十三届、十四届、十五届、十六届中央委员。

(七) 张福森[②]

张福森(1940—),北京顺义人。1958年10月加入中国共产党,1965年9月参加工作。

1959—1965年在清华大学自动控制系电子计算机专业学习,其间任清华大学学生会主席。1965年9月毕业后参加工作,后任技术员、工程

---

① 参见:清华校友总会.贾春旺.仕途千里终须一[EB/OL].(2008-03-14)[2021-12-15].https://www.tsinghua.org.cn/info/1014/8876.htm.

② 参见:央视网.张福森简历[EB/OL].[2021-12-15].http://www.cntv.cn/lm/979/-1/85521.html.

师。1979年,任共青团北京市委大学部部长,团市委副书记,中共北京市海淀区常务副书记、书记,中共北京市委常委兼市委商业外经贸工委书记。1990年8月任中共新疆维吾尔自治区区委副书记兼秘书长、自治区党校校长。1995年12月至1997年8月,任司法部副部长、党组副书记。1997年12月,任中共北京市委副书记,后任北京市副市长。2000年11月,任司法部党组书记,同年12月任司法部部长。2005年2月28日,增补为第十届全国政协委员。2008年3月,任第十一届全国政协社会和法制委员会主任,中共第十三届、十四届、十五届、十六届中央委员。

(八)白大华[①]

白大华(1942—),吉林省吉林市人。1966年毕业于清华大学汽车专业。

1967—1989年在中国第一汽车制造厂工作,曾任该厂底盘厂副厂长兼总经济师、高级工程师。1989年到民建中央担任副主席。1991—2001年任国家工商行政管理局副局长,并于1991—1998年兼任国家工商行政管理局商标局局长。历任民建长春市委副主委,民建第五届中央委员会执行局副主任,民建第五、六、七届中央委员会副主席。第七、八届全国政协委员,第九届全国政协常委。

知识产权法律法规体系建立和完善工作在我国起步晚、基础差,而白大华带着清华人的自信和自强,迎头而上,直接参与了中国商标法及其实施细则的修改工作,积极开拓了我国与国外商标界及国际商标组织的交流与合作,同时还主持了商标注册管理的信息化工程,完善了商标代理工作,圆满完成复杂困难的商标立法和体系建立工作,使我国商标立法标准的建立和国家对知识产权的保护达到了一个崭新的高度。此外,他还曾主编《中国商标十年》等,记录了我国法制建设和经济社会发展中这一段非常重要的历史。

---

① 参见:民建中央网.白大华同志简历[EB/OL].(2008-08-13)[2021-01-21].
https://www.cndca.org.cn/mjzy/mjgk/ljmjzyld/dwj/519807/index.html.

下篇
清华法学的重生与腾飞
(1995—2021 年)*

---

* 本部分内容参见:陈新宇.事不过三——清华法律学系的三次筹建始末[J].清华法学,2021,15(2).

第六章
清华法律学系复建历程

清华法律学系复建适应了国家法制(治)建设的需要,也服从于清华大学建成世界一流综合性大学的战略布局。一方面,国家日趋重视法制(治)建设,对法律人才需求不断提升,法律教育迎来发展的新局面,法制(治)在国家制度建设中的重要性不断提升是清华复建法律学科的外在动力;另一方面,学校调整学科布局,尤其强调在向以建成世界一流的综合性大学为目标进军的过程中,加强文科建设。这两个方面相辅相成,共同促成了清华法律学科的复建和发展。

第一节 酝酿复建工作

该阶段有两个关键性事件,第一个是一篇文章。1980年时任清华大学校长的刘达、副校长何东昌在《光明日报》联合发文《重视大学文科 多办大学文科》。该文从为四个现代化建设培养干部的角度论证文科的重要性,认为"不仅需要大学理科(广义上地说,包括理、工、农、医诸科)为现代化建设培养科技人员和管理干部,而且也迫切需要扩大大学的文科(也是广义的,包括文、史、哲、经、政、法诸科)来为四个现代化建设培养大批具有高度文化科学水平的一般管理干部。"[①]这篇文章代表着校方最初对于文科的态度,尽管是一种实用主义的立场,侧重于行政管理方面人才的培养,但发出了清华复建文科的重要信号。

第二个是一封信。1982年,复旦大学中文系教授蒋天枢给陈云副主席写信,提出两点建议:一个是建议商务印书馆恢复古籍出版工作,另一个是建议以清华大学为基础创办一所具有各种学科的综合大学。蒋天枢毕业于清华国学院,师承陈寅恪先生,熟悉清华学制,其在信中谈道:"清

---

① 刘达,何东昌.重视大学文科 多办大学文科[N].光明日报,1980-06-06(1).

华大学在旧社会原本有文、法、理、工、农五个学院,为全国大学之冠,尤其文学院的历史、语文、外文各系所培养出来的人才布及全国,为其他大学所不及。理、法科亦均各有特色,所培育人才多蜚声国际。目前的清华大学虽已成为工科大学,但一则它有以前的多科性综合大学的传统,再则从设备及人力等条件说,在工科大学的基础上增设文、理、法等科较为容易,在文理大学的基础上增设工科等则比较费事。所以,以清华大学为基础来创办,似可收事半功倍之效。"①陈云很重视这封信,将其转给了中宣部与教育部,经过两部的领导王任重、邓力群、郁文、张承先、蒋南翔、周林、辛白等人批阅后转给清华大学。关于蒋天枢的建议,1983年清华在给教育部的答复(清社发字第01号)中提到,"我校经多次研究,认为在清华增设文科,逐步把清华办成以理工科为主的综合性大学是有利的",并向教育部汇报建立社会科学系的问题。② 从效果上看,蒋天枢的信在一定程度上促成了清华对于综合性大学目标的认同和1984年社会科学系的建立。

1984年年底,清华大学文科领导小组成立,着重对我校文科建设有关问题进行调查研究。1985年9月29日,清华大学一行八人在党委书记李传信的带领下,专程前往中宣部参加座谈,座谈明确了清华大学的文科建设"不是恢复文科,而是建立有特色的文科"。1987年3月31日,校长、书记办公会原则通过了校文科领导小组形成的《关于我校文科建设的几个问题》,其中提到"逐步开展美育、法学和逻辑学的教育与研究"。③ 1988年,为了加强对文科的领导,学校决定成立文科工作委员会,由校党委副书记张绪潭任主任,以加强领导协调文科系、所的工作。张绪潭在回忆中述及,"文科工作委员会的成立,对于集思广益、群策群力、加强领导、办好文科又上了一个新台阶,前进了一大步"。④

---

① 清华大学档案馆档案[Z].2-202-83018:24-25.
② 参见:清华大学档案馆档案[Z].2-202-83018:50-54.
③ 文科建设处.新时期清华大学文科的建设与发展[M]//本书编辑组.清华大学文科的恢复与发展.北京:清华大学出版社,2011:9.
④ 张绪潭.新时期八九十年代清华大学文科复建与发展纪事[M]//本书编辑组.清华大学文科的恢复与发展.北京:清华大学出版社,2011:77.

第二节　加速推进复建工作

一、清华人文社会科学学院是法律学系的"孵化器"①

进入 20 世纪 90 年代，法律学系复建步伐加速推进。在 1993 年 8 月的清华大学暑期党政干部会上，学校提出了"争取把清华大学建成世界一流的具有中国特色的社会主义大学"的奋斗目标②，明确要"保持与发展清华工科的优势，加强理科、经管学科和文法学科建设"③。在这一目标指引下，清华加强文科建设，着手筹备人文社会科学学院。为此，该年秋季，时任校党委书记方惠坚带领社会科学系主任林泰、副主任刘美珣、外语系副主任侯一麟到美国的西北大学、芝加哥大学、华盛顿大学（圣路易斯）、普渡大学、伊利诺大学（香槟）、东伊利诺大学六所高校考察其文科发展经验，时任校党委副书记胡显章也考察了日本名校并进行了校友访谈，这两次考察对于清华文科建设具有一定的启示和帮助。④

1993 年 12 月 26 日，清华大学校务会议批准成立清华大学人文社会科学学院，聘请中国社会科学院副院长滕藤兼任院长，任命胡显章（兼）、林泰、王耀山为副院长，指出"要建立以马克思主义为指导的小而精、有特色、高水平的人文社会科学学院"。⑤ 12 月 30 日，人文社会科学学院成立大会举行。人文社科学院下设三系、四所、一中心共八个实体单位，分别是哲学与社会科学系、历史系、中国语言文学系、思想文化研究所、科学技

---

① 王振民教授认为人文社科学院是清华文科的"孵化器"，很多文科院系一开始便在那里酝酿重生。参见：王振民.百年清华，法学重辉——我所经历的法学院复建发展的历史[M]//本书编辑组.清华大学文科的恢复与发展.北京：清华大学出版社，2011：249.
② 参见：清华大学校史研究室，编.清华大学一百年[M].北京：清华大学出版社，2011：442.
③ 陈旭，贺美英，张再兴，主编.清华大学志 1911—2010（第三卷）[M].北京：清华大学出版社，2018：509.
④ 参见：方惠坚.回顾清华大学人文教育的发展历程[M]//方惠坚.长卷一页——在清华大学当书记的前前后后.北京：清华大学出版社，2011：190-191；胡显章.忆清华文科的恢复与发展[M]//本书编辑组.清华大学文科的恢复与发展.北京：清华大学出版社，2011：91；林泰.法学切莫随人后，自成一家始逼真[M]，刘美珣.中西融汇，古今贯通[M]//申卫星，主编.清听法缘——清华大学法学院院史访谈录.北京：九州出版社，2020：71、77.
⑤ 文科建设处.新时期清华大学文科的建设与发展[M]//本书编辑组.清华大学文科的恢复与发展.北京：清华大学出版社，2011：17.

术与社会研究所、经济学研究所、教育研究所、艺术教育中心。① 人文社科学院的成立,代表着清华以世界一流的综合性大学作为建设目标,调整学科布局所迈出的重要一步。此举对于法律学系亦有重要意义,因为其正是挂靠人文社科学院来进行复建,后者可谓法律学系的"孵化器"。根据当时清华大学党委副书记、筹备建设法律系委员会秘书长胡显章的回忆,在筹建人文社科学院过程中,时任清华校长的张孝文提出,清华大学以往培养的理工科学生在国家治理中发挥了重要作用,今后应该培养懂经济、懂法律的人才,继续在国家治理中发挥作用,应适时复建法律学系。人文社会科学学院首任院长滕藤也强调,从21世纪发展看,国家领导人要从经济、文法学科出,清华有又红又专、双肩挑的传统,学风严谨,应该为国家、为社会培养领导、骨干,在建院后要加速成立法律学系。② 可以看出,伴随清华全面复建文科,加以校方的重视态度,法律学系的复建也呼之欲出。

二、法律系筹建委员会的设立及其工作

1994年5月开始法律学系筹建工作。③ 1994年8月12日,由胡显章主持召开了筹建法律学系专家座谈会,与会的有时任全国人大法律委员会副主任委员王叔文,全国人大常委会法制工作委员会咨询委员王著谦,时任最高人民法院副院长端木正,最高人民法院经济审判庭原庭长孙宗颢,时任《中国法学》主编郭道晖,时任中国社科院法学所所长刘海年、原所长王家福,中国政法大学原党委书记、副校长云光等。滕藤首先提出了希望大家进行讨论的三个问题:一是办学思路,是从基础抓起,发展基础

---

① 哲学与社会科学系是1993年12月在原社会科学系中国革命史教研组的基础上建立的;历史系是1993年12月在原社会科学系中国革命史教研组的基础上建立的;中国语言文学系于1985年3月组建,1993年12月归属人文社会科学学院;思想文化研究所是1993年12月在原社会科学系自然辩证法教研组和科学技术与社会研究室的基础上建立的;经济学研究所是1993年12月在原社会科学系政治经济学教研组的基础上建立的;教育研究所原隶属校机关,1993年12月改为隶属人文社会科学学院;艺术教育中心成立于1993年12月,是在原来的音乐室(原隶属学校党委宣传部)的基础上发展起来的。参见:方惠坚,张思敬,主编.清华大学志(下)[M].北京:清华大学出版社,2001:208-209.

② 参见:胡显章.忆清华法律学科的恢复建设[M]//申卫星,主编.清听法缘——清华大学法学院院史访谈录.北京:九州出版社,2020:51.

③ 见相关清华大学法学院档案,法律系筹建委员会会议记录。

法学,还是利用清华理工优势,以应用法学为重点;二是办学层次,是招收本科生,还是办双学位、研究生;三是体制上是单独办法律学系,还是与政治学相结合办政法系。专家们认为清华大学复建法律学系是完全必要的,我国的法治建设需要大批高质量的法律人才。现有的高校所培养的法律人才在数量与质量上都远不能满足需求。清华大学要考虑国家法治建设的长远需求,应该办一个高层次、高标准、世界一流的法律学系,基础要扎实、专业面要宽,同时,应该解放思想,敢于创新,要有更多的办学自主权,办出自己的特色。在办学层次上,可以硕士起步,今后本科、硕士、博士并重,特别是要培养好理论与实践相结合的适应社会主义法治建设的实用型人才。当前,关键在于建设一支高水平、小而精的师资队伍,还要抓好图书资料建设。同时,还听取了最高人民法院原院长郑天翔、时任全国人大常委会副委员长王汉斌等老学长的意见。他们都大力支持母校复建法律学系,特别强调要加强党的领导,坚持正确的办学方向,培养信得过、靠得住、用得上的高质量法律人才,为社会主义法制事业服务,并指出清华大学利用多学科的优势复建法律专业,可以满足国家法治建设的迫切需要。①

在王大中校长和贺美英书记的大力支持下,1994年10月12日,清华大学校长书记联席会议决定成立"清华大学筹备建设法律系委员会",并由清华校友、最高人民法院原院长郑天翔同志担任名誉主任,清华大学校长王大中院士担任主任,委员包括:王大中、王叔文、王著谦、郑天翔、林泰、胡显章、滕藤(以姓氏笔画为序),清华大学党委副书记胡显章兼任秘书长。1995年1月,时任国家教委副主任的张孝文明确指示,"清华办法律系,一定要坚持正确的方向,同时要有科学性","要坚持水平高,方向正,队伍精,有特色"。②

筹委会成立后,走访了中国社科院法学所、中国人民大学法学院、香港大学法律系等,广泛听取了法律界、法律教育界的意见。考虑到当时学校缺少专门的法律师资队伍,王汉斌同志建议加强与社科院法学所的合

---

① 胡显章.忆清华法律学科的恢复建设[M]//申卫星,主编.清听法缘——清华大学法学院院史访谈录.北京:九州出版社,2020:52-53.
② 胡显章.忆清华法律学科的恢复建设[M]//申卫星,主编.清听法缘——清华大学法学院院史访谈录.北京:九州出版社,2020:54.

作,时任中国社科院副院长的滕藤同志也提出与社科院法学所共建法律系的设想。① 1995年2—3月,围绕着法律学系复建有关问题,清华人文社科学院部分同志与社科院法学所的领导和专家进行了反复、认真的讨论,形成了若干基本认识。会议认为,清华法律系复建符合国家的形势与需要,复建法律学科要决心大一点,步子快一点,力争在三年左右打开局面,五年左右形成规模,十年左右跻身国内法学学科一流行列,必须基础与特色并重,迅速完成复建工作,尽快形成清华特色;同时,要坚持社会主义办学方向,坚持"小而精,高水平,有特色"的办学思想,坚持借助多种力量加速发展的办学道路;会议还就与法学所合作办学进行了探讨。② 法学所在清华法律学系起步时给予了重要的支持,只是后来因为在经费等问题上未能取得一致,系所未能走共建之路。清华法律学系复建走的是独立自主,争取外援之路。③

1995年3月,人文社科学院呈交学校《关于恢复建立清华大学法律系的报告》,明确"小而精,高水平,有特色"的办学方针,在注重法学基础理论及知识的基础上,发展民商法、科技法、国际法、比较法方向,建系后先在科技法专业争取突破。报告也提出"2000年前应确定建立法学院目标"和"争取社会支持兴建法学大楼"的宏伟计划,并就人才培养模式、专业设置等进行了定位。④

经过长时间的酝酿,1995年7月,筹委会决定推荐聘请全国人大法律委员会副主任委员、中国法学会副会长、中国社科院法学所原所长、著名宪法学家王叔文出任法律学系主任。1995年8月17日,筹委会举行全体会议,提出《恢复建设清华大学法律系方案》,认为清华法律系复系条件已经成熟,决定正式提请校务会议讨论。建系方案涉及指导思想、人才培养模式和办学规划、学科建设和有关机构、党政干部和队伍建设、经费及设施等多个方面。⑤ 在这次会议上,首先讨论的是办系方针"小而精,有特

---

① 胡显章.忆清华法律学科的恢复建设[M]//申卫星,主编.清听法缘——清华大学法学院院史访谈录.北京:九州出版社,2020:54.
② 见清华法学院档案,会议纪要。
③ 胡显章.忆清华法律学科的恢复建设[M]//申卫星,主编.清听法缘——清华大学法学院院史访谈录.北京:九州出版社,2020:54.
④ 见清华法学院档案,关于恢复建立清华大学法律系的报告。
⑤ 见清华法学院档案,恢复建设清华大学法律系方案。

色,高水平",王叔文说,"小而精"是对的,"有特色"指什么?与其他法律系有什么不一样?不明确。滕藤说,清华理工科强,在科技法律方面有自己的特色;但正如王汉斌同志提出的,不能只发展科技法律,民商法、全面的法律学科都应该有。经过讨论,并在此前多方调研基础上,王大中校长总结说:一方面有特色,还要入主流;有理工与法律结合的特色,但首先要入主流;整体学术水平在国内站住脚,长期目标还是世界一流。王校长的意见为即将成立的法律学系确定了明确的目标,并影响了以后清华人文社会科学院乃至整体文科的指导思想。[①] 1995年8月31日,清华大学1994—1995学年度第19次校务会议听取了法律学系筹备复建情况的汇报,决定正式恢复建立法律学系,聘任王叔文教授为系主任。

三、"211工程"的启动助力法律学系复建

"211工程"是1994年国务院《关于〈中国教育改革和发展纲要〉的实施意见》所确定的高等教育改革和发展的建设工程,基本内容是:"面向21世纪,分期分批重点建设100所左右的高等学校和一批重点学科,使其到2000年在教育质量、科学研究、管理水平及办学效益等方面有较大提高,在教育改革方面有明显进展。争取有若干所高等学校在21世纪初接近或达到国际一流大学的学术水平。"[②]为此,1994年9月清华大学制定了《清华大学"211工程"的整体规划报告》,其中到2000年的10项具体规划中的第1项是:"保持与发展工科的优势,加强理科、人文和经管学科建设,为把清华大学建成以理工科为主,兼有人文和经管学科的世界一流大学奠定坚实的基础。"[③]1995年启动的"211工程"为清华复建法律学系提供了重要的支持,清华法律学系复建于1995年,在一定程度上正是这种支持对于文科建设产生积极影响的表现。

在国家重视法制(治)建设的背景下,1995年清华法律学系复建有其历史必然性。法律学系的复建是在清华大学校方的领导与支持下逐步展

---

① 胡显章.忆清华法律学科的恢复建设[M]//申卫星,主编.清听法缘——清华大学法学院院史访谈录.北京:九州出版社,2020:55.
② 李进才,主编.高等教育教学评估词语释义[M].武汉:武汉大学出版社,2016:8.
③ 参见:清华大学校史研究室,编.清华大学一百年[M].北京:清华大学出版社,2011:457.

开的,乃清华大学复建文科的产物。作为法律学系的"孵化器",清华人文社会科学学院的成立加速了法律学系的复建,并对日后法律学系的建设产生了直接影响。法律学系筹建委员会是筹建工作的中枢机构,高规格的委员会设置使得学校复建法律学系的思想得以全面贯彻实施,同时有利于整合校内外各方资源,为法律学系复建提供强有力的支持。根据既有资料,法律学系复建前的各项准备工作是在讨论、修正中不断完善的,法律学系复建大会的举行则开启了正式的实践阶段。

第三节　举行清华法律学系复建大会

1995年9月8日,清华大学法律学系复建大会隆重举行。时为中共中央政治局候补委员、全国人大常委会副委员长的王汉斌先生,时为中共中央书记处书记、中央政法委书记、最高人民法院院长的任建新先生,最高人民法院原院长、法律学系筹建委员会名誉主任郑天翔先生,中国法学会会长、司法部原部长邹瑜先生等中央及有关部门领导,中央政法委员会、全国人大常委会法制工作委员会、最高人民法院、最高人民检察院、国家教育委员会、公安部、司法部、国务院港澳办、国家专利局、国家工商局、国家版权局、中华全国律师协会、北京市司法部门的代表,法学教育和研究部门、法律宣传单位的负责人和著名学者等,香港法律界、法学教育界的知名人士,清华领导和师生300多人出席了大会。大会在主楼后厅举行。校长王大中院士在会上致辞,校党委书记贺美英教授宣读了彭冲、王汉斌、任建新、郑天翔、邹瑜、顾昂然、周南的题词和贺信。法律学系主任王叔文教授在会上讲话,介绍了法律学系复建的历史背景和复建后的办系指导思想以及人才培养模式。王汉斌副委员长在大会上讲话,他希望把法律学系办成世界一流的法律学系,为国家培养高级法律人才做出贡献。司法部、法学研究机构、高等院校代表及香港来宾也在大会上发言。大会共收到来自国内外大学法律学院(系)的贺信、贺电30多封。英国、美国、加拿大、澳大利亚、新加坡、中国香港等国家和地区的大学法学院也发来了贺信、贺电。《人民日报》《法制日报》《北京日报》等进行了报道。[①]

---

① 王振民.百年清华,法学重辉——我所经历的法学院复建发展的历史[M]//本书编辑组.清华大学文科的恢复与发展.北京:清华大学出版社,2011:249-250.

附 6-1:《全国人大常委会副委员长王汉斌在清华大学法律学系复建大会上的讲话》(1995 年 9 月 8 日)

王大中校长,各位教师,各位同学,各位来宾:

我作为清华大学校友,并且作为一个法律工作者,今天来参加清华大学法律学系重新设立的庆祝活动,感到很高兴,并致以热烈的祝贺。

我在上大学的时候,清华是一所多科性的综合大学。解放后院系调整,改为多科性工业大学。我想,无论是综合大学,还是多科性工业大学,都各有各的优点。清华大学在各个历史时期为国家培养人才做了重要贡献。这几年来,清华又改为多科性综合大学,现在运用多科性综合大学的优势,重建法律系,我认为,这种多学科的交叉渗透有利于提高法律系的教学和学术研究水平,也有利于提高清华大学作为多科性的综合大学的总体教学水平和学术水平。我相信,通过法律系的重建,将有利于进一步发挥清华大学的总体优势,把清华大学办成世界上第一流的社会主义大学,同时也把清华大学法律系办成世界上第一流的法律学系。

我国现在正在大力加强社会主义民主法制建设,这对于保证我们国家的长治久安,保证我们社会主义现代化建设事业的成功,都是至关重要的。在我们加强社会主义民主法制建设方面,培养人才是一件很重要的大事。我们现在不是只需要几千、几万的法律人才,而是需要几十万、上百万的法律人才。在这方面,我们国家这十几年来做了很多努力。现在清华大学利用多学科优势来复建法律专业,是非常必要的,也是国家法制建设的迫切需要。从这十几年来法制建设的实践来看,我们加强法制建设很需要法律专业人才。我们在立法工作当中,在起草一些重要的法律时,都要征求有关专家的意见,特别是在修订宪法和研究起草、修改一些基本法律,如民商法、刑法、诉讼法时,都需要专门征求法律专家的意见,征求法律院系、法律研究机构的意见。有些法律,我们还要请法律专家从头到尾参加整个研究起草工作。所以从这个角度看,我认为,法律院系应该着重加强法律的基本理论、基础课和基本法律的教学。这样比较符合我国法制建设的需要,也有利于培养出能够适应国家法制建设需要的综合型、实用型人才。同时我认为,高等院校培养法律人才,着重加强法律基本理论、法律基础和基本法律的教学,也是办好法律院校、院系的基本条件。我看只有把基础课教学搞好了,再来进一步学专业课,那么这样培养的法律人才就能够适应国家法制建设的实际需要。比方说,有关知识产权方面法律的教学,还是要跟民商法的基础课联系起来;还有环境保护等方面的专业法律也是这样。这些专业法律的学习由专业课来解决,或者将来还可以在实践中,在实际工作当中进一步来学习。但是,把基础打好了,对进一步学好专业法律,对以后从事法律工作,都是非常重要的。过去我们上大学时,一、二年级都是念基础课,不晓得现在怎么样。在大学里,基本理论、基础课的教学是非常重要的。所以,我希望,清华法律系从一开始就能够着重加强法律基本理论、基础课和基本法律的教学,努力把基础打好。

我们现在需要大量的法律专业人才,所以,我们需要采取多种形式进行培养。但是,我认为,在大学本科,包括法律院校本科和综合大学本科,法律学系是非常重要的,因为这样能够培养出比较高水平的合格的法律人才。所以,我对清华办法律学系,从一开始便表示支持。清华大学过去几十年来培养了大批人才,为国家做了重要贡献。现在通过办多科性综合大学,通过办法律学系,希望能够在为国家社会主义法制建设、为建立有中国特色的社会主义法律体系培养人才上做出新的贡献。

谢谢!

附 6-2:《清华大学校长王大中院士在清华大学法律学系复建大会上的致辞》(1995 年 9 月 8 日)

各位领导、各位来宾、同志们、朋友们:

首先,请允许我代表清华大学向一直关心清华工作,并在百忙中光临今天法律学系复建大会的王汉斌副委员长及各位领导表示衷心的感谢;向法律界、法学界、教育界的各位来宾,向远道而来的香港客人以及新闻界的朋友们表示热烈的欢迎和诚挚的谢意。

遵循邓小平同志"教育要面向现代化,面向世界,面向未来"的思想,面对 21 世纪激烈的竞争和国家对清华大学的期望,1993 年我校确定了争取在 2011 年即建校一百周年时,把清华大学建设成为世界一流有中国特色社会主义大学的目标。同年,作为这一总体战略的重要组成部分,我校成立了人文社会科学学院。今天,又在此召开大会恢复建立法律学系,这是清华大学发展进程中的又一重大事件。

第六章 清华法律学系复建历程

改革开放以来,邓小平同志多次强调为了实现四个现代化,必须加强社会主义民主和法制建设。为了帮助广大师生提高法制意识、了解法律基本知识,八十年代初开设了法律知识选修课;1985年成立经济法教研室和专利事务所,开展了有关的教学和研究,承接了校内外的任务,并参与国际合作。同时,我校一些系所还在相关的法学领域开展了科技法、环境保护法、房地产法、物证技术等方面的教学与研究工作。

随着改革开放的不断深入,尤其在发展社会主义市场经济的新形势下,国家对社会主义民主和法制建设及法学教育提出了新的任务和要求,特别是需要加速培养德才兼备,既懂法律又懂现代科技的复合型法律人才。近年来,校内外要求清华加强正规法学教育,重设法律系的呼声不断增强。在这种情况下,考虑到国家的需要与清华的发展目标,我们决定重建法律学系。1994年10月在校长书记联席会议上正式决定开展筹建工作,并聘请最高人民法院原院长郑天翔同志为清华大学法律学系筹建委员会名誉主任。筹建委员会成立后,走访了法律界的有关领导和专家,就如何复建法律学系的问题广泛听取了他们的意见。大家的意见是相当一致的,认为清华大学在1952年院系调整前,有过长期建设法律系的历史,并有一定的法学教育与研究的基础,特别是有良好的思想政治氛围与较强的科技、经管学科背景,应该也可能为我国社会主义民主和法制建设做出自己的贡献。经过近一年的筹备,现在法律学系复建的条件已经成熟。经清华大学1994—1995学年度第19次校务会议决定,正式恢复建立清华大学法律学系,并聘请了全国人大法律委员会副主任委员、中国法学会副会长王叔文教授为法律学系主任。

复建后的法律学系,要从国家需要和清华实际出发,继承和发扬我校的优良传统,在马克思主义指导下,坚持社会主义的办学方向,坚持理论与实际的紧密结合,贯彻"小而精,高水平,有特色"的原则。在学科设置上不求门类齐全,但要注意打好法学的基础;要建设一支德才兼备、结构合理、精干高效的师资队伍;要充分发挥清华大学理工、经管和文法诸学科交叉、渗透的综合优势,争取走出一条切合实际、富有特色的办系道路。

同时,复建后的法律学系,要广泛开展与国内外法律院系的交流与合作,争取多方的支持,要虚心向兄弟院校和科研院所学习,向实际工作部门学习;同时组织协调好校内与法学相关的教学科研队伍,埋头实干,锐意进取,力争在较短时间内形成一定的规模,建成能够很好地为我国社会主义法制建设服务的法律学系。

最后,祝愿我校法律学系在国家教委、北京市和各有关部门的关心指导下,在兄弟院所的帮助下,经过全系师生的共同努力,得以迅速健康成长,为我国社会主义法学的发展和社会主义法制建设做出积极贡献!

谢谢大家!

附 6-3:《清华大学法律学系主任王叔文教授在法律学系复建大会上的讲话》(1995 年 9 月 8 日)

女士们、先生们、朋友们:

清华大学法律学系经过近一年的筹备,现在终于恢复建立了。我作为新受聘的复建后的首任法律学系主任,出席这个盛大庆典,感到非常荣幸。在这个场合,我兼有主客两种身份。首先我要以客的身份,向王大中校长、向清华大学、向法律学系筹建委员会的全体同志表示深深的谢意,感谢你们对我的信任。我缪承厚爱,出任清华这一名校的法律学系主任,实在勉为其难。但是,我既然已做出承诺,定当全力以赴,恪尽职责,为清华大学法律学系的发展做出应有的贡献。

其次,我要以主人的身份,向莅临大会的王汉斌副委员长、任建新院长等领导同志,向国家教委与北京市的有关负责同志,表示由衷的感谢。同时,还要向出席今天大会的法学教育和研究部门、法律实际工作部门的同志,向来自香港的客人表示热烈的欢迎。

清华大学是国内外知名的高等学府,自本世纪初创建以来,为国家培养了大批优秀人才。法学教育在清华也有相当长的历史。清华大学现在复建法律学系是国家法制建设和清华自身发展的需要。中国特色的社会主义建设要求我们向完备的社会主义法制的目标前进,社会主义市场经济的建立要求我们有与之相适应的法律体系和健全的司法机构。为此,需要培养大批法律人才。清华大学是理工科为主,兼有经济管理、文法学科的综合性大学,有自己学科交叉渗透的特色和优势,在培养兼有科技、经济、法律等多学科知识的复合型法律人才方面,尤其应当做出积极的贡献。清华大学要在 2011 年,争取建成世界一流有中国特色社会主义的大学,法律学科的建设也是不可缺少的组成部分,它对于提高各学科人才的全面素质,完善学校的学科结构和提高学校整体的学术水平等方面都有重要的作用。

复建后的法律学系要坚持以有中国特色社会主义建设理论为指导,邓小平同志关于社会主义民主和法制建设的理论,是办系的根本指导思想。同时,在具体办学方面,从清华大学法律学系的实际情况出发,贯彻"小而精,有特色,高水平"的原则。在学科设置上不求门类齐全,划分过细,但要坚持正确方向,打好基础,注重质量,办出特色,办出水平。要从国家的需要和清华的实际出发,认真借鉴他人的有益经验,做到有所创新,有所发展。

清华大学法律学系的复建,从一开始就要非常重视法学基础的建设,在法学基本理论、宪法、民商法、刑法、行政法等基础知识方面,认真地、扎实地开展教学与研究。与此同时,要坚持理论与实际相结合的办学方针,把法学教育和研究同我国法制建设的实践紧密结合起来。这样,我们才能培养出为有中国特色社会主义法制建设服务的有创造性的人才,也才能为建设有中国特色的社会主义做出积极的贡献。为此,我们衷心期望我国立法、司法的领导机构和实际工作部门、兄弟院校和法学研究机构给我们以指导和支持。

在人才培养模式上,在坚持已有成功经验的基础上,我们准备结合我校实际进行一些新的探索。首先,我们计划除了从法学专业本科毕业生中招收硕士研究生外,还将从理工、经管、外语等系本科毕业生中招收法律学硕士研究生。其次,我们还将采取3+2+2的模式,即从其他学科三年级学生中选优录取,转学法律,经过两年法学的培养达到法学学士水平,然后,其中部分人再经过两年培养,达到法学硕士研究生水平。再次,我们还将与兄弟院所合作,联合培养博士生。最后,从本学期开始,我们面向全校各学科在读本科生,设置法律辅修课组。辅修生修满规定学分后,发给辅修课程证明,逐渐向跨系攻读双学位的方向前进。我国法制建设需要这些不同层次的具有多学科知识的复合型法律人才,国外法律人才的培养在这方面也有值得借鉴的经验。我们相信,这些探索是有积极意义的。

我国著名教育家,清华大学老校长梅贻琦先生曾经说过:"大学者,非有大楼之谓也,乃有大师之谓也。"他还说:"师资为大学第一要素,吾人知之甚切,故亦图之至亟。"我们竭诚欢迎法律界、法学界的贤能之士到清华大学法律学系任教,培养人才,指导学术研究,我们将为此提供必要的条件与可能的方便。

清华大学法律学系是改革开放以来,社会主义法制建设和法学教育大发展的一个产物。我们清醒地认识到,我们还处在创始阶段,各方面条件都很薄弱。我们要发扬清华大学"自强不息,厚德载物"的优良校风,埋头苦干、艰苦创业。同时,我们要虚心向兄弟院校和科研单位学习,向法律工作部门学习,积极开展与国内外、境内外同行的交流与合作,争取从各方面给我们以指导、支持与帮助。我们相信,清华大学法律学系的复建一定能够为我国法制建设和法学教育做出积极的贡献。

再次向大家表示感谢!

从法律学系到法学院

复建后的法律学系继承和发扬清华大学的优良传统,从国家需要和学校实际出发,坚持社会主义办学方向,坚持理论与实际紧密结合,在克服困难、不断探索中走出了一条具有清华特色的办学道路,为学校建设世界一流大学、中国法学教育发展和社会主义法治建设做出积极贡献。

第一节 队伍建设

一、创业维艰,多方支援

法律学系复建后,首任系主任由王叔文兼任[①],全系在编教师仅3人,分别为从武汉大学调入的张铭新[②](法史学)、从清华经济管理学院转来的黄新华[③](经济法学)和当时正在攻读博士学位的王振民[④](宪法与行政法学),被戏称为"三个半人"[⑤]。此后,公法学者于安和商法学者施天涛加入法律学系。1996年秋季学期,在校党委副书记胡显章的动员下,吉林大学民商法的中青年带头人崔建远参与了清华法律学系的工作。此外,法律学系复建后有职员1名,为从经济管理学院转入的张静庄,承担教务工作。

尽管当时法律学系全职教师员工为数不多,但刚刚复建的法律学系

---

① 王叔文担任系主任时间为1995年9月—1999年4月。
② 时任法律学系党支部书记。
③ 时任法律学系副系主任。
④ 时任法律学系系主任助理。
⑤ "三个半人",乃当时流行的一种说法,具体包括时任法律学系主任的王叔文、从武汉大学调入的教授张铭新、从清华经济管理学院转来的副教授黄新华,因为当时王振民的博士尚未毕业,所以算"半个人"。也有一种说法是"两个半人",即不算兼职的王叔文。参见施天涛.在那艰难创业的日子里——记清华法律系复建二三事[M]//本书编写组.清华大学文科的恢复与发展.北京:清华大学出版社,2011:262.

得到了法学界众多专家学者的支持。据统计,1995—1996年法律学系兼职教授有:魏振瀛(北大,民法学)、许崇德(人大,宪法与行政法学)、沈宗灵(北大,法理学)、陈光中(中国政法大学,刑事诉讼法学)、王著谦(全国人大常委会法制工作委员会咨询委员)、曾俊伟(中国国际贸易促进委员会离休干部、中国国际经济贸易仲裁委员会仲裁员)、段瑞春(科学技术法)、梁慧星(中国社科院法学所,民法学)、刘海年(中国社科院法学所所长,法史学)、曾宪义(人大,法史学)。① 这也体现出清华法律学系在复建之初就与中国社会科学院法学研究所、北京大学法律学系、中国人民大学法学院、中国政法大学等兄弟院校之间建立了良好的关系。

二、人才引进开新局

(一) 概述

1993年,清华大学明确提出了"到2011年,清华大学建校100周年,争取把清华大学建设成为世界一流的具有中国特色的社会主义大学"这一奋斗目标。② 复建后的法律学系肩负着建设一流法学学科的责任,而建设一流的法学学科的关键是要有一流的师资队伍。复建之初,法律学系的师资力量比较薄弱。1996年12月下旬,学校决定将时任清华大学校长助理的李树勤调任人文社科学院副院长、法律学系常务副主任兼党支部书记。学校老领导何东昌同志当时在与李树勤谈话时,特意嘱托其要着力加强法律学系师资队伍建设。③

由于清华法学教育中断了40多年,法律学系复建后在教师队伍建设方面客观上不可能依靠内生④,因此,人才引进是当时法律学系教师队伍

---

① 参见:陈旭,贺美英,张再兴,主编. 清华大学志1911—2010(第三卷)[M]. 北京:清华大学出版社,2018:536.

② 1993年10月底,在清华大学第三次教职工代表大会上,时任校长张孝文宣布了学校暑期干部会议提出的这一奋斗目标。参见:清华大学校史研究室. 清华大学一百年[M]. 北京:清华大学出版社,2011:445.

③ 参见:李树勤. 在清华文科工作的日子[M]//本书编写组. 清华大学文科的恢复与发展. 北京:清华大学出版社,2011:227-228,232.

④ 后来,在法学院复建之初,教师队伍建设方面采取了不直接留本院毕业博士生的措施,本院毕业的博士生都让他们到其他单位去工作,在社会上经受锻炼,表现突出的可以在以后应聘法学院的教师岗位,避免"近亲繁殖"。参见:王保树. 法学院复建及复建后的三年[M]//本书编辑组. 清华大学文科的恢复与发展. 北京:清华大学出版社,2011:241.

建设的主要方式和重中之重。为了在较短的时间内将法律学系提升到与清华大学地位相称的水平,法律学系将引进"高水平人才"作为人才引进工作的重点,即引进已经在其他大学作为骨干并在学术界有一定影响力的教授。① 此外,在引进人才的学科布局上也力图做到合理安排。高效率、高标准、求精干成为复建初期法律学系人才引进工作的突出特点。

自1997年起,在学校的积极支持和法律学系的不懈努力下,法律学系的人才引进工作有了大幅度突破,当年有6名教师正式入职法律学系,其中包括崔建远、马俊驹等知名学者。当在法律学系基础上进一步复建法学院的设想提出后,1998—1999年,法律学系人才引进工作迎来了高峰期。截至1999年9月,法学院的全职教师人数已经达到27人,其中有14名教授。从教授在教师队伍中所占的比例看,清华法律学系当时在全国法学院系中名列前茅,并且其中有很多教师是国内同行中的顶尖学者。②

(二) 1997年法律学系人事工作

1997年,在法律学系主要领导同志与学校及人文学院有关领导同志密切配合下,法律学系人才引进工作取得了长足进展。在工作过程中,有关同志表现出的高度诚意和坚定不移的执着,为后世留下了许多佳话。比如,在引进民法学家马俊驹教授的过程中,胡显章③、李树勤、崔建远等前后八次奔赴位于北京市昌平区的中国政法大学,发扬"程门立雪"精神,"精诚所至,金石为开",最终延请、调动马俊驹教授来清华任教。④ 马俊驹教授原为武汉大学法学院院长、武汉市人大常委会委员,调入清华后即被任命为清华大学学术委员会副主任兼法学院学术委员会主任,引进马俊驹教授对于提升法律学系民商法学科水平、推进民商法硕士点申报工作起到了重要的推动作用。由于马俊驹教授的学术水平在法学界有较大的影响力,其也成了清华法律学系引进人才的"一面旗帜",此后,陆续有一批高水平的法学学者加入法律学系。比如,1998年6月,王保树教授放弃

---

① 参见:王保树.法学院复建及复建后的三年[M]//本书编辑组.清华大学文科的恢复与发展.北京:清华大学出版社,2011:241.
② 参见:车丕照.名册无语 岁月留痕——从26份"法学院教职工名单"看法学院师资队伍的发展[M]//本书编写组.清华大学文科的恢复与发展.北京:清华大学出版社,2011:258.
③ 时任学校党委副书记、人文社科学院副院长。
④ 参见:李树勤:在清华文科工作的日子[M]//本书编写组.清华大学文科的恢复与发展.北京:清华大学出版社,2011:229-232.

了担任中国社会科学院法学研究所所长的机会，从中国社会科学院法学研究所调入法律学系任教。法律学系迎来了人才队伍和学科建设的新局面。

1997年正式入职法律学系的教师有：崔建远、曹南屏、高其才、李旺、李旭、马俊驹。① 到1997年年底，法律学系教工为15人，其中法学专业教师为11人。法学专业教师中有教授6人（含博导1人）、副教授3人、讲师2人；平均年龄42.5岁，其中教授平均年龄为48.3岁。②

（三）1998年法律学系人事工作

1998年法律学系人事工作的总体思路确定为：以人才引进为中心，适应学校人事和管理体制改革的需要，加强队伍建设，推进制度化管理，开发人力资源，改善福利待遇，促进法律学系的快速、健康发展，为复建法学院创造条件。③ 因教学需要，法律学系加强了薄弱专业人才引进工作；因学科发展需要，明确首先集中力量以民商法为突破口，重点加强民商法学专业师资队伍配备。1998年入职法律学系的教师有：陈建民、范春燕、高鸿钧、王保树、王亚新、吴伟光、战宪斌、张明楷。1998年底，法律学系教工为22人，其中法学专业教师为18人。法学专业教师中有教授11人（含博导2人）、副教授4人、讲师1人、助教2人；平均年龄42.8岁，其中教授平均年龄为48.7岁。④ 在管理队伍方面，1998年法律学系只设一个行政办公室，行政管理大部分岗位由教授、青年教师担任，只有1名职员⑤，全体人员分工合作，队伍精简、运转高效。

总体来讲，1998年法律学系在队伍建设方面取得了丰硕成果，既引进了高水平的师资，也保持了队伍的精简、团结、年轻、高效，专业分布日趋合理，教工队伍建设步入了良性发展的轨道。

（四）1999年法律学系（法学院）人事工作

1999年正式入职教师6人：程洁、江山、黎宏、吕晓杰、章程（张卫

---

① 参见：陈旭，贺美英，张再兴，主编. 清华大学志1911—2010（第三卷）[M]. 北京：清华大学出版社，2018：536.
② 参见：清华大学法学院. 清华大学法律学系年鉴[G]. 1998：4.
③ 参见：清华大学法学院. 清华大学法律学系年鉴[G]. 1998：4.
④ 参见：清华大学法学院. 清华大学法律学系年鉴[G]. 1998：4.
⑤ 系教务秘书李红馆员。

平)、周光权;入职职员1人:华琳。到当年年底,法学院全职教职工已发展到30人。其中,教授18人,副教授8人。除刑事诉讼法无专任教师外,其余核心课均已有专任教师。①

1999年,法学院按照学校规定的程序完成了岗位聘任工作,先制定学科建设规划,确定重点岗位,进行体制改革;在此基础上,再确定岗位职责,进行岗位聘任。全院参加岗位聘任者共26人。校聘关键岗位14人,实聘13人;院聘重点岗位11人,一般岗位2人。此次岗位聘任明确了各类岗位的职责,进展较为顺利,起到了激励和促进作用。

当年学院教师中1人荣获清华大学"青年教师教学优秀奖",1人荣获中国法学会评审的第二届杰出中青年法学家称号,2人荣获中国法学会评审的杰出中青年法学家提名奖,1人荣获北京市法学会评审的北京市杰出中青年法学家称号。

(五) 非全职教授队伍

1997年,香港终审法院首任首席法官李国能和香港证券及期货事务监察委员会主席梁定邦成为法律学系的客座教授。1998—1999年,法律学系新增的兼职教授有:沈四宝(1998年)、王家福(1998年)、朱恩涛(1998年)、陈德恭(1998年)、黄毓麟(1998年)、郑成思(1999年)、罗豪才(1999年)、高西庆(1999年)。1998年,荣智健成为法律学系的顾问教授。在此基础上,法律学系(法学院)的师资队伍得到了进一步充实和完善。

三、复建以来的发展史就是一部师资队伍建设史

据亲历者回忆,法律学系复建之初的发展可谓"步履维艰"。当时,清华法律学系并不被很多人看好,甚至一度都办不下去。② 最早加入法律学系的几位教师甚至对清华法学教育的发展有些失去信心。③ 但随着学校发展法学教育的决心进一步坚定、对法律学系的支持力度进一步加大,以

---

① 参见:清华大学法学院.清华大学法学院年鉴[G].1999:1.
② 参见:王振民.清华法学事业的重生和腾飞[M]//申卫星,主编.清听法缘——清华大学法学院院史访谈录.北京:九州出版社,2020:127.
③ 参见:李树勤.在清华文科工作的日子[M]//本书编辑组.清华大学文科的恢复与发展.北京:清华大学出版社,2011:228-229;车丕照.名册无语 岁月留痕——从26份"法学院教职工名单"看法学院师资队伍的发展[M]//本书编辑组.清华大学文科的恢复与发展.北京:清华大学出版社,2011:258.

及法律学系在引进人才、关心关怀教师等方面做出的不懈努力,法律学系的师资队伍逐渐稳定和壮大,整体实力很快迈入国内前列。

法律学系在队伍建设方面所取得的经验可以总结为:制定合理的学科规划,由此引进高水平人才;人才引进工作由"一把手"亲自抓,有"刘备三顾茅庐的精神,萧何月下追韩信的劲头";做好人才引进的各项保障工作,使教师"有用武之地,少后顾之忧"。① 需要指出的是,法律学系行政领导和党支部在人才引进工作中起到了团结凝聚人心、调动各方积极性的作用。比如,党支部定期邀请系行政负责人向全体党员(教工)汇报系内工作的进展情况,通过大家畅所欲言,出谋献策,帮助改进系行政工作。对于系内重大问题,都经由党员会、教工会等讨论,民主地吸收各方面的意见和建议后,由系行政做出决定。②

"(法律学系)复建以来的发展史,就是一部师资队伍建设史"③,法律学系向复建法学院迈进的这一历史时期(1995—1999年),在师资队伍建设方面取得的成就,为今后清华法学学科的快速发展奠定了坚实的基础。④

附 7-1:《史海钩沉——诚请马俊驹教授》

据李树勤回忆⑤,在法律学系复建之初受困于建设一流的师资队伍时,在一次全系教师会议上,崔建远教授提到武汉大学法学院原院长、著名民法学家马俊驹教授已调入中国政法大学,刚刚到京,还住在招待所里。崔建远认为,如果能把马俊驹教授请到清华,对于申请民商法硕士点将起到重要作用。得知此消息后,正在主持会议的李树勤当即宣布散会,并与崔建远、施天涛赶到昌平中国政法大学招待所面请马俊驹教授加入清华法律学系,但遭到马俊驹教授婉拒。几天后,在时任校党委副书记胡显章同志的带领下,李树勤等人再次前去邀请,马俊驹教授虽为

---

① 参见:清华大学法学院. 清华大学法律学系年鉴[G]. 1998:4.
② 参见:清华大学法学院. 清华大学法律学系年鉴[G]. 1998:3.
③ 参见:车丕照. 名册无语 岁月留痕——从26份"法学院教职工名单"看法学院师资队伍的发展[M]//本书编辑组.清华大学文科的恢复与发展.北京:清华大学出版社,2011:261.
④ 法学院复建后,在此基础上,在队伍建设方面更加注重梯队建设,一批高素质的年轻副教授、博士逐渐加入。
⑤ 参见:李树勤. 在清华文科工作的日子[M]//本书编辑组.清华大学文科的恢复与发展.北京:清华大学出版社,2011:229-232.

清华的诚意所感动,但仍未答应。随后,李树勤等人又多次前去邀请,其中有3次甚至没有遇到马俊驹教授,特别是有一次,胡显章同志和李树勤等人在雨中等候两个小时也没有见到马俊驹教授,按照胡显章同志的说法这是"程门立雪"。马俊驹教授得知此事后,给崔建远写信表示对清华诚意的感谢,清华有这种精神一定能办好法学学科,但他本人确实无法答应。

尽管如此,李树勤等人并未气馁和放弃,积极动员各方面力量力求实现邀请马俊驹教授加入清华的目标。李树勤等人了解到马俊驹教授与其前任武汉大学法学院院长、著名法学家马克昌教授关系密切,便动员法律学系兼职教授、全国人大法工委的王著谦教授去做马克昌教授的工作。结果马克昌教授非常支持马俊驹教授来清华,并主动做马俊驹教授和其夫人曹南屏教授的工作。马克昌教授认为,中国政法大学人才济济,少了马俊驹教授影响有限,而如果马俊驹教授来清华,从国家层面讲,将会发挥更大的作用。此外,李树勤和王振民还向时任国家司法部常务副部长、党组副书记张福森同志汇报,希望组织能支持马俊驹教授调入清华。张福森同志在与时任中国政法大学校长杨永林同志沟通后,胡显章便代表清华与杨永林同志面谈,希望能够得到中国政法大学的支持,杨永林同志积极回应并表示将召开校党委常委会会议进行研究。一个多月后(1997年7月初),法律学系得到来自中国政法大学的通知,同意马俊驹教授来清华工作。马俊驹教授的到来,是法律学系教师队伍建设的转折点,开创了队伍建设的新局面。

附7-2:《1995—1999年教职员工名单》

1995年教师名单

黄新华　张铭新　王振民

1996年正式入职教师名单

李树勤　施天涛　于安　陈华海

1997年正式入职教师名单

崔建远　马俊驹　曹南屏　李旺　高其才　李旭

1998年教工名单①

（按姓氏拼音先后为序）

曹南屏(女)	陈海华	陈建民(女)	崔建远	范春燕(女)
高鸿钧	高其才	黄新华	江山(借调)	李红(女)
李树勤	李旺	李旭	马俊驹	施天涛
王保树	王叔文	王亚新	王振民	吴伟光
于安	于丽英(女)	张静庄(女,退休)	张明楷	张铭新
战宪斌	左轶			

1998年行政管理人员名单

系主任：王叔文教授

常务副主任：李树勤教授（清华大学校长助理）

副主任：王保树教授

副主任：崔建远教授

副主任：王振民副教授

系主任助理：李旭助教

教务秘书：李红

内务助理：左轶、李小武

外事助理：吴伟光、范春燕

1999年教工名单②

（以技术职务和姓氏拼音排序）

曹南屏 教授	崔建远 教授
高鸿钧 教授	高其才 教授
李树勤 教授	马俊驹 教授
王保树 教授	王亚新 教授
于安 教授	章程(张卫平) 教授
张明楷 教授	张铭新 教授

---

① 参见：清华大学法学院. 清华大学法律学系年鉴[G]. 1998：10.
② 清华大学法学院. 清华大学法学院年鉴[G]. 1999：6.

战宪斌　教授	陈建民　副教授
黄新华　副教授	江　山　副教授
黎　宏　副教授	李　旺　副教授
施天涛　副教授	王振民　副教授
于丽英　副研馆	程　洁　讲师
华　琳　讲师	李　红　馆员
周光权　讲师	范春燕　助教
李　旭　助教	吕晓杰　助教
吴伟光　助教	

1999 年党政管理人员名单

李树勤	校长助理兼人文社会科学学院党委书记、法学院党总支书记
王保树	院长、党总支委员
高鸿钧	党总支副书记兼副院长
崔建远	副院长
王振民	副院长
高其才	党总支委员、学生工作主管
张明楷	党总支委员
李　旭	院长助理兼办公室主任、党总支委员
黎　宏	研究生工作组组长
李　旺	研究生工作组副组长
李　红	教务秘书
华　琳	综合秘书
吴伟光	科研外事秘书

第二节　人才培养与教学工作

一、概况

法律学系复建后,在本科教育方面,1996 年开始培养校内双学位[①]学

[①] 需要说明的是,面向校内招录的在读三年级本科生并非真正意义上的"双学位",性质上更接近"转系",但因学生们学习很勤奋,最终也拿到了原来所在院系的学位.

生,1998年开始面向社会招收第二学士学位生,1999年开始从参加高考的高中毕业生中招收本科生。在研究生教育方面,1995年法律学系复建,办学即从培养大法学硕士研究生(马克思主义理论与思想政治教育专业)开始,相继建立起民商法学等专业硕士点、博士点。①

  法律学系复建初期在校学生人数较少,根据年鉴记载,1997年法律学系在校学生仅有72人。自1998年起,法律学系的人才培养和教学工作逐步取得实质性进展。1998年,法律学系新招收148名学生,在校学生总数达到210人,形成了一定的教学规模。② 1999年,法律学系(法学院)各类在校学生达到405人,其中本科生76人,从本校招收的法律第二学士学位生48人,面向社会招收的法律第二学士学位生213人,法学硕士生58人,博士生10人。此外,当年法律学系(法学院)还增加了香港大学的中国法二学位教育以及远程民商法硕士课程教育,并获得国务院学位办、司法部教育司的批准成为法律硕士专业学位的授予点。法律学系(法学院)的人才培养和教学规模不断扩大。

  经过实践与讨论,法律学系逐渐确立了"入主流,有特色"的人才培养思路,并将培养"复合型法律人才"作为人才培养的目标。任课教师在教学过程中也注重改进教学方法,将讲授与课堂讨论相结合,将理论教学和案例评析相结合,取得了良好的教学效果。③

二、人才培养理念

  1997—1998年,清华开展全校教育思想大讨论,确立了清华大学的人才培养目标,即培养面向21世纪的高素质、高层次、多样化、创造性的人才,推动了人才培养模式、教学内容、课程体系的改革。法律学系复建后的人才培养理念受到建系理念的较大影响,因法律学系最初挂靠在人文社科学院之下,建系理念也准备贯彻学校发展文科学系的既定方针,即

---

 ① 参见:陈旭,贺美英,张再兴,主编. 清华大学志1911—2010(第三卷)[M]. 北京:清华大学出版社,2018:537.

 ② 其中,本科生58名,法律第二学士学位生73名,硕士研究生14名,博士研究生3名。参见:清华大学法学院. 清华大学法律学系年鉴[G]. 1998:6.

 ③ 参见:清华大学法学院. 清华大学法律学系年鉴[G]. 1998:6;清华大学法学院. 清华大学法学院年鉴[G]. 1999:7.

"小而精,高水平,有特色"。因此,法律学系复建之初在人才培养方面,更倾向于向学生教授专利法等与理工科结合较为紧密的课程。但从1997年开始,"小而精"的口号逐渐淡化,法律学系在吸收借鉴国内外法学教育经验的基础上,逐渐确立了"入主流,有特色"的学生培养思路和培养复合型法律人才的目标。①

(一)"入主流,有特色"②的培养思路

王大中校长在1995年8月17日法律系筹建委员会会议上指出了"入主流"的重要性。受学校总体文科建设指导思想的影响,法律学系在人才培养方面,经过讨论也逐步确立了"入主流,有特色"的理念,到1998年,"入主流,有特色"的人才培养思路已经基本形成。③ 法律学系在贯彻这一人才培养思路的过程中,一方面按照教育部对全国法学教育的统一要求设置法律人才的培养种类和必修课程,即"入主流";一方面在教学实践中做到"有特色"。④ 对于后者而言,一是充分利用清华大学理工科和经管学科强的优势,增设必要的数学、物理学、生物学等现代自然科学的课程和经济管理的课程,扩大学生猎取知识的领域,并使他们掌握多学科的思维方法;二是强化外语和计算机教学,使学生掌握走向法学现代化和法治现代化的工具。⑤

(二)"复合型法律人才"的培养目标

法律学系复建之初,在研究分析了国内外法学院的人才结构和中国社会对法律人才的需求之后,法律学系决定将人才培养定位为培养复合型法律人才,要求学生有较好的理工科背景,有较高的外语和计算机水

---

① "小而精"在客观上与"入主流"存在一定的矛盾,"入主流"就必须有一定规模的学科覆盖面,"小而精"反而会限制学科的发展。
② 在"入主流,有特色"人才培养理念中"入主流"是更为主要的方面。在法律学系建系方针的讨论过程中,"有特色"的含义从最初狭义的科技法到理工与法律结合等,经历了一个逐渐形成共识的过程。有一种观点认为,在清华办法律学系本身就是"有特色"的,清华法律学系因继承清华独有的历史、文化、传统而自然具有特色.
③ 参见:清华大学法学院.清华大学法律学系年鉴[G].1998:6.
④ 参见:王保树.法学院复建及复建后的三年[M]//本书编辑组.清华大学文科的恢复与发展.北京:清华大学出版社,2011:240.
⑤ 参见:陈旭,贺美英,张再兴,主编.清华大学志1911—2010(第三卷)[M].北京:清华大学出版社,2018:537;另参见:王保树.法学院复建及复建后的三年[M]//本书编辑组.清华大学文科的恢复与发展.北京:清华大学出版社,2011:240.

平,既懂法律又懂其他专业知识,特别是懂科技、经济、管理等知识,力图通过这种培养,提高法律人才的科学思维和批判性思维。① 为了尽快实现这一目标,法律学系起初并没有将重点放在从高中毕业生中招收学生,而是立足于从已经取得或正在攻读非法学专业本科学位的人员中招收学生,充分发挥清华大学多学科综合优势,培养厚基础、宽口径、复合型、应用型、高层次法律人才,以满足社会急需。②

三、培养模式

法律学系复建后,经过一个学期的实践与研讨,进一步明确了办学思路与学生培养模式,即"确立了重点发展民商法、经济法、法理学、宪法行政法学的思想,近期内优先发展民商法、经济法学科。培养模式上确立了以培养硕士生为主、复合型法律人才的模式。本科生培养实现'3+4'贯通式培养模式。"教学工作开始走上正轨。③

法律学系的人才培养模式吸收借鉴了国内外法学教育经验,对于所招收的学生采取了类似美国法学教育中的JD模式进行培养,不同专业方向的硕士研究生均需补修法学14门核心课,同时还要完成本专业的研究生学位课。此外,法律学系还强调"双法""双语",即学生不仅学习中国法律,而且还要了解外国法和国际法,培养学生具有国际视野,立足中国,面向世界。为配合"双法"教育,法律学系开设了外教课程,也吸纳了众多有过留学经历的教师,进行"双语"教学,同时要求学生除了学习公共外语,还必须学习法律专业外语。这种"复合型"的人才培养模式和理念被认为

---

① 据黄辉校友回忆,法律学系复建前,在校内便流传着复建法律学系目的是为香港回归培养国际化、复合型的法律人才的说法,也成为吸引校内学生报考法律学系的重要原因,早期面向校内招收的硕士研究生和本科生中部分学生也是本着"理工和文法相结合"的考虑选择进入法律学系学习。参见:黄辉校友访谈[M]//申卫星,主编.清听法缘——清华大学法学院院史访谈录.北京:九州出版社,2020:271.

② 参见:王振民.百年清华,法学重辉——我所经历的法学院复建发展的历史[M]//本书编辑组.清华大学文科的恢复与发展.北京:清华大学出版社,2011:252.

③ 清华大学法律学系工作总结(1996年3月),转引自胡显章.忆清华法律学科的恢复建设[M]//申卫星,主编.清听法缘——清华大学法学院院史访谈录.北京:九州出版社,2020:54.

符合现代法学教育理念,也被认为是清华法律学系在国内脱颖而出的关键。①

四、法律学系复建后的生源情况

在本科教育方面,1995年,刚刚复建的法律学系就面向校内在读三年级本科生招收学生转读法学专业,100多名3字班(93级本科)学生报名转系,最终法律系通过资料审核和笔试,筛选出36名同学,组建了清华法律系复建后的第一个本科班,命名为"法3班"。"法3班"的学生于1996年起在法律学系开始学习,他们来自校内17个院系,当时已经在校内其他院系学习3年,按照培养计划,之后还要在法律学系学习3年才能够取得本科学位。1998年,法律学系招收法51、52两个本科班级,共58名学生。法3和法5两届学生在法律学系(法学院)于转入法律学系后的3年②时间内既学习法学专业,又继续学习原来的理工科专业,其中73人于毕业时分别获得了法学专业和原专业的本科学位。③

在研究生教育方面,1994年,本科就读于土木工程系的李启迪(94级文研)毕业后便进入尚未完成复建的法律学系攻读硕士学位④,李启迪也被称为"清华法律学系第0届硕士生"⑤。1995年,法律学系复建后,即从培养法学硕士研究生开始,依托大法学门类"马克思主义理论与思想政治教育"学科点设置"社会主义法治建设"方向,招收硕士研究生(95级文研),当年共有9名法学硕士研究生在读,生源来自校内其他各专业本科

---

① 参见:王振民.百年清华,法学重辉——我所经历的法学院复建发展的历史[M]//本书编辑组.清华大学文科的恢复与发展.北京:清华大学出版社,2011:252.

② 按照最初的教学计划,转入法律学系的本科生需用2年的时间学完所有法学课程,并完成毕业论文,后来系里研究认为培养合格的法学专业本科生需要更长的时间,因此调整为3年。

③ 参见:王振民.百年清华,法学重辉——我所经历的法学院复建发展的历史[M]//本书编辑组.清华大学文科的恢复与发展.北京:清华大学出版社,2011:252;葛英姿.法3,一个特别的班级.清华校友总会订阅号,2020年第173期.

④ 因当时法律学系尚未正式复建,并未开设专业课程,为尽早启动人才培养工作,在主持法学复建工作的胡显章的支持下,李启迪提前到邻近院校选修部分法律课程,并与1995年入学的95级文研一同完成系统法学教育计划。

⑤ 参见:胡显章.忆清华法律学科的恢复建设[M]//申卫星,主编.清听法缘——清华大学法学院院史访谈录.北京:九州出版社,2020:57.

毕业生。1996年,法律学系招收了13位研究生。① 法律学系复建早期,师资力量薄弱,主要依靠外请教师为学生授课,以确保教学质量,努力做到不让学生的学习受到影响。

从1998年开始,法律学系连续四年面向社会招收具有一定实际工作经验的非法律专业的本科毕业生攻读法律第二学士学位。按照教育部的规定进行考试入学,全日制学习,学制2年。共招收学生489名,其中469人获得第二学士学位。1998年,法律学系开始招收博士生,挂靠在人文社会科学学院马克思主义理论与思想政治教育博士点下培养。1998年举办了一期国家机关分流研究生班,专业为民商法学,学制2年,共有13名学员。② 法律学系的生源逐步多元化。

此外,法律学系复建后,正值清华大学大力发展现代远程教育的时期。③ 清华大学远程学历教育分为两类:一是研究生课程进修,主要面向具有大学本科学历或具有同等学力的在职人员;二是专升本远程学历教育。1999年11月,教育部发展规划司批准清华大学以远程教育方式开展专科升本科学历教育。同年12月上旬,继续教育学院与人文学院外语系、经济所和刚复建不久的法学院分别签署了以远程教育方式开展专科升本科学历教育协议书,由继续教育学院负责学生管理、院所负责学生培养,2000年正式招生。④ 2002年7月,继续教育学院与中华全国律师函授中心、最高人民检察院政治部干部教育培训部分别签署了面向各级检察院与司法行政系统工作人员的专科起点升本科的远程学历教育合作办学协议,当年,这两个系统有9200多人报名,经考试,录取注册学员3937

---

① 参见:陈旭,贺美英,张再兴,主编. 清华大学志1911—2010(第三卷)[M]. 北京:清华大学出版社,2018:538;王振民. 百年清华,法学重辉——我所经历的法学院复建发展的历史[M]//本书编辑组. 清华大学文科的恢复与发展. 北京:清华大学出版社,2011:252.

② 参见:陈旭,贺美英,张再兴,主编. 清华大学志1911—2010(第三卷)[M]. 北京:清华大学出版社,2018:538-539.

③ 1996年2月,清华大学率先提出了在我国开展现代远程教育的构想,充分发挥清华大学的工科优势,把先进的现代信息技术应用于教育,将清华大学优秀的教育资源输送到全国,使各条战线的技术骨干和管理干部不脱离工作岗位即可获得学习和提高的机会。1997年,我校远程教育系统初步建成。1998年2月,远程教育正式开始。参见:陈旭,贺美英,张再兴,主编. 清华大学志1911—2010(第二卷)[M]. 北京:清华大学出版社,2018:327-328.

④ 参见:陈旭,贺美英,张再兴,主编. 清华大学志1911—2010(第二卷)[M]. 北京:清华大学出版社,2018:329.

人,学校将此作为面向行业系统开展大规模远程教育的有益探索和实践。① 此后,法学院的远程教育在原有的基础上规模进一步扩大。2002年,法学院承担的法学专业远程教育学员总人数达到6000人,其中专升本5400人(含高检、司法两系统学员),研究生学员600人;有133名研究生课程修满合格结业,其中1人获得法学硕士学位。② 2003年,远程教育法学专业专升本共有302名学员毕业,其中有42名学员获得法学学士学位;有194名研究生课程修满学分并合格结业,其中3人获得法学硕士学位。③ 2004年,法学院承担的法学专业远程教育学员人数为5400人,其中有5000名学员分别于7月和12月毕业。法学院36位老师参加了当年远程学员毕业论文的指导工作,共计指导论文5000篇。虽然申请毕业或学士学位的学员众多,论文指导的工作量和难度都极大,但法学院对远程专升本毕业学员的论文指导和答辩给予了足够的重视和支持,投入大量人力,确保人才培养质量。指导教师均尽职尽责,积极帮助学员确定论文题目,指导并督促学员进行论文写作,对论文质量严格把关,并对学员论文进行了严格的答辩。④ 在法学院与继续教育学院共同努力下,2004年12月底,远程专升本学生论文指导和答辩工作圆满结束。远程研究生课程进修班2004年以同等学力申请硕士学位的学员有31人,其中21人获得法学硕士学位。⑤ 2002年,清华大学提出继续教育由以成人学历教育为主向非学历教育逐步转型。2005年,清华远程教育全面停止招收学历教育新生。至2008年年底,学校已经没有在读专升本学历教育学员。⑥

---

① 参见:陈旭,贺美英,张再兴,主编. 清华大学志1911—2010(第二卷)[M]. 北京:清华大学出版社,2018:330.
② 参见:清华大学法学院. 清华大学法学院年鉴[G]. 2002:10.
③ 参见:清华大学法学院. 清华大学法学院年鉴[G]. 2003:14.
④ 由于毕业学员人数较多,论文答辩的工作量和难度较大,学院决定根据以下四种情况确定学员是否需要参加论文答辩以及是否可以取得学位或毕业证书:(1)凡有资格申请远程学士学位的学员必须来清华大学参加论文答辩,答辩后论文综合成绩在80分以上者,可申请学士学位;(2)对于不申请学位的学员,将进行随机抽查,凡被抽查到的学员必须来清华大学参加答辩,答辩通过方能获得毕业证书;(3)对于不申请学位的学员,进行随机抽查,被抽到的站点,由答辩小组到该站点进行论文答辩,答辩通过方能获得毕业证书;(4)不参加答辩的同学,其论文综合成绩达到60分者,即符合毕业条件。
⑤ 参见:清华大学法学院. 清华大学法学院年鉴[G]. 2004:18.
⑥ 参见:陈旭,贺美英,张再兴,主编. 清华大学志1911—2010(第二卷)[M]. 北京:清华大学出版社,2018:330.

附 7-3：《史海钩沉——"法 3，一个特别的班级"》[①]

1. 选拔过程

法 3 班的同学在申请转入法律学系时每个人要填写一个申请表格，里面的内容包括个人基本情况、所在院系、前三年的学习成绩和排名、所获荣誉、社会工作、爱好特长等。笔试内容包括中文和英文两个部分，主要是考察考生的基本素质、人文素养和文字表达能力。据参加考试的同学回忆，中文试题要求将一段文言文翻译成现代文，然后根据该段文言文写一篇作文；英文试题是中英互译。

2. 生源特点

法 3 班的校内选拔可谓"优中选优"，不少同学的学习成绩在原院系就名列前茅，据统计，法 3 班有三分之二的同学曾在原院系担任学生干部。据法 3 班同学回忆，法 3 班的同学中有的搭设了中国最早的校园局域网，有的是来自学生艺术团、学生红十字协会、《新清华》校刊等团体的骨干，还有若干位同学曾担任原院系学生会和团委的主要职务。

3. 培养计划

最初转系时，学校为法 3 班制订的培养计划是"3＋2"，即在原专业学习三年，再到法律学系学习两年，本科毕业取得法学学位。按照这种培养计划，法 3 班的学生们是五年毕业，但在法律学系学习的时间比较短。1997 年，学校将法 3 班的培养计划改为"3＋3"，即在法律学系学习三年，同时还需要修完原院系的全部课程和毕业设计，六年毕业，获得法学和原专业两个本科学位。1999 年，法 3 班本科毕业时，几乎所有同学都拿到了两个学位，更值得一提的是，由于有 8 名同学在转入法律学系之前已经修读了双学位，加上法学学位，这 8 位同学成为清华历史上绝无仅有的"三学位"毕业生。

4. 课堂拾趣

教授法 3 班"民法总论"课程的是崔建远老师。据同学回忆，崔建远老师上课总是"索然一身，飘然而至"，从来不带任何课本或讲义，但讲起课来却逻辑清晰、娓娓道来。崔建远老师每次上课随身携带的保温杯经常被他作为教具，"比如，我对这个水杯有所有权……"，一个小小的水杯，

[①] 参见：葛英姿.法 3，一个特别的班级.清华校友总会订阅号，2020 年第 173 期。

帮助同学们理解了民法学中各种艰深晦涩的理论和概念。

教授法3班"中国法制史"课程的是张铭新老师。据同学回忆，张铭新老师颇有传统文人的风格，上课着正装，声音洪亮、中气十足，板书一般是竖着写，字体飘逸。

教授法3班"刑法分论"课程的是张明楷老师。据同学回忆，张明楷老师擅长刑法解释学，讲课幽默风趣。在张明楷老师讲授"故意杀人罪"那堂课之前，同学们在走廊奔走相告："快点儿来，张老师要'杀人'啦！"

教授"宪法学"课程的是王振民老师。王振民老师认为未来国家需要更多的高层次的法律人才，他经常在课堂上给同学们讲宪法和法律对国家的重要性，鼓励同学们将来要为国家的法治建设做贡献。

在国际化教学方面，尽管法律学系复建之初基础尚弱，但仍然为同学们安排了很多国际交流活动，几乎每周都有国际知名法学院的院长或教授来访做讲座，为同学们拓展国际视野、追踪国际上法律领域的前沿热点创造了条件。

5. 优良学风

据同学回忆，法3班的学习氛围很好，上课时同学们总要争取坐在前面的位置并积极提问和参与讨论。法3班上课很少有迟到的同学，当时法律学系的课程基本都安排在第三教学楼一段的教室，教室里固定座位只有34个，为了法3班的36位同学，学校特意在教室里面增加了2个座位，如果有人没来上课，老师一眼就能看出。张明楷老师在给法3班上课时用的是自编的刑法学教材，法3班同学在学习时发现教材中有值得商榷的地方，都会向张明楷老师提出，为教材的修订做出了贡献。

因学习刻苦努力，法3班同学的专业课程成绩普遍较高。1998年，学习法律仅两年的法3班同学参加了全国律师资格考试，考试通过率极高，并且还有考入北京市排名前八的同学。

6. 成绩斐然

在法律学系"厚基础、宽口径、复合型"①理念的培养下，法3班同学毕

---

① 据法3班葛英姿校友叙述，"厚基础"指的是坚实的法律基础、人文社科及自然科学基础，"宽口径"指的是适应能力强、就业渠道广阔，"复合型"指的是具有多种专业知识。

业后在各自的工作岗位上取得了优异的成绩。其中，孟芊现任福建省发展和改革委员会主任，常宇现任北京市委宣传部副部长、冬奥组委开闭幕式工作部常务副部长，韩卓现任云南省证监局局长，杨颖现任中宣部研究室副主任；吴庆斌是中泰信托的董事长，张震是高榕资本的创始合伙人，王军是超越摩尔基金的董事长，鲍为民是山东省人保寿险的副总经理，陈继梅是国际并购专家，王恒福是银行小额贷款方面的资深顾问，赵峰在新加坡投行从事多年投资工作，徐凌是平安信托的团队总监，陈义进、哈达、张贻伦、温雪斌也都在投资机构或金融机构担任高管；刘松涛和施晓亚都是从业多年的资深律师，王鸿是香港中资企业的法律顾问；黄辉是香港中文大学的法学教授，高岩是江南大学的副教授；杨光现任IBM华北区总经理，樊旭现在负责普天资产管理平台，孙传起担任香港安胜矿业投资有限公司的副总经理，解时来是宁波均普智能制造总经理，刘希良是普洛斯公司川渝地区总经理，刘军在市场营销领域从业多年；陈维国是美国一流知识产权律所的著名合伙人，卓霖在国内律所从事知识产权方面的工作，张瑾和叶菁菁在国际大企业中担任知识产权律师；陈曦创立了深圳曦华科技公司，正在为设计国产高性能芯片而努力；李波曾在《广州日报》做记者，获得过全国好新闻一等奖；林朝雯曾担任世界银行IFC高级顾问，出于自己的理想，目前已经成为一名中医医师，致力于悬壶济世；王颖毕业后做了多年国际律师，后来开始研究子女教育，目前是一位亲子教育讲师。

第三节 学科建设

1994年以来，清华大学不断完善综合性学科布局，在学科建设中"凝练重点，分类加强"；以"提高水平、突出特色"为宗旨，发展人文、社会、管理和艺术学科。[①] 在1995年8月17日的法律系筹建委员会会议上，时任校长王大中同志指出："一方面有特色，还要入主流，普遍性的东西要有。要有理工与法律的结合，首先着眼进入主流，突出学科成就。学术水平国内站住脚，长期目标还是世界一流。"在1995年9月8日的法律学系复建大会上，王大中校长指出："复建后的法律学系……在学科设置上不求门

---

① 百年沧桑话清华[N].《新清华》清华大学百年校庆百版特刊：27.

类齐全,但要注意打好法学的基础。"①在这种指导思想的影响下,法律学系在学科建设方面,以民商法学为突破口,逐步建立起了较为全面的二级学科体系,学科建设水平不断提升。

一、选择民商法学作为重点突破

1996年,第一批本科生转到法律学系后不久,清华法律学系便获得了学士学位授予权。② 1998年,法律学系获得批准设置民商法学硕士学位点。法律学系复建后,分别于1995年和1996年从校内理工科院系招收了两届共22名研究生学习民商法。但由于当时法律学系尚未获批民商法学硕士学位点,因此用的是马克思主义理论与思想政治教育学科方向的招生指标,客观上导致所招收的学生在毕业时只能授予马克思主义理论与思想政治教育专业学位。这种情况一方面增加了学生毕业论文答辩的难度,另一方面也影响到他们的就业。③ 为解决这一现实矛盾,法律学系全力推进民商法硕士学位点申报工作。但因硕士点需要经过国务院学位办审批,申报工作的难度比较大。按照有关要求,硕士点申报至少要有3名高级职称的教师,对于当时的法律学系而言,崔建远已是教授,施天涛也即将晋升为副教授,尚缺少一位民商法方向的名师。在得知知名民法学家马俊驹教授即将调往中国政法大学的消息后,李树勤、崔建远、王振民、施天涛等人便积极动员各方面资源的力量,经过坚持不懈的努力,马俊驹教授最终来到法律学系任教。④ 马俊驹教授的到来,增强了法

---

① 见清华法学院保存《法律系筹建委员会会议记录》。
② 黄新华回忆申请学士学位授予权的过程:"当时学校的一位主要领导是国务院学科评审组组长,他向评审组专家介绍了清华法律学系的情况,虽然法律学系刚刚复建可能条件还不够,但是学校下定决心要把它办好,也有能力把它办好。很多评审的专家觉得有道理,清华潜力很大,相信清华能把法学学科办好。最终,我们在学科评审组的匿名投票中超过半数获得通过,这样就拿到了学士学位授予权。事后这位校领导回忆说,唱票的时候他的心里仍然忐忑不安,他对清华申报工科的学士点充满信心,但申报法学学科的学士点完全没有把握。所幸的是,评审专家看到的是清华的决心、清华的未来,清华总算顺利地取得了法学学士学位授予权。"黄新华.亲历清华法律学系复建过程[M]//申卫星,主编.清听法缘——清华大学法学院院史访谈录.北京:九州出版社,2020:113-114.
③ 参见:李树勤.在清华文科工作的日子[M]//本书编辑组.清华大学文科的恢复与发展.北京:清华大学出版社,2011:230.
④ 参见:李树勤.在清华文科工作的日子[M]//本书编辑组.清华大学文科的恢复与发展.北京:清华大学出版社,2011:230.

律学系民商法师资力量,最终成功地组织了硕士学位点的申报工作。江平、梁慧星等专家在评定清华民商法法学硕士学位点时曾肯定地认为,清华民商法人虽少,但力量很强、梯队合理。①

法律学系复建之初,学科建设以民商法为突破口,其中原因既有实现授予即将毕业的研究生硕士学位的现实压力,也因法律学系早期资源有限,虽然有整体学科发展的目标,但难以立即全面铺开进行学科与队伍建设,需要采取"重点突破,以点带面"的战略,依据实际情况,在早期薄弱的师资力量中民商法教师占了相对优势,主要包括马俊驹、王保树、崔建远和施天涛四人。1998年,法律学系成立了校级研究中心——清华大学商法研究中心;法学院创办的学术出版物《清华法律评论》也于1998年12月开始出版,马俊驹为首任主编。②

二、"985工程"与学科建设

1998年5月江泽民总书记在北京大学100周年校庆时提出中国应有若干所具有世界先进水平的一流大学。此后,国家对北大、清华两校给予重点支持,并将建设世界一流大学列入国家《面向21世纪教育振兴行动计划》。教育部决定在实施《面向21世纪教育振兴行动计划》中,重点支持国内部分高校创建世界一流大学和高水平大学,并以江泽民在北京大学讲话的日期命名为"985工程"。1998年8月,时任校长王大中在学校暑期中层党政干部会上指出要抓住这个难得的历史机遇,力争将清华建设成综合性、研究型、开放式的世界一流大学。③清华法学院于1999年复建,在一定程度上正是这一政策支持对于文科建设产生积极影响的表现。

1998年,学校提出了全校的发展规划目标,法学教育作为其中的有机组成部分,也形成了自己的规划目标和框架。法律学系在总结1998年教学与科研工作的发展时提出,2001年(即清华大学建校90周年、法律学

---

① 参见:施天涛.在那艰难创业的日子里——记清华法律系复建二三事[M]//本书编辑组.清华大学文科的恢复与发展.北京:清华大学出版社,2011:263.
② 参见:陈旭,贺美英,张再兴,主编.清华大学志 1911—2010(第三卷)[M].北京:清华大学出版社,2018:543.
③ 参见:清华大学校史研究室.清华大学一百年[M].北京:清华大学出版社,2011:516.

系复建6周年)的目标是:在学校的重点支持下,以法律学科建设为清华大学的一级重点学科为方向,配齐主要学科的师资队伍,全面发展二级学科,重点建设实践性强的学科,争取建立相当数量的硕士学位点和一定数量的博士学位点;坚持培养复合型人才的特色,注重提高质量和提高水平,在校学生具备相当规模;经过师生努力,建成法学教育和法学科研相结合的基地。2011年(即清华大学建校100周年、法律学系复建16周年)的目标是:继续加强硬件建设和软件建设,大力提高教师队伍的综合素质,使之出现一批在法学教育中有影响的学者,培养一批在社会上有重大影响的高级法学人才和法律人才,推出一批具有一流水平的科研成果,在校学生规模进一步发展,争取成为在世界上有影响的法学院。[1]

"985工程"的启动为法律学系的学科建设创造了新的契机。在制定法学学科"985规划"过程中,全体教师积极参与、建言献策,体现出极强的凝聚力。时任校长王大中和时任校党委书记贺美英亲自听取法学学科建设"985规划"汇报,并给予高度肯定。此外,学校从"985规划"款项中拨付1000万元人民币用于支持法学学科建设,为法学学科今后的发展提供了较好的物质保障。[2] 法学院1999年制定《法学院学科建设规划》,对科研的现状和目标进行了分析,在建设一流的法学院就应有一流的科研成果方面达成共识:科研工作应当提高标准,以质量为重点。学院决定在充分发挥教师各专业特长的前提下,积极组织重大课题,集中研究,以形成法学院的整体影响。结合学科建设,法学院提出两项"985"校重大基础研究项目,即"依法治国的基本理论问题研究"和"司法公正与司法改革",获得了学校批准。[3]

第四节 办学办公条件

一、法律学系复建初期的办公地点

法律学系复建初期,在中央主楼十层两间办公室办公,面积约40平

---

[1] 参见:清华大学法学院. 清华大学法律学系年鉴[G]. 1998:6-7.
[2] 参见:王保树. 法学院复建及复建后的三年[M]//本书编辑组. 清华大学文科的恢复与发展. 北京:清华大学出版社,2011:239.
[3] 参见:清华大学法学院. 清华大学法学院年鉴[G]. 1999:17.

方米。当时主楼的电梯只到八层,师生需要从八层西侧的消防楼梯步行方能到达十层。两间办公室的里间分隔为两小间,其中一间作为法律信息中心,用于与香港大学法学院合作收集整理内地法律法规信息;另一间作为法律学系常务副系主任办公室。外间亦分隔为两个区域,其中一部分用作会议室兼作教师的办公桌,另一部分作为法律学系的对外办公室。尽管当时法律学系的办公条件简陋,但教师们却有一股齐心拼搏的创业精神。胡显章副书记引领刚入职的崔建远教授到主楼办公室时说:"很抱歉,现在还不能给你提供一张办公桌,你只能与其他老师共用,不过今后的条件一定会逐步改善的。"崔建远笑着说:"我到清华不是来享受的。"是为写照。1998年,法律学系办公地点由主楼迁至三教三段五层东侧的四间办公室,面积约80平方米。①

二、明理楼的启动建设与落成

（一）"一流法学院要有一流大师和一流大楼"②

在复建法律学系的筹备过程中,法律学系的建设者内心树立了"应该按照国际标准在国内建设一个全新的法学院,一个与众不同的法学院"的坚定信念。③ 这一理念也得到了清华大学时任领导的认可,并为法律学系复建筹措资金提供支持、创造条件。法律学系的建设发展在资金方面得到了香港法律界、企业界的支持,其中,王振民在筹款方面投入了很多精力并取得了积极的成效。1993—1995年,王振民在香港大学法律系攻读与中国人民大学联合培养的博士学位,在当时香港大学法律系主任陈弘毅的引荐下结识了香港法律界知名人士梁定邦、李国能、梁爱诗等人。1995年夏,王振民主持在清华为香港大学法律学生举办的暑期中国法律培训班,获得10多万元港币的学费收入,为筹建中的法律学系带来了"第一桶金",解决了筹建初期很多现实问题。1995年8月,香港陈清霞律师

---

① 参见:胡显章.忆清华法律学科的恢复建设[M]//申卫星,主编.清听法缘——清华大学法学院院史访谈录.北京:九州出版社,2020:57-58;李旭.心灵漫步[M]//李旭,主编.明理情怀——清华大学法学院复建十周年纪念文集(1995—2005).2005:80-82.

② 参见:施天涛.在那艰难创业的日子里——记清华法律系复建二三事[M]//本书编辑组.清华大学文科的恢复与发展.北京:清华大学出版社,2011:265.

③ 参见:王振民.清华法学事业的重生和腾飞[M]//申卫星,主编.清听法缘——清华大学法学院院史访谈录.北京:九州出版社,2020:118.

捐助20万元港币作为法律学系筹办经费。1995年年底,经李国能、陈弘毅的联络介绍,著名企业家、香港中信泰富有限公司主席荣智健先生决定捐款3000万港币资助清华大学法律学科发展,其中2100万用来支持建设一栋法学院大楼,另外900万设立长久基金,支持清华法律学科的长远发展。为充分利用好荣智健先生的这笔捐款,避免因香港与内地之间税收影响实际到款金额,1996年4月16日,由李国能、梁爱诗、陈弘毅在香港发起成立了"清华大学法律系之友慈善信托基金",并获得港英政府免税的资格。法律学系也因此成为清华大学第一个拥有自己独立基金会的二级院系。荣智健先生的捐款和基金会的成立,为法律学系的发展提供了长远的物质保障。1995年法律学系恢复之初,在曾俊伟学长的介绍推动下,成立不久的金杜律师事务所捐款设立奖学金,这是法学院第一项奖学金。①

法律学系复建时,国内大学的基础建设和教学设施情况普遍较差,教师在家中做教研的现象比较普遍。在建设者们秉持的"清华法律学系一定要高标准,首先在硬件上要达到国际一流标准,先解决大楼问题,再解决大师问题"理念支撑下,在较为充足的物质条件保障下,法学院的教学办公楼——"明理楼"应运而生,开启了国内大学二级学院拥有独立大楼之先河。

(二)明理楼的命名、选址与外观设计

1997年11月28日,在各有关方面的支持下,法律学系系馆明理楼奠基开工,时任国家副主席荣毅仁先生为大楼命名并亲自题写了楼额"明理楼"②。

明理楼最初的选址地点位于现在的清华路与学堂路交叉点的西北角,属于清华的老校区。这是由于当时学校部分老领导和老教授认为清华的法学教育历史久远,故主张将法学院建在老校区,在建筑风格方面采用与老校区砖红色建筑相似的外观。明理楼的设计最初由中国工程院院士、建筑学院关肇邺教授操刀。但由于该选址地点原建有一个国家重点

---

① 参见:王振民.特别的支持给予特别的事业——大学发展离不开社会资源.《中国法律评论》微信公众号,2018年10月14日.

② 时任国家副主席荣毅仁先生原本为新楼题写了"明理"和"明训"两个名字供选择,当时法律学系的建设者们认为,法律要讲道理才有生命力,于是就选用了"明理"为新楼命名。参见:王振民.清华法学事业的重生和腾飞[M]//申卫星,主编.清听法缘——清华大学法学院院史访谈录.北京:九州出版社,2020:121.

实验室,在该实验室的动迁问题上学校层面未能达成一致意见,故明理楼的建设地点变更到了学校主校门附近,在征求了关肇邺教授的意见后,最终选定在主校门进校后相对正中的位置。新的建设地点不再属于老校区,而关肇邺教授只设计老校区的建筑,所以明理楼新的设计方案便由时任清华大学建筑学院院长胡绍学教授负责。

明理楼的外观设计由法律学系的建设者们与设计师共同商议决定,大楼正面和南面共有十根柱子,这种设计背后的理念是每一根柱子代表着一部法典。在设计过程中,法律学系的建设者们还向多方请教、听取意见,有些意见最终被采纳并呈现,比如明理楼外部窗户的原有设计方案采用了方形设计,后来听取了当时在香港大学法律学系任教的冯象教授的意见,将窗户上面改为弧形,以期更加美观。①

(三)明理楼的内部建设及其理念

在明理楼的建设过程中,教师办公室的最初设计方案采用的是当时流行的大办公区加装隔断的方式,但法律学系的建设者们则提出应参照香港大学等国际著名大学的标准,为全体教师提供独立的办公室。但在当时,清华还没有任何一个院系实现了为每一位教师提供独立的办公室,经过反复沟通,法律学系建设者们的想法最终得到了学校的认可。后来,学校有关领导也逐渐认识到为教师提供独立办公室的意义和作用,教师如没有固定和独立的办公地点会影响教学科研水平的提升,也不能体现对教育的认真对待。明理楼建成后,学校其他院系甚至国内其他大学逐渐开始为教师配备独立的办公室,明理楼的建设影响带动了国内高等教育的提升与办学条件的飞跃。明理楼在设计与建设的诸多方面都体现了高标准,比如:卫生间的设计强调干净、清洁,并为师生提供免费的用纸;明理楼的办公室、图书馆和教室全部安装了空调,这一点当时在校内甚至在全国高校中都处于领先地位。明理楼的建设对当时的中国法学教育来说可谓一场"革命",并引发了其他学科、其他高校的连锁反应,在某种程度上为中国高等教育现代化做出了贡献。②

---

① 参见:王振民.清华法学事业的重生和腾飞[M]//申卫星,主编.清听法缘——清华大学法学院院史访谈录.北京:九州出版社,2020:123-124.

② 参见:王振民.清华法学事业的重生和腾飞[M]//申卫星,主编.清听法缘——清华大学法学院院史访谈录.北京:九州出版社,2020:120-121.

明理楼于 1999 年 11 月 28 日竣工,建筑面积 10000 平方米,成为国内高校中第一座专供法学院使用的大楼,在全国高校中起到了引领示范作用。1999 年 12 月 22 日,明理楼启用典礼隆重举行。时任校长王大中、荣智健先生、李国能先生和法学院时任院长王保树等先后致辞并为大楼启用剪彩。明理楼的建成大大改善了法学院的教学办公条件,为法学院吸引更多人才打下了坚实的物质基础。

三、法律图书馆的缘起与发展

(一)"淘出来的图书馆"[①]

法律学系恢复伊始,即着手筹建法律图书馆。由于当时法律学系办公面积很小,加之法律类书籍较少,没能建设独立的图书室或图书馆,学生看书仍依赖学校图书馆。后来,法律学系从中国政法大学图书馆获取了一批旧书。据施天涛教授回忆,在接到系里关于去中国政法大学淘书的通知后,法律学系师生全体出动,在中国政法大学的学院路校区图书馆淘了一整天,收获大约几千册图书。[②] 此外,法律学系的教师亦主动将自己的藏书捐出并多方联络争取图书捐赠。

(二)法律学系图书室

随着法律学系法律类书籍的不断增多,产生了建设法律图书室的需求,经过系里申请和学校批准,最终在当时文科楼(现文北楼)顶楼起层建立了最早的法律图书室。文科楼没有电梯,到七层必须爬楼,但图书室面积较大,又很安静,是当时法律学系学生看书学习的最佳场所。当时的法律图书室主要由学生负责管理。

(三)法律图书馆的雏形

1997—1999 年是法律图书馆的初创阶段,主要工作围绕图书的采购和整理展开。[③] 1997 年,学校在清华大学图书馆内五层开辟了 509、510 阅览室(20 余席位)作为法律图书馆,供法律学系师生使用。509 室主要

[①] 参见:施天涛.在那艰难创业的日子里——记清华法律系复建二三事[M]//本书编辑组.清华大学文科的恢复与发展.北京:清华大学出版社,2011:264.

[②] 参见:施天涛.在那艰难创业的日子里——记清华法律系复建二三事[M]//本书编辑组.清华大学文科的恢复与发展.北京:清华大学出版社,2011:264.

[③] 参见:于丽英.法律图书馆和我[M]//李旭,主编.明理情怀——清华大学法学院复建十周年纪念文集(1995—2005).2005:86.

用于整理各种资料、存放西文图书及期刊合订本,510室为法律专业阅览室,资料仅限室内阅览。在此期间,新华社香港分社赠书150箱,1998年年底,美国富兰克林·皮尔斯法学院赠书130箱,共2000余册。

起初,法律图书馆只在周一到周五白天提供阅览,后来应学生们的要求,晚上和周末也开放阅览,晚上和周末的开放时间由系里学生义务值班和管理,逐渐形成了学生参与建设和管理图书馆的传统。当时的法律图书馆除了专职管理人员外,还招收了很多学生做图书馆的兼职助理,从整理资料到阅览室的开放等都主要由学生助理负责。① 当时尽管馆舍、人员等条件有限,但法律图书馆的图书借阅、计算机使用、值班等基本运行制度逐步建立。

(四)建设独立的法律图书馆

在明理楼的设计过程中,法律学系的建设者们希望在楼内建立一个独立的法律图书馆。而在当时,清华各院系都还没有建设独立的图书馆,为了争取学校的同意,法律学系的建设者们积极向学校有关领导汇报建设法律图书馆的重要性。根据王振民教授的回忆②,其曾向时任校长王大中汇报法律图书馆建设事宜,当时王大中校长提出为什么其他院系没有提出建设独立图书馆的需求、法律专业有什么特殊性的问题,王振民表示,世界著名大学的法学院都有独立的图书馆,法律图书馆类似于理工科的实验室,如果没有好的图书馆,法律学科的教学科研质量会受到限制和影响。经过努力沟通,这一观念逐渐得到了学校领导的认可,为后来建设独立的法律图书馆做好了铺垫。

1999年上半年,当时的法律图书馆负责人于丽英赴香港学习访问,其间走访了香港大学和香港城市大学的法律图书馆,对专业的法律图书馆有了新的认识,后来明理楼内的法律图书馆在设计布局方面借鉴了香港大学等法学图书馆的经验。明理楼落成并启用后,法律图书馆从学校图书馆搬入明理楼,面积约2000平方米,内部共四层。法学院成为当时国内第一家拥有独立图书馆的法学院,开启了国内大学图书馆建立专业

---

① 参见:于丽英.师生共建法律图书馆[M]//申卫星,主编.清听法缘——清华大学法学院院史访谈录.北京:九州出版社,2020:155.

② 参见:王振民.清华法学事业的重生和腾飞[M]//申卫星,主编.清听法缘——清华大学法学院院史访谈录.北京:九州出版社,2020:120.

分馆之先河。①

自2001年起,法律图书馆的建设逐步进入正轨。"基本法图书馆"于2001年在三层书库挂牌;面积300多平方米的电子阅览室于2003年3月17日开始试运行,包括156.6平方米的电子教室和122.4平方米的阅览室,拥有计算机116台和10余套多媒体设备,网络、光盘及录像资源补充了馆藏。此外,台湾张伟仁先生捐赠的全套《明清档案》,著名国际法专家王铁崖先生、李世光先生、陈昆先生的赠书,藏书家田涛先生赠予的《巴县档案》《民国档案》以及族谱、契约等,成为法律图书馆的特藏。法律图书馆还积极开展对外合作与交流,与国内外一些法学院和图书馆建立了书刊资料交换关系。如美国纽约大学、杜克大学、哈佛大学、天普大学、富兰克林·皮尔斯法学院,香港大学法学院、香港城市大学图书馆等,捐赠了大量书刊资料。香港终审法院李义法官赠送了全套 *Law Reports* (1865—2000)、*Weekly Law Reports* (1953—1999),共800余册;香港大学教授Raymond Wacks先生个人赠书千余册;哈佛大学约6吨重、共3500册的赠书则构成了法律图书馆四层的"书墙"。自2001年10月起,法律图书馆以板报专栏形式定期出版"法律信息荟萃"和"法律专题信息报道",对最新法律动态信息、热点研究以及相关馆藏资源进行集中报道。在书刊采购方面,积极听取师生的意见建议,定期将"新书报道"发至学院教师电子邮箱,不断完善"教师课程指定参考书专架"和"研究生必读书目"工作,从读者利益出发,使资源布局趋于合理。

(五)"师生共建的图书馆"②

法律学系和后来的法学院几任领导均对法律图书馆建设给予重视和支持,法律图书馆的馆长起初一直由法学院院长兼任,这一做法坚持了近10年。法律图书馆第一任馆长是法学院原院长王晨光教授,明理楼法律图书馆楼道中摆设的绘画、状元匾、木制对联、《美国独立宣言》复制件都是王晨光教授捐赠的。第二任馆长是法学院原院长王振民教授。从2009

---

① 参见:王振民.清华法学事业的重生和腾飞[M]//申卫星,主编.清听法缘——清华大学法学院院史访谈录.北京:九州出版社,2020:120.

② 参见:于丽英.师生共建法律图书馆[M]//申卫星,主编.清听法缘——清华大学法学院院史访谈录.北京:九州出版社,2020:156.

年起,由于院长事务繁重,学院决定由章程(张卫平)教授担任法律图书馆馆长。

在法律图书馆发展过程中,学院教师对图书馆倾注了很大的热情,给予了大力支持,例如贾兵兵教授、汤欣教授曾担任图书馆的教师顾问,在图书馆的资源建设方面,两位老师经常推荐图书并提出专业的意见建议。法律图书馆馆藏德文图书方面,陈卫佐教授、王洪亮教授都曾提出关于图书质量与种类的建议,并促成了一批德文图书的购置。法律图书馆馆藏500册左右的日文图书是张建伟教授提供信息线索后采购而来的。此外,法学院的教师还将很多私人藏书赠予法律图书馆,正是有了师生的关心与支持,法律图书馆得以逐渐成熟和发展。

据接替章程(张卫平)教授担任法律图书馆馆长的于丽英回忆,法律图书馆和法学院是紧密联系、相辅相成的共同体关系,二者共同建设、共同发展,学院对图书馆的重视使得图书馆发展得更好,反过来图书馆又为老师的教学科研和学生们的学习提供了具有针对性的帮助。[①]

第五节　国际及港澳台合作与交流

法律学系复建后,在"为教学服务、为科研服务、以我为主"的工作原则指导下,积极拓展国际及港澳台合作交流,到1998年已与美国、日本、英国、德国、法国、瑞典、荷兰等国以及我国港澳台地区的多所大学法学院建立了联系,包括哈佛大学、杜克大学、耶鲁大学、斯坦福大学、纽约大学等知名大学的法学院。1998年7月,法律学系领导首访日本名城大学、东京大学、横滨国立大学、庆应大学、早稻田大学、创价大学、明治大学,并与名城大学签订了合作交流协议。2001年1月,法学院党政领导组团访问了美国富兰克林·皮尔斯法学院、哈佛大学法学院、耶鲁大学法学院、纽约大学法学院、哥伦比亚大学法学院、杜克大学法学院,广泛接触了有关人士,就法律学系与上述法学院开展合作进行深入交谈,促进了清华法学的国际化发展。

此外,法律学系同香港大学法律学院建立了十分密切的合作关系。

[①] 参见:于丽英.师生共建法律图书馆[M]//申卫星,主编.清听法缘——清华大学法学院院史访谈录.北京:九州出版社,2020:159.

自1995年起香港大学法律学院的学生每年暑期到清华大学法律学系学习一个月的中国法律,自1997年起香港大学每年派几名教师到清华大学法律学系讲2—3周的普通法。法律学系也不定期派教师访问香港大学法律学院并讲学。法律学系于1999年起与香港大学法律学院一起在香港开办中国法学第二学士学位课程,历时10年,共培养了700余名香港籍学生。

广泛的对外交流活动突显了法律学系的国际化特征。据当事人回忆,1997年,根据学校外办的统计,法律学系外事活动数量名列全校第二,仅次于经管学院。① 据法律学系年鉴记载,1998年法律学系接待外宾来访30余次,其中有前来洽谈合作事宜的,但更多的是进行学术交流,为法律学系师生了解国际法、境外法律前沿问题提供了丰富的资源。② 1998年年初,法律学系接待了到访清华大学的Fulbright教授——美国杜克大学的David Warren教授,并邀请他于在校期间讲授环境法。1998年5月9日,法律学系举办了法学教育改革与发展中美交流会议,这是清华大学首次举办的法学方面的国际会议。国内法律部门有关领导,部分院校专家学者,美国驻华Fulbright项目教授、官员,美国使馆参赞、一秘,美国教育交流中心主任John Louton,清华大学党委副书记胡显章,校长助理、法律学系常务副主任李树勤,人文社科学院副院长王孙禹以及学校有关部门领导,法律学系师生共约90人参加会议。③

1999年,法律学系共接受来访40余人次,包括Fulbright教授1名,高级访问学者2名。成功举办短期涉外及涉港澳台培训班3个,包括香港特区法官培训课程。启动了与香港大学联合开展的中国法第二学位课程。与美国杜克大学法学院签署了合作意向。全年共派出13人次,包括4名长期进修和交流者,分别派往美国、日本和香港地区。④

附7-4:《史海钩沉——与日本名城大学法学院建立正式交流合作关系》

日本名城大学法学院是第一个与清华法律学系签署交流合作协议的

---

① 参见:李旭.心灵漫步[M]//李旭,主编.明理情怀——清华大学法学院复建十周年纪念文集(1995—2005).2005:81.
② 参见:清华大学法学院.清华大学法学院年鉴[G].1999:18-28.
③ 参见:清华大学法学院.清华大学法学院年鉴[G].1999:8-9.
④ 参见:清华大学法学院.清华大学法学院年鉴[G].2000:32.

国外大学法学院。清华法律学系复建后,经过战宪斌教授的联络,当时在名城大学任教的小高刚教授①到法律学系访问考察,小高刚教授在日本国内有着较高的学术地位,其回日本后积极促成名城大学法学院与清华法律学系建立合作关系,为两校开展交流合作创造了良好条件。1998年7月,清华法律学系正式组团访问日本,访问团由时任法律学系常务副系主任、党支部书记李树勤带队,成员包括时任校学术委员会副主任、法律学系学术委员会主任马俊驹,时任法律学系副主任崔建远和战宪斌(作为联系人和翻译)。此次出访,访问团先后访问了东京大学、庆应大学、横滨国立大学、明治大学、早稻田大学、创价大学、名城大学等日本高校。在访问名城大学时,校方对访问团予以热情接待并组织了报告会,崔建远教授做了学术报告,李树勤交流了法律学系基本情况和办学理念。报告会结束后,举行了名城大学法学院与清华大学法律学系交流合作协议签署仪式。签署的交流合作协议主要内容包括两项:一是双方互派学者交流讲学(此后,战宪斌、小高刚、高其才、田思源等教师曾分别到对方大学进行学术访问,讲授各自国家的法律);二是人员交流,主要是名城大学法学院邀请法律学系教师赴日进修,每两年一人,时间为10个月,主要费用由名城大学承担。交流合作协议于1999年起开始履行,当年,法律学系助教吕晓杰赴日本名城大学法学院进修。② 随后,法学院周光权③、陈新宇④、劳东燕⑤等教师先后赴名城大学交流进修。2008年,为了庆祝清华大学法学院与名城大学法学院合作十周年,名城大学法学院邀请清华大学法学院赴日访问。

第六节　复建法学院

1999年4月15日,清华大学1998—1999学年度第十四次校务会议做出了《关于恢复建立清华大学法学院的决定》。该决定指出,为适应"依法治国,建设社会主义法治国家"的需要,加快我校法律学科的发展,经1998—1999学年度第十四次校务会议讨论,决定恢复建立清华大学法学

---

① 小高刚原为日本名古屋大学教授,后到名城大学任教。
② 参见:清华大学法学院. 清华大学法学院年鉴[G]. 2000:32.
③ 2001年至2002年日本名城大学法学部访问学者。
④ 2007年至2008年日本名城大学法学部访问学者。
⑤ 2014年至2015年日本名城大学法学部访问学者。

院(英文名称 School of Law,校内编号为 066),不再保留法律学系的建制。校务会议要求,法学院复建后,要发扬清华大学的优良传统,充分利用我校多学科的综合优势,打好基础,形成特色,为我国社会主义法治建设事业培养复合型、高层次的法律人才。法学院要加强队伍建设,不断提高教学和科研水平,为把我校建设成为世界一流大学做出贡献。同日,校务会议决定任命王保树教授为法学院院长。

1999年4月24日,清华大学法学院复建大会在伟伦楼举行。王大中校长在致辞中指出,法学院的复建"是清华大学发展史上一件具有重要意义的大事,也是清华大学建设世界一流综合性大学的一项重要举措,标志着清华大学的法学教育进入了一个新阶段"。

附 7-5：《清华大学校长王大中院士在清华大学法学院复建大会上的致辞》(1999 年 4 月 24 日)

各位领导、各位来宾,老师们、同学们:

今天,我们怀着十分喜悦的心情在这里隆重举行清华大学法学院复建大会。首先,请允许我代表清华大学向光临大会的各位领导表示衷心的感谢,感谢你们对清华工作的关心和支持;向法律界、法学界、教育界、新闻界的各位来宾和海外友人表示热烈的欢迎和诚挚的谢意!清华大学法学院在停办了近半个世纪之久后,今天终于又获得了新生,这在清华大学发展史上是一件具有重要意义的大事。我谨代表学校对新的法学院的成立表示热烈的祝贺。

七十年前,当清华学校正式改建为国立大学时便设置了法学院,一直到1952年全国院系调整时法学院被并入其他院校。在这期间,曾有一批名师执教,法学院也培养了不少法学界的精英,有些校友今天仍然在法律界和法学教育界担当重任,师生们的业绩曾使清华法学院享誉国内外。

改革开放以来我国社会主义法制建设取得了很大的成就。党的十五大进一步确立了"依法治国,建设社会主义法治国家"的基本治国方略。法制建设是我国社会主义现代化建设的一个重要方面。为了适应国家社会主义法制建设的需要,作为建设世界一流综合大学的一个重要举措,1995年9月我校恢复了法律学系,使法学教育在我校翻开了新的篇章。近四年来,法律学系在师资、教学、科研和基础设施建设以及对外交流等各方面都取得了长足的进展,已经初步具备了成立学院的条件。法学院的复建是我校法学教育发展史上的一个里程碑,我校法学教育和法律学科将由此进入一个新的阶段。

今天清华大学复建法学院,不是历史上清华法学院的简单恢复。我们认真研究了我国社会经济文化发展和法制建设对法律人才的需求,吸收借鉴了国内外法学教育的成功经验,在此基础上,明确清华法学院以培养厚基础、宽口径、复合型的法律人才作为复建后的办学目标。目前我们已经有了一个良好的开端,但今后还有很长的路要走。希望法学院广大师生紧紧抓住国家加强法制建设和学校建设一流大学的机遇,虚心向兄弟院校学习,并充分利用清华多学科交叉的优势,力争在不太长的时间里,创建出一流水平的法律学科,培养出一流的法律人才。学校也将对法学院有较大的投入,从各方面继续大力支持扶植法律学科的发展。

清华法律学科从无到有,从小到大,其中不仅凝聚了法律学系广大师生的心血与汗水,也与社会各界和海内外友好人士的支持和帮助分不开。几年来,国家有关领导部门、法律界、教育界和商界等各界人士对清华大学恢复和建设法律学科,倾注了诸多的关爱与支持。正是由于这些热心支持和帮助,我们才有了今天法律学科的蓬勃发展和法学院的重新开办。我们一定要做出最大的努力,以最出色的成绩向他们表示我们的敬意和谢意。

最后,让我们共同祝愿法学院在各级党政部门、政法部门、教育部门的继续关心支持下,在兄弟院所的帮助下,发扬清华大学自强不息的光荣传统,发奋图强,开拓进取,为繁荣我国社会主义法学,推进依法治国方略的实施和社会主义法治国家的建设,不断做出新的贡献!

附7-6:《清华大学法学院院长王保树教授在法学院复建大会上的讲话》(1999年4月24日)

尊敬的各位来宾,尊敬的校领导,老师们,同学们:

经过积极、认真的筹备,我们终于在清华大学88年校庆之际迎来了法学院的复建。

首先,我代表法学院的全体师生向出席今天大会的各位来宾表示热烈的欢迎和衷心的感谢,向多年以来支持我院法学教学工作和师资队伍建设的教育、法律工作部门的同志和兄弟院校、研究机构的同行表示诚挚的谢意!

法学教育在清华大学曾经有很长的历史。早在1928年就建立了法学院,1932年在法学院下设置了法律学系,确定自己的宗旨是"对于应用及学理两方面,务求均衡发展,力避偏重之积习,以期造就社会上应变人才,而挽救历来机械的训练之流弊"。三四十年代,曾经有一批法学大师在这里执教,培养了一批著名的法律专家、法学教育家。1949年10月20日,清华大学法律学系并入北京大学;1952年,在全国院系调整中,整个法学院并入其他院校。

改革开放以来,我国社会主义法制快速发展,不仅立法突飞猛进,初步建立起了社会主义法律体系,使国家和社会生活的主要方面做到了有法可依,而且,执法、司法也在改善,社会对法律人才的需求不断增加。同时,清华大学提出了要在2011年建成"综合性、研究型、开放性"的世界一流大学的部署。在此形势下,清华大学于1995年恢复建立了法律学系并将法学作为加快发展的学科。近4年以来,法律学系在学校统一领导下,加强师资队伍和学科建设,发展迅速而顺利,具备了恢复建立法学院的条件。4月15日,本学年度第十四次校务会议决定恢复建立法学院。这是进一步健全社会主义法制和发展社会主义市场经济的需要,也是提高我校法学学科建设水平的需要,是对法学院全体师生的极大鼓舞。

中国共产党的第十五次代表大会提出了"依法治国,建立社会主义法治国家"的治国方略,它为法学教育的发展带来了难得的发展机遇。同时,实践对法律人才的知识结构和质量要求更高了,加之我国的法律院系如林,挑战与机遇并存。但是我相信,有法律学系恢复建立以来的基础,有学校建设世界一流大学的战略部署,有兄弟院校法律院系的宝贵经验,我院一定能跟上清华大学的统一步伐。我们将发扬"自强不息,厚德载物"的清华精神,充分调动全体教师和学生的积极性,进一步增强创新意识,努力建设同清华大学地位相称的法学院。

法律人才需求单位是法学院的"上帝"。为了适应社会上对法律人才的需求,也为了利用清华大学多学科的优势,我们将继续采取在实践中形成的"入主流,有特色"的办学思路。所谓"入主流",就是要按照教育部的统一要求设置法律人才的培育种类和必修课;所谓"有特色",就是充分利用清华大学理工科、经管学科强的优势,增设必要的现代自然科学课程和经济管理课程,扩大学生猎取知识的领域,并使他们掌握多学科的思维方法。同时,强化外语教学和计算机教学,借助学校的"国际会议与信息交流模拟环境",使学生掌握走向法学现代化和法制现代化的工具。

法学院是清华大学的有机组成部分,它的发展必须纳入清华大学的整体规划。去年,清华大学提出了建设世界一流大学分两步走的战略目标。法学教育也相应形成了自己的规划目标和框架。2001年(即清华大学建校90周年)的目标是:在学校重点支持下,以法学学科建设成为清华大学的一级重点学科为方向,配齐主要学科的师资队伍,全面发展二级学科,重点建设实践性强的学科,争取建立相当数量的硕士学位点和一定数量的博士学位点;坚持培养复合型人才的特色,注重提高质量和提高水平,在校学生具备相当规模;经过师生努力,建立法学教育和法学科研相结合的基地。2011年(即清华大学建校100周年)的目标是:继续加强法学教育的硬件建设和软件建设,大力提高教师队伍的综合素质,使之出现一批在法学教育中有影响的学者,培养一批在社会上有重大影响的高级法学人才和法律人才,出一批具有一流水平的科研成果,在校学生规模进一步发展,争取成为在世界上有影响的法学院。毫无疑问,实现这一目标是很艰难的。但是,前人探索法学发展规律的披荆斩棘的精神,法学界同行克服重重困难振兴法学教育的举措为我们树立了样板。我们将坚持不懈,埋头苦干,学大家之长,建自己的特色,千方百计地实现自己的目标。

清华大学的法学教育获益于法学界同行的大力支持。我们一直将我校法学教育发展的每一成果看作是与同行们共同奋斗的结晶。法学院今后的发展仍将需要兄弟院校的支持和帮助。清华大学法学院将是一个开放的法学院,我们竭诚欢迎我国法学界各个学科的大师们来我院执教。无论是短期的访问学者,还是长期受聘于我院的教授、专家,我们都将竭尽全力提供工作上的方便,使他们施展自己的才能。我们热烈欢迎立法、司法、执法和经济工作部门与我院合作研究、合作办学。我们也鼓励本院的教授走出清华,同兄弟院校、研究机构的学者从事共同研究,为繁荣我国法学事业做出贡献。

毫无疑问,现在的清华大学法学院还是我国法学教育之林的一棵幼树。它还显得比较幼稚,不那么成熟。但我相信,在我们精心培育下,借助法学界为我们提供的良好环境,它一定能茁壮成长,扎根,开花,结出丰硕的果实。

春天是播种希望的季节。让我们共同努力,迎接法学教育美好的明天!

谢谢大家!

第七节 历史的启示

1995年清华大学复建法律学系,在数年之间,实现了从创建之初的"三个半人"到教师队伍不断壮大、从最初栖身于清华主楼十层的两间办公室到拥有国内最早的法学院独立大楼(明理楼)、从挂靠人文社科学院之下的一个学系到大学的一个独立学院的跨越式发展,其中的经验可以总结为以下五点:

第一点是学校的高度重视和支持。主要体现在三个方面。第一个是复建法律学系筹备委员会的高规格:筹备委员会由政法界的知名校友领衔,校长亲自挂帅,校党委副书记负责具体实施;除了这三位外,当时筹备委员会的委员还有王叔文(全国人大法律委员会副主任委员、中国社会科学院法学研究所原所长)、王著谦(全国人大常委会法制工作委员会咨询委员)、林泰(人文社会科学学院常务副院长)、滕藤(中国社会科学院副院长兼清华人文社科学院院长)。第二个是在1995年法律学科力量还比较薄弱的时候,学校经过讨论决定成立法律学系,并在申请法律本科专业设置权和申报民商法硕士学位点的过程中给予大力支持。第三个是当法律学系在复建初期面临水土不服,一度发展困难时,果断调来得力的同志参与领导。1996年12月下旬,学校决定将当时担任清华大学校长助理的李树勤教授调任人文社会学院副院长、法律学系常务副主任兼党支部书记,李树勤成为法律学系的主要负责人。事后证明这一特别的人事调动是清华法律学科快速发展的关键一手。

第二点是人才引进工作的高效进展。当时清华作为一个工科大学,法律人才通过内部挖潜相对资源有限,"为有源头活水来",人才引进是复建工作的重中之重。李树勤的到来及其与胡显章的默契配合,使得法律学系的人才引进工作有了突破，一举为清华法律学科后来居上、在法学界拥有一席之地的局面奠定了基础。这方面的成绩得到了学校的高度肯定，曾被校方作为榜样推广。校长王大中指出："法学院能够成功地引进一批学科领军人物，除了清华的声誉、国家和社会支持等诸多因素之外，与胡显章、李树勤等引进人才的诚意和执着有很大关系。"①在法律学系（院）人才引进的过程中，留下了不少佳话。例如"不拘一格用人才"，聘请当时博士尚未毕业的王振民作为法律学系筹备组成员，其在清华复建法律学科的过程中起了十分重要的作用②；例如前后八次奔赴位于昌平的中国政法大学，发扬"程门立雪"精神，最终精诚所至，延请、调动马俊驹教授来清华任教，进而迎来人才和学科建设的新局面。③

第三点是建系理念从"小而精、高水平、有特色"到"入主流、有特色"的转变。强调"入主流"的重要性应该是校方经过研究后取得的一致意见④，这也得到法律学系（院）领导和教师们的认可和支持，并最终形成"先入主流，再有特色"的共识。⑤ "入主流"主要可以体现为两个方面，一个是

---

① 吴敏生，吴剑平，孙海涛，编著. 跨越世纪清华梦——王大中校长十年启示录[M]. 北京：清华大学出版社，2015：68.

② 参见：胡显章. 忆清华法律学科的恢复建设[M]//申卫星，主编. 清听法缘——清华大学法学院院史访谈录. 北京：九州出版社，2020：56.

③ 参见：李树勤. 在清华文科工作的日子[M]//本书编写组. 清华大学文科的恢复与发展. 北京：清华大学出版社，2011：229-232.

④ 黄新华老师回忆当时清华的一位校领导曾向他强调"入主流"的重要意义，该领导认为只有得到法学教育界公认这是一个法律院系，才能取得相应的学术地位和影响力；并以体育运动为例进行类比说明，认为一些小众的体育项目虽然高水平、有特色，但只局限于某一区域，很难说具有全球影响力，因此复建法律学系要有特色，但不能为了特色而特色，即使某些学科确实独树一帜，仍然得明确什么才是主流的法学教育。参见：黄新华. 亲历清华法律学系复建过程[M]//申卫星，主编. 清听法缘——清华大学法学院院史访谈录. 北京：九州出版社，2020：112.

⑤ 参见：高其才. 齐心协力，共创未来[M]，车丕照. 永葆青春的清华法学院[M]，傅廷中. 清华法学院的国际化视野和办学定位[M]，王兵. 突飞猛进，迈向国际[M]//申卫星，主编. 清听法缘——清华大学法学院院史访谈录. 北京：九州出版社，2020. 需要指出，尽管在1995年8月17日的法律学系筹备委员会会议上王大中明确地提出了"入主流"，但其在1995年9月8日的法律学系复建大会上的讲话并没有专门指出该点，而是含蓄地说："复建后的法律学系……要贯彻'少而精、高水平、有特色'的原则，在学科设置上不求门类齐全，但要注意打好法学的基础。"（王大中. 复建法律学系为我国民主法治建设作贡献[M]//王大中教育文集. 北京：清华大学出版社，2011：37.）推测可能是其考虑到建系初期只有4位教师而有所保留。这从另外一个角度也说明了在复建过程中法律学系（院）自我调整、明确发展思路、发挥主观能动性的重要性。

在学科建设上，法律学系没有为了片面追求"有特色"而只注重发展与工科联系更为密切的科技法和知识产权法等专业，尽管在复建法律学系时曾有"首先在科技法专业争取突破""同时成立知识产权研究所"的设想和方案①，但最终皆没有付诸实施，即是例证。当时法律学系（院）在以民商法为突破口（申请硕士点、博士点）的同时，也注意创造条件，使法学内部的各个专业，例如宪法与行政法、刑法、法理、诉讼法、国际法等，共同发展，各个专业皆有在学界知名的学者。因此在复建后数年内专业布局就比较完备、均衡，从事后的角度看这种理念与举措为以后诸如法学一级学科申请、各类教育与教学评估等打下了良好的基础。另一个是在人才培养上，建系初期从清华内部通过转系方式培养本科生，通过保送考试方式选拔研究生，伴随着学系（院）师资队伍的强大，1999年起调整为通过全国普通高考和研究生入学考试的方式招收学生。这个举措扩大了招生规模，保证了学生人数，更有利于全面系统的培养和提升清华法学的社会影响力。②

第四点是形成团结奋斗、师生同心、以系（院）为家的良好氛围。在筹备阶段和建系初期，尽管面临着办学经费不足、办公条件简陋等困难，但师生们能够从大局出发，努力克服困难，同舟共济。例如，王振民教授等想方设法，通过举办暑期中国法律培训班，积极向社会各界筹款，成立信托基金会③；例如，刚加盟的崔建远教授对与他人共用办公桌的坦然④；例如，教师们自发组织"啤酒协会"，在晚上体育锻炼之后于三教楼下大排档一边喝啤酒一边畅聊清华法学的发展问题⑤；例如，早期的几批学生深

---

① 参见清华法学院保存的关于恢复建立清华大学法律系的报告。
② 1999年担任复建后清华法学院首任院长的王保树教授认为"入主流"是要"按照教育部的统一要求设置法律人才的培养种类和必修课"。他有一段回忆很值得人深思：当年法学院向学校打报告申请招收4个班的本科生，学校最终批准招收2个班。他感慨当时要不招收本科生，以后要求招生就更困难了。参见：王保树.法学院复建及复建后的三年[M]//本书编写组.清华大学文科的恢复与发展.北京：清华大学出版社，2011：228.我们需要看到，清华在发展过程中新增各类专业，而在本科生规模基本没有扩招的情况下，当年获得一定招生的名额是殊为不易且特别重要的。
③ 参见：王振民.百年清华，法学重辉——我所经历的法学院复建发展的历史[M]//本书编写组.清华大学文科的恢复与发展.北京：清华大学出版社，2011：248、251.
④ 参见：胡显章.忆清华法律学科的恢复建设[M]//申卫星，主编：清听法缘——清华大学法学院院史访谈录.北京：九州出版社，2020：57-58.
⑤ 参见：施天涛.在那艰难创业的日子里——记清华法律系复建二三事[M]//本书编写组.清华大学文科的恢复与发展.北京：清华大学出版社，2011：264.

度参与学院的行政管理、外事接待、图书资料室维护等工作,师生之间形成亦师亦友的关系。① 值得特别指出的是,这种良好的氛围在法学院搬家入住明理楼的过程中得到进一步升华。这座由国家副主席荣毅仁题名的大楼有着三层意义:第一层意义是使清华法学院成为国内第一所拥有独立大楼的法学院,彰显了清华办好法学教育的决心和能力;第二层意义是其成为吸引人才加盟的重要磁石,梅贻琦校长著名的说法"所谓大学者,非谓有大楼之谓也,有大师之谓也"②,也可从另外一个角度解读,即大师自然是最为重要,但大楼亦可以起到筑巢引凤的作用;第三层意义是使得师生们有了一个精神家园。法律学系(院)的空间,从最早的中央主楼十层的两间办公室,到三教三段五层东侧的四间办公室,再到庄严宽敞的明理楼,这种变化带来的自豪感与激励作用是巨大的。李旭校友回忆当年的搬家往事,曾谈到负责人高鸿钧教授煞费苦心地让办公家具的厂家降低价格,搬运家具当晚大家自发到场帮忙,高其才教授因为搬运工人动作比较粗鲁剐蹭到家具与对方着急等故事,这些鲜为人知的点滴细节,正是当时学院师生以院为家的真实写照。③

第五点是兄弟院所(校)、老校友和社会各界的支持。除了国家和学校的重视,学系(院)师生自身的努力,兄弟院所(校)和社会各界的支持同样是重要的力量。尽管与中国社会科学院法学研究所合作办学没有实现,但法学所、北京大学、中国人民大学、中国政法大学、吉林大学、武汉大学等兄弟院所(校)在清华法律学系筹建与复建初期,为清华法学教育提供了很大的帮助。④ 在国家立法、司法等机关中担任重要职务的清华老校友王汉斌、郑天翔、贾春旺、张福森、端木正、郭道晖、孙宗颢等人积极建言

---

① 参见:吴伟光、李旭等校友访谈[M]//申卫星,主编.清听法缘——清华大学法学院院史访谈录.北京:九州出版社,2020.

② 梅校长到校视事召集全体学生训话[M]//清华大学校史研究室,编.清华大学史料选编(第二卷).北京:清华大学出版社,1991:219.

③ 参见:李旭校友访谈[M]//申卫星,主编.清听法缘——清华大学法学院院史访谈录.北京:九州出版社,2020:293-294.关于搬家的回忆,亦可见施天涛.在那艰难创业的日子里——记清华法律系复建二三事[M]//本书编写组.清华大学文科的恢复与发展.北京:清华大学出版社,2011:265;吴伟光校友访谈[M]//申卫星,主编.清听法缘——清华大学法学院院史访谈录.北京:九州出版社,2020:247.

④ 参见:申卫星.我对年轻而古老的清华法学院充满感情和期待[M]//申卫星,主编.清听法缘——清华大学法学院史访谈录.北京:九州出版社,2020:224.

献策,提供各种帮助,为母校复建法律学科发挥了重要作用。① 陈清霞律师、荣智健先生的捐款和李国能律师、梁爱诗律师、陈弘毅教授等人发起成立的"清华大学法律系之友慈善信托基金",为法律学系(院)的筹建与发展提供了重要的经济支持。②

---

① 参见:王振民.百年清华,法学重辉——我所经历的法学院复建发展的历史[M]//本书编写组.清华大学文科的恢复与发展.北京:清华大学出版社,2011:249;黄新华.亲历清华法律学系复建过程[M]//申卫星,主编.清听法缘——清华大学法学院院史访谈录.北京:九州出版社,2020:111.

② 王振民.百年清华,法学重辉——我所经历的法学院复建发展的历史[M]//本书编写组.清华大学文科的恢复与发展.北京:清华大学出版社,2011:248、251.

第八章

清华法学院的跨越发展

第一节 发展概况

一、学科建设

复建后的清华大学法学院珍视机遇、奋勇向前，呈现出跨越发展的态势：在1998年获批设立民商法硕士学位点的基础上，1999年获得法律专业硕士学位授予权；2000年，法理学、刑法学、经济法学、诉讼法学、国际法学的硕士学位点的申请也获得批准；同年，民商法博士学位点的申请获得批准，实现了博士学位点零的突破；2003年9月法学院获得环境与资源保护法学、宪法与行政法学两个专业的法学硕士学位授予资格；2005年，在国内率先开办了全英文讲授中国法律课程的法律硕士项目（L L. M. Program in Chinese Law）；2006年，获得法学一级学科博士学位授予权；2007年8月，经国家批准，法学博士后科研流动站正式建立。这些从无到有的突破、从单一到全面的飞跃，反映出清华大学法学院复建伊始发展速度之快，这是其他大学的法学院系建设中所没有的。[①]"艰难困苦，玉汝于成"，经过二十余年的努力，清华大学法学院已经成为国内名列前茅的著名法学院之一，在全国乃至国际法学教育界确立了自己的地位，成为我国法学教育和研究的重镇，同时也成为国际法学教育的一个重要交流中心。

法学学科是清华大学重点建设、优先发展的学科之一。清华法学学科紧紧抓住"全面依法治国"战略提供的发展机遇，以习近平法治思想作为法学教育事业的思想指引和行动指南，取得了丰硕成果和优异成绩。

[①] 参见：陈旭,贺美英,张再兴,主编.清华大学志1911—2010（第三卷）[M].北京：清华大学出版社,2018：537；王保树.法学院复建及复建后的三年[M]//本书编辑组.清华大学文科的恢复与发展.北京：清华大学出版社,2011：242-243.

清华法学学科在2017年入选国家"双一流"建设学科名单,并在教育部第四轮学科评估中获评A级。2019年通过"双一流学科"中期评估,专家意见认为"学科整体实力和国内外影响力得到大幅提升"。2021年9月,根据《教育部办公厅关于开展新一轮"双一流"建设方案编制工作的通知》,法学院迅速做出部署工作,并召开一流学科建设规划编制教授研讨会,采用通信方式分别征求院学术委员会和校外专家意见,最终编制形成法学学科建设规划方案和专家论证意见,顺利通过第二轮"双一流"评估工作。

清华大学法学院以"进德修业,至公至正"为院训,以"崇德向善,明法笃行"为院风,高度重视人才培养,在正确的育人理念指引下,为社会培养了一大批优秀的法律人才,获得了社会各界的高度肯定。学院强调学术研究与教学并重,理论与实践相结合,同时重视国际交流,已与一批世界一流的法学院开展广泛、深入的合作,收获较高的国际声誉和国际影响力。在最新公布的2021年QS世界大学学科排名中,清华大学法学院排名第27位,位列大陆地区高校法学学科第一名。自2011年第一次进入此排名前50强以来,清华大学法学院已连续11年入选,最近三年(2019—2021)分别排名第28位、第27位、第27位,连续三年进入世界前30强,稳定的国际排名充分反映了清华大学法学院的国际影响力。

二、办学条件

除了学科建设取得的骄人成绩,新大楼的启用也进一步改善了清华法学院的教学和科研环境,为法学院的快速发展夯实了硬件基础。2008年7月,学校任命王振民为法学院院长,在任职谈话中,王振民向学校时任领导提出法学院需要建设第二栋大楼的意见。法律学科的重要性和扩大规模的必要性得到了学校时任领导的重视和认可,但要求法学院为国家法治建设培养优秀人才并解决好学生就业问题,学校为大楼建设提供用地,建设资金由法学院筹措。2009年秋,王振民结识了华裔企业家廖凯原先生。经过深入的联络与沟通,2010年9月10日,廖凯原先生与清华大学、清华大学教育基金会签订捐赠协议,捐资亿元用以推动清华法律学科的发展[①],其中5000万用于建设清华大学廖凯原楼(法律图书馆楼)。

---

① 参见:王振民.特别的支持给予特别的事业——大学发展离不开社会资源.《中国法律评论》微信公众号,2018年10月14日.

2011年4月22日,清华百年校庆之际,廖凯原楼(法律图书馆楼)举行了奠基仪式,清华大学原党委书记陈希、时任校长顾秉林、时任常务副校长陈吉宁等出席了仪式。① 2015年10月10日,清华法律学系(院)复建20周年之际举行了新大楼开工典礼。

清华大学法律图书馆大楼于2016年7月开工建设,历时近360天,2017年6月30日完成主体结构封顶,大楼建设进入二次结构施工阶段。为了给我院师生营造一个优美舒适的工作、学习环境,学院对大楼装饰装修工程和景观建设高度重视。暑假期间申卫星院长、余凌云副院长等不畏炎热,多次参与大楼内饰装修方案协调会和楼外景观设计论证会。

经过两年多的工作,2018年9月9日,清华大学廖凯原楼(法律图书馆楼)启用仪式隆重举行,法学院院长申卫星主持启动仪式,中共中央政治局原候补委员、第八届全国人大常委会副委员长王汉斌,第九届、第十届全国人大常委会副委员长彭珮云,清华大学法学院顾问委员会主任、最高人民检察院原检察长贾春旺,第十一届全国政协社会和法制委员会主任、司法部原部长张福森,廖凯原基金会主席廖凯原,清华大学校长邱勇,清华大学原党委书记贺美英等出席了启动仪式。

廖凯原楼(法律图书馆楼)总建设面积25000平方米,地上7层,地下3层,其中图书馆区10000平方米。2011年11月22日,香港胡关李罗律师行创始人胡宝星爵士、胡家骠先生与清华大学、清华大学教育基金会签订捐赠协议,胡宝星爵士连同李兆基先生共捐款5000万元人民币支持法律图书馆建设。2014年5月8日,举行了"胡宝星法律图书馆"命名仪式,清华法律图书馆正式更名。"胡宝星法律图书馆"是目前国内面积最大、设施领先的法律图书馆。此外,廖凯原楼(法律图书馆楼)还拥有教师研究室、模拟法庭、会议室和教室等设施。

三、社会支持

法学院的建设与发展离不开社会各界人士的鼎力支持。2009年为了邀请冯象博士回国任教,法学院设立了梅汝璈法学讲席教授,上海企业

---

① 王振民. 清华法学事业的重生和腾飞[M]//申卫星,主编. 清听法缘——清华大学法学院院史访谈录.北京:九州出版社,2020:126.

家孙志华先生捐赠了启动资金,这是法学院第一个冠名的讲席教授职位。2010年11月30日,为纪念已故著名法学家、教育家何美欢教授,继承和推广她在清华所首创的普通法教育模式,何美欢教授的兄长何耀棣律师和清华法学院师生校友共同捐款设立了"何美欢法学教育基金"。2013年2月28日,周大福慈善基金捐赠一亿元人民币给清华大学设立"清华大学郑裕彤法学发展基金",支持法学院师资队伍建设和人力资源开发。2013年4月28日"王汉斌法学基金"设立,除王汉斌学长家属捐款外,还包括清华大学时任党委书记在内的清华师生、校友和各界友人共同捐款。2013年11月7日,中植企业集团捐资设立清华大学"明伦奖学金",该项目旨在培养高端涉外法律人才,资助清华优秀法律学子到国外一流大学法学院深造,攻读法学硕士、博士学位。①

清华校友们同样以各种方式对法学院的事业给予积极支持。法学院第一届学生周福民校友介绍设立"涌金基层工作奖励金";双学位学生设立"法双零·向鹏奖学金"。2017年6月27日,清华校友梅向荣先生和盈科律师事务所向清华大学法学院捐赠1000万元人民币,设立"清华大学世界法治论坛基金",推动世界法治对话,传播中国法治声音,讲述中国法治故事。为激励在校学子发奋图强,法学院两位1999届本科毕业生校友设立"法学院李树勤励学金";肖小俊校友捐款支持"新生奖学金";左菡校友设立"清华校友—孺心明理"奖学金;叶芳校友设立"清华校友—法学院郑叶芳奖学金"。为支持学院建设,2007级本科校友捐款用于明理楼接待室改造,等等。

第二节 教 学 科 研

一、师资队伍②

(一)基本情况

清华法学院高度重视师资队伍的建设,二十余年来,在学校的长期支持和学院自身的努力下,形成了一支师德高尚、学术造诣高、学科分布均

---

① 参见:王振民.特别的支持给予特别的事业——大学发展离不开社会资源.《中国法律评论》微信公众号,2018年10月14日.

② 部分内容节选自清华大学法学院.清华大学法学院年鉴[G].2020:34-41.

衡、年龄结构合理的师资队伍,涌现出了一大批著名学者,多人入选各类国家级人才计划,荣获"全国十大杰出中青年法学家"称号,出任重要专家组成员,担任国家一级或二级学会会长或副会长职务等。

法学院不设系和教研室,教学工作以学科组形式开展,由学科组负责人协调,科研工作以研究中心和教师独立开展为主。学院现有法学理论、比较法与法文化学、宪法与行政法学、民法学、商法学、知识产权法学、经济法学、环境资源法学、刑法学、诉讼法学、国际法学11个学科组,到2021年年底,法学院有全职专业教师51人,其中教授33人,副教授18人,皆为博士生导师,基本情况如下(另见表8-1 入职情况):

1. 法学理论(共4人):高其才、赵晓力、屠凯、李平。

2. 比较法与法文化学(共4人):聂鑫、鲁楠、苏亦工、陈新宇。

3. 宪法与行政法学(共6人):王振民、林来梵、刘晗、余凌云、何海波、田思源。

4. 民法学(共8人):崔建远、韩世远、申卫星、王洪亮、程啸、耿林、龙俊、汪洋。

5. 商法学(共5人):施天涛、梁上上、汤欣、高丝敏、沈朝晖。

6. 知识产权法学(共5人):冯象、崔国斌、吴伟光、冯术杰、蒋舸。

7. 经济法学(共2人):郑尚元、张晨颖。

8. 环境资源法学(共2人):王明远、邓海峰。

9. 刑法学(共5人):张明楷、黎宏、周光权、劳东燕、王钢。

10. 诉讼法学:(共4人):张建伟、易延友、陈杭平、任重。

11. 国际法学(共6人):车丕照、杨国华、贾兵兵、张新军、李旺、陈卫佐。

表8-1　清华大学法学院教师正式入职年表(1995—2015年)

入职年份	入职教师名录
1995	黄新华、王振民、张铭新
1996	陈华海、李树勤、施天涛、于安
1997	曹南屏、崔建远、高其才、李旺、李旭、马俊驹
1998	陈建民、范春燕、高鸿钧、王保树、王亚新、吴伟光、战宪斌、张明楷
1999	程洁、江山、黎宏、吕晓杰、章程(张卫平)、周光权

续表

入职年份	入职教师名录
2000	车丕照、傅廷中、李兆杰、汤欣、王晨光、许章润、朱慈蕴
2001	韩世远、王兵、王明远
2002	崔国斌、何美欢、李小武
2003	程啸、申卫星、田思源、易延友、张晨颖、张建伟
2004	陈卫佐、贾兵兵、劳东燕、王洪亮、张新军、赵晓力
2005	陈新宇、何海波、杨继
2006	邓海峰、余凌云
2007	冯术杰
2008	聂鑫
2009	耿林、林来梵、郑尚元
2010	冯象、苏亦工
2011	屠凯
2012	蒋舸
2013	高丝敏、刘晗、龙俊、王钢
2014	高西庆、梁上上、鲁楠、杨国华
2015	陈杭平、李平、任重、沈朝晖、汪洋

另外,2021年法学院有张月姣教授(清华大学国际争端解决研究院院长、我国内地首位WTO上诉机构大法官)、陈天昊副教授(清华大学公共管理学院博士生导师)、梁翠宁副教授、詹薇玲副教授(ANE Y. WILLEMS)等兼职教授、兼课教师。

在法学院(包括法律学系)历史上,曾有兼职教授、客座教授、名誉教授、顾问教授、双聘教授等,他们为学院(系)的发展做出重要的贡献。

兼职教授(按姓氏拼音排序,下同):

曹建明	陈德恭	陈光中	段瑞春
高卢麟	高西庆	高之国	黄毓麟
贾春旺	赖源河	梁慧星	刘海年
罗豪才	沈四宝	沈宗灵	王家福
王著谦	魏振瀛	信春鹰	徐　炳
许崇德	曾俊伟	曾宪义	张福森
张文显	郑成良	郑成思	郑若骅
朱恩涛			

客座教授：

陈弘毅　香港大学法学院教授、香港特别行政区基本法委员会委员

季卫东　原为日本神户大学法学院教授，现任上海交通大学文科资深教授

李国能　香港特别行政区终审法院首席大法官

梁定邦　中国证券监督管理委员会首席顾问、香港资深大律师

廖凯原　美国廖凯原基金会主席、清华大学法学院凯原中国法治与义理研究中心主任

名誉教授：

奥岛孝康　日本早稻田大学学术顾问、日本早稻田大学原校长

Randall R. Rader　美国联邦上诉巡回法院首席法官

顾问教授：

荣智健

双聘教授：

吕忠梅①　全国政协社法委驻会副主任、中国法学会副会长

在新时期，学院将师资队伍建设提高到战略高度，加强顶层设计，对教师梯队进行合理的分析，对现有资源进行有效配置，引培并举，营造良好的学术氛围，引导教师立德树人，潜心科研，服务国家。学院加强制度建设，不断完善教师聘任制度和学术评价标准，例如2020年7月修订了《法学院教师聘任管理办法》，完善了教师聘任制度和学术评价标准。学院重视发扬高层次人才的引领作用，发扬资深教师与青年教师"传帮带"传统，为青年教师崭露头角提供条件和支持。② 目前，在学院党政领导班子的领导下，在全体教师的积极配合下，学院积极地做好规划，向着学院"十四五"发展目标努力奋进。

（二）教师担任国家级学会会长、副会长情况

法学院教师具有广泛的学术影响力，2021年年底，有23名教师担任国家一级或二级学会会长或副会长职务，分别是（按姓氏拼音排序）：

车丕照，中国法学会国际经济法学研究会副会长、中国国际经济法学

---

① 吕忠梅教授担任双聘教授的期限为2017年4月至2022年2月。
② 参见：清华大学法学院. 清华大学法学院"十四五"规划. 2021：7.

会副会长、中国法学会法学期刊研究会副会长；

崔建远，中国法学会民法学研究会副会长；

邓海峰，中国环境科学学会环境法学分会副主任委员；

高鸿钧，中国法学会比较法学研究会会长；

高其才，中国农业农村法治研究会副会长、中国法学会民族法学研究会副会长；

黎　宏，中国刑法学研究会副会长；

林来梵，中国法学会宪法学研究会副会长、中国法学会香港基本法澳门基本法研究会副会长；

申卫星，中国法学会法学教育研究会副会长、中国法学会网络与信息法学研究会副会长、中国卫生法学会副会长；

施天涛，中国法学会证券法学研究会常务副会长；

田思源，中国法学会体育法学研究会常务副会长；

王晨光，中国卫生法学会常务副会长、中国法学会法理学研究会副会长；

王明远，中国法学会环境资源法学研究会副会长；

王振民，中国法学会香港基本法澳门基本法研究会会长、全国港澳研究会副会长；

杨国华，中国法学会世界贸易组织法研究会常务副会长；

易延友，中国法学会案例法学研究会副会长；

余凌云，中国法学会案例法学研究会副会长、中国法学会行政法学研究会副会长；

张晨颖，中国商业法研究会副会长；

章程（张卫平），中国法学会民事诉讼法学研究会会长、中国法学会检察学研究会副会长、中国仲裁法学研究会副会长；

张建伟，中国法学会法治文化研究会副会长、中国廉政法制研究会副会长；

张明楷，中国法学会警察法学研究会副会长、中国检察理论研究会副会长；

郑尚元，中国社会法学研究会副会长；

周光权，中国犯罪学学会副会长、中国法学会检察学研究会副会长；

朱慈蕴,中国法学会商法学研究会常务副会长。

(三)教师参与国家法治建设情况[①]

清华法学院教师广泛参与国家重大立法与法律适用过程,积极将最新科研成果运用于法律实践。王保树教授作为我国商法和经济法学科的主要奠基人,参与了1993年《公司法》的制定,在《公司法》进行重大修订之际,他不仅参加了全国人大的立法小组,还组织中国商法学界的主要专家提出了系统的"《公司法》修改专家建议稿",对《公司法》的制定和完善产生了重要影响。1999年和2001年,他应邀参加了第九届全国人大常委会第十一次和第二十次法制讲座,并以主讲人的身份为委员们做了题为《中国的商事法律制度》和《现代企业法律制度》的讲座,有力地推动了我国商事和公司企业立法的完善。[②]

清华大学民法研究团队全程参与民法典的立法和宣传,作为对民法典贡献最大的学术团体之一,为我国制定一部科学的民法典以及民法典的普及做出了卓越贡献。在民法典编纂过程中,清华大学法学院的众多教师积极参与:崔建远教授担任全国人大法工委立法专家委员会立法专家和中国法学会民法典物权编专家建议稿负责人;周光权教授作为全国人大宪法和法律委员会副主任委员全程参与民法典审议;申卫星教授、韩世远教授和程啸教授作为立法专家多次参加全国人大法工委组织的民法典专家研讨会,提出众多重要意见;申卫星教授、王洪亮教授、耿林副教授和汪洋副教授担任中国法学会民法典物权编专家建议稿的主要撰稿人;龙俊副教授担任全国人大法工委民法典编纂工作专班成员,全程参与立法;陈卫佐教授作为全国人大常委会法制工作委员会法律英文译审专家委员会委员,全面参与了中国民法典的英文版翻译工作,为向世界传播推广中国最新的立法成果做出了突出贡献。[③]

此外,还有多名教师参与了《电子商务法》《网络安全法》《个人信息保护法》《专利法》《著作权法》等重要法律的起草、制定和修订工作。

---

① 本处内容部分参考了清华大学法学院. 清华大学法学院"十四五"规划. 2021:7.
② 参见:王保树教授生平,https://www.law.tsinghua.edu.cn/info/1029/9304.htm.
③ 清华大学法学院. 清华大学法学院"十四五规划". 2021:7;清华大学法学院. 清华大学法学院年鉴[G]. 2020:27;法学院学科发展建设成果——科学研究(2022-03-28). 清华大学法学院微信公众号,第320期.

法学院各学科教师在疫情防控法治建设、国家治理体系与治理能力现代化、国家海洋权益保护、司法体制改革、公共卫生法治建设、党内法规建设、港澳台法律争议处理等重要问题上,以举办专题研讨会等方式积极向中央和各部委建言献策,受到有关部门领导的高度评价,如中国共产党党内法规建设理论研讨会、香港基本法的立法实践专题研讨会等,均及时关注社会动态、紧密围绕国家利益、切实服务法治需求,产生了良好的社会影响。

多位教师在全国人大常委会法工委、全国人大宪法和法律委员会、最高人民法院、最高人民检察院、国家网信办、科技部、北京金融法院、北京市海淀区人民法院、北京市怀柔区人民法院等实务部门挂职、兼职或担任专家组成员,提供资政研究和咨询。近年来,有车丕照、吕忠梅、周光权三位教授被聘为最高人民法院第五届特邀咨询员,崔建远、张明楷、王亚新、王振民、周光权、张建伟六位教授被聘为最高检专家咨询委员,劳东燕教授受聘为最高人民检察院挂职专家,余凌云教授被任命为最高人民法院行政审判庭副庭长、审判员,傅廷中教授被聘为最高人民法院海事司法上海基地特邀咨询员,张新军教授获聘为外交部国际法咨询委员会委员,张月姣教授受聘为最高人民法院国际商事专家委员会首批专家委员,贾兵兵教授被续聘为外交部国际法咨询委员会委员,等等。清华法学院各学科教师努力实现着法学理论界与实务界的有效沟通,为法学智识的供给与相关政府部门的需求之间搭建便捷桥梁,为法治建设的稳步推进贡献专业力量。

(四)教师获得荣誉和立项情况

法学院教师治学严谨,视野开阔,取得了丰硕的科研成果,陆续出版了一批有影响力的学术专著,在权威学术刊物上发表了一大批高质量的学术论文。学院教师发文总量已连续多年在《中国社会科学》《法学研究》《中国法学》等权威刊物上名列前茅,其中,不乏一批引用率极高的论文,长安大学中国人文社会科学评价研究中心2017年公布的法学学科前100位高被引作者数据中,法学院张明楷教授综合排名第3位,章程(张卫平)教授、崔建远教授、周光权教授分别排在第11、12、16位。多名教师还在英、美、德、日等国,出版专著或发表论文,在国内外学术界产生了广泛影响。在保证"高产出"的同时,科研教学成果获奖也不断增加。近年来,通过改革科研管理制度,加大课题申报,在科研立项方面不断突破。

有多名教师入选各类重要人才计划和专家组。2012年冯象教授入选国家级高层次人才计划。2012年崔建远、张明楷教授入选国家级高层次人才计划。2016年周光权教授入选国家级高层次人才计划。2016年劳东燕教授入选国家级青年人才计划。2018年程啸教授、聂鑫教授入选国家级青年人才计划。2020年王晨光教授入选国家级高层次人才计划,龙俊副教授入选国家级青年人才计划。自2004年起张明楷、韩世远、余凌云、黎宏、张新军、何海波、林来梵、梁上上8位教授先后入选教育部"新世纪优秀人才"支持计划。2015年聂鑫教授入选国家级青年人才计划。2015年王振民教授入选2014年"国家百千万人才工程"。2017年周光权教授入选"国家百千万人才工程"。2018年崔建远教授入选清华大学首批文科资深教授。2020年申卫星教授入选国家级高层次人才计划,王晨光教授入选全国新型冠状病毒肺炎专家组成员,杨国华教授入选世界贸易组织"多方临时上诉仲裁安排(MPIA)仲裁员"。2021年张明楷教授入选清华大学文科资深教授。

自1999年起,崔建远、张明楷、王振民、申卫星、梁上上、聂鑫6位教授先后获得第二、三、六、七、八、九届"全国十大杰出(中)青年法学家"称号(第二、三届称中青年法学家,第一届、第四至九届称青年法学家),朱慈蕴、王振民、韩世远、黎宏、周光权、何海波、程啸7位教授先后获得"全国十大杰出(中)青年法学家提名奖"。2010年黎宏、余凌云、周光权3位教授获得首届"首都十大杰出青年法学家"称号。2016年劳东燕教授获得第二届"首都十大杰出青年法学家"称号,程啸教授获得第二届"首都十大杰出青年法学家"提名奖。

有多名教师的科研、教学成果获得了国家级、省部级奖励和国际学会奖项。

2001年由章程(张卫平)教授等撰写的《民事诉讼法教程》(教材)获北京市教学成果奖一等奖,于安教授等撰写的《行政诉讼法学》(教材)获北京市教学成果奖二等奖。

2002年由章程(张卫平)教授等撰写的《民事诉讼法教程》(教材)获2001年国家级教学成果奖二等奖。

2003年周光权教授专著《法治视野中的刑法客观主义》获第三届"胡

绳青年学术奖"法学一等奖。

2004年高鸿钧教授主持、法学院多名教师参与研究的"985"一期重大基础理论研究课题"依法治国的基本理论问题研究"成果《法治：理念与制度》获北京市第八届哲学社会科学优秀成果奖一等奖、第十四届中国图书奖。

2006年崔建远教授《准物权研究》获第二届司法部全国法学教材与科研成果奖一等奖，王保树教授《商法》、周光权教授《刑法学的向度》获第二届司法部全国法学教材与科研成果奖二等奖。

2007年王保树教授指导的博士生梁上上的论文《论股东表决权——以公司控制权争夺为中心展开》获得全国百篇优秀博士论文奖，这是当年全国唯一获此荣誉的法学类论文。

2008年张明楷教授主持的"刑法学"、2009年章程（张卫平）教授主持的"民事诉讼法"、2010年崔建远教授主持的"民法学"入选国家级精品课程。

2009年由张明楷教授、黎宏教授、周光权教授、劳东燕教授主持的项目"刑法学多层次课程体系的构建与教学方法的革新"获2008年北京市教学成果奖二等奖。

2011年崔建远教授专著《债权：借鉴与发展》入选2011年《国家哲学社会科学成果文库》，为清华大学第二部入选的专著。崔建远教授专著《物权：规范与学说——以中国物权法的解释论为中心》入选第三届"三个一百"原创图书出版工程。

2012年张建伟教授专著《司法竞技主义——英美诉讼传统与中国庭审模式》、崔建远教授论文《水权与民法理论及物权法典的制定》获得第四届"钱端升法学研究成果奖"二等奖，劳东燕教授论文《公共政策与风险社会的刑法》、余凌云教授论文《游走在规范与僵化之间——对金华行政裁量基准实践的思考》获得第四届"钱端升法学研究成果奖"三等奖。

2013年由王振民教授、王晨光教授、黎宏教授、申卫星教授、魏晶老师主持的项目"国际型法律人才培养的模式与路径"获2012年度北京市教学成果奖一等奖，高鸿钧教授主编的《英美法原论》入选《国家哲学社会科学成果文库》，高其才教授的《法理学（第二版）》获得"2013年北京高等教育精品教材"。

2014年由王振民教授、王晨光教授、黎宏教授、申卫星教授、魏晶老师主持的项目"国际型法律人才培养的模式与路径"获国家级教学成果奖二等奖。崔建远教授专著《物权：规范与学说——以中国物权法的解释论为中心》获第三届中国出版政府奖图书奖。余凌云教授论文《行政法上合法预期之保护》获得第五届"钱端升法学研究成果奖"一等奖，周光权教授专著《犯罪论体系的改造》、崔建远教授论文《无权处分辨——合同法第51条规定的解释与适用》获得第五届"钱端升法学研究成果奖"三等奖。程啸教授专著《不动产登记法研究》、梁上上教授论文《制度利益衡量的逻辑》、章程（张卫平）教授论文《起诉难：一个中国问题的思索》分别获得中国法学会第三届"中国法学优秀成果奖"专著类二等奖、论文类一等奖、论文类二等奖。

2015年张明楷教授专著《刑法分则的解释原理（第二版）》获第七届高等学校科学研究优秀成果奖一等奖，林来梵教授论文《国体概念史：跨国移植与演变》获第七届高等学校科学研究优秀成果奖二等奖，梁上上教授专著《利益衡量论》、周光权教授专著《刑法客观主义与方法论》、余凌云教授论文《现代行政法上的指南、手册和裁量基准》获第七届高等学校科学研究优秀成果奖三等奖。吴伟光副教授论文《中国的制度变迁与法治建设——目标、阻碍与路径选择》获第十届中国法学家论坛征文奖二等奖。

2016年黎宏教授专著《刑法总论问题思考》、张明楷教授论文《简评近年来的刑事司法解释》分别获北京市第十四届哲学社会科学优秀成果奖一等奖、二等奖。任重副教授论文《论虚假诉讼：兼评我国第三人撤销诉讼实践》、聂鑫教授论文《财产权宪法化与近代中国社会本位立法》、程啸教授专著《侵权责任法（第二版）》分别获第四届"董必武青年法学成果奖"二等奖、三等奖和提名奖。何海波教授专著《实质法治：寻求行政判决的合法性》、易延友教授论文《证人出庭与刑事被告人对质权的保障》获第六届"钱端升法学研究成果奖"二等奖，申卫星教授专著《期待权基本理论研究》、黎宏教授论文《我国犯罪构成体系不必重构》、苏亦工教授论文《得形忘意：从唐律情结到民法典情结》获第六届"钱端升法学研究成果奖"三等奖，梁上上教授论文《股东表决权：公司所有与公司控制的连接点》获第六届"钱端升法学研究成果奖"提名奖。龙俊副教授论文《论意思表示错误的理论构造》、高其才教授论文《尊重生活、承续传统：民法典编纂与民事习惯》、吴伟光副教授论文《隐私利益的产生、本质与中国隐私权制度的构建》分别获第十一届中国法学家论坛征文奖二等奖、三等奖和优秀奖。

2017年，陈杭平副教授论文《诉讼标的理论的新范式——"相对化"与我国民事审判实务》、王钢副教授论文《不法原因给付与侵占罪》获第五届"董必武青年法学成果奖"三等奖。陈卫佐教授专著《中国国际私法的新法典编纂》、程啸教授专著《侵权责任法（第二版）》分别获得中国法学会第四届中国法学优秀成果奖专著类二等奖、三等奖。王晨光教授专著《法学教育的宗旨》、邓海峰副教授与魏晶老师合著论文《锻造"顶天立地"的精英型法律实务人才——清华大学全日制法律硕士研究生教育综合改革与创新》分别获得第五届中国法学教育研究成果奖一等奖、二等奖。高丝敏副教授获2017年度国际破产协会（International Insolvency Institution）颁发的国际破产研究（International Insolvency Studies）唯一金奖。劳东燕教授专著《风险社会中的刑法——社会转型与刑法理论的变迁》荣获第二届"首都法学优秀成果奖"著作类二等奖。

2018年由申卫星教授、崔国斌教授、蒋舸副教授、闫金金老师主持的项目"国际知识产权法教学项目"，由邓海峰副教授、黄新华副教授、杨如筠老师等主持的项目"基于实效性的'法律文书'教学模式改革"获得2017年北京市高等教育教学成果奖二等奖。朱慈蕴教授论文《类别股与中国公司法的演进》、聂鑫教授论文《近代中国宪制的发展》获得第七届"钱端升法学研究成果奖"二等奖，劳东燕教授专著《风险社会中的刑法——社会转型与刑法理论的变迁》、梁上上教授论文《制度利益衡量的逻辑》获得第七届"钱端升法学研究成果奖"三等奖，余凌云教授论文《对我国行政问责制度之省思》、程洁副教授论文《土地征收征用中的程序失范与重构》获得第七届"钱端升法学研究成果奖"提名奖。劳东燕教授论文《公共政策与风险社会的刑法》作为四十年中最具代表性的十篇刑法学论文之一，入选《思想的印记——纪念改革开放40周年优秀法学文集》（法律出版社，2018年）。陈卫佐教授论文《当代国际私法上的一般性例外条款》获2017年度中国国际法学优秀成果奖。

2019年施天涛教授论文《商事关系的重新发现与当今商法的使命》、

程啸教授专著《侵权责任法(第二版)》获北京市第十五届哲学社会科学优秀成果奖二等奖,高丝敏副教授论文《智能投资顾问中的主体识别和义务设定》、蒋舸副教授论文《作为算法的法律》获得第七届"董必武青年法学成果奖"提名奖。

2020年张明楷教授论文《法益保护与比例原则》、周光权教授论文《转型时期刑法立法的思路与方法》、聂鑫教授论文《财产权宪法化与近代中国社会本位立法》获教育部第八届高等学校科学研究优秀成果奖二等奖,王振民教授论文《香港法院适用中国宪法问题研究》获教育部第八届高等学校科学研究优秀成果奖三等奖。刘晗副教授主持的"主权与人权"入选国家级一流本科课程。

2021年龙俊副教授论文《民法典中的动产和权利担保体系》、汪洋副教授论文《民法地下空间物权类型的再体系化:"卡-梅框架"视野下的建设用地使用权、地役权与相邻关系》、沈朝晖副教授论文《地方政府财政重整与债务重组中的司法权》分别获第九届"董必武青年法学成果奖"二等奖、三等奖及提名奖。刘晗副教授论文 Regime-Centered and Court-Centered Understandings: The Reception of American Constitutional Law in Contemporary China 获得美国比较法学会"英特玛奖"(the Yntema Prize)。

在科研立项方面,法学院教师立足国情、心系社会,以敏锐的学术洞察力聚焦热点问题、回应社会之需,在国家社科基金、教育部等重要课题立项中取得优异成绩,以近年来立项项目为例:

2013年,车丕照教授"国际经济秩序的中国立场研究"、崔建远教授"法学方法论与中国民商法研究"获国家社科基金重点项目立项,张建伟教授"刑事错案成因与制度修补"、高其才教授"习惯法的当代传承与弘扬"获国家社科基金后期资助项目立项,陈新宇副教授"《大清新刑律》新研究及资料汇编"获国家社科基金一般项目立项。

2014年,王振民教授"人民代表大会制度理论和实践创新研究"获国家社科基金重点项目立项,博士后研究人员沈朝晖"地方债务治理的商事司法审查路径研究"获国家社科基金青年项目立项,冯术杰副教授《WTO知识产权协议在中国的实施》(法文)获国家社科基金中华学术外译项目立项。

2015年,周光权教授"加快推进反腐败国家立法研究"获国家社科基金重点项目立项,黎宏教授"不真正不作为犯论之重构研究"获国家社科基金一般项目立项,王洪亮教授"缔约上过失的构成与功能"获国家社科基金后期资助项目立项,王振民教授"宣传文化领域党内法规研究""《宣传工作条例》可行性研究和草案初拟"获国家社科基金特别委托项目立项。余凌云教授"法治中国建设背景下警察权研究"获教育部哲学社会科学研究重大课题攻关项目立项,这也是法学院教师首次获得的教育部重大课题立项。

2016年,张明楷教授"我国刑法修正的理论模型与制度实践研究"获国家社科基金重大项目立项,王振民教授"南海岛礁归属和开发法律问题研究"获教育部人文社会科学研究项目重大攻关项目立项,崔国斌教授"网络版权内容过滤措施的法律规制"、汪洋副教授"完善我国城市地下空间利用的法律研究"分别获国家社科基金一般项目立项、国家社科基金青年项目立项。

2017年,韩世远教授"合同法立法相关问题研究"获国家社科基金重点项目立项,蒋舸副教授"创新社会化趋势对知识产权法的挑战及应对研究"、何海波教授"新《行政诉讼法》实施状况研究"、劳东燕教授"风险社会中过失犯罪的归责原理研究"获国家社科基金一般项目立项,高丝敏副教授"关联企业实质合并破产判断规则的制度化进路研究"、任重副教授"民事诉权基础理论研究"获国家社科基金青年项目立项,刘晗副教授"全球化时代的比较宪法"获国家社科基金后期资助项目立项。

2018年,清华大学作为项目牵头单位,由申卫星教授作为项目负责人的项目"热点案件和民生案件审判智能辅助技术研究"成功获批科技部国家重点研发计划司法专项,在文科领域实现首次突破。申卫星教授担任首席专家的"互联网经济的法治保障研究"、程啸教授担任首席专家的"大数据时代个人数据保护与数据权利体系研究"获国家社科基金重大项目立项,高其才教授担任首席专家的"健全自治、法治、德治相结合的乡村治理体系研究"获国家社科基金重大专项项目立项,程啸教授"网络环境下民事权利的侵权法保护研究"、郑尚元教授"养老保险立法研究"获国家社科基金重点项目立项,朱慈蕴教授"公司资本制度再造与债权人利益保护研究"、梁上上教授"有限公司股东的清算义务人地位研究"以及陈新宇副教授"沈家本新研究"获国家社科基金一般项目立项,助理研究员覃慧

"内部行政程序的法律规制研究"、冯帅"气候治理的'逆全球化'态势与国际法应对研究"获国家社科基金青年项目立项,申卫星教授"互联网领域重点立法研究"和崔国斌教授"著作权法修订研究和草案初拟"获国家社科基金特别委托项目立项。

2019年,王振民教授担任首席专家的"党内法规与国家法律有机衔接问题研究"和余凌云教授担任首席专家的"大数据、人工智能背景下的公安法治建设研究"获国家社科基金重大项目立项,崔建远教授"担保制度新发展及其法律规制研究"获国家社科基金重点项目立项,邓海峰副教授"国际海底区域资源用益制度的法经济学研究"、陈杭平副教授"民事判决效力体系性研究"、龙俊副教授"民法典中动产与权利担保体系研究"获国家社科基金一般项目立项,李平副教授"以术证道:《尚书·虞夏书》的法政思想诠解"和助理研究员马春晓"经济刑法的法益研究"获国家社科基金后期资助项目立项,申卫星教授"文化领域应当坚持和完善的重要法律制度研究"获国家社科基金特别委托项目立项。

2020年,王洪亮教授担任首席专家的"互联网交易制度和民事权利保护研究"获国家社科基金重大项目立项,苏亦工教授"清朝经营西北边疆之成败得失研究"获国家社科基金重点项目立项,冯术杰副教授"商标法与反不正当竞争法的制度协调研究"获国家社科基金一般项目立项,助理研究员张怡"全球公共卫生治理困境与卫生法律对策研究"获国家社科基金青年项目立项。

二、人才培养

(一)人才培养体系及其发展改革[①]

清华法学院坚持立德树人、德法兼修,推动法学教育高质量发展,培养德才兼备的高素质法治人才。从学科设置来看,清华法学院学科设置涵盖法学一级学科下的所有二级学科,人才培养层次丰富、特色鲜明。本科设有"国际班",研究生设有国际仲裁、国际知识产权、计算法学等方向以及全英文法律硕士项目(含中国法和国际仲裁两个方向),2021年起开设法律硕士(涉外律师)项目。清华法学院人才培养体系改革呼应时代发

---

① 部分内容节选自清华大学法学院.清华大学法学院"十四五规划".2021:1-3.

展,提出了"国家意识、国际视野、科技素养"三位一体的人才培养目标,即培养"面向全面依法治国,面向涉外法治,面向信息科技"三方面的综合人才。

回顾人才培养体系改革进程,清华法学院始终紧密围绕国家法治建设全局,以问题为导向开展了一系列重大改革与探索。2001年之前本科必修课以教育部确定的14门核心课程为准,2001年法学院对本科生培养方案进行了全面改革,将必修课减少至8门,包括法学绪论、宪法学、民法总论、商法总论、刑法总论、国际法学、民事诉讼法学、行政与行政诉讼法学。大幅增加了选修课程,将选修课程按学科以及实践课、专题讲座、前沿讲座、文献阅读等类型分为14个课组,共84门课程。培养方案附指导性教学计划,指导选课,使学生选课课组相互搭配,知识结构合理。这一培养方案长期沿用。① 学院始终坚持教授给本科生授课,从2007年起全面推行本科生导师制。导师工作纳入教师年度工作考核内容,年末工作汇报中必须加以陈述。每位导师每学期都必须与学生见面,了解被指导学生的学习情况,并保持经常联系,每月与被指导学生单独面谈或集体指导一次。该项制度实施以来,取得了良好的效果,深受学生好评。②

2016年以来,学院对法学学科的人才培养方案进行了全面修订,强化宽口径、厚基础的法学本科培养项目,大类培养下的法学本科培养方案致力于打造"通专融合"、连贯完整的本科课程体系,由通识教育、专业教育和学生自主发展三个部分构成。通识教育体现在为一年级学生开设法学绪论、宪法学、中国法制史等基础课,强调将人文精神和科学精神的培养作为本科教学的基础,加大对学生法律职业道德、法律文化修养、法律传统和历史的教育;尊重学生自主性,着重培养学生终身学习的能力,突出产出导向评估(outcome-based evaluation),以学生能力培养为目标设计专业课程。法学(国际班)的学生采用单独的培养方案。方案强调国内法和国际法、外国法的结合,课堂内和课堂外教学的交叉,讲授型与亲历型培养的互融。同时通过加强双语教学、组织参加国际模拟法庭比赛、选送

---

① 参见:陈旭,贺美英,张再兴,主编.清华大学志1911—2010(第三卷)[M].北京:清华大学出版社,2018:538.

② 文科建设处.新时期清华大学文科的建设与发展[M]//本书编辑组.清华大学文科的恢复与发展.北京:清华大学出版社,2011:49.

学生赴国外或境外高校交流学习和赴国际机构实习等,增强学生参与国际法律交流与从事国际法律事务的能力。2020年,清华法学院法学专业入选国家级一流本科专业建设点,此次入选专业为首批入选的专业建设点。目前,学院已提出"1141"教改新模式,即本科生培养要"通识更实、基础更牢、专业更专、前沿更前"。

所谓"通识更实",指对本科生选择通识类课程加以适当的引导,提高通识类课程的含金量,杜绝"水课"。尝试与新雅书院等学院合作,引导学生选修一些高难度的课程。

所谓"基础更牢",指强化本科生的基础知识体系,减少学分总量并增加课程难度和课程含金量。

所谓"专业更专",指改革本科导师制,将本科四年分成两个阶段,大一入学分配的导师是生活导师,主要作用是引导学生迅速适应本科的学习生活环境。从大三开始,学生可以根据其兴趣自主选择专业导师,由专业导师对其选课加以指导,并且原则上专业导师也就是其未来的毕业论文导师。为求"专业更专",积极引导学生在公法、私法、刑事法、国际法四大领域深入研究,分别为依法治国、市场经济、人权保障、涉外斗争四大领域培养人才。

所谓"前沿更前",指科技进步对法律的变革和发展提出了新的要求,法学教育需要回应和解决现代科技发展,特别是生命科技、环境能源科技、信息科技对法律发展提出的挑战。目前学院已经在研究生招生中专设了计算法学、生命科技法学、环境能源法学等方向,并开设了大量计算法学、生命科技法学、环境能源法学等反映法学前沿发展方向的课程。今后这些课程也将面向本科生开放,并引导本科生积极选课。

近年来,清华法学院在研究生培养方面进行了实质创新,强化两个"复合":一是强化法学一级学科下各二级学科专业方向之间的"跨专业复合",要求学生除必修本专业方向的必修课外,还必修相关二级学科的专业必修课,例如刑法与刑事诉讼法、民法与卫生法等;二是强化法学学科与其他学科的"跨学科复合",例如信息科学与法学、医学与法学等的课程整合,在全国率先设立计算法学法律硕士项目,在中国法法律硕士项目(L.L.M.)基础之上,又增加了国际仲裁方向L.L.M.项目。经过多年的努力,法学院已经构建起以中国法(L.L.M.)法律硕士研究生项目(留学生全英文)、国际仲裁与争端解决硕士项目(全英文)、国际知识产权法硕士项目(全英文)、计算法学法律硕士项目为核心的四个自主学位项目。培养思路逐步清晰,课程逐步完善,对学生的吸引力与日俱增。2016年,全英文国际生(L.L.M.)中国法项目增设"国际仲裁与争端解决"主修专业方向,为国际项目增开全英文主修课程15门,同时加强师资、经费、教学条件的投入、配备和调整。2017年,对法律硕士(非法学)培养方案的课程设置进行了集中修订,增加政治必修课和法律实践课学分比重。同年开始筹备专业法律博士学位"法律博士"项目。

秉承"学术为天下之公器,法律以明理为己任"的理念,清华法学院的办学宗旨是发挥清华大学各学科综合优势,吸收借鉴国内外法学教育经验,培养国家法治建设急需的厚基础、宽口径、复合型、高层次的法律人才,始终把提高学生的全面素质和培养学生的创新能力放在突出位置,注重培养学生批判性思维和法律推理能力,使学生在接受获取知识的同时参与到法学研究和法律实践的过程中。学院非常重视职业道德教育,较早将其列入学生的必修课程,高度重视法律实践教育,与最高人民法院和最高人民检察院合作有重大进展,设立各类实践基地34个。开设法律诊所、法律推理、法律谈判、模拟法庭训练等多门课程,领先开设文献检索类课程,全方位培养学生的理论与实务能力;重视学生实践基地建设,与多个省市地区的公检法及党政机关合作,设立三十多个符合清华法学院法学生学习和实践需求的实践基地;拓展了博士生海外实践,为博士生提供到多个"一带一路"国家进行实践和学习的机会;法学院学生多次在理律杯、贸仲杯、牛津大学知识产权国际模拟法庭大赛、William Vis Moot Court、Jessup等国内外重要模拟法庭竞赛中取得好成绩。

(二)涉外人才的教育培养

自复建以来,法学院坚持以世界一流大学的标准培养学生,打造涉外法治人才精品项目。截至2021年,法学院已初步形成全方位、广方向、多层级的涉外法治人才培养体系,包括:第一,本科生阶段宽口径、厚基础的法学国际班项目和联合培养项目;第二,研究生阶段涵盖国际仲裁、知识产权、计算法学等学科方向的专门培养项目;第三,培养知华、友华、爱华的外籍法律精英的中国法项目。全方位的涉外法治人才培养体系为培养高素质、精英型、创新型法律人才提供了基础保障。① 清华大学法学院致力于推进法学教育的国际化发展,先后与加拿大不列颠哥伦比亚大学(UBC)、澳大利亚悉尼大学、美国杜克大学法学院签署了"4+2"或"3+2"的联合办学协议,这些项目的入选者可以通过6年或者5年的学习获得清华大学法学本科和以上三所大学的法律博士(JD)学位。为了培养学生的国际视野和参与国际法律工作的能力,法学院还积极筹备经费,组织学生参加了亚洲国际法模拟法庭比赛、维也纳国际商事仲裁模拟比赛和澳洲国际空间法模拟法庭比赛等国际赛事。2014年6月27日,清华大学法学院国际法律教育中心成立,该中心整合本科法学国际班、中国法法律硕士项目、国际知识产权法项目、国际仲裁与争端解决项目等国际型法律人才的培养工作,进一步形成国际型法律人才"清华特色"的培养模式和路径,推动清华法学教育的国际化发展更上一层新台阶。以下分别对上述四个教育项目展开具体介绍:

(1) 本科法学国际班

在清华大学本科招生改革中,法学院招收法学国际班成为其中的亮点。2009年,法学院开始尝试在法学专业本科生入学一年后,选拔20名优秀学生进入"法学(国际)"项目学习,探索国际型法律人才培养的新路径。经过几年的实践摸索,逐渐形成了针对性强且富有实效的"法学(国际)"项目培养模式,并于2012年对培养方案做出重大调整。在此基础上,在2013年的本科招生中,清华法学院在"法学"专业之外,正式设立"法学(国际班)"专业,即"法学国际班"。

法学国际班旨在培养具有国际视野、中国情怀、能够参与国际法律事务的高层次法律人才,是清华法学院在本科招生、培养中的重大创新之举。随着在世界政治经济等领域影响的不断扩大,中国在国际舞台上必将发挥越来越重要的作用,涉外与国际性的法律事务或问题也会越来越多。在此种背景下,势必需要一批兼通欧美法、国际法与中国法,同时又具备出色外语能力的高端法律人才。当前法学本科的培养,基本上还是按照传统的方式,偏重于对国内法知识的传授,这就导致法律人才培养上

---

① 参见:清华法学院学科发展建设成果——国际化办学与涉外法治人才培养(2022-03-28).清华大学法学院微信公众号,第319期。

的漏洞,难以培养国际型高层次法律人才,在国际法律舞台上,很难看到中国法律人的身影。为满足国家和社会对于国际型高层次法律人才的迫切需要,同时弥补传统法学本科培养模式的不足,清华法学院根据自身的培养理念和特点,在本科招生中,增设了"法学国际班"专业方向。

法学国际班在完成正常法学本科培养计划的同时,配备中外名师进行双语授课,着重提高学生的全面素质和未来双语工作的能力,提供海外知名法学院访学的机会,并推出本科与研究生阶段贯通的培养方式。为了让学生具备开阔的知识视野,培养方案中包含了有关法学与国际政治与经济交叉培养的内容;课外读书计划也被纳入培养方案中,学生在课外阅读方面将受到系统的指导。此外,在如何通过实践培养学生的社会责任感,以及训练具备良好的素质和思维、表达能力方面,培养方案中也均做出科学的安排。

(2) 中国法法律硕士项目

法学院目前拥有我国第一个全英文留学生法律硕士项目——"中国法法律硕士项目",2005年经教育部批准招收第一批留学生,目前该项目已成为国际上最知名的中国法法律硕士项目,是规模大、体系成熟、全英文讲授、全部招收留学生的名牌项目。该项目的培养目标是在我国改革开放和全球经济一体化的进程中,推动我国法律制度面向世界,扩大其对外影响,培养深入了解中国法律制度的高层次境外法律人才。该项目已成为中国大陆法学院面向境外办学的典范,引起境内外众多知名法学院的关注。该项目招生对象为具有境外法学本科学位或相关学科(如政治学、经济学、管理学等)本科学位或具有律师、法官身份的外国人和具有海外教育背景的港澳居民。教学方式以英文课程教学为主,重视和加强案例教学,着重理论联系实际的综合能力培养。采用学分制,总学分不得低于24学分。在2年内修满24学分并完成学位论文者可以申请硕士学位。

(3) 国际知识产权法项目[①]

国际知识产权法项目(International Intellectual Property, IIP)是清华大学法学院为应对全球化和知识经济背景下我国对于具有复合型知识结

---

① 参见:清华大学法学院. 清华大学法学院年鉴[G]. 2019;清华大学法学院. 清华大学法学院年鉴[G]. 2020.

构、熟悉国际事务和国际规则、具备国际视野和战略思维的高层次人才需求而建立的知识产权专业中英双语教学的国际化教学项目。该项目于2012年年底启动，并于2016年荣获清华大学教育教学成果一等奖，于2018年荣获北京市高等教育教学成果二等奖。

为保证国际化教学效果，该项目十分重视师资建设，以一流境外名师为主体，以学院知识产权专业为依托，逐步完善了境内外师资共同负责的教学体系。项目境外师资主要包括美国联邦上诉巡回法院前首席法官Randall Rader法官，德国马克斯-普朗克知识产权竞争与税法研究所前任主任、慕尼黑大学与卢布尔雅那大学教授Joseph Straus，国际商标协会前主席Frederick Mostert博士，多伦多大学法学院院长Edward Iacobucci，波士顿学院法学院教授Joseph Liu，华盛顿大学教授Jane Winn，新加坡国立大学教授刘孔中等知名学府与机构的教授。该项目的院内师资也属于在国内学术界领先并有丰富实务经验的专业团队。在国内外专家学者的悉心指导下，项目学生取得了良好的学习成绩。项目内大多数同学核心课程的平均成绩在80分以上，约20%的学生的成绩达到90分以上。项目学生赴海外交流期间的学习课程也均取得了优异成绩，得到了交流学校的认可。

为配合双语教学及案例教学，该项目采取了课堂教学与学生学习小组有机结合的独特模式，该模式是对学生自我学习管理机制的一种有效探索，这种教学模式要求学生自我学习，大量阅读，团队协作。该项目将学生组成班级，在自愿和竞选投票基础上选出班长和副班长，并分成4～6个学习小组，小组的设置中注重中国学生与海外留学生的合理比例，进一步促进不同文化和社会背景下多角度的问题分析和文化交流；每小组学生轮流担任组长，定期组织读书讨论和团队作业，提前预习项目课程，并需要在院内教师带领的读书会上进行报告、讨论，甚至辩论，以期达到最好的学习效果。

该项目为学生提供了大量高质量的境外学习与实习机会。项目与华盛顿大学、澳洲昆士兰理工大学等国外知名大学法学院开展广泛合作与交流，为有意愿到境外接受国际化教育的学生提供了广阔的平台，参加海外交流的学生人数呈现出明显的上升趋势。同时，该项目与国外知名律所、法院、跨国公司法务部门建立长期有效的合作机制，选拔学员假期赴海外实习。这样的机会既锻炼了学生们的能力，开阔了视野，也带来了广阔的职业发展的国际舞台。该项目还和北京知识产权法院建立了正式合作关系,鼓励学员前往法院实习,在专业法官的指导下参与知识产权法领域内的司法审判工作。在实习结束后,各实习单位均对实习生给出实习鉴定或评价意见,成为学生自我提升、项目进一步改进和完善培养方式的重要依据,一系列的学习和实践机会得到了项目内外师生的广泛好评。

(4) 国际仲裁与争端解决项目[1]

国际仲裁与争端解决项目(International Arbitration and Dispute Settlement,IADS)在2012年年底启动,至2021年已运作九年。该项目通过引进多位海外高层次师资,积极探索创新培养模式,输送有能力参与解决国际争端和发展未来国际纠纷解决原创性理论的具有"中国情怀、国际视野"高端法律人才,为国家涉外型卓越法律人才教育培养基地建设提供了丰富的经验。项目课程大胆突破现有的教学安排,普遍采用普通法教学模式,每节课后给学生布置平均50页左右的英文原著或案例阅读量,课堂上教师通过苏格拉底诘问式的教学,考查学生课前阅读思考的情况。在传授知识的同时,着重训练学生法律逻辑思维与推理能力,训练学生像律师和法官一样独立进行法律研究、表述和判断。境外实习是项目教学设计中的重要组成部分,项目学生多被推荐至香港国际仲裁中心、香港律政司、Baker & McKenzie、HERBERT SMITH FREEHILLS 等各大知名法律机构实习。同时,项目非常重视和支持学生参加国际模拟法庭比赛,每年都组织学生参加维也纳国际商事仲裁比赛、法兰克福国际投资仲裁比赛、外国直接投资国际仲裁比赛(FDI Moot)等多项比赛。项目原设计为主要面向中国学生的全英文的法律硕士专业学位,以2012—2013学年和2013—2014学年为两个过渡年级(招收2012班和2013班)。从2014年起开始全国统一招收法学硕士,并单独授予学位。从2016年开始招收全英文L.L.M.法律硕士。

值得特别指出的是,法学院独特的复合型、国际型人才培养模式,尤其是在中国法律基础上举办的普通法教学,在全国乃至全世界独树一帜。[2]清华法学院是国内第一家开设英美普通法系列课程的法学院,已故

---

[1] 参见:清华大学法学院.清华大学法学院年鉴[G].2019;清华大学法学院.清华大学法学院年鉴[G].2020.

[2] 参见:王振民.百年清华,法学重辉——我所经历的法学院复建发展的历史[M]//本书编辑组.清华大学文科的恢复与发展.北京:清华大学出版社,2011:253.

的何美欢老师(1948—2010)在中国大陆地区系统引进了普通法教育。何美欢老师在清华"创设"了全新的、需要学生连续学习四个学期的"普通法精要"系列课程。这是一个大胆的"创造":它不仅是在没有普通法传统的中国大陆地区用英文对学生进行系统的普通法教学的创举,而且是对现行普通法教学的改革——因为即使在英美各大法学院的课程设置中,也找不到这样一门没有特定专业领域、不局限于具体部门法的范围,而是着眼于对学生进行完整的普通法思维和能力的训练,循序渐进地培养学生运用普通法知识从事法律研究和实务能力的系列课程。[1] 赵晓力老师在何美欢老师追思会上的发言说道:"何老师是以一人之力,用一门连续四学期的课程,在我们清华法学院内部又办了一个法学院。"[2]

附 8-1:《史海钩沉——"君子务本"[3]:追忆何美欢教授》

何美欢,1948年11月生于香港。1972年获伯克利加州大学文学硕士学位,1977年获多伦多大学法律博士学位,毕业后供职于 Baker & Mckenzie 律师事务所,作为职业律师从事跨国法律业务。1982年回到香港加入何耀棣律师事务所,主持多个与中国改革开放相关的大型工程的法律工作。此后投身学术,1988年获剑桥大学法学硕士学位。先后任教于香港中文大学商学院、香港大学法学院,其间出版了《公众公司及其股权证券》等十多部中英文专著;参与中国国有企业在香港上市(H股)法律框架工作。2002年8月加盟清华大学法学院任全职教授,独创了"普通法精要"系列课程,培养了一批优秀的法律人才。2008年8月起任加拿大多伦多大学法学院教授和清华大学双聘教授,2010年9月3日因病逝世。

理解何美欢其人、体悟其教育理念及其与清华法学的不解之缘,需要将目光放远,回顾其人生的心路历程。中国改革开放之初,从多伦多大学法学院毕业后就职于 Baker & Mckenzie 律师事务所的何美欢心系国家发展,曾向中国政府写信询问有没有可以为国家提供帮助的地方。中国政府回信表示,改革开放需要建设法制,可以提供一些英美等外国法律书籍为国内立法提供借鉴。而何美欢则认为仅仅寄书并没有意义,如果不谙

---

[1] 一堂没有上完的课——追记清华大学法学院教授何美欢[N].新清华,2010-09-10.

[2] 赵晓力.一个人的法学院——纪念何美欢老师[M]//王振民,等.君子务本——怀念清华大学法学院何美欢老师.北京:中国政法大学出版社,2011:244.

[3] 何美欢教授的座右铭。

熟英美法的传统及案例和法条的解读方法,纵有宝山亦只会空手而归。或许是从此刻起,何美欢心中立下了为中国写中国人读得懂的普通法的决心。[①] 1982年,何美欢回到香港工作,供职于其兄长何耀棣先生开办的律师事务所,兄妹二人均心系国家发展[②],决定发展内地业务,为改革开放初期内地的招商引资工作提供帮助。1986年,何美欢决定离开物质回报丰厚的律师行业,将学术作为更高的理想和追求,加入香港中文大学商学院,开启了自己的学术生涯。1988年春,何美欢求职香港大学法律系,在与时任系主任韦利文(Raymond Wacks)教授交流时,何美欢表示其想教书的唯一原因,是想把学生教好。[③] 何美欢毕其一生兑现了这一郑重承诺。在港大的14年中,何美欢始终如一、不求华丽的着装风格,以及为求节省时间、提高效率的飞速步伐给学生们留下了深刻印象,这一习惯到了清华以后依旧没有改变。何美欢在港大主讲商法,派发的案例比任何一门课都多,后来在清华教授"普通法精要"课程时,其对学生的要求是每天至少学习11个小时!在港大期间,何美欢设计了全港第一门"在法律中使用中文"课程,为在香港法律界推广中文使用做出开拓性贡献。此外,其应香港大学法律系主任陈弘毅的要求,撰写了长达100页的商法课程改革建议报告,为了撰写这份报告,何美欢阅读了一些教育心理学文献,这为后来其研究出独到的普通法教学方法打下了基础。何美欢曾说,自己的一切学术,都是为中国而做的。[④] 1987年起,何美欢紧扣内地立法需求开展研究并开启写作计划,1989至1995年,先后以英、中文出版《香港合同法》《香港代理法》《香港担保法》,将香港的民商事法律制度系统介绍到内地。这一系列专著奠定了何美欢作为研究公司和商务法律一流学者的地位,其可谓以中文表述香港民商法原理的第一人。[⑤] 1997年和1999

[①] 汤务真.学术,为中国——小记何老师的生平[M]//王振民,等.君子务本——怀念清华大学法学院何美欢老师.北京:中国政法大学出版社,2011:113.

[②] 何耀棣先生曾担任广东省人大代表、司法部委托公证人、中国委托公证人协会主席,连续当选十届全国人大代表,为中国改革开放和法治建设做出了积极贡献。

[③] 陈慧怡.何美欢小传[M]//王振民,等.君子务本——怀念清华大学法学院何美欢老师.北京:中国政法大学出版社,2011:6.

[④] In Memory of Professor Bety Ho (HKU).

[⑤] 参见:汤欣.何美欢老师的中文法律著述.转引自陈慧怡.何美欢小传[M]//王振民,等.君子务本——怀念清华大学法学院何美欢老师.北京:中国政法大学出版社,2011:9.

年,何美欢先后以英、中文出版了其本人最看重的著作——《公众公司及其股权证券》一书,该书是中文世界中讨论公司、证券法律制度最为具体入微的著述之一。①

自1992年9月起,在9个月时间内,何美欢以香港交易所顾问的身份参与了H股法律框架的制定工作。何美欢说自己后来能够加盟清华,一定程度上是因为参与了此项工作。② 2002年,54岁的何美欢出于为国家培养更多优秀法律人才的考虑③,决定辞去待遇相对优厚的港大教职,应邀来到刚复建不久的清华大学法学院任教。何美欢到清华任教的过程并非一帆风顺,在法学院教授会审议环节受阻后,时任校长王大中同志在充分调研的基础上,发挥领导智慧,果断决定聘任何美欢为清华大学教授,使得何美欢最终如愿加入清华。2002年8月1日,何美欢到清华大学报到,除了准备开设英美银行法、比较银行法等部门法课程外,她的包里还装着一份为内地学生特别制订的普通法教学计划。④

何美欢独特的普通法教育理念源于其深刻的思考,其认为在中国法学院教授普通法是因应全球化及其带来的法律全球化这一客观趋势的必然选择,"(中国)必须建立本身的能在国际舞台上运作的律师队伍,这应该是全球化最低的政策响应"⑤。此外,要建立符合中国国情的法律体系,需要有识别力地进行法律移植,做到灵活借鉴、为我所用。要把普通法的内容放回到英美法体系本身去理解,去了解整棵树是如何生长形成的,而不仅仅去采摘已经长在枝头的鲜艳花朵。⑥ 这一观念与其在改革开放之初与中国政府通信时的想法保持了一致。

---

① 参见:汤欣.何美欢老师的中文法律著述.转引自陈慧怡.何美欢小传[M]//王振民,等.君子务本——怀念清华大学法学院何美欢老师.北京:中国政法大学出版社,2011:10.

② 陈慧怡.何美欢小传[M]//王振民,等.君子务本——怀念清华大学法学院何美欢老师.北京:中国政法大学出版社,2011:11.

③ 当时何美欢离退休还有10年,她有信心在10年内,每年写一篇有影响的学术论文,但考虑到如果放弃研究,到内地教授最优秀的学生,即使每年只教出10人,10年也将是100人,这100人对国家的影响将远远大于10篇论文。汤多真.学术,为中国——小记何老师的生平[M]//王振民,等.君子务本——怀念清华大学法学院何美欢老师.北京:中国政法大学出版社,2011:115.

④ 何美欢.论当代中国的普通法教育[M].北京:中国政法大学出版社,2005:前言.

⑤ 何美欢.论当代中国的普通法教育[M].北京:中国政法大学出版社,2005:39.

⑥ 何美欢.论当代中国的普通法教育[M].北京:中国政法大学出版社,2005:153.

何美欢认为,法学教育的目的是培养法律工作者(lawyer),法律工作者绝不是简单地适用法律,而需要有极强的创造力,需要具有扎实的法律基础知识,有超强的智识技能(intellectual skills)和实务技能,还要有跨学科研究能力。在充分考虑当时国内法学院不同法律学位的课程设置后,在现行模式下,何美欢决定连续开设四门普通法精要课程(Foundations of Common Law Ⅰ-Ⅳ),集中训练学生的智识技能,而把法律基础知识的传授留给常规的法学院课程。何美欢探索出的教育模式既不同于中国法学院的知识传授型教育模式,也是对当时美国法学院教育模式的挑战。在课程设置方面,何美欢认为"普通法精要"课程需要渐进式、分阶段地培养以下技能:"普精Ⅰ"和"普精Ⅱ"训练判例阅读技能,目标是学生有能力独自批判性地阅读一篇其不熟悉的选题的判词;"普精Ⅲ"训练成文法阅读的技能;"普精Ⅳ"训练研究与写作技能。在培训更高技能之前必须先完成较低技能的训练,不能越级或同时进行。在教育理论方面,其采用了改良了的兰德尔(Landellian)方法,在通过课堂问答(又称苏格拉底诘问)的方式培训技能的基础上,从四个方面进行了修正:①鼓励小组工作;②加入写作练习;③加入持续讲话的练习;④阅读未经编辑的原始材料。① 她注重对学生思维的锻炼,在课堂上通过强有力的质疑,让学生发现自己的错误;通过高明的提示,引导学生自己寻找正确答案。在教学过程中,何美欢还通过问卷调查、请学生吃饭个别谈话的方式,了解学生的学习效果,积极寻求改进的办法。此外,为了给学生提供判例逻辑以外的视野,何美欢从2009年起自费邀请美国著名法学教授来京为"普精"选课学生授课。何美欢的课程尽管很难,但学生的收获也很大,"普精"课程连续多年被学生评为全校最好的前5％课程。"普精"课程及其蕴含的教育理念的成功源于何美欢与选课学生"师生"之间的互相成就:教师付出很多时间备课②;学生信任老师,相信老师的能力和善意,用心回答老师提出的各种奇妙问题,直到有关论证的奥秘揭示,从而整个人豁然开朗。

---

① 何美欢.论当代中国的普通法教育[M].北京:中国政法大学出版社,2005:139-142.
② 何美欢用了8个月(全时)的时间来设计课程和挑选阅读材料。何美欢.论当代中国的普通法教育[M].北京:中国政法大学出版社,2005:188.

何美欢到清华工作后,坚持每日凌晨4:30开始回复邮件,6点左右来办公室,每晚九点、十点后才离开办公室,她把全部生命投入到教学中,却仍觉时间不够用。她患有严重的眼疾,需要佩戴定制眼镜,凑得很近才能看清纸上的字,但她会逐字逐句审阅学生的论文,提出的修改意见有时比论文本身还厚。她对学生的用心,关乎学术,关乎事业,关乎生活,更关乎人生。她会在学生需要帮助的时候及时、尽力并以恰当的方式提供帮助,有时甚至"不请自来"。她在多伦多买了房子,方便在北美的学生可以在放假的时候来访。她终身未婚、膝下无子,把学生当作自己的孩子并不时给予他们人生指导。许多"普精"的学生称呼她为"Betty",这是她赋予学生的特权,她曾说:"...they work so hard so they get to call me whatever they want!"[1]在她的辛勤培育下,70余名全程修完"普精"课程的学生后来很多取得了国外一流法学院的硕士、博士学位,并成长为优秀的法律工作者。

何美欢在关心学生的同时,对他们的要求也甚为严格。她不仅教授学生法律技能,同时也向他们传授职业道德。她相信法律职业道德无法教授,身教胜于言传。何美欢曾告诫法学院的学生:作为律师,应该学会坚守原则、立场,不要害怕得罪任何人;当律师,最重要的是人们的一份敬重,而不是赚钱。她作为内地企业赴港上市H股法律框架的主要设计者,原本有机会利用这一优势赚取很多金钱,但为避免利益冲突、不公平竞争,她决定辞去何耀棣律师事务所顾问律师的职位,不再从事任何律师业务,全身心投入学术和教书。她的严格自律本身便是最好的法律职业道德教育教材。

2008年,何美欢接受多伦多大学法学院的邀请,成为清华大学和多伦多大学法学院的双聘教授,从此开始奔走于两个大陆之间。2010年5月到8月,何美欢回京讲授"普精"课程。8月20日,何美欢因突发脑溢血在公寓中昏迷。2010年9月3日上午,在来自世界各地的亲人、朋友、学生、同事的挂念和祈祷中,何美欢告别人世。9月4日,在清华大学全校年度暑期干部会上,校领导、全校干部起立为何美欢教授默哀。9月11日,

---

[1] William P. Alford. "In Memoriam: Betty Mayfoon Ho", *Tsinghua China Law Review*, Vol. 3, No. 1, Fall 2010.

何美欢教授追思会在清华大学举行。

何美欢教授的一生，诠释了为人师者"为人师表、行为世范"的高尚品格，她"爱中国、爱清华、爱学生、爱法学教育"的精神和独具特色的法学教育理念是清华法学院宝贵的遗产，值得我们永远铭记。

（三）基层人才的教育培养

清华大学法学院培育出的人才不仅有"仰望星空"的涉外法治精英，也有"脚踏实地"的基层工作人员。"家国情怀"是清华法学院人才培养所秉持的重要理念，法学院自复建以来，积极鼓励和支持毕业生面向基层、服务社会，形成了毕业生奔赴基层就职的传统。法学院设立"涌金基层工作奖"（自2012年起）和"郑裕彤基层工作奖"（自2013年起），鼓励应届毕业生到中西部地区和艰苦边远地区的基层单位工作。在众多基层就业的校友中间，涌现出了一批拥有远大理想和价值追求的实干家，他们在基层艰苦的工作和生活环境中奉献着自己的青春和才华，为国家和社会做出清华法律人应有的贡献。2005级校友魏华伟，到河南驻马店市上蔡县被称为"艾滋病村"的文楼村任村党支部副书记，带领全村群众治病脱贫致富，使文楼变成了新农村示范村。他说，去文楼村当"村官"是"无怨无悔的人生选择"，"知识分子不应该只关注一体之屈伸、一家之饥饱，真正需要关注的是作为个体对于群众、社会的责任和义务"。身赴西部地区基层单位的2006级校友张信阳，毕业后到重庆市合川区人民政府合阳城街道办事处任职；到祖国边陲担任"村官"的2005级校友龚一枫、2006级校友李青，扎根西藏，建设边疆。诸如此类，不胜枚举。法学院的毕业生积极投身基层，立足中国大地，勇于担当，踏实做事，通过自己的行动建设好一方水土，造福一方百姓，同时也获得了社会的肯定与荣誉。2008年，时任门头沟区永定镇坝房子村党支部书记助理兼团支部书记的2002级校友周倍良当选首届"中国十佳大学生村官"，被誉为"普法村官""农民律师"，成为当代大学生基层工作的优秀代表。2020年1月，2003级校友毕晨和2004级校友孙艳红荣获"全国模范法官"称号。2021年2月，2001级校友周鹏和2010级校友杨洋因在脱贫攻坚战中的突出表现荣获"全国脱贫攻坚先进个人"表彰。2021年6月，杨洋又被授予"全国优秀共产党员"称号。自复建以来，法学院对基层人才的教育培养和就业引导工作卓有成效，得到学校的高度肯定，2014年法学院获得了清华大学就业工作"先进集体综合奖"（共 10 个），时任院党委书记黎宏教授就法学院在基层公共部门就业引导与服务中的做法与经验在清华大学就业工作会议上进行了交流。

（四）推进习近平法治思想纳入教学体系①

清华大学法学院以习近平法治思想为法学教育事业的思想指引和行动指南。学院深入学习宣传习近平法治思想和中央全面依法治国工作会议精神，贯彻落实教育部党组推进习近平法治思想进教材、进课堂、进头脑工作部署，不断充实和创新教学内容，优化教学布局，打造特色课程，切实将习近平法治思想纳入教学体系。

法学院面向大一新生开设"习近平法治思想概论"课程，由法学院副教授屠凯讲授。该门课程将习近平法治思想进行科学有机的学理转化，将其核心要义、精神实质、丰富内涵、实践要求贯穿部门法课程，将社会主义法治建设的成就经验转化为优质教学资源，更新教学内容、完善知识体系、改进教学方法、提高教学水平，帮助学生学深悟透做实，增强政治认同、思想认同、理论认同、情感认同。引导学生进一步坚定中国特色社会主义法治的道路自信、理论自信、制度自信、文化自信。

此外，法学院教师讲授的全校公选课"法律基础"，法学专业课"法学绪论""中国法制史学""宪法学""民法总论""自然资源法""刑法研讨与案例分析"等多门课程，都将根据每门课程的总体安排，把法学专业知识与习近平法治思想的重要内容进行有机融合，做好面向全体学生的习近平法治思想学习教育。例如，法学院党委书记邓海峰副教授在"环境资源法"课程中讲授习近平法治思想的生态文明法治理论。

除院系本身开设的课程，法学院还积极组织、号召学生学习中国法学会等有关部门举办的相关讲座，例如法学院举行"习近平法治思想大讲堂"直播活动，设立两处集中观看分会场，多个年级党支部成员约 40 余名学生参与了集中观看活动。此外，在院党委的支持下，学生们成立了习近平法治思想学生宣讲团，围绕着习近平法治思想的基本精神和核心要义，走出校园、走入社会、走进基层，开展了深入、持续、常态化的宣讲工作，引

---

① 参见：法学院努力推进习近平法治思想纳入教学体系（2022-03-14）．清华大学法学院微信公众号，第 394 期．

(五)保障线上教学,取得良好效果[①]

在新冠肺炎疫情期间,清华法学院秉持学校提出的"延期返校、正常教学、发挥优势、保质保量"的方针,多次召开教学工作会议,制定了周密的线上教学工作安排,并在前期通过多项措施保障新学期线上课程的顺利进行。学院制定工作预案,对可能受到疫情影响的工作事项进行梳理并提出解决预案;教务办工作人员与全院授课教师进行一对一联络,确保每位教师都及时了解学校的最新工作安排;为提高效率,教务办老师帮助所有开课教师在雨课堂系统中添加了助教,统一组织和督促各助教参加学校的技术培训。鼓励教师们采用"双保险"的方式进行授课,即为每堂课配置两个软件(雨课堂+其他)、两台设备(电脑+手机)和两个讲授人(教师+助教),双管齐下,最大限度地避免因技术问题导致的教学事故。全院师生克服困难,切实做到"按点上课""一起上课"和"真有课堂",很多教师都是首次尝试线上教学,在新的方式下碰撞出新的火花,并以此为契机,经过深入摸索、总结经验,法学院师生共同探索出了面向未来的创新教学方式和内容。学院在学校的领导下,全院联动、同心协力、共抗疫情,处处彰显清华法律人饱满昂扬的精神面貌,圆满完成了教学任务。法学院获评 2020 年春季学期疫情防控期间在线教学优秀奖,11 位教师、3 位教务员分别获得优秀教师特别奖、优秀教师优秀奖、管理服务先进个人等奖励。

附 8-2:《越是面临困难与挑战,越要保持定力|邱勇校长在线聆听法学院崔建远教授新学期第一堂课》[②]

(2020 年)2 月 21 日上午,校长邱勇与 100 多位硕士研究生同学一起在线聆听法学院文科资深教授崔建远讲授的"物权法"新学期第一堂课。

2 月 6 日,邱勇曾到法学院调研疫情防控期间教学工作准备情况,法学院汇报了协助崔建远解决备课中技术难题的相关情况,邱勇对崔建远

---

① 参见:清华大学法学院. 清华大学法学院年鉴[G]. 2020:65;清华法学院官网. 法学院师生同心协力共抗疫情,积极落实线上教学任务[EB/OL]. [2021-11-25]. https://www.law.tsinghua.edu.cn/info/1133/2160.htm;清华法学院官网. 法学院线上召开 2020 年春季学期首次教学工作会议[EB/OL]. [2021-11-25]. https://www.law.tsinghua.edu.cn/info/1133/2163.htm.

② https://www.tsinghua.edu.cn/info/1181/56378.htm. [2022-03-14].

带头学习在线教学方式的精神表示敬意,并表示将聆听崔建远本学期的第一堂课。课程开始,崔建远首先向因疫情留守家乡的同学们问好,又说:"在这样特殊的时刻,非常遗憾我们只能以线上相见的方式上课,但是正如邱校长在2月3日'全校师生同上一堂课'中所引用的'艰难困苦,玉汝于成',相信只要我们共同努力,一定能迈过这道坎。"以7个与疫情有关的现实案例切入,崔建远向同学们阐述这门课的第一个重要概念:物权。

此时此刻,初春和煦的阳光透过窗棂,洒在清华园工字厅古朴的桌面上。邱勇一边专心聆听课程,一边翻看教材、认真做着笔记。

课间休息时,邱勇与师生们视频连线。他首先对崔建远线上顺利开课表示祝贺,对他支持学校"延期开学、如期开课"的决定以及为此所付出的努力表示感谢,对今天上课的遍布祖国各地,特别是湖北地区的同学们表示问候与关切。

邱勇表示,西南联大时期的清华人在战事紧张、飞机轰炸的情况下,依然坚持教学、坚持静心学习,自强不息、弦歌不辍。"每临大事有静气",越是面临困难与挑战,我们越要保持定力。要坚信生活中遇到的挑战,都将促使我们有所改进、得以成长。要坚信面对压力时所坚持的自强不息的精神品格,将让我们终身受益。要坚信在当下疫情防控的特殊时期,哪怕面临各种可能出现的问题和技术障碍,坚持上课本身也将为我们全体师生带来长远的收获。

结合授课内容,邱勇对师生们表示,法治建设对国家未来发展具有重要意义,我们要认真学习习近平总书记在中央全面依法治国委员会第三次会议上的重要讲话精神。希望清华法学院的师生们继承优良传统,勇担时代使命,为推进全面依法治国、完善中国特色社会主义法治体系做出自己的贡献。

最后,邱勇动情地对大家说:"非常高兴与同学们一同听课并视频连线,让我们保持乐观主义精神,相信疫情的阴霾终将消散。春风来不远,已到清华园。祝愿崔老师和同学们身体健康,希望大家在保证安全的前提下坚持学习、坚持学术研究,期待大家重返清华园!"

这是崔建远的第一次正式线上授课。对于已年逾六十的他来说,线上授课是一次"老"教授面临的"新"挑战。此前,他和清华园里许多老教授一样,常年采用纸质化的研究阅读和面对面的授课方式,并不依赖电子化的手段。今年,为了共同抗击疫情,他下决心改变自己坚持多年的教学科研与生活习惯,并表示"疫情当前、听从安排,服从命令、克服困难"。法学院为帮助他实现网上授课,安排老师一对一协助,重装电脑系统,安装在线教学和网络会议系统等软件,与所有同学建立线上联系,排练授课流程并反复测试。经过一段时间的探索与适应,他不仅熟练掌握了在线教学的授课方式,还对可能突发的情况作了详细预案。崔建远新学期第一堂正式线上授课进展顺利,取得了如期的授课效果。

第三节 组 织 架 构

一、党委行政

(一)领导班子成员

清华法学院有一支德才兼备、坚强有力的领导团队。1999年4月至2002年6月,王保树教授担任复建后第一任院长。2002年6月至2008年7月,王晨光教授担任法学院院长。2008年7月至2016年7月,王振民教授担任法学院院长。2016年7月至今①,申卫星教授担任法学院院长。

1999年4月至2007年12月,李树勤教授担任复建后第一任党总支书记、党委书记。2007年12月至2012年1月,车丕照教授担任法学院党委书记。2012年1月至2019年7月,黎宏教授担任法学院党委书记。2019年7月至今,邓海峰副教授担任法学院党委书记(历任院行政领导、党委班子成员见表8-2、表8-3)。

表8-2 清华大学法学院历任院行政领导成员表

时间	院长	副院长	院长助理
1999年4月至2002年6月	王保树	崔建远(1999.4—2000.1)②、张明楷(2000.1—2001.5)、傅廷中(2001.5—2001.12)、高鸿钧(1999.4—2000.10)、王振民(2001.12—2002.6)、王晨光(2000.10—2002.6)	—

---

① 本书写作时间截止到2021年年底,"至今"指至2021年年底,下同。
② 括号内为在任时间,下同。

续表

时间	院长	副院长	院长助理
2002年6月至2005年7月	王晨光	车丕照、王兵、王振民	—
2005年7月至2008年7月	王晨光	车丕照、王振民、周光权	李旭
2008年7月至2012年1月	王振民	周光权（2008.7—2009.7）、施天涛（2009.7—2012.1）、黎宏、申卫星	李旭（2008.7—2009.8）、廖莹、于文晶（2009.8—2012.1）、张晨颖（2009.8—2011.8）
2012年1月至2016年7月	王振民	申卫星、施天涛（2012.1—2013.1）、余凌云、张建伟（2013.1—2016.7）	廖莹、于文晶、劳东燕、张建伟（2012.11—2013.1）、邓海峰（2013.2—2016.7）、范春燕（2016.3—2016.7）
2016年7月至2019年6月	申卫星	余凌云、崔国斌、邓海峰	刘晗、高丝敏、范春燕、于文晶
2019年6月至今	申卫星	程啸、聂鑫、高丝敏	刘晗、于文晶、龙俊（2019.9至今）、范春燕（2016.7—2020.3）

表8-3 清华大学法学院历任院党委班子成员表

时间	党委书记	党委副书记	党委委员
1999年4月至2000年11月	李树勤（总支）	高鸿钧（总支）	王保树、李旭、张明楷、高其才（总支）
2000年11月至2002年8月	李树勤	车丕照、吕晓杰（2000.11—2001.9）、黎宏（2001.9—2002.8）	王保树、高其才、高鸿钧、黎宏
2002年8月至2005年6月	李树勤	傅廷中、黎宏	王晨光、高其才、韩世远、于丽英
2005年6月至2008年12月	李树勤（2005.6—2007.12）、车丕照（2007.12—2008.12）	傅廷中、申卫星	王晨光、车丕照、韩世远、朱慈蕴
2008年12月至2012年1月	车丕照	傅廷中、廖莹	王振民、田思源、朱慈蕴、张建伟
2012年1月至2016年7月	黎宏	田思源、廖莹	王振民、申卫星、朱慈蕴、程啸

续表

时间	党委书记	党委副书记	党委委员
2016年7月至2019年7月	黎宏	程啸、王钢	于文晶、申卫星、崔国斌、蒋舸、邓海峰（2017.11—2019.7）、余凌云（2017.11—2019.7）
2019年7月至今	邓海峰	王钢、陈杭平	于文晶、申卫星、汪洋、陈新宇、高丝敏、程啸

（二）行政教辅队伍

在领导班子之外，法学院拥有一支干练的行政教辅队伍，共二十余人。本着清华大学倡导的"管理育人、服务育人"的精神，他们在法学院发展建设过程中，发挥着重要作用。为了更好地服务于教学、科研，法学院目前设有党委人事办公室、业务办公室、综合办公室三大办公室，负责日常行政管理、教学管理、人事党务管理、学生管理、科研外事管理、学术刊物编辑、信息中心管理、培训中心管理等具体工作。目前分别由于文晶老师、范春燕老师和官海彪老师担任主任，其他现职人员包括赵红英、杨艳、刘菁、刘洁莹、闫晶晶、吴征、黄姗、李昊莹、高蕾、张燕、钱倩、范敬苒、李杉、马丽娟、周馨、徐雨衡、张沫、金承燕等老师。另外，法学院的各个研究中心有陈旸、潘耀华、冉琰、付晨、肖菁、洪燕、王晨璐等老师。

在此之前，曾有张静庄、李红、左轶、张险峰、魏南枝、廖莹、薛天慧、华琳、魏晶、于丽英、黄晓玲、张颖、廖瑞珊、杨如筠、刘颖、周杉、马宁、刘晨、于蕾、王珺、吴丽君、马海晶、巫玉芳、李思远、秦惠军、戎泽学、王娴、余鹏、李蕊、李德杰、张虹、郭树长、于冬梅、朱义忠、丁国文、李晓嫱、张寒、陈继梅、王叙虹、贾楠、谢明阳、杜晓兰、李伟、赵静波、张婧、常晓光、孙娣、高娜、孙鹤源、于友常、张连英、李玉生、朴英淑、岳建涛、王敏、王爽、洪淑凤、刘波、张琳、李祺薇、张明鹤、李洪霞、钟兰安、邢鹏刚、郑权、胡俊玲、夏琛斌、余美、刘金娜、付扬、郝元、邓茜等老师在法学院各个行政管理、教辅、图书馆、研究中心等部门岗位工作。

这些机构和人员高效地负责法学院的日常事务，积极推动着法学院迈向一流法学院的步伐。

（三）党建工作①

自1999年以来，历任法学院党委（党总支）在学校党委的坚强领导下，通过院党委和全院师生的共同努力，在思想建设、组织建设、制度建设、干部队伍建设以及党风廉政建设等方面取得一系列的成果。作为学院党建重要组成部分的学生党建工作也稳步推进，院党委将学生的思政教育贯穿育人工作全过程，并结合学科特色，持续推动课程思政建设。

第一，思想建设。院党委始终严格遵守党的政治纪律，坚持党的基本理论和基本路线，不断增强"四个意识"，坚定"四个自信"，做到"两个维护"，自觉在政治立场、政治方向、政治原则、政治道路上同党中央保持高度一致。坚持民主集中制、坚持定期集体学习，建立健全理论学习长效机制。学院党委成员和院行政领导组成了理论学习中心组，制订了学习计划，并经常性地组织理论学习。自2008年以后，院党委实行每月例会制度。例会的主要内容之一就是理论学习，组织学习中央每次全会的决议性文件和中央领导同志的重要讲话，使党委成员及时了解和领会党中央新制定的各项方针政策，提高自己的理论水平，明确下一步的工作方向。法学院高度重视思想建设，法学院党委于2002年认真学习江泽民同志在纪念北师大建校100周年大会上的讲话和视察中国社会科学院的讲话；于2003年认真学习了胡锦涛同志参观西柏坡的重要讲话；2005年下半年开展了"保持共产党员先进性"教育活动；2006年3月开展了"社会主义荣辱观教育月"活动；2013年开展了"党的群众路线教育实践活动"；2015年开展了"三严三实"专题教育学习活动；2016年围绕"两学一做"展开专题学习；2019年开展"不忘初心、牢记使命"主题教育；2020年院党委理论中心组认真学习习近平新时代中国特色社会主义思想和党的十九届四中、五中全会精神，深入领会习近平法治思想；2021年院党委深入开展党史学习教育活动，成立党委党史学习教育工作小组，制订《法学院党委党史学习教育工作计划》。

第二，组织建设。基层党组织建设一直是历届法学院党委工作的重点，院党委严格贯彻落实《中国共产党普通高等学校基层组织工作条例》，增强党组织政治功能和组织力。在组织制度上，2012年院党委对教工支

---

① 参见清华大学法学院党委历年工作报告、党委换届工作报告等资料。

部的组成架构进行改革,由学院党委副书记兼任教工支部书记,以加强教工支部的工作力量;2016年院党委为完善教职工基层党支部的建设,将教职工党支部拆分为两个支部,并选拔政治素质强、业务水平高、热心公共服务的党员同志担任党支部书记和委员;2017年院党委将教职工党支部书记纳入理论学习中心组,加强对教职工党支部的指导。同时,在党员培养发展方面,始终坚持"成熟一个、发展一个"的原则,不断扩大积极分子人数,加强入党积极分子联系培养,重点引导青年学术骨干入党。法学院在2021年有党支部22个,其中教职工党支部2个,学生党支部20个;另有临时党支部1个。有党员598人(不含临时党支部党员),其中教职工党员71人,学生党员527人;入党积极分子335人。

第三,制度建设。院党委特别注重法学院的规章制度建设,推动法学院建立和完善了一些重要制度。2009年,党委制定《清华大学法学院党委工作制度》,之后陆续完善和健全《法学院院务会议规则》《法学院党委会议议事规则》《法学院党政联席会议议事规则》等基本制度文件。此外,院党委还推动制定《教师学术休假制度》《博士后管理办法》《机关组织办法》《法学院职工考勤管理办法》《法学院保密工作守则》《法学院消防安全管理办法》和《机关工作规章》等文件,使法学院的各项主要工作都有章可循,为各项党政工作的顺利开展提供了制度性保障。

第四,干部队伍建设。院党委坚持党管干部、党管人才原则,建立了对后备干部的培养和联系制度,加强对"双肩挑"干部的培养和支持力度,促进与校机关在干部交流挂职方面的交流,培养、锻炼、支持优秀青年干部脱颖而出,并积极推荐教师到实务部门挂职锻炼,促进理论和实践相结合。在思想政治工作队伍建设方面,在主管学生工作的党委副书记的带领下,法学院有一支政治立场坚定、学习成绩突出、群众基础好、综合素质全面的党建学生干部队伍,设有专门的党建助理、德育工作助理等,协助院党委开展学生思想政治工作。在党员干部队伍的模范先锋作用方面,在2003年抗击非典疫情的"清华园保卫战"和2020年新冠疫情防控阻击战中,法学院党组织和党员表现出坚强的党性、良好的组织纪律性和无私的奉献精神。师生融洽、团结一心,以党员为骨干的法学院师生经受住了疫情考验,受到学校的充分肯定。

第五,党风廉政建设。就党风建设而言,院党委从政治上认识和把握全面从严治党的要求,以具体的行动和举措,坚定不移地把从严治党引向深处、落到实处,切实改进工作作风,使党在学院各项事业发展中发挥领导核心作用。院党委早在2005年就实施了若干的作风整改举措,例如完善民主决策机制,改进院务会制度,完善人事管理制度等。近年来,院党委加强党风建设的具体做法包括:建立理论学习中心组例会学习制度;党委会、党政联席会议充分发挥民主集中制;定期召开领导班子民主生活会、党支部组织生活会;加强党员教育管理,开展多种形式的主题实践、志愿服务工作;建立职工考勤制度等。严管厚爱相结合,促进师生员工成长、发展。就廉政建设而言,院党委严肃认真做好巡察整改、中央巡视整改工作,积极宣传贯彻落实党的路线方针政策以及学校党委的各项决议。积极配合学校完成纪检监察工作,院党委书记、副书记及时和存在风险点的师生进行谈话,对师生中的不良现象和苗头及时开展教育工作。

第六,学生党建工作。院党委始终将学生党建工作作为学生工作的重中之重,多年来积累了一套科学、系统的党建工作方法和优良传统。每年一次的学生党建研讨会邀请学校老党员、老领导和老校友给学生讲党课,同时组织与会人员就党建工作、学生工作和人才培养等议题分组研讨。历年学生党建研讨会的具体情况详见之后本章第五节的叙述。在学生的思政教育方面,法学院将社会主义核心价值观融入教育教学、社会实践、校园文化,引导学生做社会主义核心价值观的坚定信仰者、积极传播者和模范实践者。强化教育引导和实践养成,注重培养学生的社会公德、职业道德、个人品德,促进学生全面发展。

二、法学院顾问委员会

法学院顾问委员会成立于2009年。2009年4月26日,"清华大学法学院顾问委员会成立仪式暨第一次全体会议"在清华大学主楼317会议室举行。校长顾秉林代表清华大学聘任贾春旺、张福森、朱育诚、田期玉、王俊峰、戴玉忠、杨克勤、梁爱诗、解振华、高西庆担任法学院顾问委员。随后,顾问委员会主任贾春旺组织召开顾问委员会第一次全体会议,代表各位顾问委员表示一定竭尽所能为清华法学院的建设献计献策,并提出了在学校、院系和顾问委员会的共同努力下让清华法学院跻身世界一流法学院的愿景。其他顾问委员分别对清华法学院的定位、规模、发展国家重点学科等问题提出宝贵的建设性意见。委员们一致表示，要鼎力协助清华法学院建设，使清华百年传统、清华法学八十年的精神得到传承并发扬光大，把清华法学院建设得更好，为国家培养更多优秀的清华法律人。①

顾问委员会每年至少召开一次会议，在历次会议中，顾问委员听取法学院一年来的工作报告，就法学院发展的重大战略问题向清华大学及法学院提出意见和建议。近年来，顾问委员会的建议主要集中在加强人才培养和重点学科建设等方面。在2018年年度顾问委员会会议上，委员们表示，党的十九大和"双一流"学科建设是法学院迈向世界一流的推动力，法学院必须紧跟国家发展的形势和要求，一要大力培养能在国际舞台上发挥重要作用的高端法律人才，二要把研究课题同国家的战略性、前沿性问题紧密联系起来，三要加强与司法实务部门的相互合作以实现法学理论和实际更好地结合，四要发挥清华大学的工科优势共同研究解决智能社会的法治问题。② 在2019年度会议上，委员会提出：一是要加强法学院的建设，从思想上、学校的管理上高度重视，增加投入，适当扩大法学院的师生规模；二是要加强重点学科建设，如新型学科以及传统学科如国际法、知识产权等学科的建设；三是既要加强理论法学研究，又要加强全科性人才的培养；四是要加强教师队伍建设，培养更多的、有更大影响力的法学大师。③ 在2020年度会议上，委员会充分肯定了法学院过去一年的工作，同时对法学院新一年的发展提出了建议。委员们指出，要思考如何使清华法学院成为清华大学的一张名片，法学院应明晰学科特色，有选择性地对部分学科进行重点建设，特别是在有利于国家发展的学科上投入精力；同时要加大人才引进力度，完善人才引进机制，提升师资水平。④ 在2021年度会议上，委员会充分肯定了法学院过去一年的工作成绩，同时对法学院的"十四五"规划发展提出了建议。委员们指出，法学院要学

---

① 参见：清华大学法学院.清华大学法学院年鉴[G].2009：196.
② 参见：清华法学院官网.清华大学法学院召开2018年度顾问委员会会议[EB/OL].[2022-03-14].https://www.law.tsinghua.edu.cn/info/1133/2412.htm.
③ 参见：清华法学院官网.清华大学法学院召开2019年度顾问委员会会议[EB/OL].[2022-03-14].https://www.law.tsinghua.edu.cn/info/1133/2257.htm.
④ 参见：清华法学院官网.清华大学法学院召开2020年度顾问委员会会议[EB/OL].[2022-03-14].https://www.law.tsinghua.edu.cn/info/1133/2157.htm.

习宣传贯彻落实习近平法治思想,以习近平法治思想引领学科建设和教育教学工作,为全面依法治国服务、为涉外法治教育服务,重视法学基础教育,提升国际化办学水平,培养高素质涉外法治人才,特别是应当在人才引进、师资队伍建设、基金项目申报等方面持续发力。法学院的发展要特别注意突出重点、坚持优势,法学学科作为清华大学重点建设、优先发展的学科之一,就法学院自身而言,一方面已经形成优势的专业要更优、更强,另一方面要在国际领域有所突破和建树。①

清华大学法学院顾问委员会自成立以来,各位委员在充分考虑社会形势要求和法学院实际发展状况的基础上,对法学院的建设提出了相当中肯且富有见地的建议,在争取国家、学校和社会各界对清华法学院的支持,扩大清华法学院国际影响力等方面发挥了重要作用,为清华法学院跻身世界一流法学院,培养更多优质法律人才做出了积极贡献。②

三、研究中心

清华大学法学院目前有校级研究中心5个,院级研究中心36个。研究中心作为一种重要的科研力量,承担着来自校内外的各类科研课题和项目,为国家和社会的发展贡献学术智慧。

清华大学法学院在复建之初就成立了商法研究中心、民法研究中心、日本法研究中心、知识产权法研究中心、环境资源与能源法研究中心等研究机构,这些研究机构几乎覆盖了当时清华法学院的优势学科。随着学院的进一步发展,研究中心的数量也在不断增加,成立了法律与社会发展研究中心、卫生法研究中心、欧盟法与比较法研究中心、程序法研究中心、刑事法研究中心、资本与金融法律研究中心、习惯法研究中心、房地产法研究中心、港澳台法研究中心、公法研究中心、法律与文化研究中心、两岸法政问题研究中心、国际私法与比较法研究中心、竞争法与产业促进研究中心、中国司法研究中心、证据法研究中心、凯原中国法治与礼治研究中心等机构。这些科研机构与负责教师的研究领域紧密相关,突破了二级

---

① 参见:清华法学院官网. 清华大学法学院召开2021年度顾问委员会会议[EB/OL].[2022-03-14]. https://www.law.tsinghua.edu.cn/info/1133/12623.htm.

② 2021年8月,按照中央干部管理的相关要求,法学院对顾问委员会组成进行了调整。

学科的专业限制,形式更加灵活,内容更加丰富,促进了清华法学的发展。

近年来,在新兴交叉学科发展迅速的背景下,法学院牵头成立清华大学智能法治研究院、清华大学国际争端解决研究院、互联网法律与政策研究中心、法律大数据研究中心、个人信息保护与数据权利研究中心、健康医疗大数据应用与治理研究中心等一系列交叉学术研究平台,为新兴学科和交叉学科发展创造了必要条件,进一步提升了学院的社会影响力。

清华大学法学院现有研究中心基本情况如下。

校级研究机构(排名不分先后):

清华大学商法研究中心	主任:汤欣教授
清华大学港澳研究中心	主任:王振民教授
清华大学国家治理研究院	院长:王振民教授
清华大学智能法治研究院	院长:申卫星教授
清华大学国际争端解决研究院	院长:张月姣教授

院级研究机构(排名不分先后):

清华大学法学院法律全球化研究中心	主任:高鸿钧教授
清华大学法学院民事法研究中心	主任:崔建远教授
清华大学法学院环境资源能源法学研究中心	主任:邓海峰副教授
清华大学法学院知识产权法研究中心	主任:崔国斌教授
清华大学法学院公法研究中心	主任:余凌云教授
清华大学法学院卫生法研究中心	主任:王晨光教授
清华大学法学院欧洲法与比较法研究中心	主任:韩世远教授
清华大学法学院程序法研究中心	主任:章程(张卫平)教授
清华大学法学院刑事法研究中心	主任:张明楷教授
清华大学法学院金融与法律研究中心	主任:施天涛教授
清华大学法学院习惯法研究中心	主任:高其才教授
清华大学法学院房地产法研究中心	主任:申卫星教授
清华大学法学院海洋法研究中心	主任:李兆杰教授
清华大学法学院法律与文化研究中心	主任:江山副教授
清华大学法学院两岸法政问题研究中心	主任:王振民教授
清华大学法学院国际私法与比较法研究中心	主任:陈卫佐教授

清华大学法学院竞争法与产业促进研究中心	主任：张晨颖副教授
清华大学法学院中国司法研究中心	主任：周光权教授
清华大学法学院证据法研究中心	主任：易延友教授
清华大学法学院法律史研究中心	主任：苏亦工教授
清华大学法学院国际经济法研究中心	主任：张月姣教授
清华大学法学院凯原中国法治与义理研究中心	主任：徐炳教授
清华大学法学院体育法研究中心	主任：田思源教授
清华大学法学院企业法律风险研究中心	主任：黄新华副教授
清华大学法学院党内法规研究中心	主任：王振民教授
清华大学法学院近代法研究中心	主任：陈新宇教授
清华大学法学院劳动法与社会保障法研究中心	主任：郑尚元教授
清华大学法学院科技文化与竞争法研究中心	主任：冯术杰副教授
清华大学法学院不动产法研究中心	主任：程啸教授
清华大学法学院互联网法律与政策研究中心	主任：申卫星教授
清华大学法学院法律与大数据研究中心	主任：申卫星教授
清华大学法学院电子商务法研究中心	主任：王洪亮教授
清华大学法学院商业犯罪研究中心	主任：黎宏教授
清华大学法学院纠纷解决研究中心	主任：陈杭平副教授
清华大学法学院健康医疗大数据应用与治理研究中心	主任：吴伟光副教授
清华大学法学院个人信息保护与数据权利研究中心	主任：程啸教授

四、学术期刊

学术期刊是一个学院学术实力的重要表现，法学院现有《清华法学》、《清华法治论衡》、Tsinghua China Law Review、《中德私法研究》、《清华法律评论》、《习惯法论丛》、《体育法评论》、《中国卫生法律评论》、《清华知识产权评论》等高品质的学术出版物。

《清华法学》杂志于 2007 年 1 月由国家新闻出版总署批准创办，2007 年 5 月 8 日创刊。王保树教授为首任主编，章程（张卫平）教授是第二任主编，林来梵教授是第三任主编；历任副主编是周光权教授、章程（张卫平）教授、韩世远教授；第四任主编是车丕照教授，副主编是何海波教授和汤欣教授，编辑部主任是徐雨衡老师。《清华法学》发展迅速，创刊后两年内（2009年）便跻身于 CSSCI 来源期刊行列（破格），2011 年被评定为北京大学图书馆《中文核心期刊要目总览》核心期刊，2012 年被评定为 CSSCI 来源期刊（正版），2014 年被中国社会科学评价中心评定为"中国人文社会科学核心期刊"，同年被中国人民大学复印资料中心认定为重要转载来源期刊，此后更被"中国法学创新网"列入 CLSCI 十六种法学核心期刊之一。2015 年根据中国人民大学人文社会科学学术成果评价发布，《清华法学》在全国法学期刊中转载率排名第一，并获评"'复印报刊资料'重要转载来源期刊"，2019 年获得国家哲学社会科学文献中心颁发的"最受欢迎期刊"奖，同时也被中国社会科学评价研究院评定为"特色期刊"（法学期刊全国只有两家）。目前，《清华法学》杂志已经成为我国具有重要影响力的法学核心期刊之一。

《清华法治论衡》于 2000 年创办，主编是高鸿钧教授，现任主编是鲁楠副教授。这是国内唯一一份以法治为主题的学术性专刊，自 2008 年以后成为中文社会科学引文索引（CSSCI）来源集刊，到 2021 年年底已经连续出版 28 辑，成为国内规模较大、影响较广、连续性最强的法学集刊之一。

Tsinghua China Law Review 是中国大陆首家由高校出版、学生自主运作的全英文法律学术期刊，致力于在全球层面促进有关中国法律问题的学术研讨，2009 年开始在美国出版。2017 年 *Tsinghua China Law Review* 的影响因子数量与被引数量在中国大陆英文法学期刊中排名第一，在亚洲法领域英文法学期刊中排名第九（数据来源：2017 年 Washington & Lee 法学期刊排名），到 2021 年年底已经连续出版 13 卷，共 25 期。目前被 Westlaw、LexisNexis、HeinOnline 等国际著名数据库收录，成为向世界介绍中国法的重要学术平台之一。

第四节　国际及港澳台合作与交流

一、概况[①]

深化推进法学学科的对外交流与合作、提升自身的国际影响力是清

[①] 部分内容节选自清华法学院学科发展建设成果——国际化办学与涉外法治人才培养.［2022-03-28］.清华大学法学院微信公众号，第 319 期.

华法学院长期的发展方向与重要目标。法学院已搭建起包括学生交换交流、教师学者国际科研合作、高端国际学术论坛、中外联合研究中心等在内的多维度、深层次、全方位的国际（地区）交流与合作体系。清华大学法学院作为一所国际化的法学院，其国际化情况包括国际及港澳台合作和对外交流两大方面。

第一，国际及港澳台合作。截至 2020 年 12 月，清华大学法学院与五大洲 30 个国家与地区的法学院签署了 80 余份合作协议，涉及美国、英国、加拿大、法国、德国、比利时、荷兰、瑞典、瑞士、爱尔兰、挪威、捷克、俄罗斯、澳大利亚、新西兰、韩国、日本、新加坡、泰国、印度、智利、以色列、中国香港地区、中国澳门地区、中国台湾地区等。例如与耶鲁大学法学院在法律诊所项目上的合作、与哈佛大学在环境法方面的合作、与密执根大学法学院在国际商法课程方面的合作、与天普大学法学院在联合办学方面的合作、与杜克大学在远程教学方面的合作、与法兰克福大学法学院在学术会议方面的合作、与英国国王学院在学术交流方面的合作、与加拿大多伦多大学在 WTO 研究方面的合作、与日本早稻田大学和名城大学在教师交流方面的合作、与新加坡国立大学法学院学生的交流、与我国香港大学法学院及其专业进修学院（SPACE）的合作等。2019 年，清华法学院与澳大利亚新南威尔士大学合作设立"清华大学—新南威尔士大学国际商事经济法联合研究中心"，是法学院第一个与海外知名法学院联合共建的科研机构。该机构的设立弥补了法学院与国外名校合作形式中缺少实体化的不足，提升了中外学科领域合作的专业性与可执行性。除了双方合作，还有三方合作，例如 2019 年 5 月 31 日—6 月 1 日，清华大学—多伦多大学—香港大学年度论坛在清华召开，加强三校间的学术交流与合作。清华大学法学院和新竹清华大学科技法律研究所共同发起并承办、台湾元照出版社协办的"首届两岸清华法学论坛"于 2009 年 11 月 6—7 日举行。该论坛探讨了科技发展所带来的一系列法律问题，内容涵盖通信法、公共卫生法、知识产权法、环境能源法等多个领域。第二届两岸清华法学论坛于 2012 年 11 月 23—24 日在新竹清华大学召开。会议主题为"法学理论与科技发展"。这些合作对于促进法学院与境外同行的学术交流，了解并跟踪境外学术发展，对培养学生国际视野发挥了积极作用。通过校际和院际交流和其他渠道，法学院每年都接受数位外国教授和学者前来讲学或者从事研究工作。

第二，对外交流。随着国际型法律人才培养的模式与路径的探索和实践的不断深入和发展，清华法学院已与一大批全球一流法学院、世界一流的法学专业方向和国际知名的法学家、法学教授和学者建立了长期、稳定、密切的交流和合作。通过教师互派讲学，联合设立研究项目，校际本科生和硕士、博士研究生交换项目，短期访学等多层次、多样化的模式，使清华法学院的对外交流和合作在深度和广度上都持续发展和深入，国际影响力和竞争力不断提升。近年来，每年教师参加学术出访，学生参加交换学习、联合培养、短期课程、海外实践项目等达上百人次。

此外，还有许多前来访问的国（境）外政要、法官和法学家举办各种讲座，其中包括美国前总统卡特，美国联邦最高法院法官斯卡利亚，法国最高法院院长卡尼维，法国前司法部长巴丹戴尔，英国司法部长高德斯密斯，澳大利亚前首席法官梅森，香港地区终审法院首席大法官李国能，美国著名法学家德沃金、德肖维兹等。他们的讲座极大地丰富了法学院的课程设置，有利于学生眼界的开阔与素养的提升。

二、与境外大学院校的合作

与境外大学院校的合作分为与国外大学院校的合作和与我国港澳台地区大学院校的合作两部分，其中与国外大学院校的合作按照院校的地理位置又分为北美洲、欧洲和亚洲三部分。

（一）与北美洲大学院校的合作

国际化潮流之下，法学院与美国的众多知名法学院开展了深入的法学交流活动，有合作办学、学者访问、国际会议、学生交流等多种形式。法学院每年都接待众多美国法律界人士来京进行各种学术活动，其中包括美国知名法学院的代表以及国际著名法学教授。韦恩州立大学法学院院长、夏威夷大学法学院院长、密歇根大学法学院院长、宾夕法尼亚大学法学院院长、南卫理工会大学法学院院长、乔治·华盛顿大学法学院院长、威廉玛丽大学法学院副院长曾先后来院访问，纽约大学、加州伯克利大学、康奈尔大学、杜克大学的知名教授也多次造访，加强了清华大学法学院与美国知名法学院之间的学术交流，对将来的合作具有十分积极的影响。同时，清华法学院每年也派出青年教师赴美访问、进修、讲学、参加国际会议。此外,清华法学院也与加拿大高校间开展交流合作,于 2014 年分别与加拿大约克大学、戴尔豪斯大学签订学生交换协议。同年,学院与加拿大英属哥伦比亚大学(UBC)法学院之间的本科/JD 3+2 双学位项目是国内首次签订的法学本科与 JD 学位的双学位项目,具有标志性的意义。①

2001 年 12 月,经国家教育部批准,法学院与美国天普大学法学院的合作项目顺利启动,该项目由天普大学法学院和清华大学法学院双方授课,学制为 15 个月,每期学生 38 人。课程设置目的是让中国的律师以及其他法律专业人员掌握处理国际环境下的法律事务所需的重要知识和技巧,课程由美国和中国的知名法学教授和学者组成的项目学术顾问委员会制定,侧重于美国法律以及国际法律,尤其是国际商法和刑法领域,旨在通过对美国法和国际法的系统学习,培养多层次复合型法律人才,注重提高学生法律思辨和分析解决法律实际问题的能力以及对外交流的水平。该项目得到国家教育部批准和美国律师协会的认可,成绩合格者可以获得美国天普大学法学院的 L.L.M.学位和清华大学法学院的培训证书。清华—天普法学硕士项目目前拥有 347 名毕业生,包括来自我国各省市自治区的律师、公司法律顾问、法官、检察官、政府公务员和法律教师,以及法国、加拿大、日本等国的律师。

除与美国的法学院进行长期合作办学以外,法学院也与美国法学院举办了众多的短期培训班。2002 年,经教育部批准与美国律师协会认可的清华大学法学院与美国富兰克林·皮尔斯法学院共同举办的"清华—皮尔斯中国知识产权"项目首次开班,共开展 6 期;2006 年,清华大学法学院与佐治亚大学开始合作举办"佐治亚国际经济法暑期班"项目,第一期为期 2 周,有 18 名美国学生来到中国学习;此外,还有 2008 年"清华—斯坦福法律暑期班"、2014 年"清华法学院—哈佛肯尼迪政治学院卓越领导力夏令营"等培训项目。

此外,清华大学法学院积极开展学生交流计划,选拔优秀本科生、硕士生、博士生到美国法学院学习,目前,已经与美国波士顿大学法学院、威廉玛丽法学院、缅因大学签订了互派学生协议,设立了交流项目。

---

① 参见清华大学法学院.清华大学法学院年鉴[G].2014:97.

（二）与欧洲大学院校的合作

清华大学法学院与欧洲的法学及法律界一直保持良好的合作关系，曾派遣多名青年教师到英国、法国、德国、荷兰、挪威、瑞士、以色列、丹麦等国家的大学或研究机构进行访问、参加会议、讲学等学术交流活动，同时，来自英国、法国、德国、荷兰、比利时、以色列等国家大学的法学院教授也来清华大学法学院讲学、讲座、参加重大国际会议等。这些教授来自欧洲著名的大学法学院，包括英国牛津大学、英国剑桥大学、英国诺丁汉大学、比利时鲁汶大学、德国萨尔大学、巴黎政治大学等，其中不乏国际法学大家。

另外，经过努力，法学院也与欧洲的大学或研究机构建立了日益稳定的学生交流项目，包括英国伦敦大学国王学院、西班牙纳瓦拉大学法学院、瑞士日内瓦大学、瑞士苏黎世大学法学院、巴黎政治大学法学院、瑞典斯德哥尔摩大学、捷克马萨力克大学、荷兰莱顿大学、瑞士巴塞尔大学等，这些交流项目为学生提供了海外学习的机会，开阔了法学院学生的眼界和法律思维，加强了不同国家学生之间的交流，为培养国际化的法律人才提供了良好的机会。

（三）与亚洲大学院校的合作

法学院与亚洲国家和地区的大学交流密切，多次接待来访学者和人员，包括日本东京大学法学部、神户大学法学院、大阪大学等的知名学者。同时，与日本、韩国等大学和研究机构合作举办研讨会和国际性会议，例如法学院与日本法学界曾成功合作举办了"中日行政法学术研讨会""中日海洋法学术研讨会""中日商法·国际私法的理论与实务""中日公司法制研究会工作坊"等系列会议。这些国际会议为学术的交流合作提供了良好的平台，加强了国家间的文化沟通，增强了法学院的学术氛围。

目前，法学院与日本、韩国、新加坡、越南、泰国等国家的大学法学院建立了合作交流关系，每年选拔一定数量的学生进行交换学习。2003年，法学院与新加坡国立大学法学院签署互派学生协议（2009年续签）。2006年，法学院与日本横滨国立大学法学院国家社会科学院研究科签署"清华—横滨学术交流协议"；同年，法学院与韩国全南大学法学院首次签署"清华—全南法学院合作备忘录"。2008年，法学院与韩国梨花女子大学法学院签署"清华大学法学院—韩国梨花女子大学法学院合作协议"。2015年,法学院分别与日本庆应义塾大学、印度金德尔大学签署学生交换协议。2018年,法学院分别与日本大阪大学和中央大学签署学术交流协议。2019年,法学院与日本一桥大学签署学生交换协议和教师交流协议,还与泰国国立法政大学签署学生交换协议。2020年,法学院与日本庆应义塾大学法学院签署合作与交换协议、与瑞士苏黎世大学签署学生交换协议、与荷兰乌特勒支大学签署学生交换协议、与新加坡管理大学签署合作协议、与澳大利亚新南威尔士大学签署双学位协议等。

(四)与我国港澳台地区院校的合作

法学院也与我国港澳台地区高校加强了合作与联系。2010年法学院和香港城市大学法律学院签署关于硕士项目全方位合作意向书;2014年法学院和香港中文大学签署学生交换协议;2016年法学院和澳门大学签署学生交换协议。法学院与我国台湾地区高校相互之间的学者访问、讲学、讲座积极地推动了两岸的学术交流。我国台湾知名学者张伟仁、民法大家王泽鉴教授都曾在法学院专门开课,吸引了众多学子选修或者旁听课程。台湾大学法学院、台湾"中央研究所"、台湾政治大学法学院、台湾东吴大学、台湾高雄大学、台湾新竹清华大学科技法律所等高校和学术机构均有学者来清华大学法学院访问。例如在2013年8月16日,高雄大学法学院院长张丽卿、副院长陈月端以及廖羲铭教授一行访问清华大学法学院,双方就进一步加强彼此间的学术交流与合作交换了意见;双方签署了合作协议,协议内容涵盖学生交换、教师互访、联合研究等多个方面,旨在推动两院的深入交流。

三、积极举办国际学术会议

自清华大学法学院复建以来,法学院积极举办各种国际学术会议,例如与耶鲁大学法学院联合举办的新闻与法律学术会议、与天普大学联合举办的中美合同法学术会议和中美物权法学术会议、与法国埃克斯马赛大学法学院联合举办的法典与案例研讨会、与法兰克福大学法学院联合举办的法律现代化和法理学研讨会。法学院还独自主办了国际公司法研讨会、公司兼并和收购研讨会、中日韩合同法研讨会、德沃金法律思想研讨会、亚洲国际法研讨会、国际知识产权研讨会等。这些研讨会对促进相关学科的研究,提高法学院的学术研究水准和学术地位,对我国法学界与国外同行的交流都起到了积极的作用。国际会议有研讨会、论坛、对话会、年会等多种形式,以下列举一些有代表性的会议进行介绍。

(一) 国际研讨会

第一,中美侵权法国际研讨会。该研讨会由清华大学法学院、中国法学会比较法学会、中国政法大学民商法学院、美国天普大学法学院共同主办。会期为2003年10月20—21日。来自中国、美国、日本等国家的侵权法领域专家参加了此次会议,会议议题包括:侵权行为法的性质及方法思考;网上的侵权行为及其认定;政府行为的侵权责任;商业侵权的责任及认定。会议对侵权法的国际最新发展状况进行了介绍,还从比较法角度对我国民法典起草中有关侵权行为的问题展开了研讨和论证。

第二,履行障碍与合同救济——中日韩合同法国际学术研讨会。会期是2004年12月21—22日。该研讨会的主要议题是履行障碍与合同救济和射幸合同。该研讨会邀请中国、日本和韩国的民法学者及专家参加,旨在推进合同法学的研究和交流。日韩两国的代表分别介绍了日本民法最新的修正以及韩国民法修正草案。

第三,中日商法、国际私法理论与实践学术研讨会。该研讨会于2007年4月3日在法学院模拟法庭召开,中日双方商法和国际私法的学者专家共30余人莅会,中方学者专家有来自清华大学、中国人民大学、中国政法大学、社科院的教授和最高法院民事庭的法官;日方代表团有来自学术界的专家学者和资深执业律师。各位专家学者探讨了"日本股东诉讼现状""中国涉外民商事审判法律适用""中日保险法比较""财产权保护"等诸多前沿的学术问题,取得了较为丰硕的成果。

第四,中法宪法国际研讨会。会议日期为2008年10月10日,参会的学者有4位法方学者和22位中方学者。会议主要内容包括法国议会传统及其与行政权力的平衡、法国法的分散化与欧洲化、法国宪法委员会制度的最新发展及中国违宪审查的实践等四个方面。该次学术交流对加强中法之间的友谊、促进两国宪政制度的发展有积极的意义。

第五,"欧洲私法的统一及其在东亚的影响"研讨会。该研讨会由清华大学民法研究中心、欧洲法与比较法研究中心举办,会议日期为2009年10月10—11日。与会学者围绕"欧洲合同法的统一及其对亚洲合同法之趋同的影响""欧洲以及东亚诸国消费者保护法的发展与协调"和"欧洲侵权法原则与中国侵权法草案"等主题展开深入研讨。

第六,"中美医疗体制改革法律问题比较"研讨会。该研讨会由清华大学法学院卫生法研究中心主办、美国乔治城大学奥尼尔卫生法研究所协办,会议日期为2010年8月15—16日。该研讨会的主题是"中美两国的医改中面临的法律问题"。该会议为我国医改领域的专家、学者、医改政策的直接制定者和参与者提供了一个畅通交流的平台;会上讨论的中美两国医改所面对的诸多问题为我国今后的医改提供了大量可资借鉴和思考的意见和建议。

第七,"中日民事诉讼法修改的比较研究"国际学术研讨会。该研讨会由清华大学法学院民事程序法研究中心和日本现代亚洲法研究会联合主办,会议日期为2012年9月7日。来自日本现代亚洲法学研究会、国际协力机构中国事务所及中国的全国人大法工委、最高人民法院、清华大学、北京大学等相关机构、高校共四十多位专家学者就中国民事诉讼中的第三人撤销之诉、专属管辖、公益诉讼,日本民事诉讼中的律师照会、消费者团体诉讼等问题进行了交流和探讨。

第八,"全球化时代的比较法学:移植与创新"国际学术会议。该会议由康奈尔大学法学院与清华大学法学院联合举办,会议日期为2013年6月14—15日。议题主要有三个:一是作为翻译的法律移植的思想与实践;二是对引进的法律思想和制度的本土化以及在其基础上的创新与发展;三是探讨子午线180(Meridian 180)项目的新平台发展的可能性。

第九,"世界格局与文明走向"国际学术研讨会。该会议由中国清华大学法学院与美国《中国哲学季刊》(英文)联合主办,会议日期为2014年5月24—25日。会议由郑裕彤法学发展基金赞助,清华大学法律与文化研究中心承办。该会议内容包括十一个单元的主题报告,范围涵盖了法学、哲学、历史学、政治学、文化理论等学科领域。该会是多学科、多领域聚会论道的专题学术会议,具有交叉参照、视角参差、集思广益、相互砥砺的特征。

第十,清华大学法学院复建二十周年院庆活动暨中国法学会法学教育年会系列分论坛之"十字路口的国际法学教育"研讨会,会议日期为2015年10月10日。这是首次在中国法学会法学教育年会中设立全英文的国际分论坛,30多位海外合作法学院(所)院长和法学专家与中方法学院院长、教授就法学教育国际化展开热烈讨论。与会的海外法学院院长们在国际法学教育的回顾、现状、趋势和发展方向的大主题之下发表演讲,受邀的国内各知名法学院院长和一些在京的特邀外国专家对每位发言进行了一对一的点评。

第十一,中欧卫生法国际研讨会。该研讨会于2016年5月21—22日召开,由中国卫生法学会联合清华大学法学院和中国政法大学中欧法学院共同主办,法国图卢兹大学、欧洲卫生法协会提供学术支持。共有来自法国、荷兰、比利时、葡萄牙、德国、意大利、奥地利、波兰等8个欧洲国家与我国内地、香港、澳门的160多位政界、学界以及产业界代表及听众参会,13位欧洲特邀代表与52位中国特邀代表围绕"患者权利与基本医疗卫生法"展开了深入的研讨和对话。该会议促进了中国学者与欧洲学者的交流,推动了中国卫生法学学科的发展,也对国家基本医疗卫生法的起草发挥了积极的作用。

第十二,清华法学院建院90周年纪念暨科技时代的法学教育研讨会。会议日期为2019年10月18日。来自北京大学、中国人民大学、中国政法大学、武汉大学、山东大学、北京师范大学、北京理工大学、中央财经大学、西南政法大学等国内重点法学院校的校长、院长,以及来自美国、加拿大、英国、澳大利亚、意大利、新加坡、马来西亚、泰国、蒙古国、智利等各个国家法学院的院长和实务界嘉宾汇聚一堂,共贺法学院建院90周年,并就科技时代的法学教育进行热烈的讨论。

第十三,纪念世界贸易组织(WTO)成立二十五周年国际研讨会。2020年10月19日下午,清华大学法学院、清华大学国际争端解决研究院联合举办了世界贸易组织成立二十五周年法律研讨会。此次研讨会以线下、线上相结合的方式开展,邀请到世界贸易组织的数位高官和资深专家、商务部主管WTO多边谈判和国际贸易争端解决的官员,以及国内、国际WTO和投资与贸易领域的资深专家共同探讨当前WTO面临的主要问题。会议开幕式由清华大学法学院院长申卫星教授主持。会议直播累计观看人数一千余人。本次会议上,WTO副总干事,WTO争端解决、服务贸易、知识产权方面的高官,以及国内WTO法律研究资深专家等都分享了他们的最新研究成果,内容丰富全面,研究深入。与会人员反响热烈,一致认为这是一场中国纪念世界贸易组织成立二十五周年的高水平法律研讨会,会议反映出中国各界人士支持WTO以规则为基础的多边贸易体制,共同维护国际法治的坚定决心。

(二)国际论坛①

第一,世界法治论坛。该论坛由清华大学于2018年创办,旨在为世界法治精英打造高端对话平台,展示中国法治建设的坚定决心和伟大成就,推动中国与世界在法治领域的对话交流,为全球法治建设的焦点问题寻求建设性解决方案。2018年9月9日的第一届世界法治论坛关注全球化时代的法治基础设施建设、科技进步的法律回应、网络的国际治理体制、国际贸易体系的改革、全球化和科技变革中法学教育的挑战等重要法治问题。2019年10月18日的第二届世界法治论坛以"科技创新与法治建设"为主题,旨在为回应科技进步与全球贸易发展引发的问题提供合理的参考意见,为相关决策者提供建设性建议。此次论坛包括三场主题大会、两场教育研讨会和两场圆桌会议,涵盖"科技创新的法律规制""企业跨国合规经营""法律科技的社会影响""跨境贸易、投资与争端解决""法律科技和法律实践"等议题。2020年10月16日,第三届世界法治论坛通过线上会议的形式隆重开幕,论坛以"营商环境和法治建设"为主题,通过两个平行会场,围绕"营商环境和民商法的发展""营商环境和司法的关系""法律全球化背景下的法律教育变革""营商环境与行政管理"以及"营商环境和跨境投资"等具体议题举行了八个单元的精彩会议。参会的各位学者、专家以本届世界法治论坛为平台,充分研讨建设法治化营商环境的重要性,共同探究如何依靠法治推动营商环境的优化、促进经济发展、增进人民福祉。2021年10月22日,第四届世界法治论坛同样在线上隆重开幕。论坛以"后疫情时代的法治发展"为主题,通过两个平行会场,围绕"后疫情时代的民商法发展""疫情治理、政府与社会""后疫情时代法学教育的变革""后疫情时代的数字化发展与风险防控""后疫情时代的国际经济与贸易法新发展"以及"全球ESG投资合规管理"等具体议题举行了八个单元的精彩会议。参会的各位学者、专家以本届世界法治论坛为平

---

① 部分内容节选自清华法学院学科发展建设成果——国际化办学与涉外法治人才培养[2022-03-28].清华大学法学院微信公众号,第319期.

台,充分研讨后疫情时代的法治发展新趋势,共同探究法学教育在后疫情时代的发展出路。

第二,计算法学国际论坛。清华大学计算法学国际论坛自2018年首届开幕以来已成功举办四届。论坛邀请来自哈佛大学、斯坦福大学、麻省理工学院、牛津大学、维也纳大学、慕尼黑大学等海外知名高校的法学、计算机、信息技术专业顶级学者,国内立法机关、司法机关、专家学者、产业精英共同探讨,围绕论坛所设各项议题阐发见解、交流思想,为全体与会者奉上了一场场计算法学的学术盛宴,促进法学与信息科学等相关专业的学术交流与融合。清华法学院致力于将计算法学论坛打造为一个国际一流、国内领先的交叉学科研究平台和创新型孵化中心,为新兴科技的发展提供法律与政策保障,并为建设法治中国提供智能方案与数据驱动力。

第三,21世纪商法论坛。该论坛由清华大学商法研究中心主办,论坛旨在为海内外的商法学术界和实务界提供平台集中研讨热点话题,交流前沿思想。自2001年以来,21世纪商法论坛已经连续举办了十余届国际学术会议,会议涉及公示制度、资本市场、金融创新等商法领域的核心议题,其学术权威性及国际影响力已经获得全球学术界和实务界的积极评价。"21世纪商法论坛"已成为商法学界研讨的金字品牌,并将继续为国内外专家、学者提供一个学术交流与探讨的优质平台。

第四,校际间联合论坛。清华大学法学院已与加州大学伯克利分校法学院、芝加哥大学法学院、苏黎世联邦理工学院法律与经济研究中心、哥伦比亚大学法学院等多所国际一流法学院校合作举办年度论坛,例如有清华—伯克利年度论坛、清华—芝加哥—苏黎世联邦理工国际青年学者论坛,及由清华大学法学院与美国宾夕法尼亚大学、德国法兰克福大学、日本早稻田大学共同合作举办的"全球论坛"。

清华—伯克利年度论坛聚焦中美知识产权领域热点话题,邀请知名院校学者、知识产权实务专业人士,架构起中美知识产权对话的新平台,促进知识产权学科的发展。2018年12月4日,首届清华—伯克利年度论坛围绕"跨国知识产权诉讼"主题在清华法学院廖凯原楼模拟法庭举行。2019年10月22日,第二届清华—伯克利年度论坛围绕"跨国知识产权诉讼"主题在美国加州大学伯克利分校clark kerr中心举行。2021年1月22—23日及1月29—30日,第三届清华—伯克利年度论坛围绕"贸易冲突背景下的跨国知识产权诉讼"主题在线上举行。

清华法学院一直将推动中国法学学术研究方法的全面革新，促进法学和其他社会科学的交叉融合，视为自己的重要历史使命，因而发起国际青年学者论坛。该论坛收集法律与社会科学领域年轻学者提交的最新研究论文，并邀请来自亚洲、欧洲、北美洲的知名学者进行评议，帮助年轻学者分析问题，提供解决思路，促进青年学者的跨国（地区）、跨文化交流。国际青年学者论坛起初由清华大学法学院与芝加哥法和经济学研究院合作举办，第一届论坛会议日期为2018年5月31日—6月1日，第二届论坛会议日期为2019年6月13—14日。2020年，苏黎世联邦理工学院的加入使论坛的参与者更为广泛，跨越亚洲、美洲与欧洲三个大洲。2020年12月1—3日，清华—芝加哥—苏黎世理工国际青年学者论坛举行。2021年10月26—28日，清华—芝加哥—苏黎世理工国际青年学者论坛再次成功举行。在众多学者的共同努力下，这一论坛已经成为推动中国法学学术方法革新的一股重要力量，为法律与社会科学领域的年轻学者们提供了一个重要的学术交流平台，堪称国内外法学院深度学术交流合作的典范。

全球论坛由清华大学法学院与美国宾夕法尼亚大学、德国法兰克福大学、日本早稻田大学共同合作举办，每届设立不同议题，2010年至今，论坛已讨论了包括卫生法、金融调整与监察、宪法与社会管理、互联网治理等议题。与此同时，全球论坛鼓励学生积极参与，提升其国际视野。

（三）国际对话会

第一，"中美法治对话"。首次中美法治对话由清华大学法学院主办、中美交流基金会资助协办，会议日期为2010年7月29—30日。该对话会旨在促进两国法学界对对方法治的认识和了解，加强两国法学界的交流与合作，为两国法治的发展提供积极建设性的意见，使双方达成一些共识，为两国法治的完善和中美关系的健康稳定发展做出贡献。该次会议集中讨论中国法治问题，共有7个议题：如何认识中国法治过去30年和60年发展的历史、中国立法制度和法律体系的构建、中国宪法的发展、司法制度及其改革、刑事法律、法学教育与法律执业、WTO法律在中国的实践。第二轮中美法治对话在美国华盛顿举行，中美法学专家学者围绕中国特色社会主义法律体系的形成、宪法与法治政府建设、行政法治、司法体制改革、中国法律文化与法治、法学教育与法律职业等方面展开讨论。

第二,"中美法学院院长对话"。该对话由清华大学法学院和美国宾夕法尼亚大学法学院共同发起,会议日期为 2011 年 6 月 20—21 日。会议主题为"新形势下探讨中美法学教育合作新模式",通过该次会议,中美法学院院长达成了中美法学教育的四点共识:一是共同承认并支持法治的价值;二是积极推进法律职业道德建设;三是充分肯定法学教育在推进以上两点价值中的重要作用;四是充分肯定以往中美就法学教育和改革进行交流的重要贡献,进一步支持未来的合作。会议倡议建立稳定的中美法学教育交流机制和共同委员会,以促进上述共识的落实。

第五节 学生特色活动

一、率先成立习近平法治思想学生宣讲团[①]

为深入学习宣传习近平法治思想,贯彻落实中央全面依法治国工作会议精神,清华大学法学院依托清华大学博士生讲师团,集中法学院研究生力量,在全国高校中率先成立习近平法治思想学生宣讲团,并于 2021 年 4 月 2 日举行成立仪式。宣讲团形成"横向到边、纵向到底"的立体化课程网络,师生同台、联合备课、集体研讨,构建"菜单式""点播式"的"定制宣讲"。围绕习近平法治思想的核心要义、精神实质、丰富内涵、实践要求,宣讲团已打造多门精品课程,涵盖多个法学研究领域,用学术讲法治,阐释习近平法治思想的重要理论和内涵,通过学生宣讲切实把法治思想转化为青年行动的实际成效,回应青年关切、满足青年需求。

2021 年 6 月 8 日,清华大学法学院习近平法治思想宣讲团在法学院党委的支持下启动了"习近平法治思想全国巡回宣讲"专项计划并在泰安市检察院进行了首场巡回宣讲,法学院党委副书记陈杭平与研工组组长汪洋参与了首场巡回宣讲。宣讲团团长张珏千、副团长沈晓白、成员张华和尹瑞龙从习近平法治思想的核心要义出发,结合检察工作做了主题为"新时代习近平法治思想对检察工作的新要求"的报告,并就如何学习好、

---

① 参见:清华大学法学院率先成立习近平法治思想学生宣讲团.清华大学法学院微信公众号,第 327 期;法学院"习近平法治思想全国巡回宣讲"首场开讲.清华大学法学院微信公众号,第 353 期;法学院习近平法治思想宣讲团深入基层开展全国巡回宣讲.清华大学法学院微信公众号,第 388 期。

贯彻好、宣传好习近平法治思想展开互动交流。法学院研工组组长汪洋和泰安市检察院政治部主任尚晓兵分别做了总结发言。

全国巡回宣讲计划启动后，宣讲团扎根基层、面向基层，先后与最高人民法院审判监督庭及中国政法大学等单位联合开展了多次巡回宣讲活动。宣讲团在宣讲工作中紧扣学习贯彻习近平法治思想这一主线，以提高宣讲工作针对性和实效性为着力点，不断优化整合课程体系、充实壮大讲师团队、完善宣讲工作机制，深入持续推进宣讲活动，确保宣讲工作守正创新、提质增效、全面发展，助力法治国家、法治政府、法治社会建设。

二、年度学生党建工作研讨会

法学院历来十分重视党建在学生思想政治教育中的基础与龙头作用，努力通过党建带动和推动学生思想政治工作的发展，进而更好地加强学生思想政治教育、提高学生思想政治素质。2003年11月底，清华大学法学院于河北省固安县人民法院举行了为期两天的学生党建工作研讨会。自此开始至今，每年举行一次学生党建工作研讨会成为法学院学生工作的优良传统，到2021年年底法学院已成功举行十九次学生党建工作研讨会。这一传统体现了法学院党政领导对学生思想政治工作特别是党建工作的高度重视。历年学生党建研讨会的参加人员，除了学生干部，还包括学校相关部门的老师以及学院党政班子的领导老师等。实践表明，学生党建研讨会业已成为学生干部培养平台，既是对主要学生干部、优秀学生代表的一次集中培养锻炼，亦是对学院教育精神的传承。

回顾已有的历程，不难发现，历届法学院学生党建研讨会在原有的基础上不断发展创新。第一，在参加人员情况方面，人员数量不断增加，机构更加多元。例如：第一次党建研讨会仅有30余名党员学生干部参加，主要为学生党员；如今参加研讨会的学生干部人数超过80人，而且参与的学生人员构成不仅限于学生党员，亦包括部分非党员的学生干部或学生代表。第二，从议题内容上看，学生党建工作研讨会的议题从最初集中讨论学生党建问题，扩大到学生思想政治教育的各个领域，如就业引导、学生组织整合等。例如，第一次党建研讨会的议题为"加强党支部建设，做好党员发展工作"，此后陆续涉及理想信念教育、人才观教育与就业引导等。研讨会的议题更加联系现实、贴近实际、紧靠热点，如2012年的议题为"学习党的十八大精神",2014年的议题为"依法治国与青年使命",2020年的议题为"'齐心抗疫、团结促学'工作总结与研讨",2021年的议题为"学习贯彻习近平法治思想,培养新时代中国特色社会主义法治人才"。第三,从形式上看,党建研讨会从最初的就党建问题进行研讨,发展到邀请知名校友或嘉宾进行讲座或发言交流。比如邀请林炎志校友、冯象教授等嘉宾为参与研讨会的学生干部进行专题讲座培训,邀请周倍良、邓轶、陈威涛等校友与在校学生干部进行交流,进行适当的就业引导(历次学生党建研讨会情况见表8-4)。

表8-4 法学院历次学生党建研讨会的基本情况

届数	时间	地点	主题
第一次	2003年11月29—30日	固安县人民法院	加强党支部建设,做好发展党员工作
第二次	2004年12月11—12日	固安县人民法院	如何在新时期加强学生党员的理想信念教育
第三次	2005年12月10—11日	三堡石门山庄	发挥共产党员先进性,开创学生工作新局面
第四次	2006年12月16—17日	河北清华发展研究院	加强党的建设与树立正确的成才观
第五次	2007年12月15—16日	北京市维科宾馆	学习贯彻十七大精神,加强基层党支部建设
第六次	2008年12月14日	明理楼	以改革创新精神推动法学院党建工作及学生工作的科学开展
第七次	2009年12月12—13日	大兴绿苑会馆	巩固科学发展观学习实践成果,推动法学院党建工作的开展
第八次	2010年12月11—12日	大兴绿苑会馆	以创先争优为契机,推动法学院党建工作再上新台阶
第九次	2011年12月17日	明理楼	读党史、品经典、论党建、谋发展
第十次	2012年12月13日	明理楼	学习党的十八大精神
第十一次	2013年12月22日	明理楼	新起点,新青年,新使命——行健新百年,共筑中国梦
第十二次	2014年12月27日	明理楼	依法治国与青年使命
第十三次	2015年12月19日	明理楼	新常态下青年法律人的责任与使命

续表

届数	时间	地点	主题
第十四次	2016年12月17日	明理楼	严明纪律,再踏征程
第十五次	2017年12月23日	明理楼	不忘初心,牢记使命,担当新时代青年责任
第十六次	2018年12月16日	明理楼	弘扬爱国奋斗精神,建功立业新时代
第十七次	2019年11月29—30日	法律图书馆楼	从严治党,加强学生党支部建设
第十八次	2020年12月3日	法律图书馆楼	"齐心抗疫、团结促学"工作总结与研讨
第十九次	2021年11月16日	法律图书馆楼	学习贯彻习近平法治思想,培养新时代中国特色社会主义法治人才

三、多元的社会实践活动

法学院强调"知行合一"的育人理念,即理论与实践相结合。本院的社会实践和专业实践成为国情教育的坚实载体,其功用不仅在于如何将专业领域的知识熟练地运用于实际工作中,更为当代大学生提供了一个与社会亲身接触的良好平台。法学学科与社会发展密不可分,亦促使法学学生形成对于认识社会,了解社会,以及提高法律实务能力的迫切需求。清华大学将学生社会实践的目的概括为"受教育、长才干、做贡献",具体来讲,即社会实践并非是简单地从"学以致用"实践专业知识的角度来考虑,而是要求学生全面地增长社会阅历、感悟社会责任,增进学生的实务能力和对于就业投身社会建设的长远规划。法学院以"国情教育"为理念,以"专业学术"为目标,通过组织各种形式的实践活动,为法学院的学生提供丰富多彩的接触社会的机会。这不仅体现了全方位、多层次的工作特色,也是对于社会实践之目的的具体诠释。

经过多年的发展,法学院已经形成了社会实践、专业实践等多元的实践活动,并在前期阶段为实践支队提供资金、资源支持和相关培训等帮助;在实践的成果方面,社会实践主题涉及法治、经济、社会等领域,涵盖了共享经济、新兴产业发展、民族保护、人权保护等多方面,产生了积极的社会影响。目前,法学院主要开展了双休日实践、寒假实践、暑假实践三大类别的工作。

(一) 双休日实践

双休日实践区别于寒暑假实践,其报名参与机动便捷,能有效地渗入平时的学习生活中,更易实现"时学时习"之目的。该实践由团委组织,自愿报名成立小分队。根据学生们的意向,可以选择参观律所、检察院、法院、监狱或与法官、检察官和律师等进行座谈,参加普法宣传等。学生们可以在实践中切实触摸司法的脉率。例如,2016年12月1日,法学院40余名学生参加了由团委实践组组织的双休日实践活动,参观了在刑事诉讼领域居于全国领先地位的京都律师事务所;2018年5月10日,经过法学院团委实践组成员的组织与安排,法学院一行40多人前往君合律师事务所进行参观学习,近距离接触律所的工作生活,收获颇丰。

(二) 寒假实践

寒假实践是学生以个人或者小组的形式利用寒假的时间自主灵活地根据自行设计的主题和形式走进社会,将个人创意付诸实践。在返校后展示成果,与其他同学进行交流。有建树的学术观点正是在这种思维的自由成长与碰撞中产生的。寒假实践可分为海外实践与国内实践两大部分,以2018年的国内实践与2019年的海外实践为例,2018年的国内实践包括赴成都和沛县两地的社会实践,其中参加成都实践活动的共7支队伍、25人,参加沛县实践活动共25人,开展包括见习、调研、实训在内的实践活动。2019年的海外实践自10月开始筹备,实践主题、支队长及各支队成员均通过团委面试进行严格选拔,共确定了印度、德国、新加坡及英国四支海外实践支队。2019年海外实践共有36名学生参加,其中大一新生及第一次因公出国同学为27人,占总人数的75%。[①]

(三) 暑期实践

暑期实践是法学院的传统实践形式,学生利用暑假时间,开展社会调查或专业实践活动。学生暑期社会实践分为社会调查、社会实践、司法实践三个课程,作为必修课程,每门两学分,分三年修毕并要接受考核。法

[①] 参见:清华大学法学院. 清华大学法学院年鉴[G]. 2018;清华大学法学院. 清华大学法学院年鉴[G]. 2019.

学院每年都会有10支以上的社会调查或者专业实践支队奔赴祖国各地进行实践,实践基地包括新疆乌鲁木齐沙依巴克区人民法院、黑龙江大庆萨尔图检察院、河北省固安法院、西安法制办、北京西城检察院、邯郸法院、霸州法院、承德县检察院、北京西城区检察院、广西防城港法院等10余个单位。其中,乌鲁木齐沙依巴克区法院与固安县法院作为最早挂牌成立的基地,与法学院有着长期合作的传统;邯郸法院基地亦在农村法律援助上予以法学院很大支持。每年有15支实践支队约200余人(占在校生的15%)奔赴全国各地,全院本科生和研究生自由组队。专业教师们与每个实践队伍单独讨论其实施方案,带队去乡村调查。2009年,法学院与贵州省息烽县合作启动挂职锻炼项目。每年暑期派两位优秀硕士或博士研究生赴息烽县挂职乡镇副书记或司法局副局长等职务,在当地工作3~6个月,深入体察基层工作。在2010年暑假,法学院研团总支组织了以就业引导为中心课题的暑期就业实践,组队赴河南省郑州市人民检察院参加司法实践及社会调查活动。

2015年,清华大学法学院全院300多名学生奔赴全国各地的28个实践地进行暑期实践和寒假实践,法学院参与暑期实践的人数,在全校一直位居前列。在社会实践中,学生们可以利用专业知识进行社会考察;而在专业实践当中,学生们可以深入司法一线增加实际经验。法学院更是为学生们提供了多样的基地选择。实践基地囊括了法院、检察院及司法行政机关等多个部门,遍布9个省份,满足学生们的多样性需求。

2018年7月2—8日,清华大学法学院参与了由成都市人才领导小组办公室主办、共青团成都市委员会承办的"2018年感知成都行——暑期大学生赴蓉社会调研"。本次法学院派出3支队伍,共计14人,实践队员围绕"人才政策""产业发展"等课题,分赴成都市高新区、锦江区、青羊区开展了以感知、体验、调研为内容的实践活动。本次实践中,学生们深入了解了成都市的人才政策以及产业发展状况,结合自身专业特长,积极地为当地建言献策,受到了主办方一致好评。学生们收获的新理念、新知识、新友谊也将深刻影响自己以后的学习生活。

2019年法学院有5名学生报名参加"壮阔七十年""同行中国""创益筑梦""实践梦想计划""探寻粤港澳"等校级实践项目并担任支队长,多名学生参与实践。更有两支支队分别获评"清华大学学生社会实践金奖支队"与"清华大学学生社会实践银奖支队"。在申卫星院长与聂鑫老师的带领下,11名法学院本科生组建了本院第一支海外实践支队"印度尼西亚支队",走出国门、放眼世界,使学生全球胜任力与综合法律素养得到进一步提升。

四、参与模拟法庭比赛

1995年至今,清华法学院的复建之路已二十余年,法学院学生参与模拟赛事活动的时间从2000年起也已逾二十年。模拟法庭是以较为复杂的案件为素材,组织学生进行模拟审判,学习律师、法官等法律职业者的实际技能,同时也使学生能够把学习到的法律知识付诸实践。因此又称"法律教育的实验室",实为验证所学的好方法。在我国,模拟法庭的训练和教学由于开展时间尚短,其规模、方式、目的等还没有形成同一的共识。针对此种情况,法学院的模拟法庭训练以培养学生实务能力、素质和专业技巧为目的,探索形成了一系列有系统、递进式的培养模式——模拟法庭初级训练小学期、"理律杯"全国高校模拟法庭比赛、国际模拟法庭比赛。根据这一培养脉络,对一年级全体学生开设小学期课程,二年级进入国内赛事选拔,三年级进入国际赛事选拔。定期组织各项赛事,参与人员新老交替,上下传承,形成了国际化高端法律人才培养的完备体系。

(一)模拟法庭初级训练小学期

从2008年开始,在美国普衡律师事务所的支持下清华大学法学院已连续十余年于暑期开设"模拟法庭训练营",对即将上大二的本科生有的放矢地进行法律事务能力、专业英语能力的强化培训。由于开课时间特殊,又称为"小学期"。该课程内容以强化英语综合听说读写译能力、提升专业素养为基本目的,以阅读英美判例、发表英文演讲等形式,同时辅以电影赏析、法学学习方法交流、文献检索研讨等内容,最终以模拟真实普通法法庭辩论为检验方式,使学生们在文书撰写、口才、个人风度、总结能力、思维应变能力、逻辑知识和论证推理能力、英语运用能力以及法学专业素养方面都有了长足的进步。

模拟法庭比赛是本课程的核心环节,课程组聘请多位具有长年实务经验的名师,对原被告双方队员进行赛前、现场、赛后全方位有侧重的指导,同时聘请具有长年审判普通法案件经验的外籍法官,对同学们的现场表现进行点评。实为法学实务、普通法的入门培训,为参与"理律杯"全国高校模拟法庭大赛打下了良好基础,使学生们今后的学习生活受益匪浅。

(二)"理律杯"全国高校模拟法庭大赛

"理律杯"全国高校模拟法庭竞赛始创于 2003 年,由清华大学法学院和台湾理律文教基金会共同主办。"理律杯"模拟法庭竞赛基于法学素养"向上发展、向下扎根"的理念,希望通过模拟法庭比赛的形式,吸引社会各界对法学教育、法律问题的关注,并为即将踏入社会的青年学子,在学校的课堂与课本学习之外,提供熟悉实务工作的经历与机会;通过各法学院校之间的交流,鼓励学子们从不同方面深入学习,加强工作能力,积累经验,进而促进对法律问题的思辨。从 2003 年成功举办至今,"理律杯"全国高校模拟法庭竞赛已经成为国内极具影响力的模拟法庭竞赛,每年都有来自全国各地的 40 支代表队前来同场竞技。而"理律杯"的裁判也大都是国内法律界的权威人士。"理律杯"模拟法庭,是对参赛学生法庭辩论技巧、诉讼思路的有效训练;与此同时也是对于小学期学习成果的承接,并且为进一步的国际赛事交流做好铺垫,是模拟法庭能力训练梯队建设中不可或缺的重要环节。

(三)国际模拟法庭比赛

清华大学法学院在积极参加国内赛事的同时,对国际模拟法庭比赛也给予了极多的关注,并在许多赛事上都取得了骄人的成绩。2013 年 12 月 5—7 日,第二届全国 WTO 模拟法庭竞赛在西南政法大学举行,清华法学院代表队荣获冠军,杨斯杰同学获决赛最佳辩手奖。每学年学院均会组织参加国际大型赛事,如:2 月 ICC 国际刑事法庭比赛,3 月 Willem C. Vis 国际模拟商事仲裁比赛,4 月国际空间法模拟法庭比赛,8 月 LAWASIA 亚太国际法模拟法庭比赛,以及 11 月的国际人道法模拟法庭比赛。参加国际赛事,不仅是对学生的专业知识、英语交流能力的检验,同时也跳脱出了中国法、大陆法的体系限制,提高学生在不同法律体系中综合运用法律和处理真实案件的能力。

在国际模拟法庭比赛中取得的优异成绩,既是对法学院学生学习能力的肯定,又是对法学院因材施教针对学生进行体系性、阶梯性培养成果的充分印证。2000 年 7 月清华法学院代表队在日本东京 2000 亚洲杯国际法模拟法庭辩论比赛(2000 Asia Cup)中获得亚军,马珂南同学获最佳选手奖。2000年11月清华法学院代表队在第八届国际商事模拟仲裁辩论赛国内选拔赛中获得第一名,取得代表中国参加国际比赛的资格。2001年在第八届Willem C. Vis国际模拟商事仲裁比赛中,超过众多以英语为母语的强队夺得第30名。在2003年维也纳举行的第十届Willem C. Vis国际模拟商事仲裁比赛中,清华法学院代表队在128支队伍的角逐中表现优异,成为我国历史上第一支进入该赛事复赛的队伍,并打破本院在该赛事中于2001年保持的记录,跻身16强;王颖同学获得"最佳辩手"称号,成为我国第一个获得该项殊荣的选手。2004年,清华大学法学院代表队在香港举行的首届Willem C. Vis亚太地区国际商事仲裁比赛中过关斩将,获得冠军。同年,清华大学法学院代表队首次代表中国参加拉赫斯国际空间法模拟法庭辩论赛亚太地区的比赛,并获得第三名,表现优异。

近年来,法学院本科国际班学生代表在2016年第十四届ELSA WTO模拟法庭竞赛中,获得东亚赛区冠军,最终跻身全球八强。法学院学生代表队于2017年在北京举办的"先锋杯"第七届亚太地区企业并购模拟竞赛中,荣获冠军和最佳书状奖。法学院学生代表队2018年继续在第八届亚太地区企业并购模拟竞赛中取得佳绩,荣获最佳并购团队奖亚军和最佳书状奖;在国际刑事法院中文模拟法庭竞赛中,法学院学生代表队获得综合二等奖和多个庭辩类个人奖项;法学院学生首次组队参加了国际公法最重要的第十六届Philip C. Jessup模拟法庭赛事,取得中国赛区全国选拔赛二等奖的成绩。

法学院学生代表队于2019年在John H. Hackson Moot WTO法模拟法庭比赛中获得东亚赛区亚军和其他分项奖;在国际刑事法院中文模拟法庭比赛上,法学院获得一等奖;在2019年国际刑事法院模拟法庭竞赛(英文)中国选拔赛上,获得中国总冠军(总分第二名)和其他分项奖;在第九届亚太地区企业并购模拟竞赛上,法学院学生代表队继续取得佳绩,获得亚军和其他分项奖;在第十七届中国·杰赛普国际法模拟法庭全国选拔赛上,获得二等奖。2021年,清华大学法学院学生代表队在第十三届法兰克福投资仲裁模拟法庭比赛中取得国内赛总冠军,在国际赛中位列全球积分排名第六位,取得历史性突破。

五、完善学术能力培养机制

法学院经过多年探索与不懈努力,目前形成了一套独具特色的学生学术能力培养机制。该套机制以法学院特有的学生学术组织"学生法学会"为中轴,通过包括读书会、"萌芽计划"、"燕树棠年度法学征文"、"明堂·理想"系列讲座、"薪火学术圆桌研讨"等品牌项目在内的一系列学术活动,达到培养学生学术兴趣、提高学术水平、养成学术品格的目的。

(一)法学院读书会

读书会是法学院独具特色的小型学术共同体,旨在激发低年级本科生对于学术研究的兴趣,促进其对专业学习的热情,提高其阅读及写作能力,发现和培养学术新人。读书会作为"第二课堂",于上课讲授之外为对该课程感兴趣的学生提供更深层次研究的互动平台,同时带动整个学院的学术研究氛围,其主要采取教师指导、研究生或高年级本科生领读、低年级本科生参与的方式,定期开展阅读经典、案例讨论、写作训练、感想交流等活动。在低年级本科生中,读书会不仅为学生们的课外学习提供了一个良好的交流环境,同时也有针对性地进行一些初级的学术方法培训,如论文写作或通过规范的学术研究方法进行案例分析,以期对课堂教学有所助益和补充。尤其值得说明的是,一些具有学术潜质的高年级本科生或研究生亦在带读过程中获得了不断提高与完善自身的机会。几年来,学生法学会策划并组织的读书会已经涉及民商法、刑法、宪法、法理、法史、国际法、政治学等诸多学科及专业,参与者涵盖自本科到硕博士的各个年级。

(二)"萌芽计划"

低年级本科生在经由读书会掌握了基本的学术方法,且对自己的学术兴趣有所了解后,便能够开始参加"萌芽计划"或"燕树棠年度法学征文"。"萌芽计划"由学生法学会举办,早期核心内容为遴选具有研究潜质的学生的专门课题作为对象,经过学术方法培训与沙龙研讨,完善学生作品质量,并推荐参加各级学术竞赛。而如今的"萌芽计划",则是将重心置于建立法学院学术作品库,对于学生们的学术创意进行保护和整理,以定期沙龙活动的模式促进作者团队完成一次有益的学术尝试,并从中获取宝贵的学术经验。值得一提的是,"萌芽计划"亦是法学院推荐参与学校

"挑战杯"课外学术科技作品竞赛的重要作品来源。根据对近五年资料的统计,"萌芽计划"完成作品中获得校级"挑战杯"一等奖作品2件,二等奖作品4件,三等奖作品13件,占法学院"挑战杯"获奖作品总数的80%以上,为法学院近年来在"挑战杯"竞赛中长期居于文科院系前两名、两次获得优秀组织奖、"SRT挑战杯"报名作品数量全校第一名做出了卓越贡献。在2013年10月14—17日举行的第十三届"挑战杯"全国大学生课外学术作品竞赛中,申卫星教授指导,王小何、邹沁、王婧、李唯涵、阮神裕同学组成的团队以《建设工程表见代理纠纷的审判方法和风险防范研究——基于全国230件案例的实证分析》一文荣获全国特等奖,这是法学组唯一的一项特等奖,也是清华大学文科学生在该项竞赛中首次获得特等奖殊荣。

(三)"燕树棠年度法学征文"

燕树棠先生为早年清华法学知名校友,承蒙燕先生后人惠允,法学院每年会举办以燕树棠先生冠名之年度征文比赛。总体而言,"萌芽计划"侧重于实证调研方面的研究,而"燕树棠年度法学征文"则侧重理论探索。由于征文比赛采用严格的评审规范,在写作要求上与专业法学期刊相同,且参赛作品由院内资深教师采取匿名评审制组成专门委员会进行评审,故其对于参与者而言颇具挑战性——一般"燕树棠年度法学征文"的获奖者均在高年级本科生或研究生中产生。所有作品均经过严格的论文规范审查,且选题与内容均与时事热点具有紧密的联系。

(四)其他活动

"明堂·理想"系列讲座与"薪火学术圆桌研讨"通过邀请知名学者讲授其学术之路,或邀请在学术方面颇有建树的高年级研究生分享其学术心得,对本科生进行学术熏陶,提供交流与探讨的平台。

综上所述,清华大学法学院本科生入学后,在一、二年级便开始接受学术方面的专门培养——通过读书会拓展学术兴趣,掌握基础的学术研究方法;然后开始组成研究团队,就实践中遇到的具体问题展开调查分析,在"萌芽计划"的推动下完成学术报告,并参加"挑战杯";在这个过程中,具有理论方面兴趣与学术素养的学生将参加"燕树棠年度法学征文",再次经过学术规范、说理论证等方面的专门训练。如此一来,无论是否继续攻读硕士学位,清华大学的本科毕业生均将具备以阅读、思考、调研和写作为核心的各项学术能力，这对于高素质复合型人才的培养具有重要意义。

六、开展法律援助活动

为社会弱势群体撑起一片公平正义的蓝天，是每一位法律人应有的社会责任。作为年轻的法律人，清华大学法学院的学生也应努力用自己的行动来实践对社会的责任。基于此项考虑，清华大学法学院构建出了一套有计划的服务于社会的法律援助培训体系。以法律诊所中对于实际事例课程的学习，形成正确高效的解决实际问题的思维模式；在普法活动中深入街道市区为有需要的人们解决实际问题；在"赤脚律师"的活动中，走向其他地区，对基层有关法律职业者进行培训；最后将实践经验与所学所悟更进一步应用，进行对农村的法律援助，帮助最有需要的人群，解决最切实的问题。

（一）法律诊所

法学院较早在国内开展"法律诊所教育"，通过对弱势群体提供无偿的法律援助，使学生了解最基层民众的法律需求，了解适用法律的过程，锻炼和培养学生的公益心、执业技能和职业道德。法律诊所的设立使学生在接触真实当事人和处理真实案件的过程中，学习、运用法律。学生在教师的指导下，面向社会开展法律援助。清华大学法学院与北京市海淀区消费者保护协会合作，使学生得以直接参与处理有关消费者保护的投诉、调解和诉讼案件，学习如何专业地处理案件。通过诊所式教学，一方面取得了较好的社会效益和影响，另一方面参加诊所课程的学生不仅巩固了课堂学习的知识，而且学到了课堂以外的技巧，培养了良好的职业道德和社会责任感，学会了如何把抽象的条文运用到具体的案件和事例之中。这种诊所式教学，调动了学生的学习积极性、主动性，使其独立处理案件的能力得到极大提高。

法律诊所的学生两人为一组，一组在诊所值班一天，平均每月有1～3天在诊所值班，教师安排时尽量避免或减少法律诊所与学生其他课程的时间冲突。学生在诊所接到的案件要回到学校继续处理，一直到有一定的结果为止。同时，教师对学生提出要求，每一位学生在接到案件后要及时与教师取得联系，教师对学生进行具体的指导。

（二）普法活动

普及法律，推进法治进程是每一个法律人义不容辞的责任和使命。借助每年的"3·15""12·4"等契机，凭借扎实的专业基础，每年的普法志愿服务都是法学院志愿者们重点开展的工作。以宪法日普法活动为例，2021年12月4日，在第八个国家宪法日到来之际，法学院举办了国家宪法日普法宣传系列活动，通过形式多样、有趣有益的活动，普及宪法知识，弘扬宪法精神。法学院于大礼堂前举办"我为群众办实事——国家宪法日普法宣传展览"，展览由"习近平法治思想展"和"国家宪法日主题展"组成；在清华大学学生服务中心前举办"寓教于乐——国家宪法日主题活动"。同时，为拓宽宪法宣传阵地，让宪法宣传走出校园、服务社会，法学院法12团支部通过线上方式为西藏军区拉萨八一学校的同学们进行了一场精彩的宪法宣传讲座。

在历年的志愿服务中，清华法学院志愿者有的奔赴海淀、朝阳，走进街道、走进社区为人们解决实际困难；有的走进丰台、大兴，深入工地、工厂为农民工们答疑解惑，伸张正义；有的来到学校，走上街头，开展模拟法庭，发放宣传资料，为加强社会主义法治建设不懈努力着。由中国法学会、共青团中央主办，中国法学交流基金会承办的"青春中国、法治同行——12·4青年法律志愿者在行动"大型普法宣传活动于2010年12月4日启动。来自北京大学、清华大学、中国人民大学、中国政法大学、北京师范大学的志愿者们开展了丰富多彩的普法帮扶活动。活动期间，清华大学的志愿者走进门头沟、朝阳区工友之家、上地西里等5个社区，通过发放普法宣传册和相关法律知识咨询等方式，向过往行人积极宣传个人所得税法、婚姻法、物权法等与百姓生活息息相关的法律知识。

（三）"赤脚律师"培训项目

具有法学院特色的"赤脚律师"培训项目旨在为欠发达地区的农村基层法律服务人员和乡镇一级司法干部提供法律专业知识培训和必要的物质援助，开展项目遍及河北、甘肃、广西等中西部省份。该项目使在校学生深入基层农村，了解农民法律意识与现实需求，了解基层需要。"赤脚律师"项目自2007年举办起，就引起了法政界的积极参与和关注，并产生了重大的社会影响。2009年8月3—7日，清华大学法学院首次开展"赤脚律师"项目，与贵州省息烽县合作举办了首期"清华大学法学院贵州省息烽县农村基层法律服务培训班"。法学院针对当地情况自主编写、整理了课程材料和教学案例,并派出了由院长王晨光教授带队、13名优秀师生组成的专业培训队伍,为息烽县10个乡(镇)政法委书记、司法所所长、村(居)党支部书记、村委会主任和村级专职人民调解员等330余人进行了培训。

"赤脚律师"培训项目历经数年,薪火相传。目前该项目已经成为法学院法律援助和法律志愿服务的重要组成部分,为基层法律人员带去了更加专业的法律培训,为其法律认识、法律事务技巧的提高做出了贡献,取得了良好的效果和社会影响。

(四)农村法律援助

法学院农村法律援助项目自2004年8月开始启动,至今已经开展十余年。在项目的第一期和第二期,由于志愿者以驻扎农村的形式开展活动,与当地司法所、法律服务所等有较多合作,如深入当地法律服务所、律师事务所、派出法庭、司法局和司法所等进行访谈。在此之后,志愿者不再驻扎农村,而是以法学院为基地,对外开展法律援助活动,为了扩大项目的影响,开拓案源,项目组更加积极主动地进行对外合作与交流。中心所提供的法律援助服务主要包括:提供法律咨询、代写法律文书、代理案件等。中心于每学期进行志愿者培训,以培养和提高志愿者的公益意识、沟通技巧和法律援助技能。农村法律援助项目不仅能够针对社会中的弱势群体进行有针对性的普法,帮助他们切实地解决法律疑惑,同时也能巩固学生课程所学,帮助学生搭建学术与实务的双向思维模式,促进其对于知识的深化与探求。

第六节 社会培训

一、培训中心及其法律培训项目

法学院培训中心正式成立于2003年,是法学院专门对在职人员进行法律培训的机构。一直以来,法学院以"服务社会为先"的原则,积极与立法、司法、行政以及军事机关合作,有选择、有重点地开展各种培训活动,为相关机构培训社会急需的法律人才。培训工作已经成为清华法学院实现社会功能的重要渠道。经过这些年的探索式发展,培训中心已摸索出一套较为成型的针对在职人员非学历教育的培养模式。社会知名度和影响力不断提高,法学院培训品牌效应日益显著,得到学员和社会的一致认可,收到了良好的经济效益和社会效益。在清华大学2013年度教育培训表彰奖励中,清华法学院"澳门战略发展管理高级研讨班"获得优秀项目二等奖,培训中心孙娣获得先进个人二等奖。近三年来法学院每年培训项目约15~20个,培训学员每年约一千余人。2017年法学院共举办培训班17个(含涉外培训2个),共培训学员1184人;2018年度法学院培训中心共举办培训项目21个(含2个涉外培训项目),共培训学员约1300人;2019年度法学院共举办培训项目20个(含2个涉外培训项目),共培训学员1555人。①

培训中心充分发挥清华法学院独有的学术优势和氛围以及丰富的学术资源,以资深教授领衔开发设计针对性极强的培训项目及课程。例如,法学院培训中心与北京仲裁委员会合作开展了"仲裁员培训",这一合作项目自2005年开办至今已经成功举办了二十九期,该项目优先聘用经过仲裁员培训且考核合格者担任仲裁员,确保仲裁员的专业化、精英化。为积极发展涉外法律服务,加强涉外律师人才培养,推动中国律师"走出去",法学院培训中心受司法部律师工作局委托成功举办"司法部公司律师涉外法律服务人才培训"项目。法学院还受国务院港澳事务办公室委托为香港特区政府律师培训"清华大学中国法基本原则课程",和香港中文大学合作举办"香港中文大学中国法暑期班",与北京清华大学台湾校友总会共同组织"第九期台湾企业界中国法律培训班"和"金融犯罪法律实务高级研修班"。法学院培训中心积极与立法、司法、行政系统以及军事机关等单位合作。例如,受国家知识产权局专利局委托举办"法律前沿培训班",受国防专利审查中心委托举办"知识产权法律思维前沿培训班",另外,还组织了云南省国家安全厅领导干部素能提升高级培训班、广东省公安法制部门领导干部法制素养提升培训班等项目,为相关机构培训社会急需的法律人才,使培训工作成为清华法学院实现社会功能的重要渠道。

---

① 参见:清华大学法学院.清华大学法学院年鉴[G].2017;清华大学法学院.清华大学法学院年鉴[G].2018;清华大学法学院.清华大学法学院年鉴[G].2019.

目前,清华大学法学院培训中心的培训项目分为委托项目、行业项目和涉外项目三类。①

(一) 委托项目

法学院的大多数培训项目是委托项目。委托项目是指受各大部委、各地政府及司法机关委托,根据委托单位对法律及相关领域人才培养的需求,结合法学院司法培训的特点和优势,组织专家团队量身定制课程体系。通过系统培训,为委托方培养、造就一批政治过硬、学有所长、干有所为的高层法律及管理干部,为整个系统、整个地区或整个部门的法律、经济及社会建设奠定坚实的人才基础。截至 2020 年 12 月,具有代表性的委托项目有新疆政法干部高级培训项目、澳门发展战略高级研讨班、西安市政府法制干部综合素质与业务能力提升高级培训班、焦作市检察干部高级培训班、苏州市检察院刑检业务高级培训班、东莞市市区检察院刑检业务高级培训班、山西省矿产资源交易法律与保护高级研讨班、深圳市城市法治与政府监督高级培训项目、宝鸡市工商行政管理局工商法律清华研修班、黔西南州检察机关领导干部素能高级研修班、成都市检察机关业务骨干法律素能提升班、中国信托业协会信托高层管理研修班、自贡市检察院干警综合素能提升高级研修班、娄底市人大干部集中履职学习班、徐州市公安局领导干部能力素质提升培训班、珠海市公安局拓宽警界视野提升职业能力研修班、衢州市市管干部综合素质与业务能力提升研修班、荆州市沙市区经济法律领导干部研修班、河南省郸城县政法干部培训班、石首市领导干部综合能力提升研修班、温州市商事审判实务培训班、湖北省江陵县后备干部成长工程培训班、广西法院干部综合能力提升培训班、河南省焦作法院入额法官综合素质培训班、洛阳市检察系统干警业务素能培训班、佛山市顺德区人民检察院综合能力提升培训班、国家知识产权局专利复审委员会法律前沿培训班、泸州市依法行政高级研修班、宁波市公证人员综合素质提升班、南宁市人大常委会履职人员能力提升培训班、阳泉市人民检察院检察人员综合素能提升班等。

(二) 行业项目

行业项目是指针对某个特定行业人才培养计划设计开发的系统培训

---

① 参见:清华法学院官网. https://www.law.tsinghua.edu.cn/pxgz/pxxm/wtxm.htm.

项目,课程设计贴近行业发展前沿,强调理论性与操作性并重,在不同的专业领域发挥法律培训的巨大作用。通过几年的摸索,我们在仲裁、知识产权等领域积累了较为丰富的课程资源及培训经验。截至2020年12月,行业项目有仲裁员培训项目、《物权法》高级培训项目、"高层次人才"知识产权法律培训项目、内地法官及检察官普通法培训班、刑事辩护高级研修班、金融犯罪法律实务高级研修班、《全国法院民商事审判工作会议纪要》高级研修班等。

（三）涉外项目

清华大学法学院是一所国际化的开放的学院,和很多海内外一流院校及机构建立了实质性合作关系。截至2020年12月,法学院的涉外项目包括中国理财法律课程证书班、清华大学中国法暑期研修班、清华—弗兰克林·皮尔斯知识产权法暑期项目、国际仲裁与争端解决项目等。

二、民法典系列公益直播与讲座[①]

2020年,为贯彻落实习近平总书记切实推动民法典实施、广泛开展民法典普法工作的要求,履行清华大学法学院的社会责任,清华大学法学院联合得到App隆重推出民法典系列公益直播暨"清华民法典系列讲座"活动,多角度、全方位阐释民法典内涵。首批讲座由清华大学法学院崔建远教授、周光权教授、申卫星教授、王洪亮教授、程啸教授、龙俊副教授六位教师倾力奉献,自6月16日至7月16日连续五周,每周一场,为法学专业人员、法学爱好者及社会各界人士从婚姻关系、个人隐私、物权、购房等多个角度带来权威的民法典解读。

同时,清华法学院充分调动校内外资源,自2020年9月以来,推出"明理讲坛·民法典的实施"系列讲座。学院先后邀请了民法学研究会会长王利明,副会长崔建远,商法学研究会会长赵旭东,法理学研究会名誉会长徐显明,法学期刊研究会会长张新宝,行政法学研究会会长马怀德,环境资源法学研究会会长吕忠梅,经济法学研究会副会长冯果等多位专家学者,以线上线下相结合的方式,举办八场系列讲座,吸引了来自各大

---

① 参见：清华大学法学院.清华大学法学院年鉴[G].2020：27；明理讲坛·民法典的实施系列讲座回顾.清华大学法学院微信公众号,第303期.

高校的老师、学生,法律实务工作者与广大网友积极参与,得到了广泛的好评,为推动中国民法典的国民教育贡献清华力量。

第七节　计算法学学科的蓬勃发展

计算法学是基于计算的对象、方法以及能力等方面的差异而产生不同的法律问题以及与法律相关的技术问题,从而融入计算思维研究法律问题,利用计算方法开展法律大数据分析,以及结合计算技术研究法律科技的一门学科。① 为了积极回应新一代信息技术的发展为法学教育和法学研究带来的挑战与机遇,清华大学法学院自2017年年底开始进行计算法学学科建设,致力于培养出一批既精通法律规则又熟悉信息技术的高端复合型人才,为新一代信息技术的发展提供法律保障,为法律行业和法治现代化建设提供技术支持。清华大学法学院建设的计算法学学科已经被收入新加坡法学会和新加坡管理大学共同发布的《2019年亚太地区法律创新发展报告》,同时被教育部2020年新文科建设工作会议列为典型案例,成为北京市政府高等学校双一流特色学科建设项目。清华法学院在最高人民法院支持下成立了清华大学智能法治研究院,在最高人民检察院的支持下成立了检察公益诉讼与计算法学联合实验室,并入选中央网信办和教育部共同授牌的全国首批"网络空间国际治理研究基地",参与申报的清华大学计算社会科学与国家治理实验室获批首批教育部文科实验室,参与筹建中国计算机学会计算法学分会。2020年11月3日,教育部发布了《新文科建设宣言》。新文科,即对传统文科进行学科重组、文理交叉,即把新技术融入哲学、文学、语言等诸如此类的课程中,为学生提供综合性的跨学科学习,此次宣言将计算法学列为"理+文"交叉学科建设的典范。2021年,由清华大学推荐、清华大学法学院牵头承担的"基于法学与计算科学交叉的计算法学学科创新建设"获批教育部首批新文科研究与改革实践项目立项。法学院将继续引领国内计算法学的人才培养,不断应对新时代的发展带来的需求。以下将从人才培养、科学研究、代表性研究成果、学术活动、合作与交流等方面对清华法学院计算法学学

---

① 申卫星,刘云. 法学研究新范式:计算法学的内涵、范畴与方法[J]. 法学研究,2020,42(5).

科的发展情况予以具体介绍。

一、人才培养

2018年4月经清华大学研究生院批准设立"计算法学方向全日制法律硕士学位项目",2018—2021年连续举办四届全国优秀大学生计算法学主题夏令营,2019年6月成立清华大学计算法学交叉学科教学指导委员会。首届计算法学专业方向学生于2019年9月正式入学,截至2021年年底,共有2019—2021级48名在读研究生。在2022级招生中,通过推免录取11名学生进入计算法学专业方向就读,并首次在研究生统考中设立计算法学方向。

法律硕士专业计算法学方向是以计算法学为特色的法律硕士(非法学)学位项目。本项目面向全国招收优秀学生进行法学与信息科学等方向的交叉研究型学习,致力于培养出一批既精通法律规则又熟悉信息技术的高端复合型人才,为新一代信息技术的发展提供法律保障,为法律行业和法治的现代化建设提供技术支持。在2018—2021年面向全国优秀大学生进行的推免招生中,吸引了来自清华大学、北京大学等高校的760多名优秀大学生申请。本项目毕业学生需完成本项目要求的课程学习,至少掌握一种编程语言,可将一门外语作为工作语言,在读期间能够完成至少一项学生科研实践创新项目。

本项目主要招收具有国民教育序列大学本科学历的非法学专业的毕业生,主要面向本科第一专业为计算机科学与技术、信息与通信工程、网络空间安全、控制科学与工程、电子科学与技术、电气工程、数学、统计学及其他理工科专业或掌握信息技术相关专业知识的学生,同时招收有能力完成本项目培养方案的各专业背景法律硕士(非法学)学生。

学生所学课程包括法律硕士通用必修课(33学分)、计算法学特色课(22学分)、实践必修环境(15学分)、毕业论文(10学分),计算法学特色课由清华大学法学院、计算机系、软件学院、电子工程系、自动化系、网络空间安全研究院和社科学院等院系分别开设的课程组成。此外,本项目学生实行双导师制,并成立导师集体指导组。第一导师由清华大学法学院具有指导硕士研究生资格的教师担任;第二导师由清华大学计算机系、社科学院等相关院系的教师或实务部门的资深专家担任。成立计算法学方向导师集体指导组,采取集体培养与导师负责相结合的指导方式。聘请计算法学相关实务部门的专家参与研究生的教学及培养工作,积极举办计算法学相关方向的学术会议、讲座等活动,扩展计算法学学生的视野和学术交流能力。

在传统班级之外设立"计算法学班"和支持清华大学学生智能法律兴趣团队,加强本项目学生与法学院本科生和其他专业研究生以及相关院系学生的交流,为本项目学生提供符合计算法学发展方向的校外政府部门、司法机关、互联网企业和律所等单位的实习机会,设立专门面向计算法学方向学生的科研实践创新项目,鼓励学生积极参与国内外学术交流和实践创新活动,促进计算法学方向学生协作开展科研实践创新活动,并推动相关研究成果向社会发布和转化。设立法律科技创新实验室,为本项目学生提供实验办公工位、计算资源、数据资源和多学科的创新交流环境,联合清华大学计算机系自然语言处理实验室、信息检索实验室等共同开展学生培养。采用多种途径和方式加强学生法律职业伦理和计算法学相关职业能力的培养。职业伦理包括法律职业道德与执业规则;职业能力包括计算法学职业思维、法律语言和编程语言、计算法学方法及知识、通用工作能力。

目前,计算法学项目在读学生已经分别获得2019年北京市高级人民法院和北京市经信委共同举办的"AI+司法服务创新竞赛"第一名和2020年清华大学智能法治研究院和华宇信息科技有限公司共同举办的"睿聚杯法律科技挑战赛"第一名,本项目联合计算机系自然语言处理实验室举办2021年中国法律智能技术评测中案情标签预测竞赛。本项目的学生参与了2020年1月赴英国寒假考察项目,实习单位包括阿里巴巴集团法务部、蚂蚁金服隐私办、腾讯视频、字节跳动法务部、美团法务部、金杜律师事务所数据合规团队、君合律师事务所数据合规团队、海问律师事务所数据合规团队、深州市仲裁委网络仲裁处、中央网信办网安局、北京市知识产权法院、北京互联网法院、杭州互联网法院等。计算法学项目学生利用"清华大学智能法治研究院"微信公众号发布了一系列有价值的研究成果,计算法学项目学生参与国内外学术会议、研究项目取得了一系列的可喜成绩,2019级(首届)学生于2022年夏季毕业。

二、计算法学方向的科学研究

计算法学学科的科学研究包括三个方向,计算法学学科组成员在国家重点研发项目、国家社科基金重大项目和国家机关重点委托项目中取得丰硕的成果。

(一)信息科技相关的法律问题研究

信息科技革命极大改变了全球的生产方式、生活方式和社会治理模式以及人们的思维方式。本方向的研究涵盖计算法学基础理论、个人信息保护法、电子商务法、网络知识产权法、网络安全法、电信法、互联网信息服务法、数字经济法、互联网竞争法、自动驾驶汽车等人工智能技术治理等。

本方向的重大课题包括但不限于:国家社会科学基金重大项目"互联网经济的法治保障研究"(申卫星教授),国家社会科学基金重大项目"大数据时代个人数据保护与数据权利体系研究"(首席专家:程啸教授),国家社会科学基金重大项目"大数据、人工智能背景下的公安法治建设研究"(首席专家:余凌云教授)。此外,还承担中宣部"个人数据和非个人数据重大立法问题研究"、科技部"人工智能重大立法问题研究"、中央网信办"跟踪研究网络空间治理政策与法律领域的重点国际组织"、中央网信办"网络数据安全责任界定相关重点问题研究"等。

(二)法律问题的大数据分析研究

最高人民法院于2013年建立的中国裁判文书网业已汇集超过1亿份的裁判文书,国家实施大数据战略后也在陆续开放政府存储的各类公共数据。本方向的研究涵盖传统法学关注的各类问题,充分利用科学分析方法挖掘大数据的价值,丰富法学研究的方法和内容。

本方向的相关课题主要是清华大学司法改革与大数据研究课题(课题主持人:清华大学法学院教授何海波、清华大学社科学院副教授于晓虹)。何海波教授带领的研究团队在数据法学方向取得了丰硕的研究成果。计算法学方面师生积极探索法律问题量化研究方法、法律大数据平台设计,在法律大数据研究方向形成了稳定的研究任务。2021年年底获批成立的清华大学计算社会科学与国家治理实验室也将为法律问题的大数据分析研究提供更多的机会。

（三）信息科学在法律行业的应用技术研究

《最高人民法院关于加快建设智慧法院的意见》《全国检察机关智慧检务行动指南》等文件和决策部署的出台，标志着人工智能、大数据、区块链等信息科学在法律行业的应用成为法治中国建设中的一项重要内容。本方向的研究包括文书智能审阅与自动生成、法律知识智能检索及问答、在线争议解决、案件分析与预测、审判智能辅助平台等。

本方向已有若干相关课题的立项和研究，例如有国家重点研发计划项目"热点案件和民生案件审判智能辅助技术研究"（项目负责人：清华大学法学院申卫星教授），国家重点研发计划项目"智能司法公开关键技术研究"（项目负责人：清华大学计算机系刘奕群教授）。此外，王洪亮教授、刘晗副教授分别作为子课题负责人，参与政法智能协同技术支撑体系与应用示范研究（项目编号：2020YFC080829）和面向IPv6的网络空间国际治理联合研发与示范（项目编号：2020YFE0200500）等。此外，清华大学智能法治研究院已经研发完成民间借贷审判全要素智能服务平台，正在部署研发在线法律援助平台、计算法学知识平台、法律大数据科研平台，在2021年获得了3项软件著作权授权。

三、代表性研究成果

法学院的计算法学学科出版了《信息社会法律读本》《数字经济与网络法治研究》著作，在法律出版社发起了计算法学译丛。计算法学学科组在《中国社会科学》《法学研究》《中国法学》《人民日报》《光明日报》等权威报刊发表学术成果数十篇，研究成果包括《论数据用益权》《法学研究新范式：计算法学的内涵、范畴与方法》等。此外，撰写了20余份立法反馈意见或者资政建议，其中一份资政建议获得国家领导人批示。向中宣部、中央网信办、国家发改委、科技部、国家市场监管总局等部门提交研究报告10余份。

《法学研究新范式：计算法学的内涵、范畴与方法》对计算法学学科做出了科学的理论建构，研究指出：信息技术的本质是计算。计算的内涵已经超越传统的数学运算，扩展到逻辑推理乃至成为观察世界的一种方法论。计算法学是传统法学面对"计算无处不在"的时代现象和"计算主义"认识论所形成的一种新范式。计算法学是基于计算的对象、方法以及能力等方面的差异而产生不同的法律问题以及与法律相关的技术问题,从而融入计算思维研究法律问题,利用计算方法开展法律大数据分析,以及结合计算技术研究法律科技的一门学科。法学的"计算范式"转变有利于去除"法律+信息技术"的碎片化问题,同时促进计算空间的治理结构从过去的权威法治规范向多元治理转变,促进法学研究方法从规范分析向数据分析拓展,并有利于形成计算化社会所需要的法律与技术融合治理模式。计算法学的发展需要构建跨学科融合的学术共同体,以提升我国普适计算时代的法律科学研究水平和现代化的法治能力。

在计算法学学科团队的研究成果中,研究内容包括计算法学学科理论、个人信息保护、数据流通利用、网络内容治理、算法规则治理、平台市场秩序治理、网络空间国际治理、网络系统安全、新技术新业态治理、法律科技创新、法律大数据分析等议题。清华计算法学学科团队的教师在计算法学理论研究方面已经形成一些基本的价值观和风格,构建的计算法学学科理论具有科学性和包容度,在个人信息保护和数据流通利用方面追求安全与发展的平衡,在科技治理和科技赋能两个维度并行探索,以多学科交叉、理论与实践融合的方式提出理论认识和政策法律建议。

四、学术活动

计算法学学科建设以来,通过计算法学国际论坛、专题国际交流会、系列荷塘月谈茶话会、明理计算法学沙龙、计算法学讲坛、专题学术交流会等形式举办了丰富多彩的学术交流活动,还根据国家机关、研究会的委托而主办或承办了系列论坛。通过这些不同形式的交流会,加深了计算法学的科学理论深度,丰富了计算法学的教学培养内容,构建了跨学科跨领域的政产学研交流平台,形成了计算法学的国内国外专家网络,扩大了清华计算法学学科的声誉。

在计算法学国际论坛方面,清华大学法学院2018年12月主办首届,在2019—2021年的每年9月份继续主办,至今已经连续主办四届。历届论坛主题分别是学科发展与人才培养、数字经济治理与法律科技创新、智能产业发展与法律制度创新、数据治理与法律科技,吸引了主要国家和地区的专家学者参与学术交流,通过国际论坛的形式展示了计算法学的前沿研究领域、广泛专家网络和无限的发展潜力。

系列荷塘月谈茶话会从产业前沿中选择主题,邀请来自学术界、产业界、监管司法领域的相关专家进行科学思想与法治规则的碰撞交流。自2018年11月开始举办首期,截至2021年11月已经举办二十期政产学研的专题交流会。各期主题为"网络店铺经营主体变更法律问题""云平台的法律责任""流量劫持中的法律责任""个性化推荐的法律原理与技术规则""数字版权的最新发展:平台的内容过滤义务""人工智能在健康、司法领域应用的法律和伦理规则""数字时代的儿童个人信息保护规则""'网红经济'与直播行业的法律调整""社会信用体系建设的制度逻辑""电子商务平台亮证亮照的法定责任""《著作权法》修改中的合理使用与法定许可""低速无人物流配送车的法律问题""即时配送行业规范发展专题研讨会""网络环境下差异化定价及其法律应对""商标抢注与恶意投诉的平台治理""商业平台处理用户信息的合法性基础""非同质化通证(NFT)的基础原理与治理前瞻""隐私计算技术在个人信息保护法中的角色与规则""广告与法律的对话:程序化广告的算法规制""云服务商数据保密义务与案件调查取证"等。

明理计算法学系列沙龙从学术前沿话题中选择主题,邀请学术界为主的专家展开交流。自2019年5月开始主办,截至2021年12月已经举办六期。每一期的主题为"算法透明度的边界""数据权属及其保护路径""人脸识别技术的发展、趋势与应对""未来已来?自动驾驶的发展趋势与规制""未成年人网络保护""未成年人个人信息保护"。

计算法学系列讲坛邀请具有广泛社会影响力、行业影响力的专家做专题讲座,面向社会开放,每期由一位专家主讲、若干与谈人参与交流。自2019年4月举办第一期以来,计算法学讲坛已经举办三期。分别邀请了上海市法学会会长崔亚东主讲"人工智能与司法现代化:'上海刑事案件智能辅助办案系统'的实践与思考",著名科普作家卓克主讲"《密码法》背景下的区块链",上海交通大学凯原法学院院长孔祥俊主讲"反不正当竞争法的新动向"。此外,在讲座方面,还在2019年11月邀请到最高人民法院周强院长到清华大学做讲座,主题为"新时代中国法院司法体制改革和智慧法院建设",周强院长在讲座中对清华大学的计算法学学科表达了肯定和支持。

计算法学学科团队还积极筹办专题国际交流会,不断扩大国际交流范围。2019年5月以"数字经济治理"为主题举办清华大学与哥伦比亚大学网络法国际论坛,2020年8月围绕"科技治理"举办了清华大学与新南威尔士大学国际商法和国际经济法联合中心线上工作坊,2021年2月围绕"法律领域中自然语言处理技术的应用"举办了清华大学与牛津大学工作坊。此外,计算法学学科分别参与了欧洲法学会、哈佛大学、斯坦福大学、多伦多大学、弗莱堡大学、新加坡管理大学等众多高校的相关学术交流会。

计算法学学科团队还积极筹办专题学术交流会,以灵活的形式对社会热点问题进行回应。已经开展的专题学术交流会主题有"网络游戏产业法律问题""网络文化消费法律问题""司法大数据与司法责任制改革""电子商务法实施""金融科技立法与监管""互联网法院案件审理问题""数据竞争与网络法治""中国科技企业出海合规""数据跨境流动安全""数字货币的金融与法律"。

计算法学学科团体还积极筹办学术交流为立法工作建言献策,通过举行专题研讨会收集专家意见并形成立法完善意见稿反馈给立法部门。例如,针对《著作权法(征求意见稿)》《数据安全法(征求意见稿)》《个人信息保护法(征求意见稿)》《数据安全管理办法(征求意见稿)》《药品网络销售监督管理办法(征求意见稿)》等重要立法举办了专题研讨会。

计算法学学科团体还受国家机关、研究会的委托而主办、承担大型会议。例如,在2021年9月主办了2021年世界互联网大会网络法治论坛,在2018年8月17—18日承办了中国法学会网络信息法学研究会2018年年会。此外,中国计算法学发展联盟自2019年9月成立以来已经举办三次会议,在2021年4月专门举办了新时代法学领域交叉学科创新探索交流会暨中国计算法学发展联盟第三次会议。

此外,计算法学学科团队在2019年5月主办了第一届全国高校数字经济辩论赛,2020年1月主办了第一期清华数据利用与数据治理论坛,主题为"企业数据利用与治理",后续将继续举办相关活动。计算法学学科团队还在策划计算法学国际讲座系列,将邀请国际知名专家通过线上或者线下的方式举办讲座,以丰富计算法学的学术交流渠道。

五、合作与交流

截至2021年11月,清华大学计算法学学科已经与最高人民法院、最高人民检察院、北京互联网法院、杭州互联网法院、北京市高级人民法院等建立了密切合作关系。在企业方面,与中国航天二院、中国司法大数据研究院、阿里巴巴、蚂蚁金服、华宇信息技术有限公司、京东、腾讯、百度、美团、字节跳动等公司均以灵活的方式建立了良好的交流合作关系。与台湾新竹清华大学法律科技研究所、香港大学法学院、澳门大学法学院等在计算法学相关方向均有交流合作。在国际方面,与欧洲法学会、斯坦福大学法学院、牛津大学互联网研究院、乔治城大学法学院、多伦多大学法学院、新加坡管理大学法学院等建立了合作关系。联合东南大学、四川大学、华中科技大学、天津大学、上海交通大学、吉林大学、西南政法大学、江西财经大学、兰州大学等发起成立中国计算法学发展联盟。未来该联盟将在计算法学领域的人才培养、科学研究、国际交流和社会服务等方面展开紧密合作,其成立对于我国计算法学学科的建设与发展具有里程碑式的意义。

结语:迈向百年的清华法学院

1929年建院的清华法学院是一个"年轻而古老"的法学院,其历史与清华校史紧密相连,其使命与中国法制(治)建设紧密结合。

清华法律学系共经历了1929—1934年、1946—1949年、1995—1999年三次筹建,遭遇两度裁撤,终于在第三次复建成功。立足于清华的经验、法律教育的建设与发展规律,可以总结归纳为国、校、人即国家政策、校方态度和个人作为三个要素,三者是成功的必要条件,缺一不可。这三个要素之中,国家政策居于首位,前两次筹建中,因为国民政府实行"限制文法、侧重实科"的教育政策,我国建国初期对旧法律体系和教育体制的批判态度,清华法律学系皆在设立不久即戛然而止,在第三次筹建中,因为国家对于法制(治)建设和法律人才培养的日趋重视,清华法律学系符合时代发展的需要,得以应运而生。

校方态度非常关键。在民国时期,罗家伦和梅贻琦两任校长对于法律教育的理念不同,前者倾向于将法律归于"术"的范畴,后者倾向于将其归于"学"的范畴,因此罗家伦决定缓设法律学系,而梅贻琦念兹在兹希望设立法律学系。放宽历史的视野,法律"术"与"学"定位的内在紧张关系,贯穿于中国的法律教育史。在新清华时期,校方以建设世界一流的综合性大学为目标,法学作为文科建设的重要组成部分,因此校方重视与支持法律学科的复建,清华法律学科历史底蕴在此发挥了重要作用。

个人的主观能动性同样不能忽视。从事后角度看,1995年在只有"三个半人"的情况下法律学系"强行起飞",虽然比较仓促,但毕竟正式获得了名分,抓住了发展契机,这与1929年暂缓设立法律学系,贻误时机形成了鲜明对比。20世纪90年代的中国已经恢复法律教育近20年,在当时以工科为主的清华大学里办法律教育,筹建与复建初期的清华法律学系面临诸多竞争、困难与挑战,需要师生们积极发挥主观能动性,以创业的精神,通过延揽人才,找准发展定位,贯彻"入主流,有特色"的理念,团结奋斗,形成良好的工作氛围,才能比较迅速地渡过调整期,步入正轨,实现后来居上的跨越式发展。清华这段"事不过三"的法律学系筹建经历作为中国法律教育史上的鲜活案例,具有重要的借鉴意义和参考价值。

民国时期清华的法律教育主要由法学院的政治学系承担,呈现出一种"有实无名"的状态。20世纪90年代清华终于完成了三四十年代时梅贻琦校长的夙愿,首先在1995年成功复建了法律学系,并于1999年在法律学系基础上复建了单一法律学科的法学院,使得清华的法律教育"有名有实"。当然我们也要辩证地看到,老清华时期虽然因为法律学系缺席导致法律教育科目不完备而有所缺憾,但仍然培养出了一批国际法与公法领域的优秀人才。新清华时期虽然因为院系调整没有法学院的建制,但在清华永远致力于培养这个国家最需要的人的精神感召下,仍然培养出一批新中国法制(治)建设的重要人才,清华法学的薪火一直延续。

在清华建校110周年之际,清华法学学科一方面需要总结历史,一方面需要展望未来。近年来,国内外形势发生了重大而深刻的变化,为法学学科建设提供了新的机遇,也提出了重大挑战。当今世界处于"百年未有之大变局",科技创新突飞猛进,社会治理日趋复杂,全球面临巨大的"治理赤字",国际秩序深刻重塑,中国面临前所未有的发展机遇和挑战。在这种背景下,拓展并夯实法学理论基础,弘扬会通的学术风格,加强法律交叉学科研究和涉外法治工作成为推进新时代中国特色社会主义法治事业的必要战略选择,培养具有自觉的家国情怀、开阔的国际视野、复合型知识体系的高水平的法治人才,成为全面推进依法治国系统工程,推进国家治理体系和治理能力现代化,并积极参与引领全球治理体系改革和建设任务的重要组成部分。

今天的清华法学院,作为教育部"双一流"建设的重要一员,坚持以习近平新时代中国特色社会主义思想为指导,全面贯彻党的教育方针,落实习近平法治思想,按照"五位一体"总体布局和"四个全面"战略布局,坚持以新发展理念为引导,紧紧围绕实现第二个百年奋斗目标和中华民族伟大复兴的中国梦,以培养国家法治建设急需的厚基础、宽口径、复合型、高层次的法律人才为办学宗旨,以加强党的建设、完善中国特色现代大学制度为根本保证,以全面深化综合改革为重要抓手。依托清华大学全学科优势,特别是工科技术优势,建构新兴学科和交叉学科体系。以现有优势法学学科为基础,结合优秀生源和师资优势,追踪新兴领域的前沿问题,促进交叉学科发展,争取在人才培养、师资队伍建设、学科建设与科学研究、社会服务、文化传承创新、国际交流合作等方面再上一个新台阶,加快迈向世界一流法学院的建设步伐,为国家发展、人民幸福、人类文明进步做出新的更大贡献。

附录：清华法学大事记（1909—2021年）

1909 年

7月　清政府为处理美国"退还"的部分庚子赔款，派遣留学生，设立了游美学务处，下设游美肄业馆。

10月　游美学务处派出的第一批留学生启程赴美，47名录取者中学习法政者有唐悦良1人。

1910 年

8月　第二批留学生启程赴美，70名录取者中学习法政者有胡适、何峻业、胡继贤、刘寰伟4人。

1911 年

4月　游美肄业馆正式改名清华学堂，周自齐兼任学堂监督，唐国安、范源濂兼任副监督。

7月　第三批留学生启程赴美，63名录取者中学习法政者有王赓、徐光、梁基泰、柴春林、张国辉、张福运、陈嘉助、黄宗法、陆守经、陆懋德、邓宗瀛、卫挺生、谭齐蓁、司徒尧14人。

1912 年

10月　清华学堂更名为清华学校，唐国安为校长，周诒春为副校长，赵国才为教务长。学制8年，分中等、高等两科，高等科毕业后派遣留美。清华留美预备部时期，未设法律学系，亦无法政专业，但在课程设置上有与法政相关的课程，如政治学、国际法、比较政制、公民学、劳动法等，"偏公法""国际化"是当时清华法政课程的特点。学校于通识特别是外语方面的培养、对学生口才能力的训练,皆为学生将来留学乃至法政专业学习奠定了基础,未来的法政人亦在此领域表现活跃。

1914 年

3月　《清华周刊》创刊,其为学生自主主编的刊物,以"促进三育之进步,扩大清华之荣誉,培养完全国民之性格"为宗旨,为许多人文、学术和法政方面的领导人才提供了成长平台。历任《清华周刊》总编辑之中,有罗隆基、浦薛凤、梅汝璈、彭文应等法政人,主要撰稿人之中法政人亦占相当比例。

1920 年

本年　政治学研究会成立。该会以"纠合同志,公共讨论及研究而切有关于政治之问题及学理,一为扩充公民智识提倡公民责任,一为将来肄业专科中预备起见"为宗旨,以讨论会、请名人演讲政治学理及各国政情、法庭模拟演习、实地参观政治等方式展开活动。其会员亦多为未来之法政人,如吴国桢、浦薛凤、胡敦元、翟桓、李迪俊等。

1922 年

3月23日　学生法庭成立。清华学生会成立后,受美国政治制度之影响,采取三权分立的自治形式,以评议部为立法机关、干事部为行政机关,有鉴于司法机关之缺乏,故设立学生法庭。其采用新大陆司法制度,审判部用陪审制。学生法庭之设立,亦可反映当时清华学生的民主自治意识与法政素养。

1925 年

9月　清华学校设立大学部与国学研究院,开始向完全的大学过渡。

1926 年

4月26日　清华学校第一次评议会决定在大学部设立十七个系,其中十一个系先行设立专修课程,政治学系位列其中,清华系统的法政教育由此开始。

4月29日　教授会选举产生各系主任,政治系主任为余日宣。

1928年

8月　清华学校更名为"国立清华大学",校长罗家伦改聘吴之椿为政治系主任。是月,美国普林斯顿大学政治学教授恪而温(Corwin)来校讲授"政治问题"一科。政治学系新置课程半属于法学方面,法学类实体法的课程已经略备,为成立法律学系奠定了基础。

10月　清华大学开始招收女生,全校共收女生十五人,入政治学系者有四分之一强。

1929年

6月　依国民政府教育部令,清华大学分文、理、法三院,首任法学院院长为陈岱孙。法学院下设政治、经济与法律三系,法律系暂缓开办。

本年　留美预备部最后一批学生赴美。1912—1929年,留美预备部共有973人留洋,其中学习法政的有133人。

1930年

8月　吴之椿因病辞去政治系主任一职,由浦薛凤继任。

秋季　清华法学院设置法科研究所,包括政治学部与经济学部,为清华法政研究生教育之滥觞。

1932年

1月7日　法学院院长陈岱孙向校长梅贻琦与校评议会发函,阐明法律学系应尽快设立之理由,获得梅贻琦和学校支持。

2月　梅贻琦以《呈为下半年增设工学院暨成立法律学系仰祈鉴核备案由》学校公函送达国民政府教育部,教育部指令(字1215号)准予备案。法律学系的筹建工作由此展开,燕树棠被任命为首任法律学系主任。

5月7日　教育部下达训令(字3046号),令清华应就现时财力扩充工学院,法律学系暂缓招生。

12月19日　尽管校方和梅贻琦积极斡旋,教育部仍下达指令(字第10608号)要求清华"遵令停招法律系学生,本年度已招者姑予承认,惟一年级生应饬改任认他系,不愿改系者,得与二年级生办至本年度终了时结束,再送北大平大等校肄业。"

1933 年

本年　因法律学系暂缓加设,一部分法律课程,又划归政治学系开班。浦薛凤休假赴欧,王化成代理主任。

1934 年

8月13日　学校评议会决定自1934年起,本科法学院裁撤法律学系。政治学系得斟酌设置法律课程并得酌加预算。原法律学系教授燕树棠、赵凤喈等转入政治学系。

本年　政治学系多次邀请校外服官久长、行政经验丰富的人士,如胡次威、吴时中等先生向学生介绍经验。

1935 年

春季　美国哈佛大学教授何尔康(Holcombe)来校演讲四五次,内容与宪法和行政有关。

1937 年

9月10日　国民政府教育部正式宣布以清华大学、北京大学、南开大学设立国立长沙临时大学,拟设文科、理科、工科、法商科,凡17系。法商科由法律系、政治系、经济系、商学系4系组成,戴修瓒、张佛泉、陈岱孙、方显廷分任4系教授会主席(后称主任)。

1938 年

1月　国民政府批准长沙临时大学迁往昆明,方显廷任法商学院院长(1938年1月—1938年4月)。

4月　陈序经任法商学院院长(1938年4月—1944年8月)。

4月2日　迁往昆明的国立长沙临时大学奉国民政府教育部令改称国立西南联合大学,法商学院暂设蒙自,一年级新生被安排于叙永分校。

7月12日　燕树棠任法律学系主任。

8月　法商学院迁回昆明。

1940 年

5月　社会学系从文学院分出单独设系,并入法商学院,法商学院囊括了政治学、法律学、经济学、商学、社会学五系。

9月　行政研究室成立。

本年　法政研究生招生开始恢复。

1943 年

本年　法律系增设司法组。

1944 年

8月　周炳琳任法商学院院长(1944年8月—1945年7月)。

1946 年

10月　清华法学院恢复法律学系,赵凤喈任系主任。

1949 年

5月4日　北平市军管会、文管会通知:奉军管会决定,清华大学成立校务委员会,任命叶企孙(兼主席)、陈岱孙、张奚若、吴晗、钱伟长、周培源、费孝通等9人为常委,委员21人。任命陈岱孙为法学院院长。

5月11日　法律系主任赵凤喈辞去系主任兼职,陈岱孙暂兼。

7月6日　校教授会上,主席叶企孙报告:华北高等教育委员会决定,辩证唯物论、社会发展史、政治经济学、中国革命史、新民主主义论作为大学生共同必修课。

7月26日　奉华北高等教育委员会令,本校法律系取消。法律系27名学生分别转入北京大学法律系或本校其他系学习。

10月5日　华北大学文工队来校演出话剧《思想问题》,作为全校师生员工学习马列主义理论、改造思想的动员。费孝通在演出前讲话,宣布我校的辩证唯物论与历史唯物论课正式开始。

10月17日　吴晗讲政治理论学习的第一次大课"辩证唯物论与历史

唯物论·引论",3000余人听讲,其中教职工与家属六七百人。

1950年

1月3日　校委会会议通过文法学院课程改革计划:加强马列主义学习,确立马列主义学程体系,以提高理论基础。配合马列主义理论有重点地设立业务课程,务使学生有所专长。

2月　文法学院师生328人参加京郊石景山、德胜门外、丰台三个地区的土地改革工作,3月10日返校。

1951年

7月　教育部决定:北大、清华、燕京、辅仁四所大学的政治学系、法律学系、社会学系(内政组)、经济学系二、三年级学生,参加本年西南、西北地区土地改革运动。本校500余人分三批到西南、西北地区参观土改,到广西、江西、四川等地参加实际土改斗争。去广西参加土改的师生由吕森率领,于1952年6月返校。

8月22—23日　本校法学院参加土改师生170余人,与燕京、辅仁和北大等校法学院参加土改师生共800余人22日集中在北大一起学习。23日,举行开学典礼。

9月3日　参加土改师生分别前往工作地区。

9月24日　校委会议决:成立包括辩证唯物论与历史唯物论教研组(主任任华)、中国通史教研组(主任丁则良)、政治经济学教研组(主任张鱼)在内的16个教研组。

1952年

2月12日　校务工作会议决定:成立新民主主义论教研组,主任任华(此前,经校委会议决大课委员会撤销)。

9月19日　教育部批复清华、燕京、北大三校工科院系调整人事方案。清华大学原有的文、法、理三学院各系除留下20多人外,全部调整到北京大学等单位。北大、燕京两校工学院调整到清华。院系调整后,清华大学成为一所多科性工业大学。

1953年

2月7日　高教部通知：自1953年度起，"马列主义基础"为各类高等学校及专修科（两年以上）二年级必修课程。

6月16日　高教部通知：将高等学校一年级开设的"新民主主义论"课程一律改为"中国新民主主义革命史"（简称"中国革命史"），于本年秋季开始实行。本校陆续开设了"中国革命史""马列主义基础""政治经济学""哲学"等4门课程。

7月31日　高教部通知：为了在高等学校"中国革命史"教学工作中重点深入贯彻教学目的和要求，培养典型经验，及时推广到其他学校，确定本校"中国革命史"教研组自1953年度起作为与高教部直接联系的重点教研组，并提出联系办法和要求。

9月12日　校委会议决：新民主主义论教研组改名为"中国革命史教研组"，主任刘弄潮。

9月14日　增设马克思列宁基础教研组、政治经济学教研组等6个教研组。

9月　根据1953年度教学工作计划，本学期增设"马列主义基础""政治经济学"两门课，三年级学生将循序学习"中国革命史""马列主义基础""政治经济学"课程，系统地掌握马列主义基础知识，树立革命的人生观。

1954年

4—5月　全校师生学习并参与讨论《中华人民共和国宪法草案（初稿）》。

6月17日　校务行政会议议决：成立宪法草案讨论办公室，艾知生担任主任，郭道晖、阮铭任副主任，负责组织全校宪法草案的宣传与讨论。

1959年

2月　本学期政治理论课程采取两条腿走路：一方面开设形势和任务课；另一方面开设马列主义基础课，包括"马克思主义哲学""政治经济学""中国革命史""社会主义和共产主义概论"。

1979 年

11月29日　校长工作会议议决：建立文史教研组。

1982 年

上半年　陆续在全校教职员工和学生中开设"法学概论""法律基础""经济法"等课程。

1983 年

3月　校党委宣传部为教职工组织开设"经济法""中国近代史"等课程，本学期开始。

1985 年

3月25日　成立清华大学专利事务所。

3月　成立经济法教研组。

9月10日　在国家专利局公布的通过审定的我国首批150件专利中，本校获批14件（发明专利7件，实用新型专利7件）。

1986 年

年底　举办清华大学法律知识竞赛。

1987 年

3月12日　学校授予"中国革命史"课程为清华大学"一类课程"，并颁发了奖状、奖金和课程建设经费。

1989 年

9月16日　设立法律顾问室。

1991 年

11月　"清华大学学生法律爱好者协会"成立。

1993 年

3月4日 学务会议通过：将法律顾问室由校长办公室调整到经济管理学院。

7—8月 本校举行第一期香港公务员中国研习课程班。

9月20日 举办清华大学香港公务员第二期中国课程班。

1994 年

10月12日 校长书记联席会议决定成立法律学系筹建委员会，筹建委员会由郑天翔先生（清华校友、最高人民法院原院长）担任名誉主任，清华大学校长王大中院士担任主任。

1995 年

7月 法律学系筹建委员会决定推荐聘请中国法学会副会长、时任全国人大常委会委员、全国人大法律委员会副主任委员王叔文教授为法律学系主任。

8月17日 法律学系筹建委员会举行全体会议，通过建系方案。会议认为，复系条件已经成熟，决定正式提请校务会议讨论。

8月31日 清华大学1994—1995学年度第19次校务会议听取了法律学系筹备复建情况的汇报，决定正式恢复建立法律学系，聘任王叔文教授为系主任。

9月 法律学系首批聘请10位兼职教授，兼职教授在法律学系以及法学院发展过程中发挥了重大作用。

9月8日 清华大学法律学系复建大会隆重举行。

1996 年

4月16日 香港法律界知名人士李国能大律师、梁爱诗律师和陈弘毅教授共同发起成立了"清华大学法律系之友慈善信托基金"。为帮助清华大学开展法学教育，著名企业家荣智健先生决定向"基金"捐赠港币3000万元，其中2100万元指定用作法律学系系馆明理楼的建设，另外900万元作为法律学系发展基金。

12月下旬　学校决定将时任清华大学校长助理的李树勤教授调任人文社科学院副院长、法律学系常务副主任兼党支部书记。

1997年

3月　清华大学聘任香港终审法院首席法官李国能先生为客座教授。

4月　《法苑》报纸创刊,报名由时任校党委副书记胡显章教授题字,李树勤教授撰写发刊词。该报由法律学系学生主办,旨在宣传法律知识、报道法学院情况。

7月　清华大学聘任香港证券及期货事务监察委员会主席、资深大律师梁定邦先生为客座教授。

8月　法律学系从主楼十层迁至三教三段五楼。

9月　马俊驹教授被任命为清华大学学术委员会副主任。这是人文社会学科方面在校学术委员会中的第一位副主任。

11月28日　明理楼奠基动工。

1998年

3月13日　法律学系学生发起的清华大学学生法律援助中心成立,协会宗旨是扶助社会弱者,维护法律尊严。

5月9日　清华大学首次主办法学国际会议——中美法学教育国际交流会议。马俊驹教授做了题为《中国法学教育概览》的报告。崔建远教授介绍了清华大学法律学系的发展计划。

6月　国务院学位办批准清华大学民商法学硕士点。

6—7月　美国密歇根大学、耶鲁大学、纽约大学、杜克大学、澳大利亚纽卡斯尔大学、威尔士大学等世界著名大学法学院院长先后访问了法律学系,就教学、科研合作等事项进行了商谈。法律学系一经恢复,即在国外引起很大反响。

9月21日　学校聘任荣智健先生为法学院顾问教授。

11月　法律学系学生发起组织的清华大学学生法学会注册成立。学会宗旨是"传播法律知识,发扬法律精神,研讨法律文化"。

12月　清华大学法律学系第一份正式学术刊物《清华法律评论》(总第一辑)由清华大学出版社出版,由马俊驹教授主编。

1999 年

1月29日 王亚新教授、张明楷教授参加了"清华大学1998年科技奖励大会",王亚新教授、张明楷教授此前分获全国第二届普通高等学校人文社会科学技术委员会学术成果奖(1998)二、三等奖。

3月13日 我系研五毕业生回校参加了硕士学位授予仪式,这是我系培养的第一届硕士毕业生。

4月15日 经1998—1999学年度第14次校务会讨论通过,决定恢复建立清华大学法学院,不再保留法律学系的建制,聘任王保树教授为法学院院长。经同日校党委常委会议讨论,同意成立法学院党总支,隶属人文社会科学学院党委,校长助理、人文社会科学学院党委书记李树勤教授兼任法学院党总支书记。

4月24日 清华大学法学院复建大会在经管学院伟伦楼报告厅隆重举行。

6月 法学院制定《清华大学法学院建设规划(1999—2011)》。

7月9日 王振民教授当选国际宪法学协会理事会理事,该组织是国际宪法学研究的最高学术组织。

8月 著名法学家、台湾"中央研究院"教授,美国哈佛大学、耶鲁大学、纽约大学访问(全球)教授张伟仁先生来法学院讲学3个月,讲授"中国古代法理学"课程,并向法律图书馆捐赠《明清档案》一套共324册。

8月 清华法学院与对外交流中心举办第一期香港法官及司法人员汉语及司法文书课程班。

8月28—29日 法9年级76名本科新生入学。这是法学院第一次通过高考招收应届高中毕业生,也是清华大学第一次招收文科考生。

10月 经教育部和香港特别行政区政府批准,清华大学法学院和香港大学专业进修学院于1999年12月起正式开始在香港地区开办中国法学第二学士学位课程。

10月31日 王保树教授受邀在人民大会堂为全国人大常委会委员讲授了《中国的商事法律制度》。

11月 崔建远教授被评为全国第二届十大杰出中青年法学家称号。朱慈蕴教授获第二届全国十大杰出中青年法学家提名奖。

11月16日　国务院学位委员会批准清华大学新增为法律硕士专业学位试点单位。

12月22日　明理楼启用典礼举行,王大中校长、荣智健先生、李国能先生、王保树院长等出席典礼并剪彩。

12月底　法学院从三教三段五楼搬进明理楼。

2000 年

3月1日　清华大学图书馆的分馆法律图书馆正式开放,使用面积2000平方米。

4月　高鸿钧教授担任全国外国法制史研究会副会长。

4月15日　"步入新世纪的法治理论与实践"研讨会召开,这是法学院复建后主办的第一次全国性学术会议。

4月30日　33届校友、著名国际法学家王铁崖先生参观明理楼,并与师生进行交流。为筹建国际法联合图书资料中心,王先生将自己大量私人藏书捐赠给中心。

5月　王晨光教授、高鸿钧教授担任中国法学会比较法研究会副会长。

5月13—14日　法学院在位于北京西山的市卫生局培训中心召开"法学教育工作讨论会"。对清华法学院的法学教育特色、人才培养目标、培养模式以及教学计划进行了讨论。

5月22日　经院务会议讨论,决定成立商法研究中心、民法研究中心、日本法研究中心、知识产权法研究中心。王保树教授、崔建远教授、章程(张卫平)教授、王兵教授分任各中心主任。

7月　清华法学院代表队在日本东京"2000亚洲杯国际法模拟法庭辩论比赛"(2000 Asia Cup)中获得亚军,马珂南同学获"最佳选手奖"。

9月24—29日　2000年度民商法年会在明理楼举行。

9月26日　由全国律师协会、中央电视台和司法部联合举办的全国律师辩论大赛电视模拟赛在法学院模拟法庭举行。

10月底　法学院建立起统一的本科生、研究生团委及学生会,成立了学生工作办公室。

11月　高鸿钧教授主编学术辑刊《清华法治论衡》第一辑由清华大

学出版社出版。

11月　清华法学院代表队在第八届国际商事模拟仲裁辩论赛国内选拔赛中获得第一名,取得代表中国参加国际比赛的资格。

11月9日　经清华大学党委会议讨论决定成立法学院党委,不再保留原法学院党总支建制,李树勤教授担任法学院党委书记。

12月6日　清华大学聘请香港大学法律学院院长陈弘毅教授为客座教授。

12月7日　清华大学环境、资源与能源法研究中心成立。

12月　清华大学法学院申报的5个硕士学位点获得批准(法学理论、经济法学、诉讼法学、刑法学和国际法学),加上原有民商法学,硕士学位点达到6个。同时,民商法学专业申报的博士学位点也获得批准,实现了博士学位点零的突破。制定了新增学位点培养方案,修订了本科生、双学位生的培养方案。

2001年

1月　清华法学院代表团访问哈佛大学法学院、耶鲁大学法学院、纽约大学法学院。

3月2日　法学院团委成立,原团总支撤销。

4月　法学院团委开展"回首流金岁月,追寻校友足迹"访谈活动,走访了王铁崖先生、端木正先生、郑天翔先生等老校友以及法律学系恢复以来培养的毕业生。

4月28日　王保树教授受邀为全国人大常委会讲课,题目是《现代企业法律制度》。

7月　高其才教授担任中国农业经济法研究会(2008年更名为中国农业农村法制研究会,2019年更名为中国农业与农村法治研究会)副会长。

9月　由章程(张卫平)教授等撰写的《民事诉讼法教程》(教材)获北京市教学成果奖一等奖,于安教授等撰写的《行政诉讼法学》(教材)获北京市教学成果奖二等奖。

11月8日　中国法学会商法学研究会成立,王保树教授担任会长,朱慈蕴教授担任副会长。

11月18—19日　法学院举办首届"21世纪商法论坛",主题为"投资者利益保护:国际经验与中国实践",后每年连续举办,已经成为具有国际影响力的学术研讨会。

11月27日　法学院举办"高技术知识产权保护新进展国际研讨",其后隔年举办,在高技术知识产权保护领域具有广泛影响力。

12月7—8日　中国法学会环境资源法学研究会2001年年会在清华大学法学院召开。

2002 年

1月14日　教育部批准清华大学与美国天普大学合作举办美国法学硕士学位培训项目(L L.M.)。

4月　由章程(张卫平)教授等撰写的《民事诉讼法教程》(教材)获2001年国家级教学成果奖二等奖。

4月　法学院团委出版了校友访谈录——《回首流金岁月,追寻校友足迹》。

5月18—19日　"德沃金法哲学思想国际研讨会"在法学院举行。国内外40多名学者参加会议。会后,德沃金教授在清华大学大礼堂做了题为《认真对待人权》的学术演讲。

5月23日　法学院复建后的第一次全体教授会议召开,讨论人才引进事项。

6月27日　法学院行政领导班子换届。经2001—2002学年度第17次校务会议讨论通过,任命王晨光教授担任法学院院长,王保树教授不再担任法学院院长。

8月　香港大学何美欢教授入职清华大学,在法学院开设了四年制的"普通法精要"系列课程,为内地高校首次对学生系统开展全英文普通法教育。

8月14日　法学院党委领导班子换届。经校党委常委会议讨论,同意法学院党委换届选举结果,李树勤教授担任法学院党委书记。

9月　法学院制定了《清华大学法学院"985"二期发展规划纲要》。

9月3日　美国联邦最高法院斯卡利亚大法官访问法学院,并做了题为《论法治和司法独立的重要性》的演讲。

11月　王赢同学获得清华大学特等奖学金,成为法学院首位获得此项殊荣的本科生。

11月17日　由法学院研究生会主办的首届"明理论坛"正式揭开了序幕。

11月30日　由最高人民法院行政审判庭、中国法学会WTO法研究会、法制日报社等单位主办,清华大学法学院承办的"WTO行政案件司法审查高级研讨会"在明理楼模拟法庭举行。

12月　张明楷教授被评为全国第三届十大杰出中青年法学家。

12月　《清华法律评论》更名为《清华法学》。

12月28日　研究生会组织法学院首届博士生论坛。

2003年

1月　王晨光教授担任中国法学会法理学研究会副会长。

3月17日　法律图书馆电子阅览室开放试运行。

4月12—18日　在维也纳举行的第十届"Willem C. Vis国际商事仲裁模拟法庭比赛"中,清华法学院代表队在128个代表队中跻身16强,并在口头比赛中名列第6,这是历届中国参赛代表队取得的最好成绩。王颖同学获得"最佳辩手"称号,成为我国第一个获得该项殊荣的选手。

9月　清华大学法学院获得环境与资源保护法学、宪法与行政法学2个法学硕士学位授予资格。对法律硕士培养方案进行了重大修改,并将学制由2年改为3年,方案将从2004年秋季开始实施。

10月17日　首届全国博士生论坛之法学分论坛在法学院召开。

11月5日　周光权教授专著《法治视野中的刑法客观主义》获第三届"胡绳青年学术奖"法学一等奖。

11月15日　法学院举行首批"法硕联合导师"聘任仪式。

11月29—30日　法学院第一次学生党建工作研讨会在河北固安县举行。

11月30日　法学院与河北省固安县人民法院合作建设实践基地大会在河北固安县人民法院举行。最高人民法院副院长江必新、校党委副书记杨振斌出席大会。

12月4—5日　首届"理律杯"全国高校模拟法庭竞赛在清华大学法

学院举行,武汉大学、西南政法大学、清华大学代表队分获冠亚季军。该项赛事是中国大陆自1977年恢复正规法学教育以来,首次举办的全国性法学院校"模拟法庭"竞赛。

2004 年

3月21日　清华大学法学院5名同学组成的国际商事仲裁比赛代表队在香港举行的首届"Willem C. Vis 亚太地区国际商事仲裁比赛"中战胜来自美洲、亚洲和大洋洲的8个国家和地区的众多对手,获得冠军。

4月9日　清华大学法学院代表队在拉赫斯国际空间法模拟法庭辩论赛亚太地区的比赛中获得第三名。

4月24日　"梅汝璈先生诞辰一百周年纪念会暨国际法发展新动向论坛"在明理楼模拟法庭举行。

6月21日　"985一期法学院建设项目"验收会在明理楼召开。法学院院长王晨光教授向专家组汇报了法学院"985"一期整体学科建设情况,"依法治国的基本理论研究"及"司法公正与司法改革"两个"985"校级重点项目负责人高鸿钧教授和章程(张卫平)教授分别汇报了项目完成情况。

8月　崔建远教授担任中国法学会民法学研究会副会长。

11月5日　法国最高法院院长卡尼维参加清华法学院"纪念法国《民法典》二百周年"研讨会,并发表了演讲。

11月16日　顾秉林校长与法学院教师座谈,并设招待晚宴。顾校长对法学院近年来的发展和取得的成绩给予充分肯定。指出,法学院在学校的文科建设和发展中发挥着重要作用;学科的发展,师资队伍是关键;希望法学院在学校重点突破、跨越发展的第二个九年中能有更快的发展、取得更大的成绩,培养出一批国际知名的法学家、大法官。

12月　高鸿钧教授主持,法学院多名教师参与研究的"985"一期重大基础理论研究课题"依法治国的基本理论问题研究"成果《法治:理念与制度》获北京市第八届哲学社会科学优秀成果奖一等奖、第十四届中国图书奖。

12月21—22日　"履行障碍与合同救济"——中日韩合同法国际学术研讨会召开。

12月29日　王振民教授获任第十届全国人大常委会澳门特别行政区基本法委员会委员。

2005 年

1月　韩世远教授获第四届全国十大杰出青年法学家提名奖。

1月7日　法学院在怀柔县召开法学教育改革研讨会,就法学院的实践教育及未来发展规划等议题进行探讨。

2月　张明楷教授入选教育部 2004 年度"新世纪优秀人才"支持计划。

3月25日　"成立亚洲国际法学会北京筹备会暨亚洲与国际法学术研讨会"在法学院隆重举行。

4月1日　法学院与德国法兰克福大学法学院联合举办"法律现代化和法理学"研讨会。

4月24日　"庆祝清华大学法学院复建10周年大会"在清华大学大礼堂举行。

6月　法学院党委领导班子换届。李树勤教授担任法学院党委书记。

6月2日　校党委书记陈希,副校长汪劲松、谢维和以及校学生工作指导委员会、研究生院、人事处、教务处、宣传部、文科处等部门的负责同志到法学院就人才培养的规模、质量和毕业生去向等问题进行调研,并与法学院负责人和教师代表一起讨论了人才培养和学院建设等工作。

7月　法学院行政领导班子换届。王晨光教授担任法学院院长。

7月6日　中国法学会国际经济法学研究会成立,车丕照教授担任副会长。

9月1日　清华大学法学院成立了国内第一个针对外国法律学生和法律人士开设的中国法硕士学位(L L.M.)项目,首批 14 名来自美国、加拿大等国家的学生入学。

11月　由法学院研究生独立运作的学术刊物《清华法律评论》创刊。

2006 年

2月　车丕照教授担任中国国际经济法学会副会长。

2月28日　王振民教授获任第十届全国人大常委会香港特别行政区基本法委员会委员。

5月18日　巴黎高等法院院长 M. MAGENDIE 大法官在法学院模

拟法庭举行讲座。

6月5—7日　美国夏威夷大学法学院院长Soifer Avi教授来访,并与法学院师生进行交流。

8月　清华大学法学院获得法学一级学科博士学位授予权。

10月　"第二届司法部全国法学教材与科研成果奖"评选结果揭晓,崔建远教授《准物权研究》获一等奖,王保树教授《商法》、周光权教授《刑法学的向度》获二等奖。

10月8日　贾兵兵教授当选亚洲国际法发展基金(DILA)执行委员会副主席,是三位副主席之一,任期从2006年到2012年。

10月21—22日　清洁能源与气候变化法律问题国际研讨会在清华大学法学院模拟法庭举行。

11月4日　法学院召开了学院发展规划暨教学工作研讨会。院长王晨光就法学院发展规划做了报告,与会教师围绕"如何争创国内一流、国际知名的法学院"问题,就法学院获得一级学科博士学位授予权后的整体规划、人才培养、科学研究、师资建设等展开了交流讨论。

2007年

1月　王振民教授获第五届全国十大杰出青年法学家提名奖。

1月　韩世远教授入选教育部2006年度"新世纪优秀人才"支持计划。

4月4日　应中国法学会邀请和安排,国际宪法协会主席Cheryl Saunders女士来访法学院。

5月8日　《清华法学》杂志创刊号正式出版。《清华法学》经国家新闻出版总署正式批准创办。王保树教授任杂志主编,周光权教授任副主编。

6月　王晨光教授担任中国卫生法学会副会长,同时当选为第17届世界医学法学大会学术委员会中方委员(共3人)。

6月30日　中国台湾大学法学院院长蔡明诚教授带领的台湾大学法学院师生代表团一行七位教授和十位研究生来访。

8月　法学院建立法学博士后科研流动站。

9月4日　香港律政司司长黄仁龙等一行八人来访。

10月　王兵教授担任中国法学会知识产权法研究会副会长。

10月　王振民教授担任中国法学会宪法学研究会副会长。

10月　余凌云教授入选教育部2007年度"新世纪优秀人才"支持计划。

10月　王保树教授指导的博士生梁上上的论文《论股东表决权——以公司控制权争夺为中心展开》获得全国百篇优秀博士论文奖,这是当年全国唯一获得此荣誉的法学类论文。

10月24日　教育部本科教学评估专家组组长、华中理工大学原校长杨叔子院士来法学院考察。对法学院在建院时间短、教师数量较少的情况下取得的优异成绩,给予了充分肯定。

11月27日　国家能源领导小组办公室表彰为《能源法(草案)》制定工作做出突出贡献的单位和个人,以法学院为依托的清华大学环境资源与能源法研究中心成为"集体建言奖"的唯一获奖单位,清华大学也是获奖的唯一高等院校。

12月　车丕照教授担任法学院党委书记,李树勤教授不再担任法学院党委书记。

12月　王晨光教授担任中国法学会法学教育研究会副会长。

12月　《清华法治论衡》列入中文社会科学引文索引(CSSCI)来源集刊。

2008年

3月　周光权教授当选为第十一届全国人民代表大会代表,第十一届全国人民代表大会法律委员会委员。

7月18日　法学院举行行政领导班子换届大会。根据2007—2008学年度第27次校务会议决定,王振民教授担任法学院院长,王晨光教授不再担任法学院院长。

8月9日　香港特别行政区终审法院首席大法官李国能先生伉俪应邀访问清华大学。校党委书记陈希、常务副校长陈吉宁等就法学院的发展与李先生交换了意见。当天李国能先生还与法学院老师举行座谈。李国能先生一直以来十分关心法学院的发展,为法学院发展做出了巨大贡献。

9月29日　张明楷教授主持的"刑法学"入选2008年度国家精品课程。

10月　张明楷教授担任中国法学会刑法学研究会副会长。

10月17日　为期五天的第十七届世界医学法学大会在北京国际会议中心开幕,清华大学法学院卫生法中心主办了此次大会的"青年论坛"。

11月　王晨光教授担任中国法学会法学教育研究会诊所法律教育专业委员会主任。

12月　王明远教授担任中国环境科学学会环境法学分会副主任委员。

12月5日　中国法学会证券法学研究会成立,施天涛教授担任副会长。

12月12日　著名法学家柯恩教授、张伟仁教授对话法学院模拟法庭,做了题为《中国法制传统之现代意义》的讲座。

12月25日　法学院党委领导班子换届,车丕照教授担任法学院党委书记。

12月27日　清华大学法学院承办中国法学会和团中央主办的"爱祖国、学法律、创和谐"青少年大型普法系列活动之"港澳与内地青年法律交流周"论坛。

12月28日　时任门头沟区永定镇坝房子村党支部书记助理兼团支部书记的清华法学院2002级校友周倍良当选首届"中国十佳大学生村官"。

2009 年

1月16日　法学院举行学院发展战略研讨会。最高人民检察院原检察长贾春旺出席会议。贾春旺从加强学生实践能力的培养、促进学界与实务界的沟通、拓宽办学思路、不拘一格引进人才等几个方面,对法学院的长远发展提出了建议。

2月　黎宏教授入选教育部2008年度"新世纪优秀人才"支持计划。

4月26日　法学院顾问委员会成立仪式暨第一次全体会议在主楼317会议室举行。校长顾秉林出席成立仪式,并代表清华大学聘任贾春旺、张福森、朱育诚、田期玉、王俊峰、戴玉忠、杨克勤、梁爱诗、解振华、高西庆担任法学院顾问委员,贾春旺担任顾问委员会主任。

4月26日　"清华法学八十年纪念大会"在清华大学主楼接待厅隆重举行。法学院顾问委员会委员、最高人民检察院检察委员会专职委员戴玉忠,北京大学法学院院长朱苏力,法学院1948级老校友曾俊伟,毕业生和在校生代表等先后发言祝贺。

5月　由张明楷教授、黎宏教授、周光权教授、劳东燕教授主持的项目"刑法学多层次课程体系的构建与教学方法的革新"获2008年北京市教学成果奖二等奖。

5月　中国大陆首家由高校出版、学生自主运作的全英文法律学术期刊 *Tsinghua China Law Review* 在美国创刊出版。

6月25日　中国法学会与清华大学法学院合作的"中国法学创新讲坛"举行了隆重的开坛仪式,首位主讲人罗豪才教授以《中国行政法的平衡理论》为题演讲。

9月18日　"田涛文库成立暨赠书仪式"举行,当代藏书家、法律史文献学家田涛先生向法律图书馆捐赠古籍文献近1800件,主要包括田藏契约、线装古籍以及巴县档案(复制件)等。

10月10—11日　"欧洲私法的统一及其在东亚的影响"国际研讨会在法学院召开。来自德国、奥地利、日本、韩国以及我国内地(大陆)和香港、台湾地区的专家、学者与会。

10月13日　章程(张卫平)教授主持的"民事诉讼法"入选2009年度国家精品课程。

10月15日　清华大学设立"梅汝璈法学讲席教授",著名旅美法学家冯象博士受聘担任梅汝璈法学讲席教授。

11月6—7日　首届"两岸清华法学论坛"在清华大学法学院举行,海峡两岸学者共聚探讨"科技创新之法律应对与法学教育革新"专题。

12月　《清华法学》列入中文社会科学引文索引(CSSCI)来源期刊(扩展版)。

2010年

3月23日　法学院邀请解放军法院、国防大学"三战"研究中心专家来校,就首届法学国防生的专业课教学环节进行研讨。

3月30日　常务副校长陈吉宁带队到法学院调研。调研围绕法学院复建15年来的发展、师资队伍建设、人才培养、毕业生就业等方面展开。

4月25日 清华大学法学院复建15周年座谈会在明理楼模拟法庭举行。

7月7日 崔建远教授主持的"民法学"入选2010年度国家精品课程。

7月12日 清华大学法学院两岸法政问题研究中心成立,法学院院长、全国台湾研究会常务理事王振民教授任主任,台湾问题专家、全国台湾研究会副会长许世铨教授任名誉主任。

7月29—30日 由清华大学法学院主办,乔治·华盛顿大学法学院和香港中美交流基金会协办的首次中美法治对话在北京举行。

9月6日 美国前总统吉米·卡特访问法学院,就世界范围内政府信息公开问题发表演讲。

9月10日 美国廖凯原基金会主席、美国国际软件屋公司创办人和主席、美籍华裔廖凯原先生与清华大学签订协议,捐资一亿元支持清华大学建设新法学院大楼(法律图书馆),建立"凯原中国法治与礼治研究中心"和"凯原法哲学研究所",并设立讲席教授、奖学金、奖教金等,以推动清华大学法学教育的发展。

9月18日 黎宏、余凌云、周光权三位教授入选首届"首都十大杰出青年法学家"。

11月8—12日 王振民教授率法学院代表团参加了由世界银行主办、清华大学法学院协办的"2010法律、司法与发展周"活动。

11月30日 为纪念已故著名法学家、教育家何美欢教授和她为中国法治建设以及法学教育所做出的贡献,继承和推广何美欢教授在清华大学所创设的普通法教育模式,清华大学法学院、清华大学教育基金会决定设立"何美欢法学教育基金"。该基金将主要用于设立"何美欢普通法讲席教授""何美欢奖学金、助学金、奖教金",支持何美欢教授学术著作的修订、再版以及纪念文集的出版等工作。

2011年

1月25日 王振民教授被评为第六届全国十大杰出青年法学家。黎宏、周光权教授获第六届全国十大杰出青年法学家提名奖。

3月24日 "中国传统法律文化的当代价值"研讨会暨"凯原中国法治与礼治研究中心"成立仪式举行。

3月26日 "清华大学百年校庆——法学院之夜"主题活动在香港特别行政区举行。

3月28—29日 由清华大学法学院国际私法与比较法研究中心、法国斯特拉斯堡大学和中欧法学院联合主办的"国际合同准据法的确定：中国新国际私法与欧盟国际私法的比较"国际研讨会在清华大学举行。

4月18日 为纪念清华法学院已故校友端木正先生归国六十周年，由清华法学院举办的"从清华园到法兰西——纪念法学家端木正校友"专题展览在法学院报告厅开展，同时举行纪念文集《鸿迹——纪念法学家端木正教授》的首发仪式。

4月22日 清华大学法律图书馆——廖凯原楼奠基典礼隆重举行。

4月22—24日 第二届环太平洋大学联盟（APRU）法学院院长会议在法学院模拟法庭召开。

5月6日 清华大学聘请张月姣女士为兼职教授，兼任清华大学法学院国际经济法研究中心主任，吕晓杰副教授为执行主任。

5月27日 清华大学法学院2010级本科生许吉如同学在2011年国际公共英语演讲比赛中击败众多英语母语国家选手，取得前6名的佳绩。本次赛事在英国伦敦举行，来自全球49个国家和地区的82名选手参赛。清华大学外文系教授吴霞为指导老师。

6月9—10日 由清华大学法学院主办，乔治·华盛顿大学法学院和香港中美交流基金会协办的第二轮中美法治对话在华盛顿举行。

6月20—21日 由清华大学法学院和美国宾夕法尼亚大学法学院共同发起的"中美法学院院长对话会"在清华大学举行。

7月10日 中国民事诉讼法学研究会第一次会员大会召开，章程（张卫平）教授担任会长。

8月 "清华中国法系列"英文教材由清华大学出版社出版发行。首批出版教材为易延友教授编著的 *Understanding China's Criminal Procedure* 和陈卫佐教授编著的 *Chinese Civil Procedure and the Conflict of Law*。

8月 《清华法治论衡》收入北京大学图书馆《中文核心期刊要目总览》。

9月 崔建远教授专著《债权：借鉴与发展》入选2011年《国家哲学

社会科学成果文库》,为清华大学第二部入选的专著。

11月　清华大学法学院首次进入 QS 全球法学院排名 50 强,位居第 45 名,是当年中国大陆唯一进入全球 100 强的法学院。

11月29日　世界银行高级副行长兼总法律顾问安妮-玛丽·勒罗伊女士一行访问清华法学院并做演讲。

12月　林来梵教授担任中国法学会法学期刊研究会副会长。

12月　张新军教授入选教育部 2011 年度"新世纪优秀人才"支持计划。

12月　《清华法学》被评定为北京大学图书馆《中文核心期刊要目总览》核心期刊。

12月27日　崔建远教授专著《物权:规范与学说——以中国物权法的解释论为中心》入选新闻出版总署主办的第三届"三个一百"原创图书出版工程。

2012 年

1月　法学院党政领导班子完成换届,王振民教授担任法学院院长,黎宏教授担任法学院党委书记,车丕照教授不再担任法学院党委书记。

3月　"梅汝璈法学讲席教授"冯象教授入选国家级高层次人才计划。

3月2—7日　ELSA 世界贸易组织法模拟法庭亚太区赛在印度尼西亚首都雅加达举行。由吕晓杰副教授带队的清华大学法学院代表队首次参赛,获得第五名的成绩。该成绩是截至当时中国大陆在该项赛事中的最好成绩。

4月6日　《清华法学》被评定为 CSSCI 来源期刊(正版)。

5月　张明楷教授担任中国警察法学研究会副会长。

5月24日　美国最高法院大法官斯蒂芬·布雷耶来访,并做了题为《美国政府体系中的最高法院》的演讲。

5月29日　香港谭兆慈善基金会向清华大学捐资 2000 万元人民币,设立"清华大学谭兆教育基金",支持清华大学法学院知识产权学科发展和教育扶贫工作。

7月　郑尚元教授担任中国法学会社会法学研究会副会长。

7月30日　崔建远、张明楷教授入选国家级高层次人才计划。

9月21日　英国最高法院副院长、大法官霍普勋爵来访并做了题为《普通法世界中的"一国两制"》的主题演讲。

11月23日　清华大学法学院获批教育部首批涉外法律人才教育基地。

12月　何海波教授入选教育部2012年度"新世纪优秀人才"支持计划。

12月　清华大学法学院学生齐飞（导师车丕照教授）获得第十七届"安子介国际贸易研究奖"优秀论文三等奖，是唯一一篇获得优秀论文奖的学生论文。

12月2日　清华大学纪念中国加入《华盛顿公约》20周年研讨会暨清华大学法学院国际仲裁与争端解决项目启动仪式举行。法学院新设的国际仲裁与争端解决和国际知识产权法两个全英文硕士项目正式启动。

12月22日　张建伟教授专著《司法竞技主义——英美诉讼传统与中国庭审模式》、崔建远教授论文《水权与民法理论及物权法典的制定》获得第四届"钱端升法学研究成果奖"二等奖，劳东燕教授论文《公共政策与风险社会的刑法》、余凌云教授论文《游走在规范与僵化之间——对金华行政裁量基准实践的思考》获得第四届"钱端升法学研究成果奖"三等奖。

本年　张晨颖副教授担任中国商业法研究会副会长。

2013 年

2月28日　周大福慈善基金和清华大学在香港隆重举行"清华大学郑裕彤法学发展基金"签约仪式，周大福慈善基金捐赠一亿元人民币设立"郑裕彤法学发展基金"支持法学院建设。

4月　王振民教授当选美国法律学会（American Law Institute）会员。

4月9日　教育部成立2013—2017年高等学校教学指导委员会，王振民教授获任法学类专业教学指导委员会副主任委员。

4月26日　清华大学授予香港特别行政区终审法院第一任首席法官李国能名誉法学博士学位。

4月28日　"王汉斌法学基金"成立仪式在清华大学校部工字厅举行。

5月　法学院从2013年本科招生起，在"法学"专业之外正式设立"法学(国际班)"专业,全国计划招生20人。

5月　申卫星教授担任中国卫生法学会副会长。

5月　高鸿钧教授主编《英美法原论》入选2012年度《国家哲学社会科学成果文库》。

6月　车丕照教授《国际经济秩序的中国立场研究》获国家社科基金重点项目立项,陈新宇副教授《〈大清新刑律〉新研究及资料汇编》获国家社科基金一般项目立项。

6月11—16日　美国联邦巡回上诉法院首席法官瑞德在法学院教授国际知识产权项目课程"外国专利法",并做题为《计算机软件的可专利性：重新陷入混乱的美国专利法》的学术讲座。

6月29日　哈佛大学法学院院长玛莎·米诺教授应法学院邀请访问清华大学和最高人民法院。

7月　张建伟教授"刑事错案成因与制度修补"获国家社科基金后期资助项目立项。

7月4日　法学院设立"院长荣誉毕业生"奖项。

9月　由王振民教授、王晨光教授、黎宏教授、申卫星教授、魏晶老师主持的项目"国际型法律人才培养的模式与路径"获2012年度北京市教学成果奖一等奖。

10月17日　申卫星教授指导,王小何、邹沁、王婧、李唯涵、阮神裕同学组成的团队以《建设工程表见代理纠纷的审判方法和风险防范研究——基于全国230件案例的实证分析》一文,荣获第十三届"挑战杯"全国大学生课外学术作品竞赛特等奖,是清华大学文科学生在该项竞赛中首次获得特等奖殊荣。

10月19日　中国法学会案例法学研究会成立,王振民教授担任会长,余凌云教授担任副会长。

10月23日　中共中央台湾工作办公室、国务院台湾事务办公室在清华大学法学院设立的两岸关系法政问题研究基地正式揭牌。

10月31日　高其才教授的《法理学(第二版)》入选"2013年北京高等教育精品教材"。

11月　崔建远教授"法学方法论与中国民商法研究"获国家社科基金重点项目立项,高其才教授"习惯法的当代传承与弘扬"获国家社科基金后期资助项目立项。

11月13日　最高人民法院召开案例指导工作专家委员会第一次工作会议,章程(张卫平)、张明楷、崔建远、施天涛、王亚新、王振民6位教授获聘最高法院案例指导工作专家委员会委员。

11月24日　清华大学聘任香港新世界发展有限公司、周大福珠宝集团主席及执行董事郑家纯博士为清华大学法学院顾问委员会名誉副主任。

11月26日　中国法学会香港基本法澳门基本法研究会成立,王振民教授担任会长,林来梵教授担任秘书长。

12月5—7日　第二届全国WTO模拟法庭竞赛在西南政法大学举行,清华法学院代表队荣获冠军,杨斯杰同学获决赛最佳辩手奖。

12月6日　全国港澳研究会在京成立,国务院港澳事务办公室原常务副主任陈佐洱担任会长,法学院王振民教授等9人担任副会长。

12月19日　南非宪法法院原大法官、前总统曼德拉的亲密战友萨克斯先生访问清华法学院,并发表演讲。

2014年

1月4日　崔建远教授专著《物权:规范与学说——以中国物权法的解释论为中心》获第三届中国出版政府奖图书奖。

2月21日　申卫星教授被评为第七届全国十大杰出青年法学家。

3月25—28日　第四届亚太地区模拟公司并购竞赛在台湾大学举办,朱慈蕴教授带队的清华法学院代表队荣获最佳并购团队奖以及最佳财务顾问团队亚军。

4月　《清华法学》获评中国社会科学院的"中国人文社会科学核心期刊"(CHSSCD)来源期刊。

4月7日　美国纽约州首席法官乔纳森·李普曼到访法学院并做题为《美国州的司法制度》的演讲。

5月8日　"清华大学胡宝星香港基本法研究基金"签约仪式和"清华大学胡宝星法律图书馆"命名仪式举行,香港知名资深律师、企业家胡宝星先生捐款人民币1000万元,设立"胡宝星香港基本法研究基金",资助港澳基本法研究会和清华大学法学院开展与宪法和香港基本法有关的学术研究和人才培养。

6月　王振民教授"人民代表大会制度理论和实践创新研究"获国家社科基金重点项目立项,博士后研究人员沈朝晖"地方债务治理的商事司法审查路径研究"获国家社科基金青年项目立项,冯术杰副教授《WTO知识产权协议在中国的实施》(法文)获国家社科基金中华学术外译项目立项。

6月27日　清华大学法学院成立"国际法律教育中心"(Global Legal Education Center)。

9月9日　由王振民教授、王晨光教授、黎宏教授、申卫星教授、魏晶老师主持的项目"国际型法律人才培养的模式与路径"获国家级教学成果奖二等奖。

9月12日　中国上市公司协会独立董事委员会成立大会在北京召开,法学院汤欣教授担任委员会首任主任委员。

9月26日　崔建远教授入选首批"良师益友名人堂"(崔建远教授曾获得六届清华大学"良师益友"称号)。

11月　高鸿钧教授担任中国法学会比较法研究会会长。

12月6日　"清华大学法学院L.L.M.中国法外国研究生学历教育"获得中国学位与研究生教育学会研究生教育成果奖二等奖,是全部30项奖项中的唯一法学类成果。

12月20日　余凌云教授论文《行政法上合法预期之保护》获得第五届"钱端升法学研究成果奖"一等奖,周光权教授专著《犯罪论体系的改造》、崔建远教授论文《无权处分辨——合同法第51条规定的解释与适用》获得第五届"钱端升法学研究成果奖"三等奖。

12月29日　程啸教授专著《不动产登记法研究》、梁上上教授论文《制度利益衡量的逻辑》、章程(张卫平)教授论文《起诉难:一个中国问题的思索》分别获得中国法学会第三届"中国法学优秀成果奖"专著类二等奖、论文类一等奖、论文类二等奖。

12月30日　法学院获得了清华大学就业工作"先进集体综合奖"(共10个),院党委书记黎宏教授就法学院在基层公共部门就业引导与服务中的做法与经验在清华大学就业工作会议上进行了交流。

2015 年

1 月　王振民教授入选 2014 年"国家百千万人才工程"。

1 月 13 日　主题为"美国的大气污染防治和电子商务数据保护法律制度"的第 19 届中美法律交流研讨会在清华大学法学院成功举行,这是中美法律交流研讨会自 1994 年首倡始,第一次走进中国高校。

1 月 18 日　由中国案例法学研究会、《南方周末》报社、法律出版社·《中国法律评论》联合主办,清华大学法学院案例法研究中心等单位共同协办的"中国影响性诉讼评选十周年论坛暨《中国法律评论》创刊一周年纪念会"在清华大学中央主楼举行。

2 月　周光权教授"加快推进反腐败国家立法研究"获国家社科基金重点项目立项。

3 月 29 日　由全国港澳研究会和香港基本法澳门基本法研究会共同主办的纪念香港基本法颁布 25 周年座谈会和学术研讨会分别在人民大会堂和清华大学举行。

5 月 16 日　清华大学法学院 2014 级本科生傅书宁同学在 2015 年国际公共英语演讲比赛中击败众多英语母语国家选手,取得前 6 名的佳绩。清华大学外文系教授吴霞为指导老师。这是法学院学生第二次取得该项赛事佳绩。

6 月　杨国华教授担任中国法学会世界贸易组织法研究会常务副会长。

6 月　黎宏教授"不真正不作为犯论之重构研究"获国家社科基金一般项目立项,王洪亮教授"缔约上过失的构成与功能"获国家社科基金后期资助项目立项。

6 月 26 日　吴伟光副教授论文《中国的制度变迁与法治建设——目标、阻碍与路径选择》获第十届"中国法学家论坛征文奖"二等奖。

7 月 3—4 日　清华大学举办纪念世界贸易组织(WTO)成立二十周年国际研讨会。

7 月 8 日　最高人民法院在清华大学法学院设立最高人民法院"一带一路"司法研究基地。

8 月　聂鑫教授入选国家级青年人才计划。

9月29日　加拿大最高法院首席大法官贝弗利·麦克拉克林女士来访并做题为《法院与法治：司法决策在法治体系构建中的作用》的演讲。

10月10日　法学院第二栋大楼"清华大学法律图书馆楼"开工仪式隆重举行。

10月10日　庆祝清华大学法学院复建二十周年大会在清华大学大礼堂隆重举行。

10月10日　中国法学会法学教育研究会2015年年会在清华大学召开。

10月10日　举行国际法律教育中心挂牌仪式。

12月　余凌云教授"法治中国建设背景下警察权研究"获教育部哲学社会科学研究重大课题攻关项目立项，这也是清华法学院教师首次获得教育部重大课题立项。

12月　林来梵教授担任中国法学会香港基本法澳门基本法研究会副会长。

12月1日　张明楷教授专著《刑法分则的解释原理（第二版）》获"第七届高等学校科学研究优秀成果奖"一等奖，林来梵教授论文《国体概念史：跨国移植与演变》获"第七届高等学校科学研究优秀成果奖"二等奖，梁上上教授专著《利益衡量论》、周光权教授专著《刑法客观主义与方法论》、余凌云教授论文《现代行政法上的指南、手册和裁量基准》获"第七届高等学校科学研究优秀成果奖"三等奖。

12月4—5日　清华法学院举行中国法学会体育法学研究会理事会会议暨2015年学术年会。

12月20日　清华法学院与上海海事法院签署"一带一路"司法实践基地及战略合作协议。

本年　王振民教授"宣传文化领域党内法规研究""《宣传工作条例》可行性研究和草案初拟"获国家社科基金特别委托项目立项。

2016年

1月14日　法学院人事制度改革正式启动，启动仪式在明理楼四楼大会议室举行，校党委副书记、副校长姜胜耀出席启动仪式并讲话，人事处处长王希勤代表学校宣读了《关于法学院人事制度改革若干问题的回复》。

3月　周光权教授入选国家级高层次人才计划,劳东燕教授入选国家级青年人才计划。

3月27—28日　"中国南海法律问题研究"专家论证会在清华大学法学院举行。

4月24日　清华人大联合辩论赛——"知假买假"赔不赔暨同主题专家研讨会在清华大学法学院明理楼举行。

5月　中欧卫生法国际研讨会在法学院召开,研讨会促进了中国学者与欧洲学者的交流,推动了中国卫生法学学科的发展,为国家基本医疗卫生法的起草发挥了积极作用。

5月　朱慈蕴教授担任中国法学会商法学研究会常务副会长。

6月　第十四届ELSA WTO模拟法庭全球总决赛在瑞士日内瓦举行。清华法学院代表队以东亚赛区冠军队的身份参赛,最终跻身全球八强。

6月17日　崔国斌教授"网络版权内容过滤措施的法律规制"、汪洋副教授"完善我国城市地下空间利用的法律研究"分别获得国家社科基金一般项目立项、国家社科基金青年项目立项。

7月　法学院党政领导班子换届。申卫星教授担任法学院院长,黎宏教授担任法学院党委书记,王振民教授不再担任法学院院长。

7月　申卫星教授担任中国法学会法学教育研究会副会长。

8月　龙俊副教授论文《论意思表示错误的理论构造》、高其才教授论文《尊重生活、承续传统:民法典编纂与民事习惯》、吴伟光副教授论文《隐私利益的产生、本质与中国隐私权制度的构建》分别获第十一届"中国法学家论坛征文奖"二等奖、三等奖和优秀奖。

9月　劳东燕教授获第二届"首都十大杰出青年法学家"称号,程啸教授获第二届"首都十大杰出青年法学家"提名奖。

9月9—10日　法学院在北京市怀柔区国家法官学院北京分院成功召开2016年度发展战略研讨会,会议对于明确学院发展战略目标、发展路径具有重要意义。

9月14日　经清华大学校务会议审议通过,同意授予美国联邦巡回上诉法院原首席大法官兰德尔·雷德(Randall R. Rader)名誉教授荣誉职衔。

9月24日　法学院与北京市法学会联合主办首届"首都青年法治论坛",论坛主题为"首善之区建设的法治保障"。

9月24—25日　由清华大学法学院凯原中国法治与义理研究中心协办的中国法律史学会2016年年会暨"法制转型与政治文明"研讨会在天津举行。

10月　法学院完成首批博士招生"申请—审核制"改革,收到113人报名(次年补招后共计124人报名),招录过程平稳严谨,受到研究生院与纪委联合复检组的表扬。

10月18日　何海波教授专著《实质法治:寻求行政判决的合法性》、易延友教授论文《证人出庭与刑事被告人对质权的保障》获第六届"钱端升法学研究成果奖"二等奖,申卫星教授专著《期待权基本理论研究》、黎宏教授论文《我国犯罪构成体系不必重构》、苏亦工教授论文《得形忘意:从唐律情结到民法典情结》获第六届"钱端升法学研究成果奖"三等奖,梁上上教授论文《股东表决权:公司所有与公司控制的连接点》获第六届"钱端升法学研究成果奖"提名奖。

11月　易延友教授担任中国法学会案例法学研究会副会长。

11月　任重副教授论文《论虚假诉讼:兼评我国第三人撤销诉讼实践》、聂鑫教授论文《财产权宪法化与近代中国社会本位立法》、程啸教授专著《侵权责任法(第二版)》分别获第四届"董必武青年法学成果奖"二等奖、三等奖和提名奖;清华法学院连续两年被中国法学会评选为"董必武青年法学成果奖优秀组织单位"。

11月7日　张明楷教授"我国刑法修正的理论模型与制度实践研究"获国家社科基金重大项目立项。

12月　黎宏教授专著《刑法总论问题思考》、张明楷教授论文《简评近年来的刑事司法解释》分别获北京市第十四届哲学社会科学优秀成果奖一等奖、二等奖。

12月2日　清华大学法学院卫生法研究中心、互联网法律与政策研究中心联合举办"互联网时代医疗广告治理研讨会"。

12月9日　由清华大学法学院互联网法律与政策研究中心与搜狐集团法律中心联合主办的第一届明德启理互联网法治论坛在清华大学主楼报告厅举行。

12月底　法学院进行本科大类招生改革，完成《单独作为一个大类招生和培养》的报告。

本年　王振民教授"南海岛礁归属和开发法律问题研究"获教育部人文社会科学研究项目重大攻关项目立项。

2017 年

3月1日　梁上上教授获第八届"全国十大杰出青年法学家"称号，何海波教授获第八届"全国十大杰出青年法学家"提名奖。

3月26日　法学院学生代表队获"先锋杯"第七届亚太地区企业并购模拟竞赛冠军和最佳书状奖。

4月　法学院开始进行本科大类培养方案修订，教学委员会确定培养方案修订整体思路，学校从2017级起正式实施本科大类招生培养。

4月　施天涛教授担任中国法学会证券法学研究会常务副会长。

5月8日　法学院召开"学习贯彻习近平总书记重要讲话暨全面依法治国与法学教育创新座谈会"，传达学习总书记的重要讲话并研究贯彻落实的工作方案。

6月　张明楷教授担任中国检察理论研究会副会长。

6月　高丝敏副教授获2017年度国际破产协会（International Insolvency Institution）颁发的国际破产研究（International Insolvency Studies）唯一金奖。

6月16日　模拟法庭案例研讨会在清华大学法学院举行，会议旨在进一步推动模拟法庭教学的开展，实现教学的正规化和常规化。

6月17日　法学院联合京东金融举办"金融科技发展与法律前沿国际论坛"。

6月30日　清华大学法律图书馆大楼封顶仪式在大楼建筑工地西侧隆重举行。

6月30日　韩世远教授"合同法立法相关问题研究"获国家社科基金重点项目立项，蒋舸副教授"创新社会化趋势对知识产权法的挑战及应对研究"、何海波教授"新《行政诉讼法》实施状况研究"、劳东燕教授"风险社会中过失犯罪的归责原理研究"获国家社科基金一般项目立项，高丝敏副教授"关联企业实质合并破产判断规则的制度化进路研究"、任重副教授"民事诉权基础理论研究"获国家社科基金青年项目立项。

7月　陈杭平副教授论文《诉讼标的理论的新范式——"相对化"与我国民事审判实务》、王钢副教授论文《不法原因给付与侵占罪》获第五届"董必武青年法学成果奖"三等奖；清华法学院连续三年被中国法学会评选为"董必武青年法学成果奖优秀组织单位"。

7月16日　法学院与北京市朝阳区人民法院签订合作协议，双方同意资源共享、优势互补，为法学理论和实践搭建桥梁，未来将在疑难案件及法律问题研讨、学术会议和司法论坛举办、教学实践基地建设、基础信息沟通及调研课题等方面密切合作，共同推进法律人才培养和法治建设。

7月24日　王晨光教授专著《法学教育的宗旨》，邓海峰副教授、魏晶老师论文《锻造"顶天立地"的精英型法律实务人才——清华大学全日制法律硕士研究生教育综合改革与创新》分别获得第五届"中国法学教育研究成果奖"一等奖、二等奖。

8月　王明远教授担任中国法学会环境资源法学研究会副会长。

8月　余凌云教授担任中国法学会行政法学研究会副会长。

8月　周光权教授担任中国犯罪学学会副会长。

9月　法学院联合国家互联网信息办公室政策法规局举办了"大数据、人工智能与法律教育"研讨会。

9月15—16日　第七届互联网治理全球论坛在清华大学法学院举办，来自美国宾夕法尼亚大学、德国法兰克福大学、日本早稻田大学的师生与清华大学师生共同参加了本届论坛。

9月20日　清华大学法学学科入选国家"双一流"建设学科名单。

9月20日　刘晗副教授"全球化时代的比较宪法"获国家社科基金后期资助项目立项。

9月22日　全国政协社会和法制委员会驻会副主任吕忠梅受聘清华大学法学院双聘教授，并做环境法学专题学术报告。

9月23日　清华大学法学院与中国法学期刊研究会联合举办"《清华法学》创刊十周年暨法学期刊评定标准研讨会"。

10月　车丕照教授担任中国法学会法学期刊研究会副会长。

10月　华宇信息技术有限公司向法学院捐赠一千万元人民币，设立"清华大学华宇法律大数据研究基金"，法学院成立了"清华大学法学院法律大数据研究中心",由申卫星教授担任主任,何海波教授担任执行主任,进一步推进大数据法律问题研究以及基于大数据的法学研究范式转型。

10月20—21日　法学院在怀柔成功召开2017年度发展战略研讨会,会议对未来清华法学院的发展做了凝练的工作部署,进一步明确了学院发展战略目标和发展路径。

10月26日　清华大学博士生讲师团法学院分团成立仪式在明理楼四楼大会议室举行。

11月　周光权教授入选2017年"国家百千万人才工程"。

11月17日　法学院与搜狐集团合作举办了第二届明理网络法治论坛,论坛以"智能经济与法治创新"为主题,法学院拟以此次论坛为契机,打造一个跨界、跨学科的交流平台,助力互联网新秩序的形成与互联网经济的健康发展。

12月6日　劳东燕教授专著《风险社会中的刑法——社会转型与刑法理论的变迁》荣获第二届"首都法学优秀成果奖"著作类二等奖。

12月22日　陈卫佐教授专著《中国国际私法的新法典编纂》、程啸教授专著《侵权责任法(第二版)》分别获得中国法学会第四届"中国法学优秀成果奖"专著类二等奖、三等奖。

12月　申卫星教授担任中国法学会网络与信息法学研究会副会长。

12月23—24日　"迈向数据法学"研讨会在法学院举行,近150名参会人员聚焦大数据在司法实务、法学研究及技术开发中的众多问题进行了热烈讨论。

12月28日　清华大学法学学科在教育部第四轮学科评估中被评为A级。

本年　张建伟教授担任中国法学会法治文化研究会副会长。

2018年

1月　程啸教授、聂鑫教授入选国家级青年人才计划。

1月14日　崔建远教授入选清华大学首批文科资深教授。

1月26日　《中国卫生法制》杂志社和清华大学法学院卫生法研究中心在清华大学法学院联合召开了《中华人民共和国基本医疗卫生与健康

促进法（草案）》专家座谈会。

2月　高其才教授担任首席专家的"健全自治、法治、德治相结合的乡村治理体系研究"获国家社科基金重大专项项目立项。

2月　法学院学生首次组队参加第十六届 Philip C. Jessup 模拟法庭赛事，取得中国赛区全国选拔赛二等奖的成绩。

3月　申卫星教授、崔国斌教授、蒋舸副教授、闫金金老师的《国际知识产权法教学项目》，邓海峰副教授、黄新华副教授、杨如筠老师的《基于实效性的"法律文书"教学模式改革》分别获得2017年"北京市高等教育教学成果奖"二等奖。

3月13日　周光权教授担任十三届全国人大宪法和法律委员会副主任委员。

5月9日　由清华大学法学院药事法研究所举办的"药品专利链接制度研讨会"在明理楼报告厅召开。

5月19日　陈卫佐教授论文《当代国际私法上的一般性例外条款》获2017年度"中国国际法学优秀成果奖"。

5月31日—6月1日　法学院举办第一届"清华—芝加哥法律与社会科学青年学者论坛"。

6月　高其才教授担任中国法学会民族法学研究会副会长。

6月21日　程啸教授"网络环境下民事权利的侵权法保护研究"、郑尚元教授"养老保险立法研究"获国家社科基金重点项目立项，朱慈蕴教授"公司资本制度再造与债权人利益保护研究"、梁上上教授"有限公司股东的清算义务人地位研究"以及陈新宇副教授"沈家本新研究"获国家社科基金一般项目立项，助理研究员覃慧"内部行政程序的法律规制研究"、助理研究员冯帅"气候治理的'逆全球化'态势与国际法应对研究"获国家社科基金青年项目立项。

9月9日　清华大学廖凯原楼启用仪式暨首届世界法治论坛圆满举行。

10月　劳东燕教授论文《公共政策与风险社会的刑法》作为四十年中最具代表性的十篇刑法学论文之一，入选《思想的印记——纪念改革开放40周年优秀法学文集》（法律出版社，2018年）并随书出版。

10月18日　清华大学法学院卫生法研究中心举办了主题为"世卫组织《烟草控制框架公约》的产生与发展"的讲座，讲座邀请了美国华盛顿大学法学院 Allyn Taylor 教授主讲，王晨光教授主持。

11月6日　申卫星教授担任首席专家的"互联网经济的法治保障研究"、程啸教授担任首席专家的"大数据时代个人数据保护与数据权利体系研究"获国家社科基金重大项目立项。

11月22日　清华大学法学院卫生法研究中心与清华大学药学院药品监管科学研究院联合召开《中华人民共和国疫苗管理法（征求意见稿）》专家研讨会。

11月23日　朱慈蕴教授论文《类别股与中国公司法的演进》、聂鑫教授论文《近代中国宪制的发展》获得第七届"钱端升法学研究成果奖"二等奖，劳东燕教授专著《风险社会中的刑法——社会转型与刑法理论的变迁》、梁上上教授论文《制度利益衡量的逻辑》获得第七届"钱端升法学研究成果奖"三等奖，余凌云教授论文《对我国行政问责制度之省思》、程洁副教授论文《土地征收征用中的程序失范与重构》获得第七届"钱端升法学研究成果奖"提名奖。

12月　邓海峰副教授担任中国环境科学学会环境法学分会副主任委员。

12月4日　清华大学法学院和加州大学伯克利分校法学院联合举办"首届清华—伯克利年度论坛"。

12月15日　由清华大学法学院主办的首届计算法学学科发展与人才培养论坛暨清华大学智能法治研究院成立仪式在清华大学法律图书馆楼顺利召开。

12月17日　周光权教授、张明楷教授担任国家监察委第一届特约监察员。

12月18日　清华大学法学院兼职教授张月姣在庆祝改革开放40周年大会上获得"改革先锋"称号。

12月19日　清华大学作为项目牵头单位，由申卫星教授作为项目负责人的项目"热点案件和民生案件审判智能辅助技术研究"成功获批科技部国家重点研发计划司法专项，在文科领域实现首次突破。

12月　张建伟教授担任中国廉政法制研究会副会长。

本年　申卫星教授"互联网领域重点立法研究"和崔国斌教授"著作权法修订研究和草案初拟"获批国家社科基金特别委托项目。

2019 年

4月 上海市法学会会长崔亚东做客计算法学讲坛第一期，主讲"人工智能与司法现代化：'上海刑事案件智能辅助办案系统'的实践与思考"。

5月28日 施天涛教授论文《商事关系的重新发现与当今商法的使命》、程啸教授专著《侵权责任法（第二版）》获"北京市第十五届哲学社会科学优秀成果奖"二等奖。

6月 在清华大学研究生院的指导下，法学院成立清华大学计算法学交叉学科教学指导委员会。

6月 王晨光教授担任中国卫生法学会常务副会长。

6月6日 清华大学档案工作报告会在主楼报告厅举行。法学院获得"文书档案工作先进单位""学生档案工作先进单位"两项表彰。

6月13—14日 法学院举办第二届"清华—芝加哥法律与社会科学青年学者论坛"。

6月19日 法学院行政领导班子换届。经2018—2019学年度第25次校务会议讨论通过，任命申卫星教授担任法学院院长。

7月 周光权教授担任中国法学会检察学研究会副会长。

7月3日 经清华大学第十四届党委第七十九次常委会议讨论通过，同意法学院党委领导班子换届选举结果，邓海峰副教授担任法学院党委书记，黎宏教授不再担任法学院党委书记。

7月7日 清华大学环境资源与能源法研究中心、清华大学国家公园研究院共同主办的"自然保护地的法制困境"研讨会在清华大学法学院廖凯原楼举行。

9月 法学院牵头成立中国计算法学发展联盟，发起成员包括上海交通大学、东南大学、华中科技大学、四川大学、西南政法大学。

9月 邓海峰副教授《国际海底区域资源用益制度的法经济学研究》、陈杭平副教授《民事判决效力体系性研究》、龙俊副教授《民法典中动产与权利担保体系研究》获国家社科基金一般项目立项。

9月20日 法学院邀请社科学院孙学峰教授来院做"不忘初心、牢记使命"主题教育辅导报告。

9月21—22日 由清华大学智能法治研究院和清华大学法学院共同

主办的"第二届计算法学国际论坛：数字经济治理与法律科技创新"在清华大学法律图书馆楼召开。此外，法学院牵头成立中国计算法学发展联盟，发起成员包括上海交通大学、东南大学、华中科技大学、四川大学、西南政法大学。

10月　李平副教授"以术证道：《尚书·虞夏书》的法政思想诠解"和助理研究员马春晓"经济刑法的法益研究"获国家社科基金后期资助项目立项。

10月10日　清华大学党委常务副书记姜胜耀来我院，开展"加强基层党组织建设"专题调研。

10月18日　清华大学法学院建院90周年纪念暨科技时代的法学教育研讨会在清华大学法律图书馆楼110会议室举行。

10月18日　清华大学国际争端解决研究院在法律图书馆揭牌成立，由清华大学法学院教授、WTO上诉机构原主席张月姣出任清华大学国际争端解决研究院首任院长。

10月18日　第二届清华大学世界法治论坛隆重举行。

10月22日　清华大学法学院和加州大学伯克利分校法学院联合举办"第二届清华—伯克利年度论坛"。

11月6日　中国政法实务大讲堂走进清华大学，最高人民法院周强院长做"新时代中国法院司法体制改革和智慧法院建设"专题讲座。

11月6日　著名科普作家卓克做客计算法学讲坛第二期，主讲"《密码法》背景下的区块链"。

11月24日　由最高人民法院中国应用法学研究所与清华大学法学院知识产权法研究中心联合举办的"中国知识产权典型案例·清华论坛2019"（专利法专场）在清华大学法学院法律图书馆楼模拟法庭举行。

12月　王振民教授担任首席专家的"党内法规与国家法律有机衔接问题研究"和余凌云教授担任首席专家的"大数据、人工智能背景下的公安法治建设研究"获国家社科基金重大项目立项。崔建远教授"担保制度新发展及其法律规制研究"获国家社科基金重点项目立项。申卫星教授"文化领域应当坚持和完善的重要法律制度研究"获国家社科基金特别委托项目立项。

12月25日　高丝敏副教授论文《智能投资顾问中的主体识别和义务

设定》、蒋舸副教授论文《作为算法的法律》获得第七届"董必武青年法学成果奖"提名奖。

2020 年

上半年　法学院党委在学校的统一部署下,落实疫情防控要求,带领全院师生,打赢新冠疫情防控阻击战,扎实做好疫情防控各项工作,开展"在线教学"和"线上、线下融合式教学",坚持问题导向,发起"齐心抗疫、团结促学"活动。

1月　2003级校友毕晨和2004级校友孙艳红荣获"全国模范法官"称号。

6月9日　清华大学档案工作报告会在主楼报告厅举行。会上对2019档案工作先进单位进行了表彰。法学院获得"文书档案工作先进单位""教学档案工作先进单位"两项表彰。

6月16日—7月16日　清华大学法学院联合得到App隆重推出民法典系列公益直播暨"清华民法典系列讲座"活动。首批讲座由清华大学法学院崔建远教授、周光权教授、申卫星教授、王洪亮教授、程啸教授、龙俊副教授六位教师主讲。

7月1日　由中国法学会香港基本法澳门基本法研究会、中国人民大学"一国两制"法律研究所、清华大学港澳研究中心、北京大学港澳研究中心、中国政法大学港澳研究中心、深圳大学港澳基本法研究中心共同主办,香港紫荆研究院、《法学评论》编辑部共同协办的"香港回归23周年：回顾与展望"研讨会在线上成功举办。

7月29日　清华大学国际争端解决研究院和中欧经贸咨询委员会联合举办"补贴与反补贴规则(视频)研讨会"。

8月14日　清华大学法学学科发展规划与人才培养工作座谈会在主楼接待厅举行。

9—12月　清华法学院推出"明理讲坛·民法典的实施"系列讲座,先后邀请了民法学研究会会长王利明、副会长崔建远,商法学研究会会长赵旭东,法理学研究会名誉会长徐显明,法学期刊研究会会长张新宝,行政法学研究会会长马怀德,环境资源法学研究会会长吕忠梅,经济法学研究会副会长冯果等多位专家学者,以线上线下相结合的方式,举办系列讲

9月　田思源教授担任中国法学会体育法学研究会常务副会长。

9月　冯术杰副教授"商标法与反不正当竞争法的制度协调研究"获国家社科基金一般项目立项,助理研究员张怡"全球公共卫生治理困境与卫生法律对策研究"获国家社科基金青年项目立项。

9月19—20日　"第三届计算法学国际论坛:智能产业发展与法律制度创新"在线上顺利举行。

9月17日　法学院第二届教学委员会在"研究生教育改革研讨月"召开讨论会。

10月16日　第三届清华大学世界法治论坛通过线上会议的形式隆重举行。

10月19日　清华大学法学院、清华大学国际争端解决研究院联合举办世界贸易组织成立25周年法律研讨会。

11月4日　聂鑫教授荣获第九届"全国杰出青年法学家"称号,程啸教授荣获第九届"全国杰出青年法学家"提名奖。

11月24日　刘晗副教授主持的"主权与人权"入选国家级一流本科课程。

11月25日　中共中央政治局委员、全国人大常委会副委员长、中国法学会会长王晨来清华大学,就加强涉外法治人才培养工作进行调研。王晨副委员长听取了法学院院长申卫星对涉外法治人才培养成果展的介绍,之后观摩了清华大学"主权与人权"课程,与师生就课程特色、培养目标、教学方式、教学效果等进行互动交流。

12月　王洪亮教授担任首席专家的课题"互联网交易制度和民事权利保护研究"获国家社科基金重大项目立项,苏亦工教授"清朝经营西北边疆之成败得失研究"获国家社科基金重点项目立项。

12月1—3日　清华大学法学院、芝加哥大学法和经济学研究院及苏黎世联邦理工学院法律与经济研究中心联合举办国际青年学者论坛。

12月10日　张明楷教授论文《法益保护与比例原则》、周光权教授论文《转型时期刑法立法的思路与方法》、聂鑫教授论文《财产权宪法化与近代中国社会本位立法》获教育部第八届高等学校科学研究优秀成果奖二等奖,王振民教授论文《香港法院适用中国宪法问题研究》获教育部第八届高等学校科学研究优秀成果奖三等奖。

本年　申卫星教授入选国家级高层次人才计划。龙俊副教授入选国家级青年人才计划。王晨光教授入选国家级高层次人才计划和全国新型冠状病毒肺炎专家组成员。杨国华教授入选世界贸易组织"多方临时上诉仲裁安排（MPIA）仲裁员"。

2021年

1月22—23日及1月29—30日　清华大学法学院和加州大学伯克利分校法学院联合举办"第三届清华—伯克利年度论坛"。

2月4日　清华代表队获第二届"贸仲杯"国际投资仲裁赛全国总冠军。

2月25日　清华大学法学院2001级校友周鹏、2010级校友杨洋荣获"全国脱贫攻坚先进个人"表彰。

3月　第十三届法兰克福投资仲裁模拟法庭比赛举行，清华法学院代表队继得国内赛总冠军后，在国际赛中位列全球积分排名第六位，取得历史性突破。

3月4日　清华大学法学院在2021年QS世界大学学科排名中位列大陆地区第一名。

3月10日　张月姣教授被评选为WTO"先锋女性"称号。

4月2日　法学院率先成立习近平法治思想学生宣讲团。

4月9日　法学院召开贯彻落实习近平法治思想工作座谈会。

4月25日　法学院举办新时代法学领域交叉学科创新探索交流会暨中国计算法学发展联盟第三次会议。

6月　2010级校友杨洋被授予"全国优秀共产党员"称号。

6月8日　法学院习近平法治思想宣讲团在山东省泰安市人民检察院开展"习近平法治思想全国巡回宣讲"首场活动。

7月2日　法学院承办的"民法典合同编司法解释专家研讨会"在清华大学法律图书馆召开。

9月1日　法学院与北京金融法院签署合作备忘录。

9月15日　法学院召开一流学科建设规划编制教授研讨会。

9月25—26日　第四届计算法学国际论坛在清华大学法律图书馆通

过线下与线上相结合的方式举行,主题为"数据治理与法律科技"。

10月19日　清华大学法学院、清华大学国际争端解决研究院共同举办"中国加入WTO二十周年"法律研讨会。

10月22日　法学院举办第四届清华大学世界法治论坛。

10月22日　刘晗副教授论文 *Regime-Centered and Court-Centered Understandings*：*The Reception of American Constitutional Law in Contemporary China* 获得美国比较法学会"英特玛奖"(the Yntema Prize)。

10月26—28日　清华大学法学院、芝加哥大学法和经济学研究院及苏黎世联邦理工学院法律与经济研究中心联合举办国际青年学者论坛。

10月28日　由申卫星教授负责的"基于法学与计算科学交叉的计算法学学科创新建设"获批教育部首批新文科研究与改革实践项目立项。

11月10日　清华大学—新南威尔士大学国际商法和国际经济法联合研究中心召开2021年度会议。

12月　法学院参与申报的"清华大学计算社会科学与国家治理实验室"入选教育部哲学社会科学实验室(试点)名单。

12月　黎宏教授担任中国法学会刑法学研究会副会长。

12月14日　龙俊副教授论文《民法典中的动产和权利担保体系》、汪洋副教授论文《民法地下空间物权类型的再体系化："卡-梅框架"视野下的建设用地使用权、地役权与相邻关系》、沈朝晖副教授论文《地方政府财政重整与债务重组中的司法权》分别获第九届"董必武青年法学成果奖"二等奖、三等奖及提名奖。

12月17日　计算法学研讨会暨中国计算机学会计算法学行业分会成立大会在深圳国际会展中心、上海交通大学同步举行,申卫星教授担任计算法学行业分会副主任。

12月21日　申卫星教授主持课题"民法典适用问题研究"获评最高人民法院优秀课题研究成果。

本年　张明楷教授入选清华大学文科资深教授。

后　　记

　　2017年9月，清华大学为贯彻落实习近平总书记关于"重视历史、研究历史、借鉴历史"的指示精神，进一步加强学校文化建设，凝练办学规律和经验，深化清华校史特别是院系史和专题史的编写与研究，启动实施"学科院系部门发展史编纂工程"。2021年是清华110周年校庆，这一工程同样有着向校庆献礼的重要意义。清华法学院积极响应学校的倡议，由时任院长申卫星教授担任项目负责人，成为清华首批立项的院系之一。本书初稿完成于2021年11月，定稿于2022年4月18日，是该项目第二批出版的图书（首批8本）。

　　清华法学院作为一个"年轻而古老"的学院，其学科历史可以追溯到1909年清华的第一批学生，自从1995年复建法律学系、1999年复建法学院以来，历任院领导皆高度重视院史的整理与研究工作，并先后有以下成果：2005年李旭主编《明理情怀》（顾问为：李树勤、王晨光、王振民，未正式出版）、2011年王振民主编《法学清华一百年》（上卷）（未正式出版）、2015年王振民主编《法意清华》（清华大学出版社出版）、2020年申卫星主编《清听法缘：清华大学法学院院史访谈录》（九州出版社出版）。本书在申卫星教授带领下，在上述前期院史系列成果的基础上，比较系统全面地回顾和梳理了从1909年到2021年清华法学学科的发展史，这也是法学院第一本完整的院史。申卫星教授为此倾注了很多心血，不仅认真审阅了历次稿件并提出重要的修订意见，而且提醒我们注意使用法学院年鉴等重要资料，积极推动本书的编辑出版；院党委书记邓海峰副教授提出了建设性的意见与建议；现任院长周光权教授同样对本书给予了关心。

　　本书的编写和出版是一个"众人拾柴火焰高"的过程与结果。胡显章教授、李树勤教授、王晨光教授、车丕照教授、王振民教授、黎宏教授、崔建远教授、张明楷教授、黄新华副教授、高其才教授、施天涛教授、王兵教授、高鸿钧教授、张建伟教授、余凌云教授、王明远教授、张晨颖教授、任重副教授、鲁楠副教授、廖莹老师、于丽英老师、于文晶老师、官海彪老师、范春燕老师等和法学院各职能部门给予了各种重要的指导、建议、帮助与配合。清华大学校史馆的范宝龙馆长、金富军副馆长、李珍老师,清华大学档案馆的朱俊鹏副馆长,清华大学出版社的梁斐老师等给予了鼎力的支持与协助。

  清华法学的历史是师生们共同书写的历史,在历次院史整理与研究工作中,都有着新老校友们(包括老校友的后代)参与的身影,本次同样也不例外,杨同宇、翟家骏、常悦、刘云、尹子玉、黄飞翔、曹文潇、张嘉颖等为此付出了辛勤的工作。通过这项有意义的事业,同学们既能受到校史、院史的熏陶教育,又能经过学术训练在毕业后"散作满天星",参与所在机构单位历史的编写与研究,因此这项工作也可以看作是清华教育的"第二课堂"。

  需要指出,我们能力有限,唯求诚心正意、尽心尽力,本书前后虽然历经六稿,但未必能够达到大家的期望。好在院史的编写与研究是个持续性的工作,历史不断发展前进,仍然可以期待未来继续修订完善。

  最后但并非最不重要,请允许我们用这本代表师生集体成果的《清华时间简史:法学院》缅怀复建以来故去的王叔文教授、王保树教授、张铭新教授、何美欢教授,他(她)们记录在院史中,也仍然活在我们心里。

陈新宇

2022 年 11 月